股票投资
方法与技巧

彭十一／著

西南交通大学出版社
·成都·

图书在版编目（CIP）数据

股票投资方法与技巧 / 彭十一著. —成都：西南交通大学出版社，2017.1
ISBN 978-7-5643-5119-9

Ⅰ. ①股… Ⅱ. ①彭… Ⅲ. ①股票交易–基本知识 Ⅳ. ①F830.91

中国版本图书馆 CIP 数据核字（2016）第 274714 号

股票投资方法与技巧

彭十一 著

责 任 编 辑	罗爱林
封 面 设 计	墨创文化
出 版 发 行	西南交通大学出版社 （四川省成都市二环路北一段 111 号 西南交通大学创新大厦 21 楼）
发 行 部 电 话	028-87600564　028-87600533
邮 政 编 码	610031
网　　　　址	http://www.xnjdcbs.com
印　　　　刷	四川森林印务有限责任公司
成 品 尺 寸	185 mm × 260 mm
印　　　　张	18
字　　　　数	437 千
版　　　　次	2017 年 1 月第 1 版
印　　　　次	2017 年 1 月第 1 次
书　　　　号	ISBN 978-7-5643-5119-9
定　　　　价	54.00 元

图书如有印装质量问题　本社负责退换
版权所有　盗版必究　举报电话：028-87600562

前　言

　　交易之道，刚者易折。唯有至阴至柔，方可纵横天下。成功的股票投资，是由小的亏损，加上大大小小的收益，多次积累而成。要做到每次交易不出现大亏损其实很简单，那就是以生存为第一原则。因为无论你过去有过多少个100%的优秀业绩，现在只要你损失了一个100%，那就一无所有了。因此，严格遵守止损规则，才是确保投资者在风险市场中生存的唯一法则。因为在交易中，时刻都有你想不到的事情，会让你发生亏损。一个理智的投资者，要严格遵守止损原则。要做到止损，最简单的方法，就是问自己一个问题：假设现在还没有建立仓位，是否愿意在此价位上买进，如果答案是否定的，那就马上卖出，不要犹豫。

　　逆势操作是失败的开始。作为投资者，不应该与市场对抗，或尝试击败它，而应该趋势来时，应之，随之；无趋势时，观之，静之。等待趋势最终明朗后，再动手也不迟。这样虽然会失去一些机会，但能赢得资金的安全。因此，你的目标必须与市场保持一致，顺应市场的趋势，利润自然会滚滚而来。如果你看错了趋势，就得使用古老而可靠的保护伞——止损。

　　操盘成功的两项基本规则就是：止损和持长。止损能截断亏损，控制被动；持长能在盈利趋势未走完时，让利润充分增长。

　　在多头市场上，大多数股票可以不怕暂时被套。因为下一波上升很快会让股票解套，甚至获利。另外，买对了股票还要懂得安坐不动，不管风吹浪打，胜似闲庭信步。交易之道的关键，就是持续掌握优势。

　　而快速认赔，则是空头市场交易中的一个重要原则。当资金遭受损失时，切忌加码再搏。在空头市场中，不输甚至少输就是赢。多做多错，少做少错，不做不错。在一个明显的空头市场中，如果因为害怕遭受小损失而拒绝出局，迟早会遭受大损失。一只在中长期下降趋势里挣扎的股票，任何时候卖出都是对的。哪怕是卖在了所谓的"最低价"上。因为被动持有等待它的底部，这种想法是很危险的，它可能根本就没有底。我们要学会让资金分批入场。一旦首次入场资金发生亏损，第一原则就是不能加码。最初的损失往往就是最小的损失，正确的做法就是直接出场。如果行情持续不利于首次进场资金，就是差劲的交易，不管成本多高，立即认赔。希望在底部或头部一次搞定的人，总会拿到烫手山芋。熊市下跌途中，钱多也不能赢。机构常常比散户死的难看。小资金没有战略建仓的必要，不需要为来年未知行情提前做准备。不需要和主力患难到底。明显下跌趋势中，20~30点的小反弹，根本不值得兴奋和参与。

有所不为才能有所为。有时什么也不做，反而是一种最好的选择。交易之道在于，耐心等待机会，耐心等待最有利的风险/报酬比。股票投资切记盲目测底，更不要盲目抄底。要知道，底部和顶部，都是最容易赔大钱的区域。当你感到困惑时，不要做出任何交易决定。也不要勉强进行交易，如果没有适当的行情，没有胜算较高的机会，就不要勉强进场。投资的核心就是要尽量回避不确定走势，只在明显的涨势中下注，并且在有相当大的把握之前，再给自己买一份保险（止损位摆脱出局），以防自己的主观错误。做交易，必须要拥有二次重来的能力，包括资金上、信心上和机会上。你可以被市场打败，但千万不能被市场消灭。

股票投机讲究时机和技巧，机会不是天天有，即使有，也不是人人都能抓住。要学会分析自己擅长把握的机会，以己之长，攻彼之短。有机会就捞一票，没机会就观望、离开。如果自己都不清楚自己擅长什么，就不要轻举妄动。总之一句话，股票有风险，入市需谨慎。

做交易，最忌讳使用压力资金。资金一旦有了压力，心态就会扭曲。你会因为市场上的正常波动而惊慌出局，以致事后才发现自己当初处于非常有利的位置。同时，你也会因为受制于资金的使用时间，在没有机会的时候孤注一掷，最终满盘皆输。资金管理是战略，买卖股票是战术，具体价位是战斗。在十次交易中，即使六次交易失败了，但只要把这六次交易的亏损，控制在整个交易本金20%的损失内，剩下的四次成功交易，哪怕用三次小赚，去填补整个交易本金20%的亏损，剩下一次大赚，也会获取收益。

你无法控制市场的走向，所以就不要在自己控制不了的形势中浪费精力和情绪。与其担心市场将出现怎样的变化，不如思考你将采取怎样的策略来回应市场的变化。判断对错并不重要，重要的是当你正确时，你获得了多大的利润；当你错误时，你承受了多少亏损。入场之前，静下心来多想想，想想自己有多少专业技能支撑自己在市场中拼杀，想想自己的心态是否可以禁得住大风大浪的起伏跌宕，想想自己口袋中有限的资金是否应付得了无限的机会和损失。

"授人以鱼，不如授人以渔"，有了捕鱼的技巧，不愁在鱼塘里捞不到鱼。聪明的投资者最先投资的应该是自己的脑袋。一本比较好的关于"股票投资方法与技巧"方面的书，能帮助股民们解决他们在股市中的迷茫，甚至有可能改变他们的人生。本书正是基于上述目的，在阅读大量相关文献的基础之上，并结合自己多年来股市操作经验写作而成的。

本书在写作过程中，借鉴、吸收了国内外许多专家、学者的研究成果，因篇幅所限，书后所列参考文献只是其中的一部分，在此对其表示歉意和感谢！由于笔者知识水平和掌握的资料有限，即使在将要付梓之时，仍觉得有些不尽如人意之处，甚至存在疏漏，恳请诸位同仁及广大读者不吝赐教。另外，本书在编辑、出版过程中，得到了西南交通大学出版社的鼎力帮助和支持，在此表示真诚的感谢！

彭十一

2016 年 10 月

目 录

第一章 股票基本知识 //001
 第一节 股票概述 //001
 第二节 股票的种类 //003
 第三节 股票与储蓄、债券、投资基金的区别 //007
 第四节 股票的价值与价格 //011

第二章 股票投资市场 //019
 第一节 股票投资市场概述 //019
 第二节 股票投资市场的层次结构 //022
 第三节 常见的股票价格指数 //028

第三章 股票投资基本常识 //037
 第一节 股票投资概述 //037
 第二节 股票投资的交易流程 //044
 第三节 股票投资收益 //057
 第四节 与股票投资相关的术语 //060

第四章 股票投资理论常识 //072
 第一节 道氏理论 //072
 第二节 波浪理论 //075
 第三节 量价关系理论 //079
 第四节 其他理论简介 //083

第五章 股票投资基本面分析 //094
 第一节 股票投资基本面分析法概述 //094
 第二节 宏观经济基本面分析 //100
 第三节 行业环境分析 //112
 第四节 公司分析 //128
 第五节 上市公司财务报表分析 //139

第六章　股票投资技术分析　//146
　　第一节　技术分析概述　//146
　　第二节　K 线分析　//149
　　第三节　切线理论分析　//173
　　第四节　常见的反转形态理论分析　//184
　　第五节　常见的整理形态理论分析　//195
　　第六节　主要技术指标分析　//201

第七章　股票投资者心理行为分析　//218
　　第一节　股票投资者的类型　//218
　　第二节　股票投资者群体心理效应　//219
　　第三节　股票投资者个性心理弱点　//224
　　第四节　股票投资者矫正心理弱点的措施　//233

第八章　股票投资技巧　//238
　　第一节　选股技巧　//238
　　第二节　看盘技巧　//247
　　第三节　股票买入基本技巧　//255
　　第四节　股票卖出技巧　//272

参考文献　//279

第一章　股票基本知识

第一节　股票概述

一、股票的定义

股票是一种有价证券，它是股份公司发给股东作为投资入股并借以取得股息和红利的凭证。股票的签发主体是股份公司。股份公司是指通过向社会公众发行股票筹集资本，按照法定程序组织建立的公司。股票的发行实行公开、公平、公正的原则，股票一经发行，购买股票的投资者即成为公司的股东。股票实质上代表了股东对股份公司的所有权，股东凭借股票可以获得公司的股息和红利，参加股东大会并行使自己的权利，同时也要承担相应的责任与风险。

股票作为一种所有权凭证，具有一定的格式，是一种要式证券。从股票的发展历史看，最初的股票票面格式既不统一，也不规范，样式由发行公司自行决定。随着股份制度的发展和完善，许多国家对股票的票面格式作出了规定，提出票面应载明的事项和具体要求。股票应载明的主要事项有：公司名称、公司登记成立的日期、股票种类、票面金额、代表的股份数、股票的编号。股票由董事长签名，公司盖章。发起人的股票，应当标明"发起人股票"字样。

随着电子科技的发展和法律体系的完善，现代股票采用电子记账系统和法律文件等方式完成股票的发行和交易，所以，它是看不见、摸不着的。那么我们怎么知道某公司发行了多少股票以及这些股票在谁的手里呢？我们可通过互联网进入证券公司"行情分析软件"界面，找到那只股票，选择进入"基本资料"，就可以找到主要股东及持有情况变动表。表1-1是截至2015年3月31日，中国工商银行十大流通股东情况。

表1-1　中国工商银行十大流通股东情况

股东名称（单位：万股）	持股数	占流通股比/%	股东性质	增减情况
中央汇金投资有限责任公司	12 415 585.30	46.05 A 股	公司	未变
中华人民共和国财政部	12 331 645.19	45.74 A 股	公司	未变
香港中央结算有限公司（香港中央结算代理人有限公司）	8 659 537.24	99.77 H 股	公司	↓-5069.63
中国平安人寿保险股份有限公司	432 282.81	1.60 A 股	保险理财	↓-18 094.33
工银瑞信基金	91 221.19	0.34 A 股	基金专户	↓-14 097.82
中国银河证券股份有限公司	40 240.06	0.15 A 股	公司	新进

续表

股东名称（单位：万股）	持股数	占流通股比/%	股东性质	增减情况
GIC PRIVATE LIMITED	37 322.36	0.14 A 股	公司	新进
中国人寿保险股份有限公司	37 322.36	0.14 A 股	保险理财	↑5618.48
国泰君安证券股份有限公司	26 024.12	0.10 A 股	证券公司	新进

二、股票的特征

股票具备的特征可以概括为以下五个方面：

1. 收益性

收益性是股票最基本的特征，它是指股票可以为持有人带来收益的这一特性。持有股票的目的在于获取收益。股票的收益来源可分成两类：一是来自股份公司。认购股票后，持有者即对发行公司享有经济权益，这种经济权益的实现形式是从公司领取股息和分享公司的红利。股息红利取决于股份公司的经营状况和盈利水平。二是来自股票流通。股票持有者可以持股票到依法设立的证券交易场所进行交易，当股票的市场价格高于买入价格时，卖出股票就可以赚取差价收益。这种通过赚取差价获得收益的方式称为资本利得。

2. 风险性

风险性是指股票可能导致股票持有人经济利益发生损失的这一特性，股票在交易市场上作为交易对象，同实体商品一样，有自己的市场行情和市场价格。股票风险的内涵是股票投资收益的不确定性，或者说是实际收益与预期收益之间的偏离。投资者在买入股票时，对其未来收益会有一个预期，但真正实现的收益可能会高于或低于原先的预期。因为股票的价格要受到诸如公司经营状况、供求关系、银行利率、大众心理等多种因素的影响，有很大的不确定性，这就导致了股票的风险性。当然风险不等于损失，高风险的股票虽然可能给投资者带来较大损失，也可能带来较大的预期收益。风险本身是一个中性概念，但是，多数理性的投资者厌恶风险。如果要引导投资者投资风险较高的股票，就必须提供更高的预期收益，用高收益来覆盖高风险。

3. 流通性

股票的流通性是指股票在不同投资者之间可以自由地进行交易的这一特性。流通性通常以可流通的股票数量、股票成交量以及股价对交易量的敏感程度来衡量。一般来说，可流通股票越多，成交量越大，价格对成交量越不敏感，股票的流通性就越好，反之就越差。通过股票的流通和股价的变动可以看出，人们对于相关行业和上市公司发展前景和盈利能力的判断。许多国家不仅在法律上承认股票的可转让性，而且还允许通过有组织的市场来进行股票的买卖行为。股票持有者虽然不能直接向股份公司退股，但可以在股票交易市场上很方便地卖出股票来兑现，所以股票是一种流通性很好的证券。

4. 永久性

永久性即股票的不可偿还性,是指股票所载有权利的有效性始终是不变的,因为它是一种无期限的法律凭证。投资者认购股票后,不能要求退股,只能到二级市场转让。股票的转让意味着公司股东的改变,并不会减少公司资本。从期限上看,只要公司存在,它所发行的股票就存在,股票的有效期等于股份公司的存续期,两者是并存的关系。这种关系实质上反映了股东与股份公司之间比较稳定的经济关系。股票代表着股东的永久性投资,当然股票持有者可以通过出售股票而转让其股东身份。而对于股份公司来说,由于股东不能要求退股,所以通过发行股票募集到的资金,在公司存续期间是一笔稳定的自有资本。

5. 参与性

参与性是指股票持有人有权参与公司重大决策的特性。股票持有人作为股份公司的股东,有权出席股东大会,选举公司董事会,参与公司重大决策,行使对公司经营决策的参与权。当然,这种参与不一定是股东亲自做出决议或者指挥经营,而有一定的途径,基本方式是出席股东大会,通过选举公司董事会来实现其参与权。不过,股东参与公司重大决策权利的大小通常取决于其持有股份数量的多少。如果某股东持有的股份数量达到决策所需要的有效多数时,就能实质性地影响公司的经营方针。

第二节 股票的种类

在股份公司内,股票的形式多种多样,各种股票的权益和要求各不相同,其种类很多,分类方法亦有差异。常见的股票类型如下:

一、普通股票和优先股票

按股东享有权利的不同,股票可以分为普通股票和优先股票。

1. 普通股票

普通股票是最基本、最常见的一种股票,其持有者享有股东的基本权利和义务。《中华人民共和国公司法》(简称《公司法》)规定,股东可以用货币出资,也可以用实物、知识产权、土地使用权等可以用货币估价并可以依法转让的非货币财产作价出资;但是,法律和行政法规规定不得作为出资的财产除外。股份有限公司成立后,即向股东正式交付股票。普通股票的持有者是股份公司的基本股东,按照《公司法》的规定,公司股东依法享有资产收益和剩余资产分配权、参与重大决策和选择管理者等权利。还可以享有由法律和公司章程所规定的其他权利,如优先认股权、了解公司经营状况的权利、转让股票的权利等。

2. 优先股票

优先股票是指股东享有某些优先权利（如优先分配公司盈利和剩余财产权）的股票，相对于普通股票而言，优先股票在其股东权利上附加了一些特殊条件。它主要有股息率固定、股息分派优先、剩余资产分配优先、一般无表决权等特征。

优先股票的具体优先条件由各公司的公司章程加以规定，一般包括：优先股票分配股息的顺序和定额，优先股票分配公司剩余资产的顺序和定额，优先股票股东行使表决权的条件、顺序和限制，优先股票股东的权利和义务，优先股票股东转让股份的条件等。

优先股票与普通股票相比具有以下特征：

（1）股息率固定。普通股票的股息是不固定的，它取决于股份公司的经营状况和盈利水平。而优先股票在发行之时就约定了固定的股息率，无论公司经营状况和盈利水平如何变化，该股息率都不变。

（2）股息分派优先。在股份公司盈利分配顺序上，优先股票排在普通股票之前。各国公司法对此一般都规定：公司盈利首先应支付债权人的本金和利息，缴纳税金；其次支付优先股股息；最后才分配普通股股利。因此，从风险角度看，优先股票的风险小于普通股票的风险。

（3）剩余资产分配优先。当股份公司因破产或解散进行清算时，在对公司剩余资产的分配上，优先股股东排在债权人之后、普通股股东之前。也就是说，优先股股东可优先于普通股股东分配公司的剩余资产，但一般是按优先股票的面值分配。

（4）一般无表决权。优先股股东的权利是受限制的，最主要的是表决权限制。普通股股东参与股份公司的经营决策主要通过参加股东大会行使表决权，而优先股股东在一般情况下没有投票表决权，不享有公司的决策参与权。只有在特殊的情况下，如果讨论涉及优先股东权益的议案时他们才能行使表决权。

与优先股票相比，普通股票是标准的股票，也是风险较大的股票。

二、记名股票和不记名股票

股票按是否记载股东姓名，可以分为记名股票和不记名股票。

1. 记名股票

所谓记名股票，是指在股票票面和股份公司的股东名册上记载股东姓名的股票。很多国家的公司法都对记名股票的有关事项做出了具体规定。一般来说，如果股票是归某人单独所有，则应记载持有人的姓名；如果股票是归国家授权投资的机构或者法人所有，则应记载国家授权投资的机构或者法人的名称；如果股票持有者因故改换姓名或者名称，就应到公司办理变更姓名或者名称的手续。《公司法》规定，股份有限公司向发起人、国家授权投资的机构、法人发行的股票，应当为记名股票，并应当记载该发起人、机构或者法人的名称，不得另立户名或者以代表人姓名记名。对社会公众发行的股票，可以为记名股票，也可以为无记名股票。发行记名股票的，应当置备股东名册，记载下列事项：股东的姓名或者名称及住所、各股东所持股份数、各股东所持股票的编号、各股东取得股份的日期。

2. 不记名股票

所谓不记名股票，是指在股票票面和股份公司股东名册上均不记载股东姓名的股票。不记名股票也称无记名股票，与记名股票的差别不是在股东权利等方面，而是在股票的记载方式上。不记名股票发行时一般留有存根联，它在形式上分为两部分：一部分是股票的主体，记载了有关公司的事项，如公司名称、股票所代表的股数等；另一部分是股息票，用于进行股息结算和行使增资权利。《公司法》规定：股份有限公司对社会公众发行的股票，可以为记名股票，也可以为无记名股票。发行无记名股票的公司应当记载其股票数量、编号及发行日期。

一般来说，记名股票的股东权利归属于记名股东，股东可以一次或分次缴纳出资款，股票转让相对复杂或受限制，但安全性高，便于挂失；而不记名股票，安全性较差，但转让相对简便，认购股票时要求一次缴纳出资款，股东权利归属于股票持有人。

三、有面额股票和无面额股票

股票按是否在股票票面上标明金额，可以分为有面额股票和无面额股票。

1. 有面额股票

所谓有面额股票，是指在股票票面上记载一定金额的股票。这一记载的金额又称为票面金额、票面价值或股票面值。股票票面金额的计算方法是用资本总额除以股份数，一般限定了最低票面金额。目前很多国家都通过法规，规定同次发行面额的股票其每股票面金额是等同的，票面金额一般以国家的主币为单位，大多数国家的股票都是有面额股票。《公司法》规定：股份有限公司的资本划分为股份，每一股的金额相等。有面额股票具有如下特点：

（1）可以明确表示每一股所代表的股权比例。例如，某股份有限公司发行1000万元的股票，每股面额为1元，则每股代表着公司净资产千万分之一的所有权。

（2）为股票发行价格的确定提供依据。《公司法》规定：股票发行价格可以按票面金额，也可以超过票面金额，但不得低于票面金额。可见，有面额股票的票面金额就成为股票发行价格的最低界限。

2. 无面额股票

所谓无面额股票，是指在股票票面上不记载股票面额，只注明它在公司总股本中所占比例的股票。无面额股票也称比例股票或份额股票。无面额股票的价值随股份公司资产的增减而相应增减。公司资产增加，每股价值上升；反之，公司资产减少，每股价值下降。无面额股票淡化了票面价值的概念，但仍然有内在价值，它与有面额股票的差别仅在表现形式上。也就是说，它们都代表着股东对公司资本总额的投资比例，股东享有同等的股东权利。20世纪早期，美国纽约州最先通过法律，允许发行无面额股票，以后美国其他州和其他一些国家也相继仿效。但目前世界上很多国家（包括我国）的公司法规定不允许发行这种股票。

无面额股票具有如下特点：

（1）发行或转让价格较灵活。由于没有票面金额，因而发行价格不受票面金额的限制。在转让时，投资者也不易受股票票面金额的影响，而更注重分析每股的实际价值。

（2）便于股票分割。如果股票有面额，分割时就需要办理面额变更手续。由于无面额股票不受票面金额的约束，发行该股票的公司能比较容易进行股票分割。

四、其他分类

1. A股、B股、H股、N股、S股

我国上市公司的股票分为A股、B股、H股、N股和S股等不同种类。这一区分主要依据股票的上市地点和所面对的投资者而定。

A股，即人民币普通股，是由我国境内公司发行，供境内机构、组织或个人（不含我国台、港、澳地区的投资者）以人民币认购和交易的普通股股票。

B股，即外币特种股票，是以人民币标明面值，以外币认购和买卖，在境内（上海和深圳）证券交易所上市交易的股票。最初，它的投资人为境外投资者和我国港澳台地区投资者，现已对我国内地投资者开放。上海证券交易所以美元计价，深圳证券交易所以港币计价。

H股，即在我国内地注册，在我国香港特别行政区上市的外资股，我国香港特别行政区的英文是Hong Kong，取其字首，即为H股。

N股是指那些在中国内地注册、在纽约（New York）上市的外资股。

另外，在我国A股市场，当股票名称前出现了N字，表示这只股是当日新上市的股票，字母N是英语New（新）的缩写。看到带有N字头的股票时，投资者除了知道它是新股，还应认识到这只股票的股价当日在市场上是不受涨跌幅限制的，涨幅可以高于10%，跌幅也可大于10%。这样就较容易控制风险和把握投资机会。

S股是指主要生产或者经营等核心业务在中国大陆而企业的注册地在新加坡（singapore）或者其他国家和地区，但是在新加坡交易所上市挂牌的企业股票。

另外在我国A股市场，当股票名称前出现了S字，表示这只股票在我国是指尚未进行股权分置改革或者已进入改革程序但尚未实施股权分置改革方案的股票，在股名前加S。此标记从2006年10月9日起启用，日涨跌幅仍为±10%（ST股为5%）。从2007年1月8日起，日涨跌幅调整为±5%。

2. 蓝筹股、成长股、周期性股票

根据公司特征和其股价表现，股票可分为蓝筹股、成长股、周期性股票等几种。

蓝筹股是指那些在其所属行业内占有重要支配性地位、业绩优良、成交活跃、红利优厚的大公司股票。"蓝筹"一词源于西方赌场，在西方赌场中，有三种颜色的筹码，其中蓝色筹码最为值钱，红色筹码次之，白色筹码最差，投资者便把这些术语套用到股票上。

成长股是指这样一些公司所发行的股票，它们的销售额和利润额持续增长，而且其速度快于整个国家和所在行业的增长速度。这些公司通常有较好的业务战略规划，注重产品创新和技术的更新换代，留有大量利润作为再投资以促进其扩张。这类型股票，虽然短期的收益

并不是很高，但随着公司的成长和发展，股价也会上升，投资者可以获得长期收益。

周期性股票是数量最多的股票类型，是指支付股息非常高（当然股价也相对高），并随着经济周期的盛衰而涨落的股票。这类股票多为投机性的股票，当整体经济上行时，这些股票的价格也迅速上升；当整体经济下行时，这些股票的价格也迅速下跌。中国典型的周期性行业包括钢铁、有色金属、化工等基础大宗原材料行业、水泥等建筑材料行业、工程机械、机床、重型卡车、装备制造等资本集约型领域。当经济高速增长时，市场对这些行业的产品需求也高涨，这些行业所在公司的业绩改善就会非常明显，其股票就会受到投资者的追捧。

与周期性股票对应的是非周期性股票，非周期性股票大多是那些生产生活必需品的公司，这些公司具有不论经济走势如何，人们对这些产品的需求都不会有太大变动的特点，如食品和医药行业。

3. 国有股、法人股、社会公众股和外资股

按投资主体的不同，我国现行的股票分为国有股、法人股、社会公众股和外资股等不同类型。国有股是指有权代表国家投资的部门或机构以国有资产向公司投资形成的股份，包括以公司现有国有资产折算而形成的股份。国有股从资金来源上看，主要包括以下三个方面：

(1) 现有国有企业改组为股份公司时所拥有的净资产。

(2) 现阶段有权代表国家投资的政府部门向新组建的股份公司的投资。

(3) 经授权代表国家投资的投资公司、资产经营公司、经济实体性总公司等机构向新组建股份公司的投资。

法人股是指企业法人或具有法人资格的事业单位和社会团体，以其依法可支配的资产，向股份有限公司非上市流通股权部分投资所形成的股份。法人持股所形成的也是所有权关系，是法人经营自身财产的一种投资行为。法人股股票以法人记名。

社会公众股是指我国境内个人和机构，以其合法财产向股份公司可上市流通股权部分投资所形成的股份。在社会募集方式下，股份公司发行的股份，除了由发起人认购一部分外，其余部分应该向社会公众公开发行。《中华人民共和国证券法》（简称《证券法》）规定，公司申请股票上市条件之一是：向社会公开发行的股份达到公司股份总数的25%以上，公司股本总额超过人民币4亿元的，向社会公开发行股份的比例为10%以上。

外资股是指股份公司向外国和我国港、澳、台地区发行的股票，这是我国股份公司吸收外资的一种方式。外资股按上市地域可以分为境内上市外资股和境外上市外资股。

第三节 股票与储蓄、债券、投资基金的区别

存款储蓄、债券、股票、投资基金都是人们用一定数额的资金进行投资或理财的方式，都属于金融活动。

存款储蓄是银行存款的一种，专门吸收居民的节余货币收入。人们将资金存放在银行里，银行按中央银行公布的利率支付一定的利息。这种方式获得的收益比较低，风险也较低。风

险主要来自银行利率低于通货膨胀率，使自己的财富缩水。如果社会经济发展较好，没有通货膨胀，收益就是高于本金的那一部分利息。钱可随用随取。

债券是政府、金融机构、工商企业为了筹措资金，向投资者发行，同时按一定利率支付利息并按约定条件偿还本金的债权债务凭证。债券利率比银行储蓄利率高，收益比存款高。个人投资者只要在证券公司的营业部开设债券账户，就可以像买股票一样来购买债券，也可以在债券发行期间到银行柜台认购凭证式国债和面向银行柜台债券市场发行的记账式国债。

股票是股份公司签发的证明股东所持股份的凭证，是公司股份的形式。投资者通过证券公司在股票市场购买股票成为发行公司的股东，按持股份额获得经营收益和参与重大决策表决。拥有股票就代表拥有上市公司的部分所有权。股票价格随着股票市场的波动而波动，其价格是随时变化的，其收益具有一定的波动性，风险较大。购买股票后，投资者就不能要求退股，只有将股票重新卖出后，钱才能重新回到自己的账户。如果股票卖出时价格比买进时高就会有收益，反之，就会亏损。

证券投资基金是一种利益共享、风险共担的集合证券投资方式，即通过发行基金单位集中投资者的资金，由基金托管人托管，由基金管理人管理和运用资金，从事股票、债券等金融产品的投资。

它们之间的区别将在下文中一一进行比较。

一、债券与股票的比较

1. 债券与股票的相同点

（1）两者都属于有价证券。

尽管股票和债券有各自的特点，但它们都属于有价证券。债券和股票作为有价证券体系中的一员，是虚拟资本，它们本身无价值，但又都是真实资本的代表。持有债券或股票，都可能获取一定的收益，并能行使各自的权利和流通转让。债券和股票都在证券市场上交易，并构成了证券市场的两大支柱。

（2）两者都是筹措资金的手段。

债券和股票都是有关经济主体为筹资需要而发行的有价证券。经济主体在社会经济活动中必然会产生对资金的需求，从资金融通的角度看，债券和股票都是筹资手段；与向银行贷款等间接融资相比，发行债券和股票筹资的数额大、时间长、成本低，且不受贷款银行的条件限制。

（3）两者的收益率相互影响。

从单个债券和股票看，它们的收益率经常会有差异，而且有时差距还很大。但是，总体而言，如果市场是有效的，则债券的平均利率和股票的平均收益率会大体保持相对稳定的关系，其差异反映了两者风险程度的差别。这是因为在市场规律的作用下，证券市场上一种融资手段收益率的变动，会引起另一种融资手段收益率发生同向变动。

2. 债券与股票的区别

（1）两者权利不同。

债券是债权凭证，债券持有者与债券发行人之间的经济关系是债权债务关系，债券持有者只可按期获取利息及到期收回本金，无权参与公司的经营决策。股票则不同，股票是所有权凭证，股票所有者是发行股票公司的股东，股东一般拥有表决权，可以通过参加股东大会选举董事、参与公司重大事项的审议和表决，行使对公司的经营决策权和监督权。

（2）两者目的不同。

发行债券是公司追加资金的需要，它属于公司的负债，不是资本金。发行股票则是股份公司创办企业和增加资本的需要，筹措的资金列入公司资本。而且，发行债券的经济主体很多，中央政府、地方政府、金融机构、公司企业等一般都可以发行债券，但能发行股票的经济主体只有股份有限公司。

（3）两者期限不同。

债券一般有规定的偿还期，期满时债务人必须按时归还本金，因此债券是一种有期投资。股票通常是不能偿还的，一旦投资入股，股东便不能从股份公司抽回本金，因此股票是一种无期投资，或称永久投资，但是股票持有者可以通过市场转让收回投资资金。

（4）两者收益不同。

债券通常有规定的利率，可获得固定的利息。股票的股息红利不固定，一般视公司经营情况而定。

（5）两者风险不同。

股票风险较大，债券风险相对较小。其原因是：第一，债券利息是公司的固定支出，属于费用范围。股票的股息红利是公司利润的一部分，公司有盈利才能支付，而且支付顺序列在债券利息支付和纳税之后。第二，倘若公司破产，清理资产有余额偿还时，债券偿付在前，股票偿付在后。第三，在二级市场上，债券因其利率固定，期限固定，市场价格也较稳定，而股票无固定期限和利率，受各种宏观因素和微观因素的影响，市场价格波动频繁，涨跌幅度也较大。

二、证券投资基金与股票、债券的区别

1. 反映的经济关系不同

基金单位的持有人是基金的受益人，体现的是信托关系。股票持有人是公司的股东，有权对公司的重大决策发表自己的意见，反映的是所有权关系。债券的持有人是债券发行人的债权人，享有到期收回本息的权利，反映的是债权债务关系。

2. 筹集资金的投向不同

股票和债券是直接投资工具，筹集的资金主要投向实业，而基金是间接投资工具，筹集的资金主要投向有价证券等金融工具。

3. 风险水平不同

股票的直接收益取决于发行公司的经营效益，不确定性强，投资于股票有较大的风险。

债券的直接收益取决于债券利率，而债券利率一般是事先确定的，投资风险较小。基金投资的基本原则是组合投资，分散风险，把资金按不同的比例分别投于不同期限、不同种类的有价证券，把风险降至最低程度，投资选择灵活多样，从而使基金的收益有可能高于债券，投资风险可能小于股票。因此，基金能满足那些不能或不宜直接参与股票、债券投资的个人或机构的需要。

4. 收益情况不同

基金和股票的收益是不确定的，债券的收益是确定的。一般情况下，基金的收益比债券的高。

5. 投资方式不同

证券投资基金是一种间接的证券投资方式，基金的投资者不再直接参与有价证券的买卖活动，不再直接承担投资风险，而是委托基金管理人具体负责投资方向的确定、投资对象的选择。股票是投资者自行做出决策、直接参与有价证券的买卖活动，直接承担投资风险。债券是投资者自行做出决策，直接参与有价证券的买卖活动，直接承担投资风险。

6. 投资回收方式不同

投资基金则要视所持有的基金形态不同而有区别，封闭型基金有一定的期限，期满后，投资者可按持有的份额分得相应的剩余资产。在封闭期内还可以在交易市场上变现。开放型基金一般没有期限，但投资者可随时向基金管理人要求赎回。股票投资是无限期的，除非公司破产、进入清算，投资者不得从公司收回投资，只能在证券交易市场上按市场价格进行变现。债券投资有一定的期限，期满后收回本金。

三、开放式基金与银行储蓄比较

1. 资金投资方向

开放式基金将投资者的资金投资于证券市场，包括股票、债券等，通过股票分红或债券利息来获得稳定的收益，同时通过证券市场差价来获得资本利得。银行将储蓄存款的资金通过企业贷款或个人信贷的渠道投放到生产或消费领域，以获取利差收入。

2. 合约

开放式基金将募集到的资金投放到证券市场，基金管理人只是代替投资者管理资金，基金合约属于股权合约，基金管理者并不保证资金的收益率，投资者赎回基金的时候按每份基金的净值获得资金。存款合约属于债权类合约，银行对存款者负有完全的法定偿债责任。

3. 风险

基金管理者并不保证资金的收益率，其风险直接与证券市场行情和管理人的管理水平相关。银行储蓄存款的风险比开放式基金的风险小得多。

4. 收益

开放式基金的收益率在正常情况下比存款利率高,但是基金的收益是不固定的,当市场行情好、管理人管理得好时,基金的收益就会较存款利率高,反之则低。不同的基金的收益也各不相同。银行储蓄存款的收益来自于利息,在一般情况下,无论银行效益如何,利率都是相对固定的。不同银行的存款利率水平基本是相同的。

5. 变现现金成本

开放式基金的赎回和申购则需要缴纳一定的费用,所以投资者的资金转换有一定的成本。银行存款的存入和提取不需要支付任何费用。

6. 管理信息透明度

开放式基金管理人则必须定期向投资者公布基金投资情况和基金净值,投资者随时都可以知道自己的投资可以兑现多少现金。银行吸收存款之后,没有义务向存款人披露资金的运行情况。

第四节 股票的价值与价格

股票作为一种有价证券,体现着一定的价值,并以一定的价格在股票市场上进行流通买卖。那么,什么是股票的价值?股票的价格表现形式又有哪些?

一、股票价值的含义

从本质上讲,股票自身并没有价值,也不可能有价格,它仅仅是用以证明持有人具有财产权利的法律凭证,并不具有普通商品所包含的使用价值,也没有形成价格的劳动价值。然而,股票在实际生活中存在着价值,因为持有股票后,股东不但可参加股东大会,对股份公司的经营决策施加影响,而且还能享受分红和派息的权利,获得相应的经济利益,因此它代表着获取利益的权利,能够给持有者带来股息、红利收入。所以,股票的价值就是用货币来衡量的作为获利手段的价值。所谓获利手段,即凭借着股票,持有人可取得的经济利益,利益愈大,股票的价值就愈高。这就是股票的理论价值,我们也称之为股票的内在价值。日常生活中,我们所见的股票流通转让,其实质就是这种获利凭证的让渡,所以它可以作为一种特殊的商品进入市场流通转让,而股票的价值,就是用货币的形式来衡量股票作为获利手段的价值。

股票作为一种虚拟资本,其价值主要分为如下几种形式。

1. 股票的票面价值

股票的票面价值即股票面值,它是股份有限公司在其所发行的股票上标明的票面金额,它以元（A 股）为单位，其作用是用来表明每一张股票所包含的资本数额。股票的面值一般都印在股票的正面且基本都是整数，如百元、拾元、壹元等。在上海和深圳证券交易所流通的股票，其面值都统一定为壹元，即每股一元。股票票面价值的最初目的是保证股票持有者在退股之时能够收回票面所标明的资产。随着股票的发展，购买股票后将不能再退股，所以股票面值现在的作用：一是表明股票的认购者在股份公司投资中所占的比例，作为确认股东权利的根据。二是在首次发行股票时，将股票的面值作为发行定价的一个依据。

股票的票面价值仅在初次发行时有一定的意义，如果股票以面值发行，则股票面值的总和即为公司的资本金总额。但一般来说，股票的发行价都将会高于面值。当股票进入二级市场流通后，随着时间的推移，公司的净资产会发生变化，每股净资产会逐渐背离面值，股票的票面价值也就逐渐失去了原来的意义。股票的价格就会与股票的面值相分离了，彼此之间并没有什么直接的联系，股民将它炒多高，它就会有多高。

2. 股票的账面价值

股票的账面价值又称股票净值或每股净资产，是指每股股票所包含的实际资产的价值。它是股份有限公司财务报表的计算结果值。其计算方法是，公司资本额加上公司的各种公积金，再加上公司的累积盈余所得款额，再除以发行股票的股数就是每股的净值。可见，股票的账面价值实际上就是公司的资产。它是公司经营管理者、证券分析师和投资者分析公司财务状况的重要指标。

由于账面价值是财会计算的结果，其数字准确程度较高，可信度较强，所以它是股票投资者评估和分析上市公司经营实力的重要依据之一。股份公司的账面价值高，则股东实际所拥有的财产就多；反之，股票的账面价值低，股东拥有的财产就少。股票的账面价值对股票投资者进行股票投资价值分析具有较大的参考作用，它是产生股票价格的直接根据，因为股票价格愈贴近每股净资产，股票的价格就愈接近于股票的账面价值。

在股票市场中，股民除了要关注股份公司的经营状况和盈利水平外，还需特别注意股票的净资产含量。净资产含量愈高，公司自己所拥有的资本就越多，抗拒各种风险的能力也就越强。

3. 股票的清算价值

股票的清算价值是指股份有限公司进行清算时，股票的每一股份所代表的实际价值。一般是在公司解散时才需要清算。公司解散时，办理清算事宜的程序为变卖财产、收回债权、清偿债务、分配剩余财产。最终每股所能分到的剩余财产就是该股票的清算价值。从理论上讲，普通股股票的每股清算价值应当与每股的账面价值一致，但实际上，大多数股份有限公司在财产清算时，往往要压低价格才能出售其资产，这就导致每股股票的清算价值低于账面价值，只有少数公司能用高于账面价值的清算价值出售其资产。可见，股票清算价值也是进行投资分析时使用的一个概念，只有在公司破产或其他原因解散时，才用它来评定股票的价值。

4. 股票的市场价值

股票的市场价值也称股票的市值，指股票在股票市场进行交易过程中所具有的价值。股票的市场价值由于受到市场各种因素的影响,是一个经常变动的数值,它直接反映了股票的市场行情。

5. 股票的内在价值

股票的内在价值,是某一时刻股票的真正价值,它也是股票的投资价值。计算股票的内在价值需用折现法。由于在上市公司的寿命期间,上市公司的每股税后利润及社会平均投资收益率等都是未知数,所以股票的内在价值难以计算,在实际应用中,一般都是取预测值。

二、股票价格的含义

股票的价格可以分为发行价格、理论价格和市场价格三种主要形式。

1. 股票的发行价格

股票的发行价格是股份有限公司将股票公开发售给特定或非特定投资者所采用的价格,一般是由发行公司与证券承销商议定的价格。根据发行价与票面金额的不同差异,发行价格可以分为面值发行、折价发行和溢价发行。一般而言,在确定股票发行价格时,应综合考虑公司的盈利水平、发展潜力、发行数量、行业特点以及股市状态等影响股价的基本因素。

股票发行价格的确定有三种情况:

(1) 股票的发行价格就是股票的票面价值。

(2) 股票的发行价格以股票在流通市场上的价格为基准来确定。

(3) 股票的发行价格在股票面值与市场流通价格之间,通常在对原有股东有偿配股时采用这种价格。

国际市场上确定股票发行价格的公式:

$$股票发行价格 = 市盈率还原值 \times 40\% + 股息还原率 \times 20\% + 每股净值 \times 20\% + 预计当年股息与一年期存款利率还原值 \times 20\%$$

这个公式全面地考虑了影响股票发行价格的若干因素,如利率、股息、流通市场的股票价格等,值得借鉴。

2. 股票的理论价格

股票的理论价格是依据股票价格理论计算出来的价格,即投资者能从股票上获得的全部现金回报的现值。现金回报包括股利和最终售出股票的收益,其现值是股票的内在价值。它完全不同于股票的实际价格,有时两者相差很大。当市场价格低于内在价值时买进,反之卖出。

股票代表的是持有者的股东权。这种股东权的直接经济利益,表现为股息和红利收入。股票的理论价格,就是为获得这种股息、红利收入的请求权而付出的代价,是股息资本化的表现。

静态地看,股息收入与利息收入具有同样的意义。投资者是把资金投资于股票还是存于银行,这首先取决于哪一种投资的收益率高。按照等量资本获得等量利润的理论,如果股息率高于利率,人们对股票的需求就会增加,股票价格就会上涨,从而股息率就会下降,一直降到股息率与市场利率大体一致为止。按照这种分析，可以得出股票的理论价格公式为：

$$股票理论价格 = 股息红利收益 / 市场利率$$

计算股票的理论价格需要考虑的因素包括：预期股息和必要收益率。在现实中，股票理论价格与股票实际价格并不一致，但是计算它有着特殊意义；即它能为预测股票市场价格的变动趋势提供重要依据，所以投资者常用股票理论价格来分析研究或预测股票市场价格变动的规律性，为投资决策提供参考依据。

3. 股票的市场价格

股票的市场价格是股票在交易市场上流通转让时的价格。它的最大特点是其价格的不确定性。当股票完成发行活动进入交易市场后，就处于不断的流动过程中，从而脱离股份有限公司的直接支配，成为股票持有者的独立财产。股票的流通买卖是股票持有人行使处分权的结果，其价格由双方当事人随行就市来确定。股票的市场价格又可分为开盘价格、收盘价格、最高价格、最低价格、平均价格、最新价等。

三、影响股票投资价值的因素

1. 影响股票投资价值的内部因素

一般来讲，影响股票投资价值的内部因素主要包括公司净资产、盈利水平、股利政策、股份分割、增资和减资以及资产重组等。

（1）净资产。

净资产或资产净值是总资产减去总负债后的净值，是全体股东的权益，是决定股票投资价值的重要基础。公司经过一段时间的营运，其资产净值必然有所变动。股票作为投资的凭证，每一股代表一定数量的净值。从理论上讲，净值应与股价保持一定比例，即净值增加，股价上涨；净值减少，股价下跌。

（2）盈利水平。

公司业绩好坏集中表现在其盈利水平高低。公司的盈利水平是影响股票投资价值的基本因素之一。在一般情况下，预期公司盈利增加，可分配的股利也会相应增加，股票市场价格上涨；预期公司盈利减少，可分配的股利也相应减少，股票市场价格下降。但值得注意的是，股票价格的涨跌和公司盈利的变化并不完全同时发生。

（3）股利政策。

股份公司的股利政策直接影响股票投资价值。一般情况下，公司的股利水平与股票价格成正比。其股利水平越高，股票价格越高；反之，其股利水平越低，股票价格越低。股利来自于公司的税后盈利，但公司盈利的增加只为股利分配提供了可能，并非盈利增加股利一定增加。公司为了合理地在扩大再生产和回报股东之间分配盈利，会有一定的股利政策。股利政策体现了公司的经营作风和发展潜力，不同的股利政策对各期股利收入有不同影响。此外，公司对股利的分配方式也会给股价波动带来影响。

(4) 股份分割。

股份分割又称拆股或拆细,是将原有股份均等地拆成若干较小的股份。股份分割一般在年度决算月份进行,通常会刺激股价上升。股份分割给投资者带来的不是现实的利益,因为股份分割前后投资者持有的公司净资产和以前一样,得到的股利也相同。但是,投资者持有的股份数量增加了,给投资者带来了今后能多分股利和更高收益的预期,因此股份分割往往比增加股利分配对股价上涨的刺激作用更大。

(5) 增资和减资。

公司因业务发展需要增加资本额而发行新股的行为,对不同公司股票价格的影响不尽相同。在没有产生相应效益前,增资可能会使每股净资产下降,因而可能会促使股价下跌。但对那些业绩优良、财务结构健全、具有发展潜力的公司而言,增资意味着将增加公司经营实力,给股东带来更多回报,股价不仅不会下跌,可能还会上涨。当公司宣布减资时,多半是因为经营不善、亏损严重、需要重新整顿,股价会大幅下降。

(6) 资产重组。

资产重组总会引起公司价值的巨大变动,因而其股价也随之产生剧烈的波动。但需要分析资产重组对公司是否有利,重组后是否会改善公司的经营状况,因为这些是决定股价变动方向的决定因素。

2. 影响股票投资价值的外部因素

一般来讲,影响股票投资价值的外部因素主要包括宏观经济因素、行业因素及市场因素。

(1) 宏观经济因素。

宏观经济走向和相关政策是影响股票投资价值的重要因素。宏观经济走向包括经济周期、通货变动以及国际经济形势等因素。国家的货币政策、财政政策、收入分配政策和对证券市场的监管政策等都会对股票的投资价值产生影响。

(2) 行业因素。

产业的发展状况和趋势对于该产业上市公司的影响是巨大的,因而产业的发展状况和趋势、国家的产业政策和相关产业的发展等都会对该产业上市公司的股票投资价值产生影响。

(3) 市场因素。

证券市场上投资者对股票走势的心理预期会对股票价格走势产生重要的影响。市场中的散户投资者往往有从众心理,对股市产生助涨助跌的作用。

四、股票内在价值的计算方法

1. 现金流贴现模型

现金流贴现模型是运用收入的资本化定价方法来决定普通股票内在价值的方法。按照收入的资本化定价方法,任何资产的内在价值是由拥有资产的投资者在未来时期所接受的现金流决定的。由于现金流是未来时期的预期值,因此必须按照一定的贴现率返还成现值。也就是说，一种资产的内在价值等于预期现金流的贴现值。对股票而言，预期现金流即为预期未来支付的股息。因此，贴现现金流模型的一般公式如下：

$$V_s = \sum_{t=1}^{\infty} \frac{D_t}{(1+r)^t}$$

式中　V_s——股票在期初的内在价值；

　　　D_t——t时期末以现金形式表示的每股股息；

　　　r——一定风险程度下现金流的适合贴现率，即必要收益率。

2. 股利零增长条件下的估价模型（又称"零增长模型"）

所谓零增长，就是未来每期支付的每股股息都将固定不变。此种普通股即称为"零增长股"。由零增长的定义可知，未来每期支付的每股股息都将固定不变，因此，零增长模型的公式为：

$$V_s = \frac{D}{r}$$

式中　V_s——股票内在价值；

　　　D——未来每期支付的每股股息；

　　　r——到期收益率。

【例1-1】假定某公司在未来每期支付的每股股息为8元，必要收益率为10%，运用零增长模型，可知该公司股票的价值为80元（即8÷0.1）；而当时股票价格为65元，每股股票净现值为15元（即80－65）。这说明该股股票被低估15元，因此可以购买该种股票。

零增长模型的应用似乎受到相当的限制，毕竟假定对某一种股票永远支付固定的股息是不合理的，但在特定的情况下，对于决定普通股票的价值仍然是有用的。在决定优先股的内在价值时这种模型很有用，因为大多数优先股支付的股息是固定的。

3. 固定增长条件下的估价模型（又称"不变增长模型"）

不变增长模型可以分为两种形式：一种是股息按照不变的增长率增长；另一种是股息以固定不变的绝对值增长。相比之下，前者比后者更为常见。因此，我们主要对股息按照不变增长率增长这种情况进行介绍。

如果我们假设股息永远按不变的增长比例（g）增长，运用数学中无穷等比级数的性质，可得出不变增长模型：

$$V_s = \frac{D}{r-g}$$

式中　V_s——股票内在价值；

　　　D——基期支付的每股股息；

　　　r——到期收益率；

　　　g——不变的股息增长率。

【例1-2】2008年某公司支付每股股息为1.80元，预计在未来日子里该公司股票的股息按每年5%的速率增长。因此，预期下一年股息为1.89元［即1.80×（1＋5%）］。假定必要收益

率是11%,根据不变增长模型公式可知,该公司股票的价值为:

$$1.80 \times (1+5\%) \div (11\%-5\%) = 31.50 (元)$$

若当前每股股票价格是40元,因此股票被高估8.50元,投资者应该出售该股票。零增长模型实际上是不变增长模型的一个特例。假定增长率g等于零,股息将永远按固定数量支付,这时不变增长模型就是零增长模型。

4. 多元增长条件下的估价(又称"可变增长模型")

零增长模型和不变增长模型都对股息的增长率进行了一定的假设。事实上,股息的增长率是变化不定的,因此,零增长模型和不变增长模型并不能很好地在现实中对股票的价值进行评估。下面,我们主要对可变增长模型中的二元增长模型进行介绍。二元增长模型假定在时间T以前,股息以一个不变的增长速度g_1增长;在时间T后,股息以另一个不变的增长速度g_2增长。在此假定下,我们可以建立二元可变增长模型:

$$V_s = \sum_{t=1}^{T} \frac{D_0(1+g_1)^t}{(1+r)^t} + \frac{D_{T+1}}{r-g_2}/(1+r)^T$$

$$D_{T+1} = D_0(1+g_1)^t(1+g_2)$$

式中 V_s——股票理论内在价值;
D_0——公司目前股息;
D_{T+1}——公司$T+1$年后的股息;
r——到期收益率;
g——不变的股息增长率。

【例1-3】A公司目前股息为每股0.20元,预期回报率为16%,未来5年中超常态增长率为20%,随后的增长率为10%,试求A公司股票的理论价值?

解:将$D_0=0.20$,$g_1=0.20$,$g_2=0.10$,$T=5$,$r=0.16$,代入二元可变增长模型得

$$V_s = \sum_{t=1}^{T} \frac{D_0(1+g_1)^t}{(1+r)^t} + \frac{D_{T+1}}{r-g_2}/(1+r)^T = 5.45 (元)$$

因此,A公司股票的理论价值为5.45元。当市场价格高于5.45元时,投资者应该出售该股票;反之,若市场价格低于5.45元,则投资者应该买进该股票。

从本质上来说,零增长模型和不变增长模型都可以看成是可变增长模型的特例。例如,在二元增长模型中,当两个阶段的股息增长率都为零时,二元增长模型就是零增长模型;当两个阶段的股息增长率相等且不为零时,二元增长模型就是不变增长模型。相对于零增长模型和不变增长模型而言,二元增长模型较为接近实际情况。然而,对于股票的增长形态,我们可以给予更细的分析,以更贴近实际情况。与二元增长模型相类似,我们还可以建立三元等多元增长模型,其原理、方法和应用方式与二元增长模型差不多,证券分析者可以根据自己的实际需要加以考虑。

五、股票市场价格计算方法—— 市盈率估价方法

市盈率又称价格收益比或本益比率,其计算公式为:

$$市盈率 = 每股价格/每股收益$$

如果我们能分别估计出股票的市盈率和每股收益,那么我们就能由此公式估计出股票价格,即:

$$V_s = 市盈率 \times 每股收益(EPS)$$

市盈率估价方法主要应用在:

(1) 进行横向比较评估,确定股票发行价格。例如,甲乙两公司,行业相同,股本规模相似,在确定乙公司的股票发行价格时,如已知甲公司的市盈率为 20 倍,每股收益 0.5 元,则可计算甲公司的价值为 $V_s = 0.5 \times 20 = 10$(元),据此价格进行横向比较评估,我们就可以确定乙公司的股票发行价格。

(2) 纵向比较估价,通过预测每股收益的变化而估价。例如,某公司估计未来两年盈利为 2 元/股,3 年平均市盈率为 25,两年后的价格可能会达到 $2 \times 25 = 50$(元)。这种方法的主要优点是简便,但随意性大。

六、市净率在股票价值估计上的应用

市净率又称净资产倍率,是每股市场价格与每股净资产之间的比率,其计算公式为:

$$市净率 = 每股市场价格/每股净资产$$

上述公式中的每股净资产又称账面价值,指每股股票所含的实际资产价值,是支撑股票市场价格的物质基础,也代表公司解散时股东可分得的权益,通常被认为是股票价格下跌的底线。每股净资产的数额越大,表明公司内部积累越雄厚,抵御外来因素影响的能力越强。正因为如此,市净率反映的是相对于净资产,股票当前的市场价格是处于较高水平还是较低水平。市净率越大,说明股价处于较高水平;反之,市净率越小,说明股价处于较低水平。

市净率与市盈率相比,前者通常用于考察股票的内在价值,多为长期投资者所重视;后者通常用于考察股票的供求状况,更被短期投资者所关注。

第二章 股票投资市场

第一节 股票投资市场概述

股票投资市场是股票等有价证券发行和交易的场所。它是商品经济和社会化大生产发展到一定阶段的产物，是为解决资本供求矛盾和流动性而产生的市场。股票投资市场以股票发行与交易的方式实现了筹资与投资功能的对接，有效地化解了资本的供求矛盾和资本结构调整的难题。

一、股票投资市场的特征

股票投资市场具有以下三个显著特征：
(1) 股票投资市场是价值直接交换的场所。由于股票的价格是价值的一种直接表现形式，因此股票投资市场本质上是价值的直接交换场所。
(2) 股票投资市场是财产权利直接交换的场所。由于股票本身是一定量的财产权利的代表，代表着对一定数额财产的所有权或债权以及相关的收益权，因此股票投资市场实际上是财产权利的直接交换场所。
(3) 股票投资市场是风险直接交换的场所。股票既是一定收益权利的代表，同时也是一定风险的代表。股票的交换在转让出一定收益权的同时，也把该股票所特有的风险转让出去。所以，从风险的角度来分析，股票投资市场也是风险直接交换的场所。

二、股票投资市场与一般商品市场的区别

股票投资市场与一般商品市场的区别主要表现在以下方面：

1. 交易对象不同

一般商品市场的交易对象是各种具有不同使用价值、能满足人们某种特定需要的商品，而股票投资市场的交易对象是作为经济权益凭证的股票等有价证券。

2. 交易目的不同

股票投资交易的目的是实现投资收益，或筹集资金，而购买商品的目的主要是满足某种消费的需要。

3. 交易对象的价格决定机制不同

商品市场的价格，其实质是商品价值的货币表现，取决于生产商品所需的社会必要劳动时间；而股票投资市场的股票价格实质是利润的分割，是预期收益的市场表现，影响因素较多，与市场利率的关系密切。

4. 市场风险不同

一般商品市场由于实行的是等价交换原则，价格波动较小，市场前景的可预测性较强，因而风险较小；而股票投资市场影响因素的复杂多变，价格波动性大且有不可预测性，投资者的投资能否取得预期收益具有较大的不确定性，所以风险较大。

5. 交易关系不同

商品市场上交易过程简单，货币与商品两讫后买卖关系就结束，而股票投资市场就复杂得多。在股票投资市场上，如果出售者不是发行者，则交易后双方的关系结束，且发行者与股票购买者的关系也就随之确立；如果股票出售者是发行人，则交易后双方关系并未结束，出售者还需要按期向购买者支付股利或利息。

三、股票投资市场与借贷市场的区别

1. 交易性质不同

借贷市场上的交易虽然也是资金供求双方之间的交易，但它是借与贷，形成债权债务关系；而股票投资市场上的交易却是买与卖，形成买卖关系。

2. 承担风险不同

借贷市场上资金供求双方是间接金融关系，风险主要由银行承担；而股票投资市场上的供求双方形成直接的金融关系，风险由投资者自己承担。

3. 收益来源不同

借贷市场上资金供给者的收益来自贷款利息；而股票投资市场上投资者的收益不仅来自股息和利息，而且还来自股票价格波动的差价收益。

4. 双方关系的确定性不同

在借贷市场上，债权人和债务人的关系在债务清偿之前是固定不变的；而在股票投资市场上，由于股票的可转让性，股权所有者或债权人具有不固定性。

四、股票投资市场的基本功能

股票投资市场综合反映国民经济运行的各个维度，被称为国民经济的"晴雨表"，客观上为观察和监控经济运行提供了直观的指标。它的基本功能包括以下六个方面。

1. 筹资与投资功能

筹资是股票投资市场最基本、最重要的功能。筹资者通过股票投资市场发行各种证券达到筹资的目的，投资者也通过股票投资市场找到合适的投资对象。两者通过股票投资市场买卖证券形成资金供求的平衡，从而维持和推动社会经济的正常运行。

2. 资本价格发现功能

在股票投资市场上，股票的发行价格和交易价格是通过股票的供给者和需求者的竞争形成的。股票发行价格通常是由股票发行人和股票承销商在对该股票投资市场的供求情况进行调查研究和分析预测的基础上，通过协商、投标或在股票交易网络中，由投资者竞价而产生的。因此，股票投资发行市场具有资本价格发现功能。股票交易价格是在股票投资交易市场上形成的，股票买卖双方在同一市场上公开竞价，直到双方都确认出一个合理的价格，买卖才能成交。所以，股票投资交易市场也具有发现和确认证券价格的功能。股票投资市场的价格发现功能为社会资金的合理流向和资源的优化配置起到了导向作用。

3. 资源配置功能

股票投资市场的资本配置功能是指通过股票价格引导资本的流动，从而实现资本合理配置的功能。在股票投资市场上，股票价格的高低是由该股票所能提供的预期报酬率的高低来决定的。股票价格的高低实际上是该股票筹资能力的反映；能提供高报酬率的股票一般来自那些经营好、发展潜力巨大的企业，或者是来自新兴行业的企业。由于这些股票的预期报酬率高，其市场价格相应也高，从而筹资能力就强。这样，股票投资市场就引导资本流向能产生高报酬的企业或行业，从而使资本产生尽可能高的效率，进而实现资本的合理配置。

4. 转换机制

企业如果要通过股票投资筹集资金，必须改制成为股份有限公司，按照股份公司的机制来运作，形成三级授权关系：股东组成股东大会，通过股东大会选举董事会，董事会决定经理人选，经理具体负责企业正常运转。股份公司的这种组织形式，成功地分离了所有权和经营权，使公司的组织体制走上科学化、民主化、制度化和规范化的轨道。

5. 宏观调控

股票投资市场是国民经济的晴雨表，它能够灵敏地反映社会政治、经济发展的动向，为经济分析和宏观调控提供依据。政府利用股票投资市场进行宏观调控的手段主要是运用货币政策的三大工具：法定存款准备金率、再贴现率和公开市场业务。这三大工具之中的公开市场业务，需要完全依托证券市场来运作，通过证券的买入、卖出调节货币的供给，影响和控制商业银行的经营，进而实现调节和控制整个国民经济运行的目的。

6. 分散风险

股票投资市场在给投资者和融资者提供投融资渠道的同时，也提供了分散风险的途径。

从资金需求者来看，通过发行股票筹集资金，同时将其经营风险部分转移和分散给投资者，实现风险的社会化。证券作为流动性和收益性都相对较好的资产形式，可以有效地满足投资者的需要，而且投资者还可以选择不同性质、不同期限、不同风险和收益的证券构建证券组合，分散证券投资的风险。

五、涨跌停板介绍

涨跌停板制度源于国外早期证券市场，是为了防止交易价格的暴涨暴跌，抑制过度投机现象，对每只证券当天价格的涨跌幅度予以适当限制的一种交易制度，即规定交易价格在一个交易日中的最大波动幅度为前一交易日收盘价上下百分之几，超过后就停止交易。

我国证券市场现行的涨跌停板制度是1996年12月13日发布，1996年12月26日开始实施的，旨在保护广大投资者的利益，保持市场稳定，进一步推进市场的规范化。涨跌停板制度规定，除上市首日之外，股票（含A、B股）、基金类证券在一个交易日内的交易价格相对上一交易日收市价格的涨跌幅度不得超过10%，超过涨跌限价的委托为无效委托。

我国的涨跌停板制度与国外制度的主要区别在于股价达到涨跌停板后，不是完全停止交易，在涨跌停价位或之内价格的交易仍可继续，直到当日收市为止。

第二节　股票投资市场的层次结构

股票投资市场的层次结构是指股票投资市场的构成及其各部分之间的量比关系。股票投资市场的层次结构可分为发行市场和交易市场。

一、发行市场

发行市场又称为一级市场、初级市场，它是股份有限公司发行股票、筹集资金，将社会闲散资金转化为生产资金的场所。发行市场主要通过发行股票为上市公司筹集资金。股票发行市场通常无固定场所，没有统一的发行时间，是一个无形的市场。

1. **股票发行市场的作用**

股票发行市场的作用主要体现在以下三个方面：

（1）为资金需求者提供筹措资金的渠道。股票发行市场拥有大量的运行成熟的证券及金融衍生工具供发行者选择，发行者可以参照各类证券的收益水平、流通性、风险度、发行成本等不同特点，根据自己的需要和可能，选择拟发行股票的种类，并依据当时市场的供求关系和价格水平确定股票发行数量和价格水平。

（2）为资金供应者提供投资的机会，实现储蓄向投资转化。政府、企业和个人在经济活动中可能出现暂时闲置的货币资金,股票发行市场为这些资金提供了多种多样的投资机会,从而实现社会储蓄向投资转化。储蓄转化为投资是社会再生产顺利进行的必要条件。

(3)通过资金流动的收益导向机制,促进资源配置的不断优化。股票发行市场通过市场机制选择发行股票的主体,那些产业前景好、经营业绩优良和具有发展潜力的企业更容易从股票市场筹集所需的资金,从而使资金流入最能产生效益的行业和企业,达到促进资源优化的目的。

2. 股票发行市场的组成

股票发行市场主要由股票发行人、股票投资者和股票中介机构三部分组成。股票发行人是资金的需求者和股票的供应者,是指为筹措资金而发行股票和债券的政府机构、金融机构、公司和企业单位,是股票发行的主体;股票投资者是资金的供应者和股票的需求者,是指通过买入股票而进行投资的各类机构法人和自然人。相应的,股票投资人可分为机构投资者(政府机构、企业和事业单位、金融机构、各类基金)和个人投资者两大类;股票中介机构则是联系发行人和投资者的专业性中介服务组织。股票市场是依靠中介机构沟通股票供应者和需求者之间的联系,从而起到股票投资者与筹资者的桥梁作用。股票市场中介机构不仅保证了股票的发行和交易活动的正常进行,而且还发挥了维持股票市场秩序的作用。股票市场中介机构由股票经营机构(证券公司)和股票服务机构两类机构组成,证券服务机构主要包括证券登记结算公司、证券投资咨询公司、律师事务所、证券信用评级机构、资产评估机构、会计师事务所、证券信息公司等。此外,还包括自律性组织(有证券业协会和证券交易所)、股票监管机构。

3. 股票发行的方式

(1)按发行对象分类,股票发行的方式可分为公募发行和私募发行。

公募发行又称公开发行,是指向不特定对象发行证券、或向累计超过200人的特定对象发行证券以及法律、行政法规规定的其他发行行为。在公募发行方式下,任何合法的投资者都可以认购拟发行的证券。采用公募发行的有利之处在于:以众多投资者为发行对象,证券发行的数量多,筹集资金的潜力大;投资者范围广,可避免发行的证券过于集中或被少数人操纵;公募发行可增强证券的流动性,有利于提高发行人的社会信誉。但公募发行的发行条件比较严格,发行程序比较复杂,登记核准的时间较长,发行费用较高。

私募发行又称不公开发行或私下发行、内部发行,是指以特定少数投资者为对象的发行方式。私募发行的对象有两类:一类是公司的老股东或发行人的员工,另一类是投资基金、社会保险基金、保险公司、商业银行等金融机构以及与发行人有密切往来关系的企业等机构投资者。私募发行有确定的投资者,发行手续简单,可以节省发行时间和发行费用,但投资者数量有限,证券流通性较差,不利于提高发行人的社会信誉。

(2)按有无发行中介分类,股票发行的方式可分为直接发行和间接发行。

直接发行即发行人直接向投资者推销、出售股票的发行方式。这种发行方式可以节省向发行中介机构缴纳的手续费,降低发行成本。但如果发行额较大,若缺乏专业人才和发行网点,发行者自身要担负较大的发行风险。因此,这种方式只适用于有既定发行对象或发行人知名度高、发行数量少、风险低的证券。

间接发行是由发行公司委托证券公司等证券中介机构代理出售股票的发行方式。对发行人来说，采用间接发行可在较短时期内筹集到所需资金，发行风险较小；但需支付一定的手续费，发行成本较高。

一般情况下，间接发行是基本的、常见的方式，特别是公募发行，大多采用间接发行；而私募发行则以直接发行为主。《证券法》规定，向不特定对象发行的证券票面总值超过人民币5000万元的，应当由承销团承销。承销团应当由主承销商和参与承销的证券公司组成。

4. 股票发行制度

股票发行制度主要有两种：一是注册制，以美国为代表；二是核准制，以欧洲各国为代表。

股票发行注册制实行公开管理原则，实质上是一种发行公司的财务公开制度。它要求发行人提供关于股票发行本身以及和股票发行有关的一切信息。发行人不仅要完全公开有关信息，不得有重大遗漏，并且要对所提供信息的真实性、完整性和可靠性承担法律责任。发行人只要充分披露了有关信息，在注册申报后的规定时间内未被证券监管机构拒绝注册，就可以进行股票发行，无须再经过批准。股票发行实行注册制要求发行人向投资者提供股票发行的有关资料，但监管机构并不保证发行的股票资质优良，价格适当。

核准制是指发行人申请发行股票，不仅要公开披露与发行股票有关的信息，符合《公司法》和《证券法》所规定的条件，而且要求发行人将发行申请报请股票监管机构决定的审核制度。股票发行核准制实行实质管理原则，即股票发行人不仅要以真实状况的充分公开为条件，而且必须符合股票监管机构制定的若干适合于发行的实质条件。只有符合条件的发行人经股票监管机构的批准方可在股票市场上发行股票。实行核准制的目的在于股票监管机构能尽法律赋予的职能，使发行的证券符合公众利益和股票市场稳定发展的需要。

5. 我国的股票发行制度

（1）股票发行核准制。

在我国，股票发行核准制是指股票发行人提出发行申请，保荐机构（主承销商）向中国证监会推荐，中国证监会进行合规性初审后，提交发行审核委员会审核，最终经中国证监会核准后发行。核准制不仅强调公司信息披露，同时还要求必须符合一定的实质性条件，如企业盈利能力、公司管理水平等。核准制的核心是监管部门进行合规性审核，强化中介机构的责任，加大市场参与各方的行为约束，减少新股发行中的行政干预。

（2）股票发行上市保荐制度。

股票发行上市保荐制度是指由保荐机构及其保荐代表人负责发行人股票发行上市的推荐和辅导，经尽职调查（由中介机构在企业的配合下，对企业的历史数据和文档、管理人员的背景、市场风险、管理风险、技术风险和资金风险做全面深入的审核，多发生在企业公开发行股票上市和企业收购以及基金管理中）核实公司发行文件资料的真实、准确和完整性，协助发行人建立严格的信息披露制度。

（3）发行审核委员会制度。

发行审核委员会制度是股票发行核准制的重要组成部分。《证券法》规定国务院证券监督管理机构设发行审核委员会(以下简称"发审委")。发审委审核发行人股票发行申请以及可转换公司债券等中国证监会认可的其他证券的发行申请。发审委制度的建立和完善是不断提高发行审核专业化程度和透明度,增加社会监督和提高发行效率的重要举措。

6. 股票承销制度

股票发行的最终目的是将股票推销给投资者。发行人推销股票的方法有两种:一是自行销售,称为自销;二是委托他人代为销售,称为承销。一般情况下,公开发行以承销为主。承销是将股票销售业务委托给专门的股票经营机构(承销商)销售。按照发行风险的承担、所筹资金的划拨以及手续费的高低等因素划分,承销方式有包销和代销两种。

(1) 包销。

包销是指股票承销商将发行人的股票按照协议全部购入,或者在承销期结束时将售后剩余股票全部自行购入的承销方式。包销可分为全额包销和余额包销两种。

(2) 代销。

代销是指承销商代发行人发售股票,在承销期结束时,将未售出的股票全部退还给发行人的承销方式。

二、股票交易市场

股票交易市场又称"二级市场"或"次级市场",是对已经公开发行的股票提供买卖、转让和流通的市场。股票交易市场的作用在于:一是为各种类型的股票提供便利而充分的交易条件;二是为各种交易股票提供公开、公平、充分的价格竞争;三是实施公开、公正和及时的信息披露;四是提供安全、便利、迅捷的交易与交易后服务。

股票交易市场按交易活动是否在固定场所进行,可分为有形市场和无形市场。有形市场又称为场内市场,是指有固定场所的证券交易所市场。该市场是有组织、有制度的市场。无形市场又称为场外市场,是指没有固定交易场所的市场。随着现代通信技术的发展和电子计算机网络的广泛应用、交易技术和交易组织形式的演进,越来越多的证券交易不在有形的场内市场进行,而是通过经纪人或交易商的电传、电报、电话、网络等洽谈成交。目前场内市场与场外市场之间的截然划分已经不复存在,出现了多层次的证券市场结构。很多传统意义上的场外市场由于报价商和电子撮合系统的出现而具有了集中交易特征,而证券交易所市场也开始逐步推出兼容场外交易的交易组织形式。

(一) 证券交易所市场

证券交易所市场是有组织的市场,又称"场内交易市场",是指在一定的场所、一定的时间,按一定的规则集中买卖已发行证券而形成的市场。在我国,根据《证券法》的规定,证券交易所是为证券集中交易提供场所和设施,组织和监督证券交易,实行自律管理的法人。证券交易所的设立和解散,由国务院决定。

证券交易所的组织形式大致可以分为两类,即公司制和会员制。公司制的证券交易所是以股份有限公司形式组织并以盈利为目的的法人团体，一般由金融机构及各类民营公司组建。交易所章程中明确规定了作为股东的证券经纪商和证券自营商的名额、资格和公司存续期限。公司制的证券交易所必须遵守本国公司法的规定，在政府证券主管机构的管理和监督下，吸收各类证券挂牌上市。同时，任何成员公司的股东、高级职员、雇员都不能担任证券交易所的高级职员，以保证交易的公正性。

会员制的证券交易所是一个由会员自愿组成的、不以盈利为目的的社会法人团体。交易所设会员大会、理事会和监察委员会。我国上海证券交易所和深圳证券交易所都采用会员制，设会员大会、理事会和专门委员会。理事会是证券交易所的决策机构，理事会下面可以设立其他专门委员会。证券交易所设总经理，负责日常事务。总经理由国务院证券监督管理机构任免。会员制的证券交易所规定，进入证券交易所参与集中交易的，必须是证券交易所的会员或会员派出的入市代表；其他人要买卖在证券交易所上市的证券，必须通过会员进行。会员制证券交易所注重会员自律，在证券交易所内从事证券交易的人员，违反证券交易所有关规则的，由证券交易所给予纪律处分；对情节严重的撤销其资格，禁止其入场进行证券交易。

上海证券交易所（以上简称"上交所"）成立于1990年11月26日，同年12月19日开业，归属中国证监会垂直管理。按照"法制、监管、自律、规范"的八字方针，上海证券交易所致力于创造透明、开放、安全、高效的市场环境，其主要职能包括：提供证券交易的场所和设施；制定证券交易所的业务规则；接受上市申请，安排证券上市；组织、监督证券交易；对会员、上市公司进行监管；管理和公布市场信息。

上海证券交易所下设办公室、人事部（党委组织部）、党委办公室（党委宣传部）、纪检监察办公室、交易管理部、发行上市部、上市公司监管一部、上市公司监管二部、会员部、债券业务部、国际发展部、基金业务部、衍生品业务部、市场监察部、法律部、投资者教育部（企业培训中心）、总工程师办公室、信息中心、北京中心、财务部、风控与内审部、资本市场研究所、香港办事处、自贸区交易平台筹备工作小组、基建工作小组、花桥基地工作小组等内设部门或临时工作小组，以及控股子公司——上交所技术有限责任公司、上证所信息网络有限公司、上证金融服务有限公司，通过它们的合理分工和协调运作，有效地担当起证券市场组织者的角色。此外，上海证券交易所还参股了21家公司机构，大大拓展了服务范围。

经过二十六年的快速成长，上海证券交易所已发展成为拥有股票、债券、基金、衍生品四大类证券交易品种的、市场结构完整的证券交易所；拥有可支撑上海证券市场高效稳健运行的、世界先进的交易系统及基础通信设施；拥有可确保上海证券市场规范有序运作的、效能显著的自律监管体系。依托这些优势，上海证券市场的规模和投资者群体也在迅速壮大。2015年，泸市上市公司家数达1081家，总市值29.52万亿元，全年累计成交金额133.10万亿元，日均成交达5454.89亿元，股市筹资总额达8712.96亿元；债券市场挂牌只数达4538只，托管量3.44万亿元，累计成交122.85万亿元；基金市场上市只数达135只，累计成交10.38万亿元；衍生品市场上证50ETF期权累计权利金成交金额236.66亿元。投资者开户数量已达13 586万户。

深圳证券交易所（以下简称"深交所"）成立于1990年12月1日，主要职能包括：提供证券交易的场所和设施；制定本所业务规则；接受上市申请、安排证券上市；组织、监督证券交易；对会员和上市公司进行监管；管理和公布市场信息；中国证监会许可的其他职能。

深交所根植于中国改革开放的前沿,坚持党的领导,服务中国经济发展战略,致力于建设全球最具活力的资本市场平台。从主板、中小企业板到创业板,从股本证券、基金、固定收益到各类衍生品,深市多层次市场体系、多样化产品体系初具规模,成为金融服务改革开放全局、推进经济转型升级的重要平台。

(二)场外市场

1. 场外市场的特征

(1)场外交易市场是一个分散的无形市场。它没有固定的、集中的交易场所,而是由许多各自独立经营的证券经营机构分别进行交易,并且主要依靠电话、电报、电传和计算机网络联系成交。

(2)场外交易市场的组织方式大多采取做市商制。场外交易市场与证券交易所的区别在于不采取经纪制,投资者直接与证券商进行交易。在场外证券交易中,证券经营机构先行垫入资金买进若干证券作为库存,然后开始挂牌对外进行交易。

(3)场外交易市场是一个拥有众多证券种类和证券经营机构的市场,以未能或无须在证券交易所批准上市的股票和债券为主。在证券市场发达的国家,由于证券种类繁多,每家证券经营机构只固定地经营若干种证券。

(4)场外交易市场是一个以议价方式进行证券交易的市场。在场外交易市场上,证券买卖采取一对一的交易方式,对同一种证券的买卖不可能同时出现众多的买方和卖方,也就不存在公开的竞价机制。场外交易市场的价格决定机制不是公开竞价,而是买卖双方协商议价。

(5)场外交易市场的管理比证券交易所宽松。由于场外交易市场分散,缺乏统一的组织和章程,因此不易管理和监督,其交易效率也不及证券交易所。

2. 我国的场外交易市场

(1)银行间债券市场。

全国银行间债券市场是指依托于中国外汇交易中心暨全国银行间同业拆借中心(以下简称"交易中心")和中央国债登记结算有限责任公司(以下简称"中央登记公司")的,面向商业银行、农村信用联社、保险公司、证券公司等金融机构进行债券买卖和回购的市场。全国银行间债券市场成立于 1997 年 6 月 6 日,经过 10 多年的迅速发展,银行间债券市场目前已成为我国债券市场的主体部分。

(2)代办股份转让系统。

代办股份转让系统又称三板市场,是指经中国证券业协会批准,具有代办系统主办券商业务资格的证券公司采用电子交易方式,为非上市股份有限公司提供规范股份转让服务的股份转让平台。

3. 场外交易市场的功能

(1)场外交易市场是证券发行的主要场所。新证券的发行时间集中,发行数量大,需要众多的销售网点和灵活的交易时间,场外交易市场是一个广泛的无形市场,能满足证券发行的要求。

(2)场外交易市场为政府债券、金融债券、企业债券以及按照有关法规公开发行而又不能或一时不能到证券交易所上市交易的股票提供了流通转让的场所,为这些证券提供了流动性的必要条件,为投资者提供了兑现及投资的机会。

(3)场外交易市场是证券交易所的必要补充。场外交易市场是一个"开放"的市场,投资者可以与证券商当面直接成交,不仅交易时间灵活分散,而且交易手续简单方便,价格又可协商。这种交易方式可以满足部分投资者的需要,因而成为证券交易所的"卫星市场"。

第三节　常见的股票价格指数

一、股票价格指数的内涵

1. 股票价格指数的概念

股票价格指数是反映股票市场动态和趋向的重要指标,它是显示股票市场行情变动的一种股价平均数,简称股价指数。股价指数是以样本股某一基期价格水平来衡量各时期股票价格水平和涨跌情况的一个指标,是股票平均价格变化程度的总指标,一般是由金融服务机构编制的。它是金融服务机构通过对股票市场上一些有代表性的大公司的股票价格进行平均计算和动态对比后得出的数值,能综合反映并揭示股票市场多数股票价格及其变化趋势。股票价格指数是一个相对平均价格,是相对平均数。

按照涵盖股票数量和类别的不同,可以把股票价格指数分成综合指数、成分指数和分类指数三类。综合指数是指在计算股价指数时将某个交易所上市的所有股票都纳入计算对象计算出来的指数;成分指数是指在计算股价指数时仅仅选择部分具有代表性的股票作为计算对象计算出来的指数,成分指数选择的股票一般具有市值大、交易量大、业绩好等特点;分类指数是指选择具有某些相同特征(如同行业)的股票作为目标股计算出来的指数。我国的深证综合指数、上证综合指数属于综合指数;我国的深证100指数、上证30指数、上证180指数和香港恒生指数,美国道·琼斯股价指数、标准普尔指数,英国伦敦金融时报股票价格指数与日经股价指数属于成分指数。分类指数主要是对某种行业的股票价格进行计算,如房地产股价指数、金融股价指数和工业股价指数等。

2. 股票价格指数的特点

股票价格指数之所以能够反映大多数股票价格及其变动趋势,是因为指数本身具有以下特点:

(1)代表性。

在股票市场众多的上市公司中,选择一些具有代表性的股票作为计算对象,这些计算对象一般在本行业中具有重大影响。因此,用这些股票作为对象计算出来的指数能比较全面地反映市场整体价格的变动。

(2)敏感性。

在股票价格上涨或下跌的时候,股票价格指数能及时敏感地反映股价的变动情况。

3. 股票价格指数的作用

(1)股票价格指数的升降变化,反映了股票市场发展的历史轨迹,同时也反映了当时社会经济发展的基本状况,是衡量一个国家政治、经济情况的晴雨表。

(2)股票价格指数是反映股票市场行情变动的价格平均数。从静态的角度看,它表示一定时点的股票价格的平均水平;从动态的角度看,它表示一定时期股票市场行情平均涨跌变化的情况和幅度。

(3)股票价格指数为投资者进行股票投资提供了公开的、合法的参考依据。

(4)股票价格指数还为投资者进行股价指数期货交易、期权交易提供了工具。现在,股指期货、股指期权已经成为国际金融市场重要的衍生金融工具。

4. 影响股票价格指数波动的因素

股票价格指数的计算主要由不同时期的股票价格决定,股票价格容易受多种因素的影响。这些因素也就成为影响股价指数波动的主要原因,归纳起来主要有以下几方面的因素。

(1)基本面因素。

基本面因素主要是指宏观经济因素和公司自身因素两个方面。宏观经济因素包括经济增长和经济周期、货币政策和财政政策、贴现率和利率、通货膨胀和汇率变动。公司自身因素包括公司的净资产、公司的利润水平、公司的股息、股票分割、公司资本额的变化、公司经营策略的变更和公司的合并等。

(2)政治因素。

政治因素主要包括国家政权的稳定情况,政府人员的更换,政府政策、措施、法令等重大事件和国际社会政治经济的变化等因素。

(3)市场技术和社会心理因素。

市场技术是指股票市场各种投机、市场规律以及主管机构的某些干预。社会心理因素是指投资者的心理变化对股票价格的影响。市场效率因素包括信息披露的全面性、准确性,通信条件的先进性,投资专业化程度。

(4)股民的心理预期因素。

随着社会政治经济的稳定情况及舆论导向的不同,股民的心理预期会发生不同程度的变化。当预期乐观时,会夸大有利因素的影响,忽视潜在的不利因素;当对前景过于悲观时,会忽视潜在的有利因素,夸大不利因素。中小投资者会因信息传递因素而存在严重的盲从心理,导致"羊群效应"。有人会利用一般股民的盲从心理制造虚假信息从中牟利。

(5)其他因素。

其他因素指证券监管部门的监管因素、资金的供求状况以及突发事件等因素。其中,突发事件主要是指战争、政变、金融危机、能源危机等事件。它们对股价指数的影响有两个特点:一是偶然性;二是非连续性。

二、股票价格指数的编制

(一) 编制股票价格指数的基本步骤

1. 确定样本股

编制股票价格指数时,首先要选择样本股。样本股的数量可以选择其中有代表性的一部分股票,也可以选择全部上市股票。其选择原则:一是样本股的选择必须考虑行业代表性,这是国际上对样本股选择的主要原则。行业代表性是指在种类繁多的股票中,既要选择不同行业的股票,又要在各行业中选出那些具有代表性的股票作为样本股来计算。同时,作为样本股的上市公司在经营业绩、公司规模、流通市值等方面也应是行业代表。二是要考虑市场规模。为了反映股票市场的规模及其活跃程度等,还必须考虑流通市值规模和交易活跃程度这两项指标,使样本股的市场价值占全部股票的市价总值的大部分。三是样本股确定后,还应经常适时调整样本股,让更有活力和代表性公司的股票进入样本股,使股票价格指数能更真实、准确地反映股票市场情况。

2. 选定基期和计算方法

通常选择某一有代表性的日期作为基期,并按选定的某一种方法计算这一日的样本股平均价格。

3. 计算计算期的平均股价并做必要的修正

收集样本股在计算期的价格并按选定的计算方法计算平均价格。有代表性的价格是样本股的收盘平均价。另外,所采用的样本股可能因送股、增资配股等情况需要对计算结果进行修正,以保证计算结果的连续性和可比性。

4. 指数化

指数化是将以货币单位表示的平均股价转化成以"点"为单位的股票价格指数。其方法是以样本股计算基期股价平均值除以基期股价平均值再乘以一个固定乘数(通常为100),即为计算期的股价指数。

(二) 股票价格指数的编制方法

股票价格指数的编制方法有简单算术股价指数和加权股价指数两种形式。

1. 简单算术股价指数的编制

简单算术股价指数有两种编制方法,相对法和总和法。

相对法是先计算各样本股的个别指数,再累加求出算术平均数。其计算公式为:

$$P^1 = \frac{1}{n}\sum_{i=1}^{n}\frac{P_{1i}}{P_{0i}}$$

式中　P^1——股价指数；

　　　P_{0i}——第 i 种股票基期价格；

　　　P_{1i}——第 i 种股票计算期价格；

　　　n——样本数。

总和法是将样本股票基期价格和计算期价格分别累加，然后再相除，求出股价指数。其计算公式为：

$$P^1 = \frac{\sum_{i=1}^{n} P_{1i}}{\sum_{i=1}^{n} P_{0i}}$$

2. 加权股价指数的编制

加权股价指数是以样本股票发行数量或成交量为权重加以计算得出的。有三种编制方法：基期加权法、计算期加权法和几何加权法。

基期加权法采用基期发行量或成交量作为权重，计算公式为：

$$P^1 = \frac{\sum_{i=1}^{n} P_{1i} Q_{0i}}{\sum_{i=1}^{n} P_{0i} Q_{0i}}$$

式中　Q_{0i}——第 i 种股票基期发行量或成交量。

计算期加权法采用计算期发行量或成交量作为权重，计算公式为：

$$P^1 = \frac{\sum_{i=1}^{n} P_{1i} Q_{1i}}{\sum_{i=1}^{n} P_{0i} Q_{1i}}$$

式中　Q_{1i}——计算期第 i 种股票发行量或成交量。

几何加权法是对上述两种指数做几何平均后得出的，在实际工作中很少使用。

三、我国的股票价格指数

1. 上证指数

上证指数包括上证综合指数和上证成分股指数。

（1）上证综合指数。

上海证券交易所从 1991 年 7 月 15 日起编制并公布上海证券交易所股价指数，该指数是以 1990 年 12 月 19 日为基期，以上市的全部股票为样本，以每只股票的发行数量为权重，按加权平均法计算出来的。计算公式为：

本日股价指数 =（本日股票市价总值/基期股票市价总值）×100

随着上市股票的种类和数量的增加，从 1992 年 2 月，上海证券交易所分别编制并公布 A 股指数和 B 股指数。其中，A 股指数以 1990 年 12 月 19 日为基期，B 股指数以 1992 年 2 月 21 日为基期。从 1993 年 5 月 3 日起按行业分别编制和公布工业、商业、地产业、公用事业和综合类五种股价指数。

（2）上证成分股指数。

上证成分股指数又称上证 180 指数。该指数是依据一定的标准，从在上海证券交易所上市的所有股票中选择 180 支有代表性的股票作为样本计算出来的股票指数。样本股的选择标准和步骤是：

① 根据总市值、流动市值、成交金额和换手率对股票进行排名；
② 按各行业的流通市值比例分配样本支数；
③ 按照行业的样本分配数量在该行业内选取排名靠前的股票；
④ 对各行业选取的样本做进一步调整，使成分股的总数为 180 家。上证成分股指数每年调整一次成分股，每次调整比例一般不超过 10%。

2. 深证指数

深证指数包括深证综合指数和深证成分股指数。

（1）深证综合指数。

深证综合指数是深圳证券交易所股票综合指数的总称，包括深证综合指数、深证 A 股指数和深证 B 股指数。深证综合指数以深圳证券交易所上市的全部股票为样本，以 1991 年 4 月 3 日为基期；深证 A 股指数是以在该证券交易所上市的全部 A 股为样本，以 1991 年 4 月 3 日为基期；深证 B 股指数以在该证券交易所上市的全部 B 股为样本，以 1992 年 2 月 28 日为基期。深证综合指数、深证 A 股指数和深证 B 股指数的基期指数定为 100 点，以指数股计算日股份数为权重进行加权平均计算求得。

（2）深证成分股指数。

深证成分股指数由深圳证券交易所编制，是依据一定的标准选择 40 家在该交易所上市的公司股票作为成分股样本，以成分股的可流通股数作为权重，采用加权平均法编制而成的。深证成分股指数包括深证成分股指数、成分 A 股指数和成分 B 股指数等几种形式。成分股指数以 1994 年 7 月 20 日为基期，基期指数为 1000 点。

3. 其他指数

（1）沪深 300 指数。

沪深 300 指数是由上海和深圳证券市场中选取 300 只 A 股作为样本编制而成的成分股指数。

沪深 300 指数样本覆盖了沪深市场六成左右的市值，具有良好的市场代表性。沪深 300 指数是沪深证券交易所第一次联合发布的反映 A 股市场整体走势的指数。它的推出丰富了市场现有的指数体系，增加了一项用于观察市场走势的指标，有利于投资者全面把握市场运行状况，也进一步为指数投资产品的创新和发展提供了基础条件。

（2）央视 50 指数。

央视50指数是首只由权威媒体发布，在A股市场上市的市场指数，它集合了创新、成长、回报、公司治理、社会责任五个核心维度，对上市公司持续发展和投资者价值投资理念具有引导意义。

央视财经50指数由中央电视台财经频道联合北京大学经济学院金融系等五所高校的专业院系，以及中国上市公司协会等机构，共同编制而成。样本股评价体系，由创新、成长、回报、公司治理、社会责任五个维度构成。从A股2000多家上市公司中，筛选出50家优质公司构成样本股，入选公司在财务透明、盈利优良、治理完善，以及回报股东、履行社会责任等方面表现突出。其中，沪市主板26只，深市主板11只，中小板10只，创业板3只，共覆盖9个大类行业，17个分类行业。

2011年8月21日，在2011CCTV中国上市公司峰会上，央视财经50指数首批样本股面世。

2012年6月6日，央视财经50指数在深圳证券交易所正式发布，指数简称央视50，代码399550，指数挂牌当日开盘点位是3402.72点。

（3）腾安价值100指数。

腾安价值100指数，是由腾讯财经与济安金信共同发布的指数，也是中国第一只由互联网媒体发布的A股市场指数。指数基日为2013年5月18日，基点为1000点。该指数以投资价值为导向，旨在挖掘A股市场中的价值洼地。

腾安价值100指数的核心技术源于国家863计划项目——"证券行业风险识别、监控与防范技术支持系统"，以风险防范和寻找价值洼地为首要任务，为投资者筛选具有发展潜力的"黑马"，规避投资"地雷"。

除了利用技术避险的方式外，腾安价值100还组建了高规格的指数评审委员会，每一位专家独立甄别，采取一票否决制，否决原因签字备案。严格依据投资价值之排序进行增补工作，直至最终确定100家上市公司作为成分股。

按照数据模型模拟测算，在没有专家遴选的情况下，自2008年5月至2013年5月，腾安价值100领先上证指数61个百分点。

四、世界主要的股票价格指数

世界各国证券市场一般都有自己的股价指数，下面主要介绍几种在世界上影响较大的股票价格指数。

1. 道·琼斯股票价格平均指数

道·琼斯股票价格平均指数，简称道·琼斯指数，是国际上历史最悠久、最有影响、使用最广泛的股票价格指数，它被誉为反映西方经济的"晴雨表"。道·琼斯股票价格平均指数，是由美国的道·琼斯公司计算和发布的。道·琼斯指数最初是由11种股票组成。这一平均指数经过1897年、1916年、1928年和1938年的四次变动，由11种逐步增加至32种，后又增加至40种，至今有65种。道·琼斯股价指数以1928年10月1日为基期，基期指数为100点。

道·琼斯股票价格平均指数由一组股价平均数组成，共有五组指标组。

(1) 工业股价平均数。

工业股价平均数在道·琼斯指数中最著名，最受人们关注。以美国埃克森石油公司、通用汽车公司和美国钢铁公司等 30 家著名大商业公司股票为编制对象。它从 1897 年开始编制，1985 年 11 月份的 30 种成分股包括 15 个行业：航天工业、电子工业、金融服务业、保健工业、造纸工业、照相器材工业和公用事业 7 个行业各选取 1 家，电器工业和零售商业各取 2 家，汽车制造业、化学工业、集装箱及管道工业、石油业和食品烟草肥皂工业 5 个行业各取 3 家，金属制造业取 4 家。平时所说的道·琼斯股价指数实际上就是指工业股价平均数。

(2) 运输业股价平均数。

这是以美国泛美航空公司、环球航空公司、国际联运公司等 20 家具有代表性的运输业公司股票为编制对象的运输业股价平均数。

(3) 公用事业股价平均数。

这是以美国电力公司、煤气公司等 15 种具有代表性的公用事业大公司的股票为编制对象的公用事业股价平均数。

(4) 道·琼斯股票综合平均数。

这是以上述 65 家公司股票为编制对象的股价综合平均数。

(5) 道·琼斯公正市价指数。

以 700 家不同规模和实力的公司股票作为编制对象的道·琼斯公正市价指数，于 1988 年 10 月编制并公布。

道·琼斯股票价格平均指数以 1928 年 10 月 1 日为基期，基期指数为 100 点。

道·琼斯股票价格平均指数是世界上影响最大、最有权威性的一种股票价格指数。原因之一，是因为道·琼斯股票价格平均指数所选用的股票都具有代表性，这些股票的发行公司都是本行业具有影响力的著名公司，其股票行情为世界股票市场所瞩目，各国投资者都极为重视。为了保持这一特点，道·琼斯公司对其编制的股票价格平均指数所选用的股票经常予以调整，用更有代表性的公司股票替代那些失去代表性的公司股票。1928 年以来，仅用于计算道·琼斯工业股票价格平均指数的 30 种工商业公司股票，已有 30 次更换，几乎每两年就要有一个新公司的股票代替老公司的股票。原因之二，公布道·琼斯股票价格平均指数的新闻载体——《华尔街日报》是世界金融界最有影响力的报纸。该报每天详尽报道其每个小时计算的采样股票平均指数、百分比变动率、每种采样股票的成交数额等，并注意对股票分股后的股票价格平均指数进行校正。在纽约证券交易营业时间里，每隔半小时公布一次道·琼斯股票价格平均指数。原因之三，道·琼斯股票价格平均指数自编制以来从未间断，可以用来比较不同时期的股票行情和经济发展情况，成为反映美国股市行情变化最敏感的股票价格平均指数之一，是观察市场动态和从事股票投资的重要参考。当然，由于道·琼斯股票价格指数是一种成分股指数，它包括的公司仅占 2500 多家上市公司的极少部分，而且多是热门股票，一些未发展迅速的服务性行业和金融业的公司也包括在内，所以它的代表性也一直受到人们的质疑和批评。

2. 金融时报指数

金融时报指数是由伦敦《金融时报》编制的，它是英国最权威、最著名的股票价格指数，又称伦敦证券交易所股价指数。这一指数包括以下三种：

(1) 金融时报工业普通股票价格指数。

该指数最初有 30 家成分股，现扩展为 50 家，包含英国烟草、食油、化学药品、机械、电子、原油等行业最优良的工业公司股票。由于这些公司股票的市值在整个股市中所占的比重大，因此金融时报工业普通股票价格指数具有一定的代表性，是反映伦敦证券市场股票行情的重要依据。金融时报工业普通股票价格指数以 1935 年 7 月 1 日为基期，基期指数等于 100 点。

(2) 金融时报 100 种股票交易指数。

该指数又称 FT-100 指数，属于按上市量加权平均的抽样股价指数。它的计算对象是在伦敦证券交易所上市的 100 家于英国注册的海外大公司的股票。这 100 家海外公司包括 74 家工业公司、18 家银行保险机构和 8 家其他行业的公司。这一股价指数于 1984 年 1 月 3 日才开始公布，每个营业日内计算并公布的间隔时间很短，能够反映海外公司股票在伦敦市场每时每刻的价格变化。

(3) 金融时报股票价格综合指数。

该指数从伦敦股市上精选 700 多种股票作为样本加以计算，属于按上市量加权平均的股价指数。金融时报股票价格综合指数以 1962 年 4 月 10 日为基期，基期指数为 100 点。

3. 日经股价指数

日经股价指数是由日本经济新闻社编制并公布的，用以反映日本股票市场价格变动的股价指数。日经股价指数从 1950 年 9 月开始编制，最初根据东京证券交易所第一市场上市的 225 家股票算出修正平均股价。日经股价指数包括日经 225 种股价指数和日经 500 种股价指数，其中，常用的是日经 225 种股价指数。

日经 225 股价指数以在东京证券交易所第一市场上市的 225 家股票为样本，这些样本股票涵盖了制造业、金融业、运输业和其他行业。日经股价指数以 1950 年计算出的平均股价为基数，现已成为反映和分析日本股票市场价格变动趋势最重要的指标。

日经 500 股价指数从 1982 年 1 月 4 日起开始编制，样本股由原来的 225 种扩大到 500 种，约占东京证券交易所第一市场股票的一半。由于该指数采样多，代表性强，所以能比较真实、全面地反映日本的股市行情变化以及产业结构与市场情况。

4. 标准普尔股票价格指数

标准普尔股票价格指数是由美国最大的证券研究机构标准普尔公司于 1957 年开始编制和发表的，用以反映美国股票市场行情变化的股价指数。标准普尔指数从 1923 年开始编制，当时主要编制两种指数，一种包括 90 种股票，另一种包括 480 种股票。1957 年采样股票扩大到 500 种，其中工业股票 400 种，运输业股票 20 种，公用事业股票 40 种，金融业股票 40 种。标准普尔指数的计算方法是加权平均法，它以每种股票的交易额作为权重，计算出来的指数非常接近在纽约证券交易所上市股票的每股平均价格。因此，它能更真实地反映股票市场的行情。

5. 恒生指数

恒生指数是由我国香港恒生银行于 1969 年 11 月 24 日编制的，反映香港股票市场行情的股票价格指数。恒生指数挑选了 33 种有代表性的上市股票作为成分股。这些成分股涵盖金融业、公用事业、地产业和其他工商业等行业，都是香港地区最具代表性和实力雄厚的大公司。它们的市价总值大约占香港地区上市股票总市值的 70%，因此，恒生指数能准确地反映市场股价变化情况，是衡量香港地区股市变动趋势的主要指标。

第三章 股票投资基本常识

第一节 股票投资概述

一、股票投资的内涵

股票投资是指投资者(法人或自然人)购买股票以及它的衍生品以获取红利、利息及资本利得的投资行为和投资过程。股票投资活动与其他投资活动相比,表现出以下几个方面的特征:

1. **股票投资的对象是股票及其衍生品**

按照投资对象的不同,投资活动可以分为两大类:实物投资和金融投资。实物投资的投资对象是实际资产,金融投资的投资对象是各类金融资产。股票投资的对象是股票及其衍生品。

2. **股票投资是在特定市场环境中进行的投资活动**

股票投资特定的市场环境指的是股票市场,也就是说,股票投资活动都发生在股票市场上。事实上,有股票投资交易才有股票市场,股票市场的形成和发展有赖于大量的、经常性的股票交易活动;反过来,股票市场的运作及管理包括对股票交易活动的组织及管理、监督,对股票投资活动有着重要的影响。

3. **股票投资的收益主要来自利息、股息、红利、交易差价等**

股票投资以股票及其衍生品为投资对象,可以凭借所持有的股票及其衍生品要求得到主要以利息、股息或红利等形式表现的应得收益,也可以在其升值时从"低买高卖"中得到差价收益。

4. **股票投资的收益与其所承担的投资风险正相关**

风险是投资过程中不可避免的,投资者进行股票投资,要承担相应的投资风险,因而要求取得相应的收益作为承担风险的报酬。一般来讲,承担的风险高,要求得到的报酬也高。从这个意义上讲,收益与风险呈正相关关系。但高风险并不一定会给投资者带来高收益,追求额外的风险并不一定有额外的收益,相同的风险也不一定具有相同的收益。

二、股票投资的种类

股票投资按一定的划分标准可以分为不同的种类,各种不同的股票投资的性质、目的和运行过程不尽相同。

1. 按投资的方式分类

按投资方式进行分类，股票投资可以分为直接股票投资与间接股票投资。直接股票投资是指投资者直接到股票市场上去购买股票。间接股票投资是指投资者购买金融机构本身所发行的股票，而这种金融机构是专门从事股票交易以谋利的。

2. 按投资的期限分类

按投资的期限进行分类，股票投资可以分为长期投资与短期投资。长期投资是指购买股票，并长期持有。短期投资是指购买的股票短期内又转手卖出。长期投资的目的主要在于获取股票按期支付股息的收入；短期投资的目的主要在于获取因所持股票价格的升降所带来当初购买股票的本金的升值或减值。实际中，长短期一般以一年为界，一年以上的投资为长期投资，一年以内的投资为短期投资。

三、股票投资要素

1. 股票投资主体

股票投资主体是指进入股票市场进行股票买卖的各类投资者，包括机构投资者和个人投资者两类。

机构投资者主要有政府部门、金融机构和企事业单位等。机构投资者的资金来源、投资方向、投资目的各不相同，但它们一般都具有投资的资金量大、收集和分析信息的能力强等特点，可进行有效的资产组合来分散投资风险，注重资产的安全性及投资活动对市场的影响。

个人投资者是指以个人的名义从事股票投资的投资者，其投资资金的主要来源是储蓄。个人投资者的主要投资目的是在风险一定的情况下追求最大收益。单个投资者受资本和投资能力的限制，非常注重本金的安全和资产的流动性。由于众多个人投资者的投资总额非常可观，所以不能忽视个人投资者对股票市场稳定与发展的影响力。

2. 股票投资客体

股票投资客体即股票投资对象，主要包括股票及其衍生品。

3. 股票中介机构

股票中介机构是指为股票市场参与者提供相关服务的专职机构，一般可以分为股票经营机构和股票服务机构两大类。股票经营机构是由股票主管机关依法批准设立的，在股票市场上经营股票业务的金融机构，主要办理股票承销、股票经纪、股票自营业务和其他业务。股票服务机构是在股票市场上提供专业性服务的机构，包括会计师事务所、律师事务所、资产评估机构、股票评级机构、股票投资咨询机构等。各类股票中介机构各司其职、相互协作，是保证股票市场正常运行必不可少的要素。

四、股票投资目的

不同的股票投资主体有不同的投资目的,同一投资者在不同的时期也可能有不同的目的。就非政府投资主体而言,从事股票投资的目的主要有以下几方面。

1. 获取利润

使股票投资的利润尽可能最大化,是股票投资者普遍的、基本的目的。利润越大,股票投资者的积极性越高;相反,若不能获利,理性的股票投资者就会停止投资。

2. 获取控制权

通过股票投资获得股票发行公司经营管理的控制权,是部分法人投资者从事股份投资的目的。这类投资者获取股票发行企业的控制权,出发点大体有这样几种情况:一是要让股票发行企业与投资企业形成公司集团,开展纵向一体化或横向一体化的经营;二是获得可靠的资金供给(对金融机构控股)、原材料供给、技术供给或产品销售市场;三是取得董事职务及企业的领导权,避免投资因经营管理不当而受损。

3. 分散风险

分散风险指通过股票投资将资金投资于多种股票,实现资产多元化,以规避投资风险或将投资风险控制在一定限度内。在股票市场上,各种股票的收益和风险程度是不同的,投资于不同的股票,收益高的股票可以弥补另一部分股票可能出现的亏损,这样便可以达到分散风险的目的。

4. 保持资产的流动性

资产的流动性是指资产的变现能力。流动性最强的资产是现金及活期存款。但手持现金不能获利,活期存款的利息率很低。实业投资则具有不可逆性,所形成的资产变现能力差。股票资产的变现能力介于存款与实业资产之间,可以保持资产的流动性。股票持有者可以等待有利的投资机会,一旦遇到较高收益的投资机会,立即出售所持股票,而进行新的投资;同时也可以将所持股票转换为现金,以备急需,避免出现持有大量现金或低息存款而收入反倒减少的状况。

五、股票投资与股票投机

投机是与投资相伴的一种活动。股票市场是投资的主要场所,也是投机的好地方。一般认为,股票投机是指在股票市场上,以赚取买卖差价为目的,在短期内买进或卖出股票的经济行为。因此也可以说,投机是以获取较大的收益为目的,并愿意冒较大风险的投资行为。

1. 股票投机活动的积极作用和消极作用

股票投机活动具有一定的积极作用,主要表现在以下两个方面:

（1）股票投机活动具有价格平衡作用。投机者的目的在于通过价格波动获取利润，总是在寻找不同品种股票、不同时间、不同市场之间的套利机会，一旦发现有利可图，即采取行动，低价买进，高价卖出。因而，通过投机者贱买贵卖的活动，不同时间、不同市场、不同品种的价格趋于平衡，适应了正常的供求状况。

（2）股票投机有利于增强股票的流动性，有利于股票交易的顺利进行。由于投机者主要在交易中牟取差价，只要有利可图，就会频繁地买卖。这样，当投资者要买卖某种股票时，不会因为交易清淡而无人交易。只要投机活动存在，既能使交易正常延续，又能增加股票的流动性。

当然，投机也有消极作用。过度的投机会造成价格的剧烈波动，损害一般投资者的利益，不利于市场的健康发展。

2. 股票投资与股票投机的区别

显然，股票投机与股票投资有很多相似之处，难以将两者截然分开，但它们还是有很多的区别。

（1）从对待风险的态度来看，投资者回避风险，希望能够将风险降低到最低。投资者的投资策略通常是：要么在相同的收益水平下选择风险最低的股票，要么在相同的风险水平下购买收益最高的股票。而投机者总是希望从价格的涨跌中牟取厚利，价格波动越剧烈，越是投机的好时机。可以说，投机者常常是风险的喜爱者，往往买高风险的股票。

（2）从市场表现来看，投资行为一般比较稳健，着眼于投资的长远利益，买入股票往往长期持有，按期收入利息、股息或红利；投机者则热衷于交易的快速周转，从买卖中获取差价收益，因而在市场上表现得比较活跃。

（3）从分析方法来看，投资者注重对股票内在价值的分析和评价，并以此作为选择投资对象的重要标准，常用基本分析法；投机者不注重对股票本身的评估，而是关心投资对象的市场表现，多用技术分析法。

区别投资与投机的关键在于投资具有时间和收益的可预测性，而投机则带有很大的不确定性。但在金融市场特别是股票市场的实际运行中，投资和投机行为是一对"孪生兄弟"，往往相互交叉，很难从根本上把两者严格地区分开来。比如，投机者虽然敢于冒风险，但在收益与风险的比较中，也会在追求高收益的同时，尽可能地避免较大的风险，而且风险的大小程度与界限往往难以划分。再比如，投机者虽然对股票的价格变动投入了较大的注意力，但也不是对股票的质量不做一点分析，不做一些估量，投机者也会尽可能地全面调查情况，以期从股票价格变动中寻找规律，从而指导自己的决策；否则其行动就只是冒险。在西方国家有一句谚语：一次良好的投资，就是一次成功的投机。这两种概念的区别，关键在于人们如何看待收益与风险的关系。总的来说，高风险则高收益，低风险则低收益。可以这样说：投资是稳妥的投机，投机是冒险的投资。从这一层意义上来讲，本书谈到投资的时候，也经常把投机包含在内，而不专门把投机的概念单独分开。

六、股票投资步骤

1. 筹措投资资金

投资的先决条件是筹措一笔投资资金,其数额的多少与如何进行投资、如何选择投资对象有很大关系。就个人投资者而言,应根据收入情况,以闲置结余资金进行股票投资,避免借贷。

2. 确定投资政策

股票投资的目标是获取收益,但是收益和风险是形影相随的,收益以风险为代价,风险用收益作补偿。投资者应根据自己的年龄、健康状况、性格、心理素质、家庭情况、财力情况等条件确定具体的投资目标以及对风险的态度。投资者对风险的态度可分为风险喜爱型和风险厌恶型,投资者应先衡量自己能承受多大的风险,然后再决定投入多少资金,以及确定在最终的投资组合中可能选择的金融资产的种类。

3. 全面了解金融资产的特征和金融市场结构

投资对象的种类有很多,其性质、期限、有无担保、收益高低、支付情况、风险大小及包含内容各不相同,投资者只有在全面了解后才可能做出正确的选择。另外,股票交易大都通过股票经纪商进行,所以要进一步了解股票市场的组织和机制、经纪商的职能和作用、买卖股票的程序和手续、管理股票交易的法律条例、股票的交易方式和费用等;否则将无法进行交易或蒙受不应有的损失。

4. 分析投资对象

投资者在对股票本身及其市场情况有了全面了解后,还要对可能选择的一些具体股票的真实价值、上市价格以及价格涨跌趋势进行深入分析,才能确定购买何种股票以及买卖的时机。股票的质量取决于其真实价值,价值表现为市场价格,但市场价格受多种因素影响而经常变动,并不能完全反映其真实价值,因此需要深入、细致地分析才能做出正确选择。

投资者要进行深入分析,必须充分利用有关信息并运用基本分析法、技术分析法和股票组合理论。相关理论和方法将在后面分章节介绍。

5. 构建和管理投资组合

投资组合的建构包括确认欲投资的资产类型以及决定每种资产投入的资金数额。在此必须注意股票的选择(选股策略)、市场时机的选择(择时策略)及多角化的问题。股票选择是利用基本分析与技术分析,针对各个投资标的价格进行预测,选择最具有上涨潜力或价格被低估的标的,所以股票选择与个体预测息息相关。择时策略是指投资人以其对未来市场的预估与判断,来决定股票买进或卖出的时机,并借此调整投资组合的内容,来配合当时的市场状况,以赚取更高的报酬率。若投资人采取较积极的择时策略,将会经常依据其对未来市场状况的预测而调整其投资组合。投资人对于市场组合的预期报酬率越乐观,越会把更多的资金投入市场,当然择时策略是否成功仍需视预测的品质而定。较为消极的择时策略,则是在某段期间将投资组合中各资产的投资比例固定不变，不受暂时性市场变动的影响，所以消极的投资人不常调整投资组合。至于多角化的观念是指能够在某些限制之下，使投资组合的风险通过增加资产种类，而将个别资产的风险分散。

6. 投资组合的调整

投资组合的调整是前面五个步骤的周期性重复，也就是说，随着时间的改变，投资人可能会改变投资目标。投资目标的改变意味着现在的投资组合已不是最合适的方案，投资人可能卖出某些股票，并买进组合中所没有的股票以取代现有的投资组合。另外，某些股票价格的改变，使原先很有吸引力的股票变成不值的投资，或是原本不受注意的股票变得具有吸引力。基于这种情况，投资人可能减少前者的比重而增加后者的比重。但是这种投资组合的调整，还得考虑调整过程中所产生的交易成本及调整后投资组合的风险变化，如交易成本过高将影响投资组合的调整。

7. 投资组合绩效的评估

投资的目的当然是要达成投资人原先设定的投资目标，而投资目标是否达成，则有赖于投资人对自己的投资表现加以评估、衡量，此即投资决策流程中的最后一个步骤——投资组合绩效的评估。当现有投资组合的表现不如预期，则须依据前述步骤调整投资组合。进行绩效评估时，除了检视投资组合的报酬率外，还需衡量投资风险，所以投资人必须同时具备衡量报酬率与风险的能力。

七、股票投资的哲学观

每一件事都有其成功之道，股票投资理财也不例外，成功的股票投资在于以所承受的风险程度换取合理的报酬。有些人常将股票投资的目标定在追求高报酬，而将闲置资金全数投入高报酬的投资工具，殊不知高报酬的背后可能隐含着高风险。要免于此现象的产生，除了有闲钱以外，还需要投资人投入心力，培养自己的投资实力。然而要成功，光靠闲钱与实力是不够的，机会的掌握也是相当重要的因素，即使天才也是需要拥有九分的实力，再加上一分的运气才有成功的机会。因此想要成功，客观上必须创造对自己有利的条件，充实自己的专业技能以累积实力，再配合适当的投资机会，才能为投资人带来合理的收益。有鉴于此，我们尝试从哲学的观点来培养读者正确的股票投资观念。

（一）实力的培养

1. 自我评估

常言道："知己知彼，百战百胜。"在战前如不先分析敌我军队的实力而一味地打烂仗，是不可能获胜的。有多少能力就做多少事，成功不是一蹴而就的。就好比跳高比赛，由较低的高度跳起，如可以跳过，再循序渐进地增加高度，直到达到自己所不能跳的高度为止。如果一开始便选择挑战世界纪录,但自己的能力不及此,可能会马上就宣告失败。因此在投资理财时,必须先了解自己有多少筹码、哪些是自己熟悉的领域、自己能够承担的风险程度怎样、自己的需要是什么……在深入了解自己的需求后,方能衡量自己的能力,制定合理的投资目标,从熟悉的领域出发,"积小胜为大胜",从而累积更多的财富。

2. 努力耕耘

农夫的技艺是稻谷成长的要因。从春耕、夏耘到秋收、冬藏,农夫投入所有的时间与心力,每粒稻米都是农夫辛苦的结晶。因此,不管品种有多好,土壤有多肥沃,如果没有农夫的双手,依旧无法结成饱满的稻穗。同样的,投资人也需投入更多的时间,仔细搜集资料加以分析,随时研究市场的变化。至于投资工具的选择,投资人需对于整体市场状况、产业、个别企业的营运与财务状况有基本的了解,如此不但有利于进一步探索影响其获利的因素,而且有助于判断价格的未来走势。

3. 善用财务杠杆

高明的投资在于利用别人的资金,来赚取自己的报酬。财务杠杆的运用就像太极拳一样,能产生四两拨千斤的效果,以小搏大。如投资人善于利用财务杠杆,其报酬率将可达到更高的水准。以投资股票为例,假设现在一只股票价格为50元,老王与老张均认为未来将有上涨的潜力,于是各自决定买进1000股。老王买进金额(5万元)全部以自有资金投入,而老张则以融资(40%)的方式买入,其所投入的自有资金只有3万元。当股价如预期上涨到55元,此时老王与老张决定出售持股,以赚取价差收益。虽然两者所赚的金额相同,但因投入的自有资金不同,而使投资报酬率(报酬÷自有资金)不一样。老王的报酬率为10%〔(55-50)÷50〕,而老张则有16.67%〔(55-50)÷(50×60%)〕的报酬率,这是因为老张运用了财务杠杆的关系。有些人可能认为,既然财务杠杆能使报酬率增加,那么干脆所有投资的资金都以举债的方式进行。这种说法虽然没错,但要提醒投资人,越高的财务杠杆,所需承受的风险就越大。太高的财务杠杆,一旦一时失手,则会造成惨重的损失。

4. 建立分散投资的理念

分散投资的理念在投资理财里占有非常重要的地位。简单地说,分散投资理念就是"不要将所有的鸡蛋放在同一个篮子里"。一般而言,投资越多角化,风险降低的程度也越多,如老王将所有的闲置资金投入电子类股,即欠缺多角化投资的观念。如电子类股上涨,固然对于老王有利,但如因电子业供给过剩,造成股价全面下滑的话,老王亦将损失惨重。另外,若老张具有分散投资理念,同时持有电子类与造纸类的股票,在电子类股下跌的同时,造纸类股却可能因为纸浆价格上涨而上涨,此时老张在造纸类股的获利将可弥补其电子类股的损失,损失不致比老王惨烈,甚至还可能有获利的机会。此例说明了分散投资理念的重要性及降低风险的道理。其实分散投资理念就是希望投资人能建立一个有效降低风险的投资组合,然而投资组合的建构,并不如想象中的简单。

（二）机会的掌握

1. 培养投资的敏感度

具备了资金与实力，错失投资机会也是枉然。要把握住机会，先就要培养自己的敏感度。如果事事都在别人做了之后，才开始行动，便永远没有成功的机会。股票投资更是如此，如果每次都当最后一只小老鼠，那也只好眼睁睁地看着别人赚钱，而自己反遭套牢。例如，2006年上海股市狂飙到6000多点时，许多投资人仍心存侥幸，希望能分到一杯羹。而后来股市下跌，跌到1600多点，这些后来才进场的投资人遂惨遭严重的套牢，所以时机的掌握相当重要。至于投资敏感度如何培养，则视投资人的用心程度。一件事情的发生，有些人没有感觉，有些人却能知道会造成哪些影响。例如，有一美国塑料大厂发生爆炸，有些人认为在美国发生的事情与我国何干，而不改变持股的状况；但用心的投资人则会认为美国塑料大厂爆炸，对于全球塑料原料的供给将会造成影响，未来可能使塑料原料价格上涨，间接地我国塑料原料也会跟着上涨，使塑料原料业获利，于是决定增加塑料类的持股。如果事实真如预期，则其将因为掌握时机而大赚一笔。所以投资人平常对市场上所发生的事件，必须随时保持敏感度，用心去推测，对自己把握机会将有所帮助。

2. 保持投资的机动性

机会稍纵即逝，为了避免与大好时机擦身而过，投资人应尽量保持随时出击的状态。例如，可将部分资金投资于短期债券或票券，甚至银行的活期存款；当机会来临时，投资者能实时转换出现金进行投资，以免错失机会。

第二节　股票投资的交易流程

一般客户不能直接进行证券交易，而要委托证券商或经纪人代为进行。客户的委托买卖是证券交易所交易的基本方式，是指投资者委托证券商或经纪人代理客户（投资者）在场内进行股票买卖交易的活动。股票的交易程序一般包括选择证券公司开户、委托买卖、成交、清算及交割、过户等几个流程。

一、选择证券公司开户

如何选择证券公司其实很简单，因为大多数公司都差不多，最主要的是选一个服务好点，距离你方便的就行了。大券商一般在办理各种业务时候，手续比较正规、规范，还有就是大券商的服务也不错，还会有荐股、解盘之类的。目前，证监会强制要求所有券商实行三方存管，所以，无论你选择哪家券商，资金安全一般都会有所保障。投资者在证券流通市场上购买股票，需要委托证券商，并在对方那里"开户"，即投资人与证券商签订"委托买卖证券受托契约"。内容有委托人姓名、性别、年龄、籍贯、职业、住址、服务机构、担任职务以及电话号码和身份证号码,并予签名盖章。同时,由证券商核对委托人的身份,并编列账号,填制"开户账号卡"交给委托人。此外,客户对股票买卖有关情况应给予必要的说明。在开户时,证券商还为顾客提供所需要的账户类型。

(一) A股开户操作流程

1. 办理深圳、上海证券账户卡

投资者如需入市,应事先开立证券账户卡,分别开立深圳证券账户卡和上海证券账户卡。

(1) 深圳证券账户卡。

投资者:可以通过所在地的证券营业部或证券登记机构办理,需提供本人有效身份证及复印件,委托他人代办的,还需提供代办人身份证及复印件。

机构法人:持营业执照(及复印件)、法人委托书、法人代表证明书和经办人身份证办理。

证券投资基金、保险公司:开设账户卡则需到深圳证券交易所直接办理。

开户费用:个人50元/每个账户;机构500元/每个账户。

(2) 上海证券账户卡。

投资者:可以到上海证券中央登记结算公司在各地的开户代理机构处,办理有关申请开立证券账户手续,带齐有效身份证件和复印件。

机构法人:需提供法人营业执照副本原件或复印件,或民政部门、其他主管部门颁发的法人注册登记证书原件和复印件;法定代表人授权委托书以及经办人的有效身份证明及其复印件。

委托他人代办:提供代办人身份证明及其复印件,委托人的授权委托书。

开户费用:个人纸卡40元,个人磁卡本地40元/每个账户,异地70元/每个账户;机构400元/每个账户。

免费股票开户,可办三方存管的银行有:中国银行、中国工商银行、中国建设银行、中国农业银行、中国招商银行、中国交通银行、浦东发展银行、广东发展银行、深圳发展银行、民生银行、兴业银行、光大银行、华夏银行等。

(3) 个人A股账户开户操作流程:

① 填写开户申请表。

客户填写"开户申请表"(一式两份)、"证券交易委托代理协议书"、上海证券交易所的"指定交易协议书",同时签字确认。对交易或存取款有代理人的客户开户,除必须填写上述协议外,还要求客户本人和代理人同时临柜签署《授权委托书》(一式三份)。若证券账户卡本人不能到场的,由开户代理人办理代开户时,开户代理人还须出示经公证机关依法公证的《授权委托书》,账户本人应承诺承担由此代理而产生的一切法律责任。

② 验证。

客户需提供本人身份证、沪深股东账户卡原件。对交易或存取款有代理人的客户开户,除必须提供上述证件外,还应提供代理人的身份证原件及复印件。

③ 开户处理。

对符合开户规定的客户,柜台经办人员将客户开户资料输入计算机,并要求客户设定初始交易密码、资金存取密码,打印"客户开户回单"(一式两份)。同时,柜台经办人员按开户流水号为客户开立资金账户号,并为客户配发"证券交易卡",请客户在"客户开户回单"签字。

④需开通证券营业部银证转账业务功能的投资者,注意查阅证券营业部有关此类业务功能的使用说明。

(4) 机构法人 A 股账户开户流程:

机构法人客户开户,须要求其提供以下资料:

① "开户申请表"(加盖机构公章);
② 工商行政管理机关颁发的法人营业执照副本及复印件(加盖公章);
③ 法定代表人身份证明书原件、身份证及复印件;
④ 法定代表人《授权委托书》和依法指定合法的代理人的身份证及复印件;
⑤ 沪深机构证券账户卡及复印件;
⑥ 预留印鉴。

2. 到证券营业部办理资金账户开户

投资者办理深、沪证券账户卡后,到证券营业部买卖证券前,需首先在证券营业部办理资金账户开户。资金账户开户主要在证券公司营业部营业柜台或指定银行代开户网点,然后才可以买卖证券。

(1) 个人开户需提供身份证原件及复印件,深、沪证券账户卡原件及复印件。

若是代理人,还需与委托人同时临柜签署《授权委托书》并提供代理人的身份证原件和复印件。

法人机构开户:应提供法人营业执照及复印件;法定代表人证明书;证券账户卡原件及复印件;法人授权委托书和被授权人身份证原件及复印件;单位预留印鉴。

(2) 填写开户资料并与证券营业部签订《证券买卖委托合同》(或《证券委托交易协议书》),同时签订有关沪市的《指定交易协议书》。

(3) 证券营业部为投资者开设资金账户。

(4) 需开通证券营业部银证转账业务功能的投资者,注意查阅证券营业部有关此类业务功能的使用说明。

(二) B 股开户操作流程

境内居民个人开立 B 股资金账户和股票账户,须提供身份证原件及复印件、B 股证券账户卡,还必须按如下要求办理:

(1) 凭本人身份证到其原外汇存款银行将其现汇存款和外币现钞存款划入证券股份有限公司指定的当地银行的 B 股资金账户号,暂时不允许跨行或异地划转外汇资金。银行应当向客户出具进账凭证,并向客户所开户的证券营业部出具对账单。

(2) 凭本人身份证和本人进账凭证到客户所开户的证券营业部柜台开立 B 股资金账户,开立 B 股资金账户的最低金额为等值 1000 美元。客户本人填写"开户申请表"。

(3) 其他开户流程参照"个人开户流程"。

(三) 网上委托股票开户操作流程

1. 客户开户申请

客户在开立个人资金账户后，阅读《网上证券委托交易协议书》(一式两份) 并签字，填写"开户申请表"各两份。如未开立资金账户须先行开立资金账户 (见前文开户操作流程)。

2. 验证

客户需提供本人的证券账户、身份证原件及复印件各一份。如有委托代理的，委托代理人还必须提供身份证及复印件。

3. 开户处理

对符合开户规定的客户，柜台开户人员向客户发放网上交易的 CA 证书 (客户应注意及时修改证书使用密码)，请客户在"客户开户回单"上签字。

二、掌握股票交易的基本规则

(一) 交易原则

股票交易通常都必须遵循价格优先原则和时间优先原则。

1. 价格优先原则

价格较高的买入申报优先于价格较低的买入申报，价格较低的卖出申报优先于价格较高的卖出申报。

2. 时间优先原则

同价位申报，依照申报时序决定优先顺序，即买卖方向、价格相同的，先申报者优先于后申报者。先后顺序按证券交易所交易主机接受申报的时间确定。

(二) 交易规则

1. 上海、深圳证券交易所主板市场的主要交易规则

(1) 交易时间。沪、深证券交易所规定，采用竞价交易方式的，每个交易日的 9:15—9:25 为开盘集合竞价时间；上海证券交易所 (简称上交所) 9:30—11:30，13:00—15:00 为连续竞价时间；深圳证券交易所 (简称深交所) 9:30—11:30，13:00—14:57 为连续竞价时间，14:57—15:00 为收盘集合竞价时间，15:00—15:30 为大宗交易时间。

(2) 交易单位。交易单位是交易所规定每次申报和成交的交易数量单位，以提高交易效率。一个交易单位俗称"一手",委托买卖的数量通常为一手或一手的整数倍。沪、深证券交易所规定,通过竞价交易买入股票、基金、权证的,申报数量应当为 100 股(份)或其整数倍。卖出股票、基金、权证时,余额不足 100 股(份)的部分,应当一次性申报卖出。股票、基金、权证交易单笔申报最大数量应当不超过 100 万股(份)。

(3)价位。价位是交易所规定每次报价和成交的最小变动单位。A 股、债券交易和债券买断式回购交易的申报价格最小变动单位为 0.01 元人民币,基金、权证交易为 0.001 元人民币;上海证券交易所 B 股交易为 0.001 美元,深圳证券交易所 B 股交易为 0.01 港元;债券质押式回购交易为 0.005 元。

(4)报价方式。传统证券交易所用口头叫价方式并辅之以手势作为补充,现代证券交易所多采用电脑报价方式。沪、深证券交易所采用电脑报价方式,接受会员的限价申报和市价申报。

(5)竞价方式。我国上海、深圳证券交易所的证券竞价交易采取集合竞价和连续竞价方式。集合竞价是指在规定的时间内接受的买卖申报一次性撮合的竞价方式;连续竞价是指对买卖申报逐笔连续撮合的竞价方式。

(6)涨跌幅限制。沪、深证券交易所对股票、基金交易实行价格涨跌幅限制,涨跌幅比例为 10%,其中未完成股改的股票(即 S 股)、ST 股票和*ST 股票价格涨跌幅比例为 5%。属于下列情形之一的,首个交易日无价格涨跌幅限制:首次公开发行上市的股票和封闭式基金;增发上市的股票;暂停上市后恢复上市的股票;交易所认定的其他情形。高于涨幅限制的委托和低于跌幅限制的委托无效。

2. B 股的基本交易规则

交易品种:深圳 B 股和上海 B 股。

交易时间:每周一至周五 9:30—11:30,13:00—15:00。

交易原则:价格优先、时间优先。

价格最小变化档位:深圳证券交易所为 0.01 港元,上海证券交易所为 0.001 美元。

交易单位:委托买卖及清算的价格以一股为准。深市 B 股买卖数额以一手即 100 股或其整数倍为单位。沪市 B 股买卖数额一手为 1000 股或其整数倍为单位。

交易方式:深市 B 股交易方式分为集中交易和对敲交易。

集中交易:在交易时间内通过交易所集中市场交易系统达成的交易。

对敲交易:B 股证券商在开市后至闭市前 5 分钟将其接受的同一种 B 股买入委托和卖出委托配对后输入,经交易所的对敲交易系统确认后达成的交易。对敲交易仅限于股份托管在同一券商处且不同投资者之间的股份协议转让。每笔交易数量须达到 50 000 股以上。

T+3 交收:B 股的交收期为 T+3,即在达成交易后的第四个交易日完成资金和股份的正式交收,并实现"货银对付"。在此之前,投资者不能提取卖出股票款和进行买入股票的转出托管。

T+0 回转交易:当天买入的股票当天可以卖出,当天卖出的股票的资金当天可以再买股票。

委托方式:深圳 B 股可采用柜台委托、电话、远程终端等方式下单,上海 B 股只能到柜台填单委托交易。

注:深圳 B 股以港币结算,上海 B 股以美元结算,B 股不允许买空或卖空。

三、委托证券公司买卖股票

投资者带身份证、银行卡到证券公司办理资金账号和股东账户后,通过设置密码,到投资者选择的三方存管银行理财窗口签好银行三方存管后,向银行存入资金,将资金转账到证券资金账户,下载券商股票交易软件,登陆投资者自己开立的股票资金账户,就可以进行网上交易了。

网上交易操作方法比较简单,投资者先登录股票交易系统,再选择买入(卖出),将选好要买(卖)的股票代码填入股票代码栏,最后输入买入(卖出)的数量,再点击确定。隔一会就刷新一下页面或点击一下"当日成交"的按钮,看看是否交易成功。

(一)委托指令

委托指令是投资者委托证券经纪商买卖股票的指示和要求。投资者填写的买卖委托单是客户和股票经营机构之间确定代理关系的法律文件,具有法律效力。

委托指令的基本要素包括:①证券账号;②委托日期和时间;③买卖品种;④买卖数量;⑤买卖价格;⑥买进或卖出。

(二)委托方式

客户在办理委托买卖股票时,需要向证券经纪商下达委托指令。委托指令有不同的具体形式,可以分为柜台委托和非柜台委托两大类。

1. 柜台委托

柜台委托是指委托人亲自或由其代理人到证券营业部交易柜台,根据委托程序和必需的证件采用书面方式表达委托意向,由本人填写委托单并签章的形式。采用柜台委托方式,客户和证券经纪商面对面办理委托手续,加强了委托买卖双方的了解和信任,比较稳妥可靠。

2. 非柜台委托

非柜台委托主要有人工电话委托或传真委托、自助和电话自动委托、网上委托等形式。根据中国证券业协会提供的《证券交易委托代理协议(范本)》的要求,客户在使用非柜台委托方式进行证券交易时,必须严格按照证券公司证券交易委托系统的提示进行操作,因客户操作失误造成的损失由客户自行承担。对证券公司电脑系统和证券交易所交易系统拒绝受理的委托,均视为无效委托。

(1)人工电话委托或传真委托。人工电话委托是指客户将委托要求通过电话报给证券经纪商,证券经纪商根据电话委托内容向证券交易所交易系统申报。传真委托是指客户填写委托内容后,采用传真的方式表达委托要求,证券经纪商接到传真委托书后,将委托内容输入交易系统申报进场。

(2)自助和电话自动委托。这里的自助方式是自助终端委托,即客户通过证券营业部设置的专用委托电脑终端,凭证券交易磁卡和交易密码进入电脑交易系统委托状态,自行将委托内容输入电脑交易系统,以完成证券交易。电话自动委托是指证券经纪商把电脑交易系统和普通电话网络连接起来,构成一个电话自动委托交易系统;客户通过普通电话,按照该系统发出的指示,借助电话机上的数字和符号键输入委托指令。

(3) 网上委托。网上委托是指证券公司通过基于互联网或移动通信网络的网上证券交易系统,向客户提供用于下达证券交易指令、获取成交结果的一种服务方式,包括需下载软件的客户端委托和无需下载软件、直接利用证券公司网站的页面客户端委托。网上委托的上网终端包括电子计算机、手机等设备。客户在办理网上委托的同时,也应当开通柜台委托、电话委托等其他委托方式,当证券公司网上证券委托系统出现网络中断、高峰拥挤或网上委托被冻结等异常情况时,客户可采用上述其他委托方式下达委托指令。

(三) 委托买卖的种类

(1) 整数委托与零数委托。
(2) 市价委托与限价委托。
(3) 定期委托与撤销前委托。

(四) 委托有效期

委托有效期是指委托指令的最后生效限期,可分为当日有效、本周有效、本月有效、撤销前有效、一次成交有效、立即成交有效、开市有效等。我国目前的合法委托为当日有效委托。

(五) 申 报

1. 申报时间

沪深证券交易所接受申报的时间为每个交易日的 9:15—9:25,9:30—11:30,13:00—15:00。每个交易日 9:20—9:25 的开盘集合竞价阶段,深市 14:57 至 15:00 交易所主机不接受撤单申报,其他接受交易申报的时间内,未成交申报可以撤销。证券公司应按投资者委托时间的先后顺序及时向交易所申报。

2. 申报价格

投资者可以采用限价申报或市价申报的方式委托证券公司营业部买卖证券。限价申报是指客户委托证券公司营业部按其限定的价格买卖证券,证券公司营业部必须按限定的价格或低于限定的价格申报买入证券,按限定的价格或高于限定的价格申报卖出证券。市价委托是指投资者委托会员按市场价格买卖证券。

不同证券采用不同的计价单位,股票为每股价格,基金为每份基金价格,债券为每百元债券价格,债券质押式回购为每百元资金到期年收益,债券买断式回购为百元面值债券到期回购价格,并且不同证券申报价格的最小变动单位也各不相同,如表 3-1 所示。

表 3-1 不同证券申报价格最小变动单位一览

上交所		深交所	
交易品种	最小变动单位	交易品种	最小变动单位
A股、债券、债券买断式回购	0.01元	A股、债券、债券质押式回购	0.01元
基金、权证	0.001元	基金	0.001元
B股	0.001美元	B股	0.01港元
债券质押式回购	0.005元		

3. 申报数量

关于申报的数量，上交所和深交所的规定有所不同，具体见表3-2和表3-3。

表 3-2 证券交易所竞价交易的证券买卖申报数量

交易内容	上交所	深交所
买入股票、基金、权证	100股（份）或其整数倍	100股（份）或其整数倍
卖出股票、基金、权证	余额不足100股（份）的部分应一次性申报卖出	余额不足100股（份）的部分应一次性申报卖出
买入债券	1手或其整数倍	10张或其整数倍
卖出债券	1手或其整数倍	余额不足10张部分，应当一次性申报卖出
债券质押式回购交易	100手或其整数倍	10张或其整数倍
债券买断式回购交易	1000手或其整数倍	

表 3-3 证券交易所竞价交易的单笔申报最大数量

交易内容	上交所	深交所
股票、基金、权证交易	不超过100万股（份）	不超过100万股（份）
债券交易	不超过1万手	不超过10万张
债券质押式回购交易	不超过1万手	不超过10万张
债券买断式回购交易	不超过5万手	

4. 价格涨跌幅限制

目前，上交所和深交所均对股票、基金交易实行价格涨跌幅限制，涨跌幅比例为10%，其中ST股票和*ST股票价格涨跌幅比例为5%。其计算公式为：

$$涨跌幅价格 = 前一交易日收盘价 \times (1 \pm 涨跌幅比例)$$

计算结果按四舍五入原则取至价格最小变动单位。

属于下列情形之一的，首个交易日无价格涨跌幅限制：

第一，首次公开发行上市的股票和封闭式基金；

第二，增发上市的股票；

第三，暂停上市后恢复上市的股票；
第四，交易所认定的其他情形。

（六）竞价成交方式

上交所、深交所的证券竞价采用集合竞价和连续竞价两种方式。上海证券交易所规定，采用竞价交易方式的，每个交易日的 9:15—9:25 为开盘集合竞价时间，9:30—11:30、13:00—15:00 为连续竞价时间。深圳证券交易所规定，采用竞价交易方式的，每个交易日的 9:15—9:25 为开盘集合竞价时间，9:30—11:30、13:00—14:57 为连续竞价时间，14:57—15:00 为收盘集合竞价时间。

1. 集合竞价

所谓集合竞价，是指对在规定的一段时间内接受的买卖申报一次性集中撮合的竞价方式。根据我国证券交易所的相关规定，集合竞价确定成交价的原则为：

（1）可实现最大成交量的价格。
（2）高于该价格的买入申报与低于该价格的卖出申报全部成交的价格。
（3）与该价格相同的买方或卖方至少有一方全部成交的价格。

如有两个以上申报价格符合上述条件的，深圳证券交易所取距前收盘价最近的价位为成交价；上海证券交易所则规定使未成交量最小的申报价格为成交价格，若仍有两个以上使未成交量最小的申报价格符合上述条件的，其中间价为成交价格。

进行集中撮合处理时，所有买方有效委托按委托限价由高到低的顺序排列，限价相同者按照进入证券交易所交易系统电脑主机的时间先后排列。所有卖方有效委托按照委托限价由低到高的顺序排列，限价相同者也按照进入交易系统电脑主机的时间先后排列。依序逐笔将排在前面的买方委托与卖方委托配对成交。也就是说，按照价格优先、同等价格下时间优先的成交顺序依次成交，直至成交条件不满足为止，即所有买入委托的限价均低于卖出委托的限价，所有成交都以同一成交价成交。集合竞价中未能成交的委托，自动进入连续竞价。

2. 连续竞价

连续竞价是指对买卖申报逐笔连续撮合的竞价方式。连续竞价阶段的特点是，每一笔买卖委托输入交易自动撮合系统后，当即判断并进行不同的处理：能成交者予以成交；不能成交者等待机会成交；部分成交者则让剩余部分继续等待。

按照我国证券交易所的有关规定，在无撤单的情况下，委托当日有效。另外，开盘集合竞价期间未成交的买卖申报，自动进入连续竞价。深圳证券交易所还规定，连续竞价期间未成交的买卖申报，自动进入收盘集合竞价。

连续竞价时，成交价格的确定原则为：

（1）最高买入申报与最低卖出申报价位相同，以该价格为成交价。
（2）买入申报价格高于即时揭示的最低卖出申报价格时，以即时揭示的最低卖出申报价格为成交价。

(3)卖出申报价格低于即时揭示的最高买入申报价格时,以即时揭示的最高买入申报价格为成交价。

(七)竞价结果

证券交易竞价的结果有三种可能:全部成交、部分成交和不成交。

1. 全部成交

委托买入或卖出的证券全部成交,关键是买入或卖出的证券数量。委托全部成交后,证券经纪商应及时通知委托人按规定的时间办理交割手续。

2. 部分成交

委托买入或卖出的证券未能全部成交,经纪商在委托有效期内可继续执行,直到有效期结束。目前,上海交易所、深圳交易所的场内委托只在当日有效,如果第二天要继续执行,须再重新办理委托。当天的部分成交,经纪商也应通知委托人办理已成交的交割手续。

3. 不成交

委托买入或卖出证券没有成交,在有效期内可继续执行,直到有效期结束。对客户失效的委托,证券经纪商须及时将冻结的资金或证券解冻。

四、证券结算与过户

(一)证券结算的含义

每日交易结束后,证券公司要为客户办理证券和资金的清算与交收。目前,我国证券市场采用的是法人结算模式。法人结算是指由证券公司以法人名义集中在证券登记结算机构开立资金清算交收账户,其接受客户委托代理的证券交易的清算交收均通过此账户办理。证券公司与其客户之间的资金清算交收由证券公司自行负责完成。

(二)证券结算的主要方式

证券结算主要有两种方式:逐笔结算和净额结算。

(1)逐笔结算,即对每一笔成交的证券及相应价款进行逐笔结算,主要是为了防止在证券风险特别大的情况下,出现净额结算风险积累的情况。这种结算方式适用在交易稀少、每笔成交额却很大的市场。

(2)净额结算,又称差额结算,就是在一个结算期中,对每个经纪商价款的结算只计其各笔应收、应付款项相抵之后的净额;对证券的结算只计每一种证券应收、应付相抵后的净额。在目前的电脑竞价交易中,交易次数多,每笔成交额大,如果逐笔结算,不仅清算交割过程太复杂,而且效率低,因此,净额结算方式的主要优点是可以简化操作手续,提高结算效率。应该注意的是,结算价款时,同一结算期内发生的不同种类证券的买卖价款可以合并计算,但不同结算期发生的价款不能合并计算;结算证券时,只有在同一清算期内且同一证券才能合并计算。

(三)证券结算的主要流程

我国上海证券交易所采取的是余额交割的方式,其具体流程为:
(1) 每天闭市后,逐笔核对当日"场内成交单"。
(2) 如核对无误,将依据"场内成交单"所记载各证券商买卖各种证券的数量、价格,计算出各证券商应收应付价款相抵后的净额及各种证券应收应付数量相抵后的净额,编制当日"清算交割汇总表"和各证券商的"清算交割表",分送给各证券商清算交割人员。
(3) 各证券商清算交割人员接到"清算交割表"核对无误后,须编制出公司当日的"交割清单",在约定的交割时间内到证券交易所(而非各证券商之间)办理清算交割手续。也就是说,证券商与证券交易所清算部原则上只需划转一笔应收应付款,每种证券也只需划转一笔库存证券账目,从而大大简化了交割手续。
(4) 证券商根据证券登记结算机构发来资金交收数据,将投资者的应收应付款项划入或划出其证券交易结算资金账户,不需要实物交割。

关于清算交割日,各国的规定不同。我国的A股、基金、债券都是在交易日的次日(T+1)交割,我国的B股和日本是在交易日起第4天(T+3)交割,美国和加拿大是在交易日起的第5天(T+4)交割。

(四)过 户

证券过户是指股权(债权)在投资者之间转移。记名式证券交易后,必须办理过户手续。不记名证券不存在过户问题。目前,在我国利用电脑的无纸交易中,股票成交后,证券公司要通过电脑在交易双方的股票上增加或减少股票数,并把有关所有权转移事项记入证券发行公司的账簿中。只有这样买方才能正式成为公司股东,享有股东权利,领取公司派送的股息或红利等。

过户分为交易性过户、非交易性过户和账户挂失转户三种。交易性过户是指记名证券的交易使股权(债权)从出让人转移到受让人从而完成股权(债权)的过户;非交易性过户是指由于继承、赠与、财产分割或法院判决等原因而发生的权益转移;账户挂失转户是指不进行财产转移即可直接办理过户。

五、证券交易费用概述

投资者从事证券交易,需要支付一定的交易费用,具体包括以下五种费用:

1. 开户费

开户费是投资者在中国证券登记结算有限公司开设证券交易账户时要缴纳的费用。

2. 佣金

佣金是证券公司为客户（投资者）提供证券代理买卖服务收取的费用，投资者要按成交金额一定比例支付给证券公司。

3. 过户费

过户费是投资者在委托买卖股票、基金等成交后，买卖双方为变更证券登记所支付的费用，这笔费用属于证券登记结算公司，由证券公司在同投资者结算时代为扣收。

4. 印花税

印花税是根据国家税收法律规定，在 A 股和 B 股成交后对买卖双方投资者按照规定的税率分别征收的税金，由证券公司在为投资者办理结算时代为扣收。表 3-4 和表 3-5 分别列出了上海证券交易所的交易费用。

5. 委托手续费

委托手续费是证券公司在投资者办理委托买卖时向投资者收取的，主要用于通信、设备、单证制作等方面的费用。委托手续费的收费一般按委托的笔数计算，没有统一的标准。目前，大多数证券公司都免收委托手续费。

表 3-4　上海证券交易所 A 股、基金、权证、债券交易费用一览

业务类别			费用项目	费用标准	最终收费单位
开户	A 股	个人	开户费	40 元/户	登记结算公司
		机构	开户费	400 元/户	登记结算公司
	基金		开户费	5 元/户	开户代理机构
交易	A 股		佣金	不超过成交金额的 0.3%，起点 5 元	证券公司
			过户费	成交面额的 0.1%，起点 1 元	登记结算公司
			印花税	成交金额的 0.1%（出让方单边缴纳）	税务机关
	证券投资基金（封闭式基金、ETF）		佣金	不超过成交金额的 0.3%，起点 5 元	证券公司
	权证		佣金	不超过成交金额的 0.3%，起点 5 元	证券公司
	债券（国债、企业债券、可转换公司债券等）		佣金	不超过成交金额的 0.02%，起点 1 元	证券公司
	国债质押式回购	1 天	佣金	成交金额的 0.001%	证券公司
		2 天	佣金	成交金额的 0.002%	证券公司
		3 天	佣金	成交金额的 0.003%	证券公司
		4 天	佣金	成交金额的 0.004%	证券公司
		7 天	佣金	成交金额的 0.005%	证券公司
		14 天	佣金	成交金额的 0.010%	证券公司
		28 天	佣金	成交金额的 0.020%	证券公司
		28 天以上	佣金	成交金额的 0.030%	证券公司

续表

业务类别			费用项目	费用标准	最终收费单位
交易	企业债券质押式回购	1天	佣金	成交金额的0.0025%	证券公司
		3天	佣金	成交金额的0.0075%	证券公司
		7天	佣金	成交金额的0.0125%	证券公司
	国债买断式回购	7天	佣金	成交金额的0.0125%	证券公司
		28天	佣金	成交金额的0.05%	证券公司
		91天	佣金	成交金额的0.075%	证券公司
	大宗交易		佣金、过户费、印花税同品种竞价交易		
ETF申购、赎回			佣金	不超过申购、赎回份额的0.5%	证券公司
			组合证券过户费	股票过户面额的0.05%，前三年减半	登记结算公司
权证行权			标的股票过户费	股票过户面额的0.05%	登记结算公司
专项资产管理计划转让			佣金	不超过转让金额的0.02%，起点1元	证券公司

表3-5 上海证券交易所B股交易费用一览

业务类别		费用项目	费用标准	最终收费单位
开户	个人	开户费	19美元	登记结算公司
	机构	开户费	85美元	登记结算公司
	更换结算会员	开户费	2美元	目前未收
交易		佣金	不超过成交金额的0.3%，起点1美元	证券公司
		结算费	成交金额的0.05%	登记结算公司
		印花税	成交金额的0.1%（出让方单边缴纳）	税务机关
修改错误交易的非交易过户		手续费	30美元/笔	错误方交登记结算公司
修改结算会员代码		手续费	10美元/笔，每个ORDER最高不超过50美元	错误方交登记结算公司
大宗交易		佣金、结算费、印花税同竞价交易		

【例3-1】某投资者在上海证券交易所以12元/股的价格买入某股票10 000股，该投资者与证券公司约定的佣金为0.2%，免收委托手续费，其他费用按规定计收，那么该投资者最低需要以什么价格卖出股票才可保本。计算过程如下：

设投资者卖出价格为 P，则：

卖出收入 = $10\,000 \times P - 10\,000 \times P \times (0.2\% + 0.1\%)$（佣金+税）$- 10\,000 \times 0.1\%$（手续费）

= $9970 \times P - 10$

买入支出 = $10\,000 \times 12 + 10\,000 \times 12 \times 0.2\% + 10\,000 \times 0.1\% = 120\,250$（元）

保本即为卖出收入≥买入支出，那么 $(9970 \times P - 10) - 120\,250 \geq 0$，可得：

$P \geq 12.06$ 元

第三节 股票投资收益

由于投资收益的多少受本金大小的影响,所以在评价投资收益时,一般以收益额与投资额的百分比表示,这一比例称之为收益率。评价一种投资产品是否值得投资,最直接、最简单的方法就是计算它的收益率。

一、股票投资收益的组成

股票投资收益是指股票持有者因拥有股票所有权而获得的超出股票实际购买价格的收益,往往由股利、资本利得和资本增值收益组成。

(一) 股 利

股利是指股票持有人依据股票从公司获取的盈利。通常,股份有限公司在会计年度结束后,将一部分净利润作为股利分配给股东。其中,优先股股东按照固定股息率优先获得固定股息,普通股股东则按剩余利润获得红利。股利的税后净利润是公司分配红利的最高限额,但因其要做必要的公积金、公益金的扣除,公司实际发放的红利总是要少于税后利润。

股利的具体形式主要有以下几种。

1. 现金股息

现金股息是以货币形式支付的股息和红利,是最普通的股利形式。分配现金股利既可以满足股东预期的现金收益目的,又有助于提高股票的市场价格,吸引更多的投资者。在公司留存收益和现金足够的情况下,现金股利的发放取决于董事会对影响公司发展诸多因素权衡的结果,并要兼顾公司和股东两者的利益。一般来说,普通股东更关注当前利益,而董事会更关注公司未来的发展和财务状况,希望保存足够的现金购置固定资产和用于其他用途。但是由于股利的高低直接关系到本公司的股价,而股价的涨跌又关系到公司的信誉和筹资能力的大小,因此董事会在权衡股东当前利益和公司长远利益的情况下会制定出合理的现金股息发放方案。

2. 股票股利

股票股利是以股票的方式派发的股利,通常是公司用一部分新发行的股票或者库存股票作为股利,代替现金发放给股东。股票股利实际上是将公司的留存收益资本化,对公司的资产、负债和股东权益总额毫无影响,也不改变股东在公司中占有权的比重。股票股利既可以让公司保留发展所需要的现金,又可以使公司股票数量上升,股价下降,有利于股票的流通。在大多数西方国家股票股利可以免征所得税,出售增加的股票又可以转化为现实的货币,同时有利于投资收益,因此这种股利发放方式可以同时兼顾股东和公司的利益。

3. 财产股利

财产股利是公司用现金以外的其他资产向股东发放红利。最常见的是公司持有的其他公司或者子公司的股票、债券,也可以是实物。分派财产股利可以减少公司现金的支出,有利于公司的发展。在公司现金不足时,用本公司的产品以优惠的价格充作股利可以增加其产品销路。

4. 建设股利

建设股利是指经营铁路、机场、港口等业务的股份公司,由于其建设周期长,不可能在短期内建成投产、实现利润。为了实现所需资金,在公司章程中明确规定,在获得批准后公司可以将一部分股本作为股利支付给股东。由于建设股利的发放不是公司的盈利,而是对公司未来盈利的预分,实质上是一种负债分配,也是无盈利无股息原则的一个例外。因此建设股利的发放有严格的限制,公司开业后,应在分配盈余前扣抵或逐年扣抵冲销,以补充资本金。

5. 负债股利

负债股利是指公司建立一种负债,用债券或应付票据作为股息分派给股东。这些债券或应付票据既是公司支付的股息,也是股东实现收益的来源。负债股利一般是在已宣布发放股息但现金不足、难以支付的情况下不得已而采取的权宜之计。

(二)股票投资的资本利得

股票投资者可以在股票流通市场上出售股票以收回本金、获得盈利,也可以利用股票价格的波动低买高卖赚取差价收益。股票买入价和卖出价之间的差价就是资本利得。资本利得可正可负,当股票的买入价高于卖出价的时候,资本利得为负,称为资本的损失。当股票的买入价低于卖出价的时候,资本利得为正,称为资本收益。资本利得主要取决于股份公司的经营业绩和股价的波动情况,同时和投资者的投资心态、投资经验和技巧有很大的关系。

(三)资本增值收益

股票投资获得增值收益的形式是送股,但送股的资金不是来自于公司当年的可分配盈利,而是来自于公司提取的公积金,即公积金转增资本。公司的公积金来源有以下几方面:

一是股票溢价发行时,超过股票面值的溢价部分列入公司的资本公积金;

二是依据《公司法》的规定,每年从税后利润中按10%的比例提成部分法定公积金;

三是股东大会决议后提取的任意公积金;

四是公司经过若干年经营以后资产重估增值部分;

五是公司从外部的赠与资产,如从政府部门、国外部门及其他公司等处得到的赠与资产。

公司提取的公积金有法定公积金和任意盈余公积金。很多国家的公司法规定法定公积金可以转化为资本,也可以用来弥补亏损,但不能作为红利分派。提取的任意公积金主要是为了将来的不时之需。资本增值收益是长期投资者选择优质公司股票后长期持有的主要投资目的。

二、确定性条件下股票投资收益率的计算

股票投资收益通常用股票投资收益率表示，一般包括股利收益率、交易差价收益率、拆股后差价收益率等。

1. 股利收益率

股利收益率又称获利率，是指股份公司以现金形式派发的股利与股票市场价格的比率。该收益率可用来计算已得的股利收益率，也可用于预测未来的股利收益率。如果计算已得的股利收益率，可用本期所得的年现金股利与股票购买价格计算；如果预测未来可能的股利收益率，可用上期派发的年现金股利与现行股票购买价格计算。预期的股利收益是投资者决定是否购买股票的重要指标。

其计算公式为：

$$股利收益率 = \frac{D}{P_0} \times 100\%$$

式中　D——现金股利；
　　　P_0——股票买入价。

2. 交易差价收益率

交易差价收益率又称持有期收益率，是指股票持有人持有股票期间的股息收入和买卖差价占股票买入价格的比例，股票虽然没有到期日，但是可以转让，股票在某个持有人手里的期限可长可短。交易差价收益率就是反映股票持有人在持有期内全部股利收入和资本利得占投资本金的比例，其计算公式为：

$$交易差价收益率 = \frac{D+(P_1-P_0)}{P_0} \times 100\%$$

式中　D——现金股利；
　　　P_0——股票买入价；
　　　P_1——股票卖出价。

3. 拆股后差价收益率

投资者在买入股票后，有的时候会发生公司拆股的现象，由于股份公司拆股后会出现股份数增加和股价下降的情况，因此拆股后股票的价格必须调整，以计算拆股后的持有期收益率。其计算公式如下：

$$拆股后的持有期收益率 = \frac{调整后资本利得或损失 + 调整后现金股息}{调整后的购买价格} \times 100\%$$

第四节　与股票投资相关的术语

一、股票交易常见的专业术语

（1）开市：交易系统交易席位下允许下单的时间。
（2）闭市：交易系统交易席位结束当天下单的时间。
（3）休市：交易系统停止交易的时间。
（4）手：证券交易的最基本单位，一般情况下，1手股票等于100股股票，1手债券等于面值为1000元的债券。
（5）价位：有两层含义，一是表示具体价格，二是表示报价的最小升降单位。如目前沪深交易所A股的最小升降单位是0.01元，深交所规定下一笔成交价格不能超过上一笔交易价格的1500个价位，即不能超过正负15元。
（6）开盘价：股票在当日的第一笔成交价格，开盘价多由集合竞价产生。若开盘价与上一交易日收盘价相同叫作开平盘，开盘价高于上一交易日收盘价称为跳空高开，开盘价低于上一交易日收盘价则为跳空低开。
（7）收盘价：股票在当日的最后一笔成交价格或收市前若干时间内的加权平均价格。
（8）最高价：股票在当日的最高成交价。
（9）最低价：股票在当日的最低成交价。
（10）现价：股票最近一笔的成交价格。
（11）现手：股票最近一笔的成交数量，成交单位为"手"。
（12）成交数量：当天成交的股票数量。
（13）日成交额：当天已成交股票的金额总数。
（14）涨跌幅度：当日股价与前一日收盘价格（或前一日收盘指数）相比的百分比幅度，正值为涨，负值为跌，否则为持平。
（15）关卡：一般将整数位或黄金分割位或股民习惯上的心理价位称之为关卡。股价向上冲过关卡称之为突破，股价向下冲过关卡称之为跌破。
（16）反转：股价朝原来趋势的相反方向移动。它分为向上反转和向下反转。
（17）探底：寻找股价最低点的过程，探底成功后股价由最低点开始翻升。
（18）底部：股价长期趋势线的最低部分。
（19）头部：股价长期趋势线的最高部分。
（20）高价区：多头市场的末期，此时为中短期投资的最佳卖点。
（21）低价区：多头市场的初期，此时为中短期投资的最佳买点。
（22）ST股票：全称为特别处理股票，是上市公司财务经营状况发生异常时的处理，目的是提醒投资者此类股票存在较多问题，投资风险很大。公司股票被特别处理的条件是：或者连续两个会计年度亏损，或者每股净资产值低于面值（人民币1元），或者证监会认为异常的情况发生。ST 股票除了涨跌幅限制为 5% 外，在交易过程没有其他限制。

（23）PT 股票：全称为特别转让股票，如果 ST 股票继续亏损，将被暂停上市变为特别转让股票。PT 股票每周五可以采用集合竞价的方式进行特别转让，其涨幅限制为 5%，无跌幅限制。

（24）多头市场（牛市）：在较长的时期（1 年以上）内，市场大部分股票的价格呈上升趋势，其中虽有调整，但调整之后又屡创新高。长期多头市场又称牛市，因为牛眼始终是向上的。

（25）空头市场（熊市）：在较长的时期（1 年以上）内，市场股价指数呈下跌趋势，其中虽有反弹，但以下跌为主。长期空头市场又称熊市。

（26）零股买卖：我国证券交易规定交易数额为 1 手的整数倍，每 1 手为 100 股，少于 100 股的为零股，可以卖出零股，不能买进零股。我国证券市场零股的产生是由送配股而产生的。

（27）涨跌停板制度：政府为稳定股市抑制投机，限定每种股票在一个交易日内上涨与下跌的最大幅度，一般股票的涨跌幅为前一个交易日收盘价的上下 10%（ST 股票为 5%；PT 股票涨幅为 5%，跌幅不限）。

（28）融资与融券：属于信用交易范畴，由投资人向证券商缴纳一定的保证金，即可向证券商借资买进股票或借入卖出股票，以博取短期投机利润。借入资金的行为称为融资，借入股票的行为称为融券。目前我国投资者资金或股票市值 50 万以上可向券商申请此业务。

（29）板块：在股票市场达到一定规模后，人为地按某种方法把股票进行分类，把性质相同或相近的股票归为一类即是板块。一般情况下，同一板块内一部分的股票涨跌会影响板块内其他股票的涨跌。

（30）庄家、主力、机构：他们都是实力雄厚、资金庞大的大额投资者，拥有信息、资金和技术方面的优势。庄家偏重于对某一股票进行炒作，使用各种手段和方法，低价吸货，拉高出货。对倒是庄家常用的手法之一。主力的交易活动对整个市场有举足轻重的作用，机构和主力可以做庄，也可以不做庄。

（31）大户：泛指投资金额较大的投资者。我国有些城市的证券公司把拥有人民币 100 万元以上资金的投资者称为大户，中小城市的证券公司也有把拥有人民币 50 万元以上资金的客户称为大户的。

（32）中小散户：泛指资金数量少，买卖数量不大，无组织的投资者，但他们是整个市场的基石。

（33）战略投资者：在股票发行市场上的法人投资者，其持股时间一般在一年以上，并与发行股票的公司有紧密的业务联系。

（34）一般法人投资者：在股票发行市场上的法人投资者，其持股时间一般在三个月以上，一年以内，可能与发行股票的公司无直接业务联系。

（35）多头：对后市看好或持股待涨的投资者。有的多头只知买进，而不管该股票涨多少，或者是跌多少，始终天天看好此只股票，俗称"死多头"。

（36）空头：对后市看淡或卖出持有股票的投资者。

（37）长多：以做长线为主的多头，在牛市中长多者一般获利会很丰厚。

（38）短多：以做中短线为主的多头，投资周期长则一两个月，短则一两天。

（39）空翻多：空头改变思维，由空头变为多头。

（40）多杀多：又称"股打股"。股票下跌的直接原因是卖出者多，买进者少，如若大跌，多头争先恐后不限价卖出，持股者怕行情继续大跌，甚至不惜赔钱卖出股票，这种现象就是多杀多。

（41）多头陷阱：多头为了卖出股票，有意拉高，诱骗中小散户跟进，多头出货完毕，股价大跌。

（42）空头陷阱：空头卖出股票，意在打压股价，使情绪不稳定的投资者卖出股票，之后股价不但不跌，还大幅上涨，空头被迫又补回股票，成为推动股价上涨的动力。

（43）逼空：又叫轧空，空头卖出股票后没有机会以低价买回，被迫以更高的价格买回的现象。

（44）哄抬：以前经常在报纸上看到"哄抬物价"四个字。在股票市场上，少许机构大户用不正当的方法与手段，将股价往上推，就叫哄抬股价。哄抬的方法有很多，如放出不实消息诱人上当等。

（45）坐轿和抬轿：投资者低价买入股票，等待庄家拉升股价的过程称为坐轿，在拉抬股价的过程中，非庄家投资者高价买入股票以图获利，称为抬轿。

（46）打压：这是庄家惯用的手法，大量低价卖出股票，故意制造恐慌气氛，目的是希望股价垮下去，以达到他们买进更多更便宜股票的目的。

（47）洗盘：庄家为了达到其顺利炒作股价的最终目标，在低价吸货或拉升途中，利用各种手法让跟风买进的投资者卖出持有的股票。

（48）骗线：利用技术指标欺骗依据技术指标进行操作的投资者的行为。

（49）提宫灯：这是日本人对散户的称呼，系指追随他人买进和卖出，完全没有主见的投资人。

（50）满堂红：在亚洲，上涨多用红色表示，所有股票都上涨，就称为满堂红。

（51）套牢：买进某一股票后，股票价格跌破买入价，就叫被套牢。

（52）解套：原先被套牢的股票，经过一段时间后，股价又回升至买进价格的上方，称为解套。

（53）斩仓：股票被套牢后，投资者以低于买入价的价格卖出，称为斩仓。

（54）龙头股：这样一只股票或一群股票，它们的上涨或下跌会带动市场其他股票的上涨或下跌。如1999年的5·19行情中的东方明珠（600832）、广电股份（600637）和真空电子（600602）就起到了龙头的作用。

（55）指标股：对股票价格指数影响较大的股票，大多为蓝筹股。如沪市的中国联通（600050）、招商银行（600036）和长江电力（600900）等。

（56）热门股：在一定时期内交易活跃的股票，此类股票股性较活跃，短线机会较多。

（57）冷门股：在一定时期内交易冷清的股票，常被市场所遗忘。

二、与股利政策相关的术语

股利政策是指股份公司对公司经营获得的盈余公积和应付利润采取现金分红或派息、发放红股等方式回馈股东的制度与政策。股利政策体现了公司的发展战略和经营思路，稳定可预测的股利政策有利于股东利益最大化，是股份公司稳健经营的重要指标。股利政策一般包括如下几种方式：

1. 派 现

派现也称现金股利，指股份公司以现金分红方式将盈余公积和当期应付利润的部分或全部发放给股东，股东为此应支付所得税。我国对个人投资者获取上市公司现金分红适用的利息税率为20%，目前减半征收。机构投资者由于本身需要缴纳所得税，为避免双重税负，在获取现金分红时不需要缴税。

2. 送 股

送股也称股票股利，是指股份公司对原有股东采取无偿派发股票的行为。送股时，将上市公司的留存收益转入股本账户，留存收益包括盈余公积和未分配利润，现在的上市公司一般只将未分配利润部分送股。送股实质上是留存利润的凝固化和资本化，表面上看，送股后，股东持有的股份数量因此而增长，其实股东在公司里占有的权益份额和价值均无变化。投资者获得上市公司送股后也需缴纳所得税（目前为10%）。

3. 资本公积金转增股本

资本公积金是在公司的生产经营之外，由资本、资产本身及其他原因形成的股东权益收入。股份公司的资本公积金，主要来源于股票发行的溢价收入、接受的赠与、资产增值、因合并而接受其他公司资产净额等。其中，股票发行溢价是上市公司最常见、最主要的资本公积金来源。资本公积金转增股本是在股东权益内部，把公积金转到"实收资本"或者"股本"账户，并按照投资者所持有公司的股份份额比例的大小分到各个投资者的账户中，以此增加每个投资者的投入资本。资本公积金转增股本同样会增加投资者持有的股份数量，但实质上它不属于利润分配行为，因此投资者无须纳税。

与股利政策相对应的还会形成四个重要日期：

（1）股利宣布日，即公司董事会将分红派息的消息公布于众的时间。此时的股票称为含权股票，即股东大会已通过分配方案但尚未实施的股票。

（2）股权登记日，即统计和确认参加本期股利分配的股东的日期，在此日期持有公司股票的股东方能享受股利发放。

（3）除权除息日，通常为股权登记日之后的1个工作日，本日之后（含本日）买入的股票不再享有本期股利。从理论上说，除息日股票价格应下降与每股现金股利相同的数额，除权日股票价格应按送股比例同步下降，但是在实践中，除息除权后，股价变化与理论价格之间通常会存在差异。

除权除息日之后，股票走势会形成两种情况：即填权和贴权。所谓的填权就是股票除权除息之后，在K线图上会形成一个除权缺口，若该股票市场价格上涨，将除权缺口封闭掉，即称为填权。在牛市中，填权的可能性较大。所谓的贴权就是股票除权除息后在K线图上会形成一个除权缺口，若该股票市场价格下跌，离股权登记日的价格越来越远，这一现象称为贴权。熊市中,贴权的可能性较大。

(4) 派发日,即股利正式发放给股东的日期。根据证券存管和资金划转的效率不同,通常会在几个工作日之内到达股东账户。

证券交易所在上市证券发生分红送配时,会在权益登记日(B股为最后交易日)次一交易日对该证券做除权除息处理。在除权(息)日,上市证券简称前往往会加上XR、XD和DR等字母,如海泰发展(600082)于2007年4月17日除息,其股票简称当天改为XR海泰发。XR、XD、DR含义如下:

XR是英文Ex-Right的简称,表示当天除息;XD是英文Ex-Dividend的简称,表示当天除权;DR则是将前面两者结合起来,表示当天既除息又除权。

除权(息)参考价格的计算公式为:

除权(息)参考价格=[(前收盘价格-现金红利)+配(新)股价格×流通股份变动比例]÷(1+流通股份变动比例)

【例3-2】某上市公司的分红方案为每10股派现3.6元,股权登记日收盘价为6.27元,求其除息日开盘的参考报价。计算过程如下:

该股票除息日开盘的参考报价=6.27-(3.6÷10)=5.91(元)

【例3-3】某上市公司的分红方案为每10股送5股并派现1.6元,股权登记日收盘价为6.7元。
(1) 求其除权除息日开盘的参考报价;
(2) 如果某投资者的买入成本为5.4元,求其除权后的每股成本?
计算过程如下:

该股票除息日开盘的参考报价=(6.7-0.16)÷(1+0.5)=4.36(元)

该投资者配股后的每股成本=(5.4-0.16)÷(1+0.5)=3.49(元)

【例3-4】某上市公司于2001年实施配股,其方案为向全体股东每10股配3股,配股价为每股人民币10.12元。股权登记日为2001年8月6日,当天收盘价为14.53元。请问:
(1) 某投资者于2001年8月6日13:40买入该股票,该投资者能不能获得此次配股权;
(2) 某投资者于2001年8月7日13:40买入该股票,该投资者能不能获得此次配股权;
(3) 计算除权(息)日该股票开盘的参考报价;
(4) 若某投资者于2001年7月12日以每股15.30元的价格买入并一直持有该股,假设其参与了此次配股,计算其配股后的每股成本?
计算过程如下:
(1) 该投资者能获得此次配股权;
(2) 该投资者不能获得此次配股权;
(3) 除权(息)日(2001年8月7日)该股票开盘的参考报价=(14.53+10.12×0.3)÷(1+0.3)=13.51(元);
(4) 该投资者配股后的每股成本=(15.30+10.12×0.3)÷(1+0.3)=14.10(元)。

另外,我国有关制度还规定,证券发行人认为有必要调整上述计算公式的,可以向证券交易所提出调整申请并说明理由。证券交易所认为必要时，可调整除权（息）价计算公式，并予以公布。

除权（息）日的证券买卖，除了证券交易所另有规定的外，按除权（息）价作为计算涨跌幅度的基准。

另外，在权证业务中，标的证券除权、除息，对权证行权价格会有影响，因此需要调整。根据有关规定，标的证券除权、除息的，权证的发行人或保荐人应对权证的行权价格、行权比例做相应调整并及时提交证券交易所。

标的证券除权的，权证的行权价格和行权比例分别按下列公式进行调整：

新行权价格 = 原行权价格 × （标的证券除权日参考价 ÷ 除权前一日标的证券收盘价）

新行权比例 = 原行权比例 × （除权前一日标的证券收盘价 ÷ 标的证券除权日参考价）

标的证券除息的，行权比例不变，行权价格按下列公式调整：

新行权价格 = 原行权价格 × （标的证券除息日参考价 ÷ 除息前一日标的证券收盘价）

三、股票分割与合并

股票分割又称拆股、拆细，是将1股股票均等地拆成若干股。股票合并又称并股，是将若干股股票合并为1股。

从理论上说，不论是分割还是合并，将增加或减少股东持有股票的数量，但并不改变每位股东所持股东权益占公司全部股东权益的比重。理论上，股票分割或合并后，股价会以相同的比例向下或向上调整，但股东所持股票的市值不发生变化。也就是说，如果把1股分拆为2股，则分拆后股价应为分拆前的一半；同样，若把2股并为1股，并股后股价应为此前的两倍。但事实上，股票分割与合并通常会刺激股价上升或下降，其中原因颇为复杂。股票分割通常适用于高价股，拆细之后每股股票的市价下降，便于吸引更多的投资者购买；并股则常见于低价股。例如，若某股票价格不足1元，则不足1%的股价变动很难在价格上反映，弱化了投资者的交易动机，并股后，流动性有可能提高，导致估值上调。

四、增发、配股、转增股本与股份回购

1. 增发

增发指公司因业务发展需要增加资本额而发行新股。上市公司可以向公众公开增发，也可以向少数特定机构或个人增发。增发之后，公司注册资本相应增加。

增资之后，若会计期内增量资本未能产生相应效益，将导致每股收益下降，则称为稀释效应，会促成股价下跌；若增发价格高于增发前每股净资产，则增发后可能会导致公司每股净资产提升，有利于股价上涨；增发总体上增加了发行在外的股票总量，短期内增加了股票供给，若无相应需求，股价可能下跌。

2. 配　股

配股是面向原有股东，按持股数量的一定比例增发新股，原股东可以放弃配股权。现实中，由于配股价通常低于市场价格，配股上市之后可能导致股价下跌。在实践中我们经常发现，对那些业绩优良、财务结构健全、具有发展潜力的公司而言，增发和配股意味着增加公司经营实力，会给股东带来更多回报，股价不仅不会下跌，可能还会上涨。

3. 转增股本

转增股本是将原本属于股东权益的资本公积转为实收资本，股东权益总量和每位股东占公司的股份比例均未发生变化，唯一的变动是发行在外的总股数增加了。因此，与股票股利类似，理论上说，转增之后，每股价格相应向下调整。但是在现实中，由于人们对高比例转增股本的公司未来利润增长前景通常具有较高期望，转增往往会带来股价上涨。

4. 股份回购

上市公司利用自有资金，从公开市场上买回发行在外的股票，称为股份回购。

各国监管法规对此有不同的态度。《公司法》规定，公司不得收购本公司股份，但是有下列情形之一的除外：减少公司注册资本；与持有本公司股份的其他公司合并；将股份奖励给本公司职工；股东因对股东大会作出的公司合并、分立决议持异议，要求公司收购其股份的。2005年以来，中国证监会为配合股权分置改革顺利进行，出台了《上市公司回购社会公众股份管理办法》，允许上市公司回购已发行股票进行注销。通常，股份回购会导致公司股价上涨。主要原因包括：首先，股份回购改变了原有供求平衡，增加需求，减少供给；其次，公司通常在股价较低时实施回购行为，而市场一般认为公司基于信息优势作出的内部估值比外部投资者的估值更准确，从而向市场传达了积极的信息。

五、挂牌、摘牌、停牌与复牌

证券交易所对上市证券实施挂牌交易，投资人希望在某一价格买进或卖出，可以先行申报进入电脑主机排队，挂牌买进者叫"挂进"，挂牌卖出者叫"挂出"，通称"挂牌"。证券上市期届满或依法不再具备上市条件的，证券交易所要终止其上市交易，予以摘牌。

证券交易出现异常波动的，证券交易所可以决定停牌，并要求相关当事人做出公告后复牌。证券交易所还可以对涉嫌违法违规交易的证券实施特别停牌并予以公告，相关当事人应按照证券交易所的要求提交书面报告。停牌及复牌的时间和方式由证券交易所决定。

证券停牌时，证券交易所发布的行情中包括该证券的信息；证券摘牌后，行情信息中无该证券的信息。

对于开市期间停牌的申报问题，我国证券交易所的规定是：证券开市期间停牌的，停牌前的申报参加当日该证券复牌后的交易；停牌期间，可以继续申报，也可以撤销申报；复牌时对已接受的申报实行集合竞价。其中，上海证券交易所规定，集合竞价期间不揭示虚拟开盘参考价格、虚拟匹配量、虚拟未匹配量；深圳证券交易所规定，不揭示集合竞价参考价格、匹配量和未匹配量。集合竞价产生开盘价后，以连续竞价继续当日交易。

证券的挂牌、摘牌、停牌与复牌，证券交易所要予以公告。另外，根据有关规定，上市公司披露定期报告、临时公告，也要进行例行停牌。

近年来，随着我国多层次资本市场的发展，证券交易所也相应制定了针对性的停牌管理措施。比如，对于在深圳证券交易所的中小企业板和创业板，深圳证券交易所就规定：当中小企业板和创业板股票上市首日盘中成交价格较当日开盘价首次上涨或下跌达到或超过 20% 时，交易所可对其实施临时停牌 30 分钟；首次上涨或下跌达到或超过 50% 时，交易所也可对其实施临时停牌 30 分钟。另外，在创业板，股票上市首日盘中成交价格较当日开盘价首次上涨或下跌达到或超过 80% 时，交易所可对其实施临时停牌至 14:57。

六、交易异常情况的处理

证券交易所交易异常情况是指导致或可能导致证券交易所证券交易全部或者部分不能正常进行的情形。

引发交易异常情况的原因包括不可抗力、意外事件、技术故障问题等。这里的不可抗力是指证券交易所所在地或全国其他部分区域出现或据灾情预警可能出现严重自然灾害、重大公共卫生事件或社会安全事件等情形。意外事件是指证券交易所所在地发生火灾或电力供应出现故障等情形。技术故障是指证券交易所交易、通信系统中的网络、硬件设备、应用软件等无法正常运行；证券交易所交易、通信系统在运行、主备系统切换、软硬件系统及相关程序升级、上线时出现意外；证券交易所交易、通信系统被非法侵入或遭受其他人为破坏等情形。

证券交易所证券交易全部或者部分不能正常进行是指无法正常开始交易、无法连续交易、交易结果异常、交易无法正常结束等情形。其中，无法正常开始交易是指证券交易所交易、通信系统在开市前无法正常启动；证券交易停牌、复牌、除权除息等重要操作在开市前未及时、准确处理完毕；前一交易日的日终清算交收处理未按时完成或虽已完成但清算交收数据出现重大差错而导致无法正确交易；10% 以上的会员营业部因系统故障无法正常接入交易所交易系统等情形。

无法连续交易是指证券交易所交易、通信系统出现 10 分钟以上中断；证券交易所行情发布系统出现 10 分钟以上中断；10% 以上会员营业部无法正常发送交易申报、接收实时行情或成交回报；10% 以上的证券中断交易等情形。交易结果异常是指交易结果出现严重错误、行情发布出现错误、证券指数计算出现重大偏差等可能严重影响整个市场正常交易的情形。

交易无法正常结束是指集合竞价异常、可能导致无法正常完成，收市处理无法正常结束等可能对市场造成重大影响的情形。

交易异常情况出现后，证券交易所将及时向市场公告，并可视情况需要单独或者同时采取技术性停牌、临时停市、暂缓进入交收等措施。证券交易所采取这些措施，要及时报告中国证监会。对技术性停牌或临时停市的决定，证券交易所要通过网站及相关媒体及时予以公告。技术性停牌或临时停市原因消除后，证券交易所可以决定恢复交易，并向市场公告。

七、公司重大事项分析

(一) 公司的资产重组

1. 资产重组的含义及形式

2008年5月18日起施行的《上市公司重大资产重组管理办法》,将重大资产重组定义为:上市公司及其控股或者控制的公司在日常经营活动之外购买、出售资产或者通过其他方式进行资产交易达到规定的比例,导致上市公司的主营业务、资产、收入发生重大变化的资产交易行为。

这一定义包括以下几个方面的含义:

(1) 重组行为应当是与他人发生法律和权利义务关系;
(2) 企业内部的资产重新配置不属于资产重组范畴;
(3) 重组行为必须达到一定量的要求。

资产重组的基本形式包括割卖和收购。割卖是将那些从公司长期战略角度来看处于外围或辅助地位的经营项目加以出售。收购主要涉及新经营项目的购入,其目的是增强公司的核心业务或主营项目。上市公司为实现重组的目的不同,采用的资产重组方式也各不相同,总体可分为五大类。

(1) 收购兼并。即上市公司出资对目标公司的产权或资产进行收购并纳入本公司的经营管理之内的行为,其主要形式包括:购买资产、收购公司、收购股份等形式。

(2) 股权转让。股权转让是根据股权转让协议,受让目标公司(上市公司)的全部或部分股权,从而获得目标公司控制权的收购行为。

(3) 资产置换。资产置换是我国上市公司资产重组的一种特殊形式,它指公司重组中为了使资产处于最佳状态,获取最大收益或出于其他目的而对其资产进行交换。双方通过资产置换能够获得与自己核心能力相协调的、相匹配的资产。

(4) 股权投资。即上市公司出资购买目标公司的股权,从而将目标改组为上市公司的控股子公司的行为。股权投资有两种情况:① 为了控股而投资;② 仅是为了多元化发展而参股投资。

(5) 二级市场购并。二级市场购并是指购并公司(不一定是上市公司)通过二级市场收购上市公司的股权从而获得上市公司控制权的购并行为。二级市场购并实际上是属于股权投资的一种特殊形式。

2. 资产重组对公司的影响

从理论上讲,资产重组可以促进资源的优化配置,有利于产业结构的调整,增强公司的市场竞争力,从而使一批上市公司由小变大,由弱变强。但在实践中,许多上市公司进行资产重组后,其经营和业绩并没有得到持续、显著的改善。究其原因,最关键的是重组后的整合不成功。重组后的整合主要包括企业资产的整合、人力资源配置和企业文化的融合、企业组织的重构三个方面。

不同方式的资产重组对公司业绩和经营的影响也不一样。

对于收购兼并方式而言，通过收购、兼并，对外进行股权投资，公司可以拓展产品市场份额，或进入其他经营领域。但这种重组方式的特点之一就是，其效果受被收购兼并方生产及经营现状影响较大，磨合期较长，因而见效可能较慢。有关统计数据表明，上市公司在实施收购兼并后，主营业务收入的增长幅度要小于净利润的增长幅度，每股收益和净资产收益率仍是负增长。这说明，重组后公司的规模扩大了，主营业务收入和净利润有一定程度的增长，但其盈利能力并没有同步提高。从长远看，这类重组往往能够使公司在行业利润率下降的情况下，通过扩大市场规模和生产规模，降低成本，巩固或增强其市场竞争力。

由于多方面的原因，股权投资成为我国证券市场最常见的资产重组类型。对于股权投资式的重组而言，股权投资对上市公司的影响是间接的，企业的资产、负债在账面上没有变化，上市公司股权转让本身只反映其股权结构的变化。由于控制权的变更并不代表公司的经营业务活动必然随之发生变化，因此，一般而言，控制权变更后必须进行相应的经营重组，这种方式才会对公司经营和业绩产生显著效果。

对于资产置换方式的重组而言，这是一种见效比较快的重组方式。由于资产置换多采取整体转换的方式，因而上市公司的资产质量可以迅速提高，收益也可立竿见影。但应注意的是，由于资产置换大多是依托大股东进行的，因此上市公司的不良资产通过置换并没有消灭，只不过是一种"搬砖"游戏，至于"搬出"的不良资产如何处理，中小股东不会关心，但接受不良资产的大股东对其如何处置仍是一个相当棘手的问题。分析资产置换方式重组对公司业绩和经营的影响，首先需鉴别"报表性重组"和"实质性重组"。区分报表性重组和实质性重组的关键是看有没有进行大规模的资产置换或合并。实质性重组一般要将并购企业50%以上的资产与并购企业的资产进行置换，或双方资产合并；而报表性重组一般都不进行大规模的资产置换或合并。

（二）关联交易

1. 关联交易的含义及方式

所谓关联交易，是指在关联方之间转移资源或义务的事项，而不论是否收取价款。按照这一定义，关联方交易是发生在构成关联方关系的企业之间、企业与个人之间的交易；资源或义务的转移是关联方交易的主要特征；关联方之间资源或义务的转移价格是了解关联方交易的关键。上市公司的交易行为是否属于关联交易，首先在于上市公司的交易的另一方是否属于关联人的范畴。因此，确立关联人的范围是衡量关联交易问题的基础。我国的《企业会计准则》对关联方进行了界定，在企业财务和经营决策中，属于下列情况之一的，就视为关联方：①一方有能力直接或间接控制、共同控制另一方或对另一方施加重大影响；②两方或多方同受一方控制。所谓"控制"，是指有权决定一个企业的财务和经营政策，并能据以从该企业的经营活动中获取利益，包括直接控制和间接控制两种类型。关联交易主要有以下几种形式：

（1）经营活动中的关联交易。主要有：①关联购销；②费用负担的转嫁；③资产租赁；④资金占用；⑤信用担保。

（2）资产重组中的关联交易。主要有：①资产转让和资产置换；②托管经营、承包经营；

(3) 合作投资。合作投资形式的关联交易通常指的是上市公司与关联公司就某一具体项目联合出资，并按事前确定的比例分配收益。这种投资方式因关联关系的存在，达成的概率较高，但操作透明度较低，特别是分利比例的确定。

(4) 相互持股。目前，我国公司实务中已存在为实现特殊目的而相互持股的现象。对于相互持股的两个企业而言，相互持股会形成一系列法人实体相互渗透、依赖和监督的网络和利益共同体，但同时也产生了资本相互抵消、造成虚假资本、股份垄断及经营透明度不高等缺陷。

2. 关联交易对公司的影响

从理论上说，关联交易属于中性交易，它既不属于单纯的市场行为，也不属于内幕交易的范畴。其主要作用是降低企业的交易成本，促进生产经营渠道的畅通，提供扩张所需优质资产，有利于实现利润的最大化等。但在实际操作过程中，关联交易有它的非经济特性，与市场竞争、公开竞价的方式不同，其价格可由关联双方协商决定，特别是在我国评估和审计等中介机构尚不健全的情况下，关联交易就容易成为企业调节利润和为一些部门及个人获利的途径，使中小投资者利益受损。

事实上，通过关联交易获取资产转让收益操纵上市公司利润，从而达到保配、扭亏或摘帽的目的，是近年来上市公司关联交易的主要动机之一。投资者在分析关联交易时，一方面，应广泛地收集各方面的信息资料并细心研读，对其进行细致的分析，尤其要注意关联交易可能给上市公司带来的隐患，如资金占用、信用担保、关联购销等。另一方面，对于不清楚的事项应向上市公司、会计师及有关的人士询问。此外，还可以对上市公司进行走访调研，全面了解掌握上市公司的情况。那样，才可以避免在投资上误入陷区。

（三）会计政策和税收政策的变化对公司的影响

1. 会计政策的变化及其对公司的影响

会计政策是指企业在会计确认、计量和报告中所采用的原则、基础和会计处理方法。企业基本上是在法规所允许的范围内选择适合本企业实际情况的会计政策。当会计制度发生变更，或企业根据实际情况认为需要变更会计政策时，企业可以变更会计政策。企业的会计政策发生变更将影响公司年末的资产负债表和利润表。如果采用追溯调整法进行会计处理，则会计政策的变更将影响公司年初及以前年度的利润、净资产、未分配利润等数据。例如，2000年财政部颁布了《企业会计制度》，按照相关规定，股份公司除了计提坏账准备、短期投资跌价准备、存货跌价准备和长期投资减值准备四项减值准备以外，还要计提固定资产减值准备、无形资产减值准备、在建工程减值准备和委托贷款减值准备，并要求对计提的前四项准备采用追溯调整法来处理。企业采取这一新的会计政策后，上市公司2000年度及以前年度的报表都受到了一定的影响。

2. 税收政策的变化对公司的影响

税收政策是一国经济政策的重要组成部分。税收政策的变更范围极其广泛，包括纳税人、课税对象、课税标准、税率、课税基础以及起征点、免税规定的调整或变动。上述任何一项的变动都会对企业的利润产生影响，从而对企业的经营业绩产生影响。税收政策的变更对企业经营业绩的影响主要体现在两个方面：第一，直接影响，即直接对企业的利润和税后利润产生影响，这很容易理解；第二，间接影响，主要体现为对企业投资的促进或抑制作用，进而对企业经营业绩产生影响。除了折旧和利息，税收对投资成本的影响也较大。

第四章 股票投资理论常识

第一节 道氏理论

道氏理论是以美国著名的证券分析家查尔斯·道的姓命名的,它是使用最早和影响最大的一种技术分析方法。

一、道氏理论的主要内容

1. 用股票价格平均数的波动来研究整个股票市场的变动趋势

这是道氏理论对证券市场的重大贡献。道氏理论认为收盘价是最重要的价格,并利用收盘价计算平均价格指数。目前,世界上所有的证券交易所都有自己的价格指数。计算方法大同小异,都源于道氏理论。此外,他还提出平均价格指数的波动已经包含了一切信息,不论什么因素,股市指数的升跌变化都反映了公众的心态。

2. 市场波动具有某种趋势

道氏理论认为,价格的波动尽管表现形式不同,但是,最终可以将它们分为三种趋势:主要趋势、次要趋势和短期趋势。主要趋势是指股价广泛或全面性上升或下降的变动情形。这种变动持续的时间通常为一年或一年以上,股价总升(降)的幅度超过 20%。对投资者来说,基本趋势持续上升就形成了多头市场,持续下降就形成了空头市场。次级趋势经常与基本趋势的运动方向相反,并对其产生一定的牵制作用,因而也称股价的修正趋势。这种趋势持续的时间从 3 周至数月不等,其股价上升或下降的幅度一般为股价基本趋势的 1/3 或 2/3。短期趋势,反映了股价在几天之内的变动情况。修正趋势通常由 3 个或 3 个以上的短期趋势所组成。在三种趋势中,长期投资者最关心的是股价的基本趋势,其目的是想尽可能地在多头市场上买入股票,而在空头市场形成前及时地卖出股票。投机者则对股价的修正趋势比较感兴趣。他们的目的是想从中获取短期的利润。短期趋势的重要性较小,且易受人为操纵,因而不便作为趋势分析的对象。人们一般无法操纵股价的基本趋势和修正趋势,只有国家的财政部门才有可能进行有限的调节。

3. 在主要趋势中,牛市和熊市又可各分为三个阶段

(1)牛市。第一阶段是建仓期。在这一阶段,一些有远见的投资者知道尽管现在市场萧条,但形势即将扭转,因而就在此时购入股票,并逐渐抬高其出价以刺激抛售。而一般公众则远离股市,市场活动基本停滞但也开始有少许反弹。第二阶段是一轮十分稳定的上升和增多的交易量,此时企业景气的趋势上升和公司盈余的增加吸引了大众的注意。在这个阶段,使用技术性分析的交易者通常能够获得最大的利润。最后,随着公众蜂拥而上,市场高峰出现,第三阶段来临,所有信息都令人乐观,朋友间常谈论的是"你看买什么好?"大家忘记了市场景气已经持续了很久,股价已经上升了很长一段时间,而目前正达到更恰当地说"真是卖出的好机会"的时候。在这个阶段的最后部分,随着投机气氛的高涨,成交量持续地上升。"冷门股"交易逐渐频繁,没有投资价值的低价股的股价急速地上升。但是,却有越来越多的优良股票,投资人拒绝跟进。

(2)熊市。第一阶段是出货。在这一阶段,有远见的投资者感到交易的利润已达至一个反常的高度,因而在涨势中抛出所持股票,尽管上涨趋势逐渐减弱,交易量仍居高不下,公众仍很活跃。但由于预期利润逐渐消失,行情开始显弱。第二阶段为恐慌阶段。该阶段来得突然,跌的趋势突然加速,股指成直线下滑,大多数投资人突然意识到变盘的到来,迅速加入到空头的行列。一般情况下,在恐慌时期结束后,会出现一轮属次级性质的反弹行情或横向的整理行情,然后开始第三阶段。第三阶段是杀多阶段,是由那些对后市缺乏信心的投资者杀跌行为引起的。该阶段的初期,下跌的趋势并没有加速,这是由于人们看淡的品种已跌到了相当低的价位;该阶段的中后期,股价有急跌之势,这是由于在下跌趋势中抗跌的绩优品种的持有者开始丧失信心,抛出最后的库存股票并带动跌幅很深的股票跟随市场无量空跌。该阶段利空消息不断兑现,连市场上做多的坚定分子都加入空头的行列,投资者的信心已完全被跌掉。至此,可以判断,空头市场已经结束了。

然而,没有任何两个熊市或牛市是完全相同的。有一些可能缺少三个典型阶段中的一个,一些牛市由始至终都是极快的价格上涨。一些短期熊市没有明显恐慌阶段,而另一些则以恐慌阶段结束。任何一个阶段都没有一定的时间限制,例如,牛市的第三阶段,是一个令人兴奋的投机机会,公众非常活跃,这一阶段可能持续至少一年,也可能不过一两个月。

4. 成交量在确定趋势中起很重要的作用

趋势的转折点是进行投资的关键,成交量所提供的信息有助于我们做出正确的判断。通常,在多头市场,价位上升,成交量增加;价位下跌,成交量减少。在空头市场,当价格滑落时,成交量增加;在反弹时,成交量减少。当然,这条规则有时也有例外。因此,只根据几天的成交量则很难得出正确的结论。

5. 盘局可以代替中级趋势

一个盘局出现于一种或两种指数中,持续了两个或三个星期,有时达数月之久,价位仅在约5%的距离中波动。这种形状显示买进和卖出两者的力量是平衡的。当然,一种情况是,在这个价位水准的供给完毕了,而那些想买进的人必须提高价位来诱使卖者出售。另一种情况是,本来想要以盘局价位水准出售的人发觉买进的气氛削弱了,结果他们必须削价来处理他们的股票。因此,价位往上突破盘局的上限是多头市场的征兆。相反价位往下跌破盘局的下限是空头市场的征兆。一般来说,盘局的时间愈久,价位愈窄,它最后的突破愈容易。盘局常发展成重要的顶部和底部,分别代表着出货和进货的阶段。但是,它们更常出现在主要趋势时的休息和整理的阶段。在这种情形下，它们取代了正式上的次级波动。很可能一种指数正在形成盘局，而另一种却发展成典型的次级趋势。在往上或往下突破盘局后，有时在同方向继续停留一段较长的时间，这是不足为奇的。

6. 收盘价是最重要的价格

道氏理论并不注重一个交易日内的最高价和最低价，而只考虑收盘价。因为收盘价是时间匆促的人看财经版唯一阅读的数目，是对当天股价的最后评价，大部分人根据这个价位做买卖的委托。这是又一个经过时间考验的道氏理论规则。这一规则在断定主要趋势的未来发展动向上的作用表现在：假定一个主要的上升趋势中，一个中级上升早上 11 点钟到达最高点，在这个小时的道氏工业指数为 152.45 而收盘为 150.70，未来的收盘必须超过 150.70，主要趋势才算是继续上升的。当天交易中高点的 152.45 并不算数，如果下一次的上升的当天高点达到 152.60，但收盘仍然低于 150.70，主要的多头趋势仍然是不能确定的。

7. 在反转趋势出现之前主要趋势仍将发挥影响

这条规则并不意味着在趋势反转信号已经明朗以后，一个人还应再迟延一下他的行动，而是说在经验上，我们等到趋势已经确定了以后再行动较为有利，以避免在还没有成熟前买进（或卖出）。自然，股价的变动趋势是经常变化的，多头市场并不能永远持续下去，空头市场总有到达底的一天。当一个新的主要趋势第一次由两种指数确定后，如不管短期间的波动，趋势绝大部分会持续，但愈往后这种趋势延势下去的可能性会愈小。这条规则告诉人们：一个旧趋势的反转可能发生在新趋势被确认后的任何时间，作为投资人，一旦做出委托，必须随时注意市场。

8. 股市波动反映了一切市场行为

股市指数的收市价和波动情况反映了一切市场行为。在股票市场，你可能觉得政治形势稳定，所以买股票；另外一些人可能觉得经济前景乐观所以买股票，还有另外一部分人以为利率将会调低，值得在市场吸纳股票；更有一些人是因为有内幕消息如收购合并，所以要及早入货。总之，无论大家抱有什么态度，市价上升就反映了情绪，即使是有不同的观点。相反，当大家有不同恐惧因素时，有人以为沽空会获大，有人以为政局动荡而恐慌，有人恐怕大萧条来临。不论什么因素，股市指数的升跌变化都反映了群众心态。群众乐观，无论有理或无理，适中或过度，都会推动股价上升。群众悲观，亦不论盲目恐惧，有实质问题也好，或者受其他人情绪影响而歇斯底里也好，都会反映在市场上指数下挫，投资人士应该分析反映整个市场心态的股市指数。股市指数代表了群众心态，市场行为的总和。指数反映了市场的实际是乐观或是悲观情绪控制大局。

9. 只有当出现了明确的反转信号时，才意味着一轮趋势的结束

当一个新的主要趋势第一次确定后，如果不考虑短期的波动，趋势会持续下去，直到出现了明确的反转信号。

二、道氏理论的缺陷

（1）道氏理论的主要目标是探讨股市的基本趋势（primary trend）。一旦基本趋势确立，道氏理论假设这种趋势会一路持续，直到趋势遇到外来因素破坏而改变为止。好像物理学家牛顿所说，所有物体移动时都会以直线发展，除非有额外因素力量加诸其上。但有一点要注意的是，道氏理论只推断股市的大势所趋，却不能推动大趋势里面的升幅或者跌幅将会到哪个程度。

（2）道氏理论每次都要两种指数互相确认，这样做已经慢了半拍，走失了最好的入货和出货机会。

（3）道氏理论对选股没有帮助。

（4）道氏理论注重长期趋势，对中期趋势，特别是在不知是牛还是熊的情况下，不能带给投资者明确启示。

总之，道氏理论从来就不是用来指出应该买卖哪只股票，而是在相关收盘价的基础上确定出股票市场的主要趋势，因此，道氏理论对大形势的判断有较大的作用，但对于每日每时都在发生的小波动则显得无能为力。道氏理论对次要趋势的判断作用也不大。同时，道氏理论的另一个不足是它的可操作性较差。一方面，道氏理论的结论落后于价格变化，信号太迟；另一方面，理论本身存在不足，一个很优秀的道氏理论分析师在进行行情判断时，也会因得到一些不明确的信号而产生困惑。

尽管道氏理论存在某些缺陷，有些内容对今天的投资者来说已过时，但它仍是许多技术分析的理论基础。近30年来，出现了很多新的技术，有相当一部分是道氏理论的延伸，这在一定程度上弥补了道氏理论的不足。

第二节 波浪理论

波浪理论的全称是艾略特波浪理论（Elliott Wave Theory），是以美国人R.N.Elliott的名字命名的一种技术分析理论。波浪理论是技术分析大师R.E.艾略特（R.E.Elliot）所发明的一种价格趋势分析工具，它是一套完全靠观察K线形态而得来的规律，可用以分析股市指数、价格的走势，它也是世界股市分析上运用最多，而又最难于了解和精通的分析工具。

艾略特认为，不管是股票还是商品价格的波动，都与大自然的潮汐，波浪一样，一浪跟着一波，周而复始，具有相当程度的规律性，展现出周期循环的特点，任何波动均有迹可循。因此，投资者可以根据这些规律性的波动预测未来的价格走势，在买卖策略上实施适用。

一、波浪理论的基本思想

艾略特最初的波浪理论是以周期为基础的。他把大的运动周期分成时间长短不同的各种周期，在一个大周期之中可能存在一些小周期，而小的周期又可以再细分成更小的周期。每个周期无论时间长短,都是以一种模式运行。这个模式包括 8 个过程,即每个周期都是由上升(或下降)的 5 个过程和下降(或上升)的 3 个过程组成。这 8 个过程完结以后,我们才能说这个周期已经结束,将进入另一个周期。新的周期仍然遵循上述模式。以上是艾略特波浪理论最核心的内容,也是艾略特作为波浪理论奠基人所做出的最为突出的贡献。

艾略特波浪理论与道氏理论有着密切的联系。道氏理论的主要思想:任何一种股价的移动都包括三种形式的趋势,即主要趋势、次级趋势和日常短期趋势。艾略特波浪理论不仅找到了这些移动趋势,而且还找到了这些移动趋势发生的时间和位置,这是波浪理论较之道氏理论更为优越的地方。道氏理论必须等到新的趋势确立以后才能发出行动的信号,而波浪理论可以明确地知道目前股价是处在上升(或下降)的尽头,或是处在上升(或下降)的中途,可以更明确地指导操作。

艾略特波浪理论中所用到的数字 2,3,5,8,13,21,34,……都来自弗波纳奇数列。这个数列是数学上很著名的数列,它有很多特殊的性质,是艾略特波浪理论的数学基础。正是在这一基础上,才有波浪理论往后的发展。

二、波浪理论的主要原理

1. 波浪理论考虑的因素

波浪理论考虑的因素主要有三个方面:① 股价走势所形成的形态;② 股价走势图中各个高点和低点所处的相对位置;③ 完成某个形态所经历的时间长短。在这三个方面的因素中,股价的形态是最重要的,它是指波浪的形状和构造,是波浪理论赖以生存的基础。高点和低点所处的相对位置是波浪理论中各个波浪的开始和结束位置。通过计算这些位置,可以弄清楚各个波浪之间的相互关系,确定股价的回撤点和将来股价可能达到的位置。完成某个形态的时间可以让我们预先知道某个大趋势的即将来临。波浪理论中各个波浪之间在时间上是相互联系的,用时间可以验证某个波浪形态是否已经形成。因此,波浪理论考虑的因素可以简单地概括为形态、比例和时间,其中,形态最为重要。

2. 波浪理论价格走势的基本形态结构

通过多年的实践,艾略特发现,证券市场遵循一定的周期,周而复始地向前发展,股价的上下波动也是按照某种规律进行的,即每一个周期(无论是上升还是下降)可以分成 8 个小的过程。这 8 个小过程一结束,一次大的行动就结束了,紧接着的是另一次大的行动。现以上升为例说明这 8 个小过程,如图 4-1 所示。

整个过程由 8 浪构成:0—1 是第 1 浪,1—2 是第 2 浪,2—3 是第 3 浪,3—4 是第 4 浪,4—5 是第 5 浪。这 5 浪中第 1、第 3 和第 5 浪称为上升主浪,而第 2 和第 4 浪称为是对第 1 和第 3 浪的调整浪。上述 5 浪完成后,紧接着会出现一个 3 浪的向下调整。这 3 浪是:从 5 到 a 为第 a 浪,从 a 到 b 为第 b 浪,从 b 到 c 为第 c 浪。

一般说来,八个浪各有不同的表现和特性。

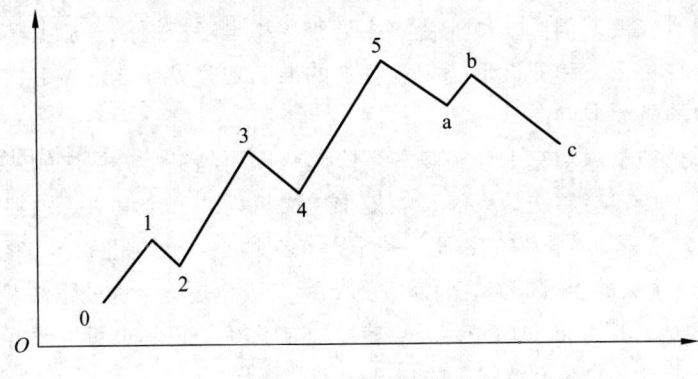

图 4-1　波浪结构基本形式

第 1 浪：几乎半数以上的第 1 浪，属于营造底部形态的第一部分。第 1 浪是循环的开始，由于这段行情的上升出现在空头市场跌势后的反弹和反转，买方力量并不强大，加上空头继续存在卖压，因此，在此类第 1 浪上升之后出现第 2 浪调整回落时，其回档的幅度往往很深；另外半数的第 1 浪，出现在长期盘整完成之后，在这类第 1 浪中，其行情上升幅度较大，经验看来，第 1 浪的涨幅通常是 5 浪中最短的行情。

第 2 浪：这一浪是下跌浪，由于市场人士误以为熊市尚未结束，其调整下跌的幅度相当大，几乎吃掉第 1 浪的升幅，当行情在此浪中跌至接近底部（第 1 浪起点）时，市场出现惜售心理，抛售压力逐渐衰竭，成交量也逐渐缩小时，第 2 浪调整才会宣告结束，在此浪中经常出现图表中的转向形态，如头底、双底等。

第 3 浪：第 3 浪的涨势往往是最大、最有爆发力的上升浪，这段行情持续的时间与幅度，经常是最长的，市场投资者信心恢复，成交量大幅上升，常出现传统图表中的突破讯号，如跳空高开等。这段行情走势非常激烈，一些图形上的关卡，非常轻易地被穿破，尤其在突破第 1 浪的高点时，是最强烈的买进讯号，由于第 3 浪涨势激烈，经常出现"延长波浪"的现象。

第 4 浪：第 4 浪是行情大幅劲升后调整浪，通常以较复杂的形态出现，经常出现"倾斜三角形"的走势，但第 4 浪的底点不会低于第 1 浪的顶点。

第 5 浪：在股市中，第 5 浪的涨势通常小于第 3 浪，且经常出现失败的情况。在第 5 浪中，二，三类股票通常是市场内的主导力量，其涨幅常常大于一类股（绩优蓝筹股、大型股），即投资人士常说的"鸡犬升天"，此期市场情绪表现相当乐观。

第 a 浪：在 a 浪中，市场投资人士大多数认为上升行情尚未逆转，此时仅为一个暂时的回档现象，实际上，a 浪的下跌，在第 5 浪中通常已有警告讯号，如成交量与价格走势背离或技术指标上的背离等，但由于此时市场仍较为乐观，a 浪有时出现平势调整或者"之"字形态运行。

第 b 浪：b 浪表现经常是成交量不大，一般而言是多头的逃命线，然而由于是一段上升行情，很容易让投资者误以为是另一波段的涨势，形成"多头陷阱"，许多人士在此期惨遭套牢。

第 c 浪：是一段破坏力较强的下跌浪，跌势较为强劲，跌幅大，持续的时间较长久，而且出现全面性下跌。

从以上分析看来，波浪理论似乎颇为简单和容易运用。实际上，由于其每一个上升/下跌的完整过程中均包含有一个八浪循环，大循环中有小循环，小循环中有更小的循环，即大浪中有小浪，小浪中有细浪，因此，数浪变得相当繁杂和难于把握，再加上其推动浪和调整浪经常出现延伸浪等变化形态和复杂形态，使对浪的准确划分更加难以界定，这两点构成了波浪理论实际运用中的最大难点。

应当注意，一个完整周期有上升趋势和下降趋势；而趋势是分层次的，处于层次较低的几个浪可以合并成一个较高层次的大浪，而处于层次较高的一个浪又可以细分成几个层次较低的小浪。但无论趋势是何种规模，8浪的基本形态结构是不会变化的。在图4-1中，从0到5我们可以认为是一个大的上升趋势，而从5到c可以认为是一个大的下降趋势。如果我们认为5到c是2浪的话，那么c之后一定还会有上升的过程，只不过可能要等很长时间。这里的2浪只不过是一个更大的8浪结构中的一部分。

3. 波浪之间的比例

波浪理论推测股市的升幅和跌幅采取黄金分割率和神秘数字去计算。一个上升浪可以是上一次高点的1.618，另一个高点又再乘以1.618，以此类推。另外，下跌浪也是这样，一般常见的回吐幅度比率有0.236（0.382×0.618）、0.382、0.5、0.618等。

三、波浪理论的基本特点

（1）股价指数的上升和下跌将会交替进行。

（2）推动浪和调整浪是价格波动两个最基本的形态，而推动浪（即与大市走向一致的波浪）可以再分割成五个小浪，一般用第1浪、第2浪、第3浪、第4浪、第5浪来表示。调整浪也可以划分成三个小浪，通常用a浪、b浪、c浪表示。

（3）在上述八个波浪（五上三落）完毕之后，一个循环即告完成，走势将进入下一个八波浪循环。

（4）时间的长短不会改变波浪的形态，因为市场仍会依照其基本形态发展。波浪可以拉长，也可以缩细，但其基本形态不会改变。

总之，波浪理论可以用一句话来概括，即"八浪循环"。

四、波浪理论的应用

当投资者知道一个大的周期的运行全过程，就可以很方便地对大势进行预测。首先，投资者要明确当前所处的位置。只要明确了目前的位置，按波浪理论所指明的各种浪的数目就会很方便地知道下一步该干什么。要弄清楚目前的位置，最重要的是认真、准确地识别3浪结构和5浪结构。这两种结构具有不同的预测作用。一组趋势向上（或向下）的5浪结构，通常是更高层次的波浪的1浪，中途若遇调整，我们就知道这一调整肯定不会以5浪的结构而只会以3浪的结构进行。如果我们发现了一个5浪结构，而且目前处在这个5浪结构的末尾，我们就清楚地知道，一个3浪的回头调整浪即将出现。如果这个5浪结构同时又是更上一层次波浪的末尾，则我们就知道一个更深的、更大规模的3浪结构将会出现。

五、波浪理论的不足

尽管从表面上看，波浪理论会给投资者带来利益，但是从波浪理论自身的构造看，它有许多不足之处，如果使用者过分机械、教条地应用波浪理论，肯定会招致失败。波浪理论的不足之处主要表现在以下几个方面：

（1）应用上的困难，这是波浪理论最大的不足。波浪理论从理论上讲是 8 浪结构完成一个完整的过程，但是，主浪的变形和调整浪的变形会产生复杂多变的形态，波浪所处的层次又会产生大浪套小浪、浪中有浪的多层次形态，这些都会使应用者在具体数浪时发生偏差。浪的层次的确定和浪的起始点的确认是应用波浪理论的两大难点。

（2）形态确认时的主观性太强。在使用波浪理论时，即使是面对同一个形态，不同的人也会产生不同的数法，而不同的数浪法得出的结果可能会有很大差异。产生这种现象的原因主要是由两方面因素引起的：① 价格曲线的形态通常很少按 5 浪加 3 浪的 8 浪简单结构进行，对于不是这种规范结构的形态，不同的人有不同的理解，主观性很强。② 波浪理论中的大浪小浪是可以无限延伸的，长的可以是很多年，短的可能仅几天。上升可以无限制地上升，下跌也可以无限制地下降，因为总是可以认为目前的情况不是最后的浪。

（3）波浪理论只考虑了价格形态上的因素，而忽视了成交量方面的影响。波浪理论的不足给人为制造形状提供了机会。

总之，艾略特的波浪理论是一套主观分析工具，套用在变化万千的股市会十分危险，容易出错，同时波浪理论不能运用于个股的选择上。

第三节 量价关系理论

成交量是推动股价上涨的原动力，市场价格的有效变动必须有成交量配合，量是价的先行指标，通过其增加或减少的速度可以推断多空斗争的规模和指数股价涨跌幅度。因此，在技术分析中，研究量与价的关系有重要的作用。

一、逆时钟曲线

中国的股市指数波动非常剧烈，要归纳出系统的量价关系相当不易，而最浅显、最容易入门的理论，当属逆时钟曲线。从图 4-2 中可以看出，逆时钟曲线可分为以下八个阶段。

（1）量增价平，转阳信号。股价经过持续下跌的低位区，出现成交量增加股价企稳现象，一般来说此时成交量的阳柱线明显多于阴柱，凸凹量差比较明显，说明底部在积聚上涨动力、有主力在进货，此为中线转阳信号，可以适量买进持股待涨。有时在上升趋势中途也会出现"量增价平"，则说明股价上行暂时受挫，只要上升趋势未破，整理后一般仍会有行情。

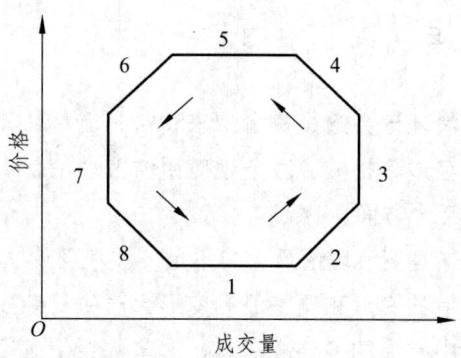

图 4-2　逆时钟曲线理论的八大循环

（2）量增价升，买入信号。成交量持续增加，股价趋势也转为上升，这是中短线最佳的买入信号。"量增价升"是最常见的多头主动进攻模式，逆时钟方向曲线由平转上或由左下方向右转动时，应积极进场买入，与庄共舞。

（3）量平价升，持续买入。成交量扩增至高水准后，维持于高档后，不再急剧增加。但股价仍继续涨升，此时逢股价回档时，宜加码买进。

（4）量减价升，继续持有。成交量减少，股价仍在继续上升，适宜继续持股，如果锁筹现象较好，也只能是小资金短线参与，因为股价已经有了相当大的涨幅，接近上涨末期了。有时在上涨初期也会出现"量减价升"，则可能是昙花一现，但经过补量后仍有上行空间，此时价位已高，宜观望，不直追高抢涨。

（5）量减价平，警戒信号。成交量显著减少，股价经过长期大幅上涨之后，进行横向整理，并不再上升，此为警戒出货的信号。此阶段，如果突发巨量拉出大阳大阴线，无论有无利好利空消息，均应果断派发。

（6）量减价跌，卖出信号。成交量继续减少，股价趋势开始转为下降，为卖出信号。此为无量阴跌，底部遥遥无期，所谓多头不死跌势不止，一直跌到多头彻底丧失信心斩仓认赔，爆出大的成交量，跌势才会停止。所以在操作上，只要趋势逆转，应及时止损出局。

（7）量平价跌，继续卖出。成交量停止减少，股价急速滑落，市场上无人接盘，是空方为主的市场，此阶段应继续坚持及早卖出的方针，不要买入，当心"飞刀断手"。

（8）量增价跌，弃卖观望。股价经过长期大幅下跌之后，出现成交量增加，即使股价仍在下落，也要慎重对待极度恐慌的"杀跌"，所以此阶段的操作原则是放弃卖出，空仓观望。低价区的增量说明有资金接盘，说明后期有望形成底部或反弹的产生，适宜关注。有时若在趋势逆转跌势的初期出现"量增价跌"，那么更应该果断出局。

逆时钟曲线简单易懂，是了解价量关系的启蒙教材，但也有一些不足。例如，对于复杂的K线量价关系无法完全有效诠释；在股价剧烈波动时，常常发生单日反转，刻板地应用逆时针曲线，会有慢半拍之感，不易掌握良好的买卖点等。

二、成交量与股价之间的趋势

葛兰碧在对成交量与股价趋势关系进行研究之后，总结出下列九大法则：

（1）价格随着成交量的递增而上涨，为市场行情的正常特性，此种量增价升的关系，表示股价将继续上涨。

（2）在一个波段的涨势中，股价随着成交量的递增而上涨，突破前一波的高峰，创下新高价，继续上扬。然而此波段股价上涨的整个成交量水平却低于前一个波段上涨的成交量水平。此时股价创出新高，但量却没有突破，则此波段股价涨势令人怀疑，同时也是股价趋势潜在反转的信号。

（3）股价随着成交量的递减而回升，股价上涨，成交量却逐渐萎缩。成交量是股价上升的原动力，原动力不足显示有股价趋势潜在反转的信号。

（4）有时股价随着缓慢递增的成交量而逐渐上升，渐稳的走势突然成为垂直上升的喷发行情，成交量急剧增加，股价跃升暴涨。紧随着该走势，继之而来的是成交量大幅萎缩，同时股价急速下跌，此现象表明涨势已到末期，上升乏力，显示出趋势有反转的迹象。反转的快慢，将视前一波股价上涨幅度的大小及成交量增加的程度而言。

（5）股价走势因成交量的递增而上升，是十分正常的现象，并无特别暗示趋势反转的信号。

（6）在一波长期下跌形成谷底后，股价回升，成交量并没有因股价上升而递增，股价上涨欲振乏力，然后再度跌落至原先谷底附近，或高于谷底。当第二谷底的成交量低于第一谷底时，是股价将要上涨的信号。

（7）股价往下跌落一段相当长的时间，市场出现恐慌抛售，此时随着日益放大的成交量，股价大幅度下跌，继恐慌卖出之后，预期股价可能上涨，同时恐慌卖出所创的低价，将不可能在极短的时间内突破。随着恐慌性大量卖出之后，往往是（但并非一定是）空头市场的结束。

（8）股价下跌，向下突破股价形态、趋势线或移动平均线，同时出现了大成交量，是股价下跌的信号，明确表示出下跌的趋势。

（9）从当市场行情持续上涨数月之后，出现急剧增加的成交量而股价却上涨无力的情况，股价在高位整理，无法再次大幅上升，此时股价在高位大幅振荡，抛压沉重，上涨遇到了强阻力，此为股价下跌的先兆，但股价并不一定必然下跌。股价连续下跌之后，在低位区域出现大成交量，股价却没有进一步下跌仅出现小幅波动，此即表示进货，通常是上涨的前兆。

三、涨跌停板制度下量价关系分析

由于涨跌停板制度限制了股票一天的涨跌幅度，使多空的能量得不到彻底的宣泄，容易形成单边势，且涨跌停板的幅度越小，助涨助跌现象就越明显。而大涨（涨停）和大跌（跌停）的趋势继续下去，则是以成交量大幅萎缩为条件的。由此，对于涨跌停板制度下的量价分析有以下几种基本判断。

（1）涨停量小，将继续上扬；跌停量小，将继续下跌。

（2）涨停中途被打开次数越多、时间越久、成交量越大，则反转下跌的可能性越大；同样，跌停中途被打开的次数越多、时间越久、成交量越大，则反转上升的可能性越大。

（3）涨停关门时间越早，次日上涨可能性越大；跌停关门时间越早，次日下跌可能性越大。

（4）封住涨停板的买盘数量大小和封住跌停板时卖盘数量大小说明买卖盘力量大小。这个数量越大，继续当前走势的概率越大，后续涨跌幅度也越大。

然而，正因为涨停板制度的上述种种特殊性特点，许多庄家则充分利用这些特点来迷惑场外的散户投资者。在实战操作过程中，庄家若是想出货，就会先以巨量买单封住涨停板，以充分吸引市场的人气。自然原来本想抛售的投资者则会以涨停板的价格追进，而此时此刻，庄家则会借机撤走买单，填上卖单，自然很快就将仓位转移到散户投资者手中。当盘面上的买盘消耗的差不多的时候，庄家又会在涨停板上挂上买单，以进一步诱多制造买气蜂拥的假象；当散户投资者又再度追入时，庄家则又开始撤去买单排到前面去，如此反复的操作，可使筹码在不知不觉中悄悄地高位出脱，从而达到逃庄出局的目的。

与之同样的道理，庄家若是想买进筹码以达到增仓的目的，就会先以巨量的卖单封住跌停板，以充分制造空方的效应氛围，打击市场的人气，促使场外投资者出脱自己所持的筹码，待吓出大量抛盘之后，庄家就会悄悄撤掉原先挂上去的卖单，让在后面排队的卖单排到前面来，自己则开始逐渐买进。当场外的抛单被自己吸纳将尽之时，庄家则又重新挂出巨量跌停的抛单在跌停板上，如此反复进行操作，以便进一步增大自己的持仓量。

在上述的情形下，人们所见到的巨额买卖单其实都只不过是虚构的而已，远不足以作为我们判断后市行情发展的依据。我们在实践操作中，为了避免上述现象误导我们的思维，从而产生错误的行为，必须密切关注封住涨跌停板的买卖单的微妙变化状况。同时，也必须判断出其中是否存在频繁的挂换单的现象，涨跌停板是否经常被打开，以及每笔成交之间的细微变化和当日成交量增减状况等，因此而做出正确的判断，相应地调整自己的具体操作。

在涨跌停板制度下，由于重大利好利空消息的突然出现，股票的价格因此突发性的缘故，涨跌迅猛而且没有成交量相伴，因而其所产生的结果是下跌时，投资者都在高位上被套牢，且被套的幅度一般都较深；上涨时，持股者基本上都获利，且获利的程度一般都比较大，故此，踏空的投资者也都有一种懊悔的心理。因此，一旦出现连续几个跌停板之后，就有可能出现下面几种情形：

（1）持股者因被高高套牢，遂抱着一种"死猪不怕开水烫"的心理。本来就已经严重亏损，即使再跌也不抛售股票；即使回涨一点点也不愿意脱筹，反正已经亏了钱。因此，市场上的卖压反而变得很轻起来，稍有利好消息，就容易出现有涨停板的强劲反弹。

（2）正因为在高位上套牢了较多的筹码，这些筹码，就会成为日后反弹行情产生后的强大阻力位，大市上升时要越过这一关口十分不易，除非有重大利好消息配合，否则必然会出跌落或横盘整理，在此耗费许多时日。

（3）在一般程度上，股价跌得越惨的股票，将来回升时在此处所遇到的阻力也就越大，关口越不容易超越过去。

同样的道理，一旦连续出现几个涨停板之后，就有可能出现下面几种情形：

（1）若是大市配合，市场上人气沸腾，场外的投资者受此氛围效应的影响，一般都会抱有更高的获利欲望，因此股价越涨越不卖出，从而形成一种无量空涨的势态。

（2）一旦大市出现不好的因素，由于市场上的投资者此时所持的股票获利程度，基本上都已经十分丰厚，因此，就具有很强的杀跌动力，很容易出现跌停板。

（3）股价在一般程度上，回落到涨升的启动点位时，均不是那么容易击破的支撑位，一部分前期踏空者在正常情况下，也就纷纷进场抄底，促使股价回升反弹。

由此可见，在一般程度上，涨停板时的成交量小，则意味着其行情的原有趋势将继续发展；成交量一旦放大，则行情的原有趋势反转在即。但是，股票成交量的大小程度，又因为股票流通盘大小的不均而各不相同。因此，在实践运用之时，我们一般都采用判断"巨量"的分析方法，多以其股票某处的换手率的大小而确定其效性的大小、强弱。

第四节 其他理论简介

一、随机漫步理论

一切图表走势派的存在价值，都是基于一个假设，就是股票、外汇、黄金、债券等所有投资都会受到经济、政治、社会因素的影响，而这些因素会像历史一样不断重演。譬如经济如果由大萧条复苏过来，商品价格、股市、黄金等都会一路上涨，反之，就会下跌，但跌完之后又会升得更高。就短线投资而言，支配一切投资价值规律都离不开上述所说因素，只要投资人士能够预测哪一些因素支配着价格，他们就可以预知未来走势。但随机漫步理论（random walk）却反对这种说法。

随机漫步理论指出，股票市场内有成千上万的精明人士，并非全部都是愚昧的人。每一个人都懂得分析，而且信息资料流入市场全部都是公开的，所有人都可以知道，并无什么秘密可言。既然你也知，我也知，股票现在的价格就已经反映了供求关系。或者本身价值不会太远。所谓内在价值的衡量方法就是由每股资产值、市盈率、派息率等基本因素来决定的。这些因素亦非什么大秘密。每一个人打开报纸杂志都可以找到这些资料。如果一只股票资产值十元，一定不会在市场变到值一百元或者一元。现时股票的市价已经代表了千万醒目人士的看法，构成了一个合理价位。市价会围绕着内在价值而上下波动，这些波动却是随意而没有任何轨迹可寻。

该理论认为造成股价波动的原因如下：

（1）新的经济、政治新闻消息较随意，并无固定地流入市场。

（2）这些消息使基本分析人士重新估计股票的价值，而做出买卖方针，致使股票发生新变化。

（3）因为这些消息无迹可寻，是突然而来，事前并无人能够预告估计，股票走势推测这回事并不成立，图表派所说的只是一派胡言。

（4）既然所有股价在市场上的价钱已经反映其基本价值。如果这个价值是公平的，由买卖双方决定，其价值就不会再出现变动，除非突发消息如战争、收购、合并、加息减息、石油战等利好或利淡等消息出现才会再次波动。但下一次的消息是利好或利淡大家都不知道，所以股票现时是没有记忆系统的。昨日升并不代表今日升。今日跌，明日可以升亦可以跌。每日与另一日之间的升跌并无相关。就好像掷铜板一样，这次掷出是正面，并不代表下一次掷出的也是正面。下一次所掷出的是正面或反面的概率各占50%。没有人会知道下一次一定会是下面或反面。

(5) 既然股价是没有记忆系统的，企图用股价波动找出一个原理去战胜市场，赢得大势就犹如水中捞月。因为股票价格完全没有方向，随机漫步，乱升乱跌。我们无法预知股市去向，无人肯定自己一定会赢，也无人肯定自己一定会输。至于股票专家的作用其实不大，甚至可以说全无意义。因为他们是那么专长的话，就一定会用这些理论致富何必去告诉别人呢？

随机漫步理论对图表派无疑是一个正面大敌，如果随机漫步理论成立，所有股票专家都无立足之地。所以不少学者曾经对这个理论的可信度进行研究。在无数研究之中，有三个研究，特别支持随机漫步的论调。

(1) 曾经有一个研究，用美国标准普尔指数（Standard & Poor's）的股票作长期研究，发觉股票狂升或者暴跌，狂升四五倍，或是跌99%的，比例只是很少数，大部分的股票都是升跌10%至30%不等。在统计学上有常态分配的现象，即升跌幅越大的占比例越少。所以股价并无单一趋势。买股票要看你是否幸运，买中升的股票还是下跌的股票机会均等。

(2) 另外一次试验，有一个美国参议员用飞镖去掷一份财经报纸，拣出20只股票作为投资组合，结果这个乱来的投资组合竟然和股市整体表现相若，更不逊色于专家们建议的投资组合，甚至比某些专家的建议的表现更出色。

(3) 亦有人研究过单位基金的成绩，发觉今年成绩好的，明年可能表现得最差，一些往年令人失望的基金，今年却可能脱颖而出，成为升幅榜首。所以无迹可寻，买基金也要看你的运气，投资技巧并不实际，因为股市并无记忆，大家都只是瞎估估。

随机漫步总的观点就是：买方与卖方一样聪明机智，卖方也与买方同样聪明机智。他们都能够接触同样的情报，因此在买卖双方都认为价格公平合理时，交易才会完成；股价确切地反应股票实质。

股价变动基本上是有随机的。此说法的真正含义是，没有什么单方能够战胜股市，股价早就反映一切了，而且股价不会有系统地变动。天真的选股方法，如对着报纸的股票版乱掷飞镖，也照样可以选出战胜市场的投资组合。

二、循环周期理论

（一）循环周期理论的内涵

(1) 价格趋势循环周期的变化。从每一个明显的低点到下一个明显低点之间为一个循环周期，从每一个明显高点到下一个明显高点之间也为一个循环周期。

(2) 低点到低点的循环周期比高点到高点的循环周期可靠。

(3) 在股市运动中存在大小不同的循环周期。大循环周期中包含着小循环周期，多个小循环周期组成一个大循环周期。通常根据周期可划分为四个层级：基本趋势以明显的低点为准，是大循环周期，时间跨度从几个月到几年；次级趋势以明显的低点为准，是中循环周期，时间跨度从2~3个星期到几个月；短期趋势以明显的低点为准，是小循环周期，时间在两个星期以内，并且在即时行情变化中还可以划分出微型循环周期，时间从几分钟到几小时。

(4) 以4个以上连续的明显低（高）点之间的时间间隔为基础计算出的算术平均值即为某一级的循环周期。对于明显低点的辨别可按趋势的某一级别确定。

(5) 以某个循环低（高）点为准按循环周期计算出的下一个循环低（高）点会有±15%的上下误差，按±15%确定的时间区间称为时间窗口，一般情况下后一个循环低（高）点将在时间窗口内出现。

(6) 在时间窗口内按时出现的低（高）点越多说明计算出的循环周期越可靠和有效。

(7) 循环周期不因突发事件的影响而改变其周期或时间窗口。

(8) 循环低（高）点不会在同一价位水平上出现，它们是相对的低（高）点，不是绝对的低（高）点，不管循环低（高）点的绝对数值高低，一般会在时间窗口内按时出现。

(9) 如果计算出的循环周期是正确的，则大部分循环低（高）点都会按时出现在时间窗口内，但也会有例外现象，个别循环低（高）点提前或推后是正常的，也是不可避免的。

(10) 循环周期理论并不保证未来从循环低点上涨的幅度或由循环高点下跌的幅度，这种幅度一般不相等，但可能是明显的。

（二）伯恩斯坦根据周期理论提出四种买卖信号

1. 突破信号

当价格由向上突破向右下方倾斜的阻力线时，循环低点确立，可以买入。价格连续突破的阻力线越多，上升趋势持续时间越长。当价格由上向下突破向上方倾斜的支撑线时循环高点确立，可以卖出。连续突破的支撑线越多，下降趋势持续时间越长。

2. 转向信号

按方向分为向上和向下转向两种，按信号强烈程度分为普通转向和特殊转向。

（1）向上普通转向信号。当日最低价低于前一日最低价，同时当日收盘价高于前一日收盘价，属买入信号。

（2）向上特殊转向信号。当日最低价低于前一日最低价并且当日最高价高于前一日最高价，同时当日收盘价高于前一日收盘价，属较强买入信号。

（3）向下普通转向信号。当日最高价高于前一日最高价，同时当日收盘价低于前一日收盘价，属卖出信号。

（4）向下特殊转向信号。当日最低价低于前一日最低价并且当日最高价高于前一日最高价，同时当日收盘价低于前一日收盘价，属较强卖出信号。

3. 高低收盘价信号

如果将当日 K 线全长定义为当日波幅，则当日最高价与当日收盘价之差不大于当日波幅的 10%，即接近最低价收盘称为低收。如果某日收盘价低收，后一日收盘价高收，构成由低到高的转势特征，是买入信号。如果某日收盘价高收，后一日收盘价低收，构成由高到低的转势特征，是卖出信号。

4. 3 高 3 低信号

如果当日收盘价高于相邻的前 3 个交易日的收盘价是 3 高买入信号。如果当日收盘价低于相邻的前 3 个交易日的收盘价是 3 低卖出信号。

总体上看，这四种买卖信号与一些常见的指标分析买卖信号原则上大同小异，都是以价格的转向或突破等变化作为对顶部或底部的确认。循环周期理论强调时间因素必须与价格结合研判，循环周期不能脱离价格趋势变化，这是循环理论的核心。

三、相反理论

（一）相反理论的内涵

相反理论是一种介于基本分析与技术分析之间的方法，用于分析价格走势。相反理论的理论依据是投资者买卖决定全部基于群众的行为：不论股市及期货市场，当所有人都看好时，就是牛市开始到顶。当人人看淡时，熊市已经见底。也就是说，凡是多数人能预见到的事，其发生的概率并不大。因此，"与众不同"是股市赢家必须具备的条件之一。

1. 相反理论的原理

（1）如果市场参与者已经以压倒性的多数倒向市场的某一边，那么，市场上已经没有足够的买进或卖出的压力来将当前的趋势继续下去。

（2）相反理论能显示大户与小户的实力对比。如果 80% 的人站在多头一边，那么 20% 的空头持有者，只有资金雄厚，才能容纳 80% 的人所持有的多头头寸。空头者的头寸规模是多头者的 4 倍。

2. 相反理论的基本精神

（1）相反理论并非只是大部分人看好，我们就要看淡，或大众看淡时我们便要看好。相反理论会考虑这些看好看淡比例的趋势，这是一个动态概念。

（2）相反理论并不是说大多数人一定是错的。大多数人通常都在主要趋势上看得对。大多数人看好，市势会因这些看好情绪变成实质购买力而上升。这个现象有可能维持很久。直至到所有人看好情绪趋于一致时，市势会发生质的变化——供求的失衡。培利尔（Humphrey Neil）说过：当每一个人都有相同想法时，每一个人都错。

（3）相反理论从实际市场研究中，发现赚大钱的人只占 5%，95% 都是输家。要做赢家只可以和大多数人的思想路线相背，切不可以同流。

（4）相反理论的论据就是在市场行情将转势，由牛市转入熊市前一刻，每一个人都看好，都会觉得价位会再上升，无止境的升。大家都有这个共识时候，大家就会尽量买入了，升势消耗了买家的购买力，直到想买入的人都已经买入了，而后来的资金却无以为继。牛市就会在大家所有人看好声中完结。相反，在熊市转入牛市时，就是市场存在一片看淡风，所有看淡的人士都想沽货，当市场上已经再无看淡的人采取行动时，市场就会在所有人都沽清货时见到了谷底。

（5）在牛市最疯狂，行将死亡之前，大众媒介如报纸、电视、杂志等都反映了普通大众的意见,尽量宣传市场的看好情绪。人人热情高涨时,就是市场暴跌的先兆。相反,大众媒介懒得去报导市场消息,市场已经没有人去理会,报纸新闻,全部都是市场坏消息时,就是市场黎明的前一刻,最沉寂、最黑暗的时候,曙光就在前面。大众媒介永远都采取群众路线,所以和相反理论原则刚刚违背。这反而做成相反理论借鉴的资料。大众媒介全面看好,就要看淡,大众媒介看淡反而是入市时机。

(二)相反理论的运用

上述所说的,只是相反理论的精神。我们凭什么而知道大家的看法是看好还是看淡呢?单凭直觉印象或者想象并不够。运用相反理论时,真正的数据通常有两个,一个是好友指数(Bullish Consensus);另一个是市场情绪指标(Market Sentiment Index)。两个指标都是一些大经纪行、专业投资机构的期货或股票部门收集的资料。资料来源为各大经纪行,基金,专业投资机构,甚至报纸、杂志的评论,计算出看好和看淡情绪的比例。就以好友指数为例,指数由零开始,即所有人都绝对看淡。直到100%为止,即人人看好,包括基金,大经纪行,投资机构,报纸杂志的报导。如果好友指数在50%左右,则表示看好看淡情绪参半。指数通常会在30至80之间升降。如果一面倒的看好或看淡,显示牛市或熊市已经去到尽头,行将转角。因为好友指数由0~100,都有不同启示。详细地分析将会给投资者一个更清晰的概念,运用理论时也较有把握。

好友指数比例指示:

1. 0~5%

一个主要的上升趋势已经就在目前,为期不远。人人看淡时,表明大市淡无可淡,这就是转势的时机。把握时机入货,博取无穷利润,就是在这个时候!

2. 5%~20%

这是一个不明的区域,大部分人看淡,只有少部分人看好。这些看淡的人足以以压倒性的姿势将大市推低。但因为看淡的人比例大,市势亦可以随时见底。很多时转势情形都会在这个区域产生。投资人士可以辅之以图表、成交量等去探测大市是否已经见底。

3. 20%~40%

看淡的人在比例上仍然盖过乐观情绪。从统计数字看出,继续看淡赢面机会较大。如果在这一个区域,大市不再向下,市势就会变得十分不明朗,要忍手为上。如果在这个区域,大市转势上升,通常升幅会十分凌厉,而且创出新高点。因为大众看淡时,却看错了,市势一升就一发不可收拾。创新高点的机会很大。

4. 40%~55%

市价可以向上向下,绝对不明朗。在这个区域,投资人士一定忍手,切勿轻率入市做买卖,因为赢面和输面的比例差不多。在保本为第一原则之下,不做买卖反而最安全。

5. 55%～75%

看好的人占多数，但又并非绝大多数。市势发展有很大的上升余地。但如果这个比例看好的人多，大市却不升反跌，一定会是急促而且令人害怕的。通常大家看好时下跌，多数会出现近期的低点。

6. 75%～95%

局势仍未十分明朗。很多时市场都会在这个区域转势向下，但仍然有机会在看好情绪一路高涨之下，一路攀升一段时间直到百分之百的人都看好止。所以利用图表分析作为辅助工具比较安全。

7. 95%～100%

大市已经出现全人类看好的局面。投资的本钱已经全部投入大市。是弹尽粮绝，强弩之末之兆，大市转势迫在眉睫。速速沽货为上，迅速离开市场。

（三）相反理论给投资者的启示

相反理论带给投资者的讯息具有启发性。首先，这个理论并非局限于股票或期货，其实亦可以运用于地产、黄金、外汇等。它指示投资者一个时间指针，何时离市，哪个时候是机会，哪个时刻市势未明朗而应该忍手。相反理论更加像一个处世哲学，古今多少成功人士，都是超越了他们同辈的狭窄思维，即使面对挖苦、讽刺、奚落、遇到白眼闲言时，仍然一往无前地向自己的目标迈进，才成为杰出人物。人云亦云，将会是在人海消失的小人物。作为投资人士借鉴的地方，相反理论提醒投资者应该注意如下方面：

（1）深思熟虑，不要被他人所影响，要自己去判断。

（2）要向传统智慧挑战，大多数人所想所做未必是对的。即使是投资专家说的，也要用怀疑的态度去看待处理。

（3）凡事物发展，并不一定好似表面一样，你想象会升就一定会升。我们要高瞻远瞩，看得远，看得深，才会是胜利。

（4）一定要控制个人情绪。恐惧贪婪可能都会成事不足，败事有余。周围人的情绪会影响到你，你要更加冷静。其他人恐惧大市已经跌无可跌，可能这才是时机。当大家一窝蜂地争相在市场买入期货、股票时，你要考虑牛市是否很快就会见顶而转入熊市。

（5）当事实摆在眼前和希望并非相符时，要勇于承认错误。因为投资者都是普通人。普通人总不免会发生错误。只要肯认输，接受失败的现实，不作自欺欺人，将自己从普通大众中提升为有独到眼光见解的人，才可改变自己，成为成功之人。

在任何市场，相反理论都可以大派用场，因为每一个市场的人心、性格、思想、行为都是一样的。大部分人都是追随者，见好就追入，见淡就看淡。只有少部分人才是领袖人物。领袖人物之所以成为领导人，皆因他们的见解、眼光、判断能力和智慧超越常人。亦只有这些异于常人的眼光和决策才可以在群众角力的投资市场脱颖而出，在金钱游戏中成为胜利者。

运用相反理论时，一般的难题都出于搜集资料方面。好友指数并非随时可以得知，在报纸上亦并非随时可找到。投资人士可以自行将报纸、杂志上投资专家发表的言论归纳分析好淡观感的比例,以为买卖作决策。但资料是否全面,当然是一大疑问。另外,相反理论有一个很好的启示,那就是当大众媒介都争着报导好消息时,大市见顶已为时不远。这个说法,屡经印证,屡试不破。投资人士可以加倍留意。最后一点要提醒大家,即使收集到一个可靠的好友指数也不等待百分之一百的人看好时才决定离市,或者所有人看淡时才入市。因为当你的数据确认有这些现象出现时,时间上已经出现了差距,其他人早比你洞悉先机可能已经比你快一步采取行动。你有可能错失在最高价估出或最低价买入货的机会。快人一步,早过好友指数,采取适当行动的投资人士将会更加稳操胜券。

四、亚当理论

亚当理论是美国人威尔德所创立的投资理论。这一理论的要点是:跟着市势走,顺势买卖,绝不添加任何武断的推测;取得投资成功的秘诀是向市场屈服;应抛弃基本因素分析,以不受任何外界影响的心境,自行判断市场走势。在顺势操作中应做到:买入遇跌,卖出后遇涨应立即投降,说明自己看错市;入市买卖时应设立止蚀盘,并不要轻易更改;每日买卖损失率不应超过可运用资金的 10%,买卖不顺手时,应立即停止,退场休息;不要将所投入的资金做一次性操作;不要花费精力去寻找市场的顶部和底部。

(一)亚当理论的精义

亚当理论的精义是没有任何分析工具可以绝对准确地推测市势的走向。每一套分析工具都有其缺陷。市势根本不可以推测。如果市势可以预测的话,凭借 RSI,KDJ,MACD 等辅助指标,理论上就可以获得很多收益。但是不少人运用这些指标却得不到预期收益,仍然亏得很惨,原因就是依赖一些并非完美的工具推测去向不定、难以捉摸的市势,将会徒劳无功。所以亚当理论的精神就是教导投资人士要放弃所有主观的分析工具。在市场中生存就要适应市势,顺势而为就是亚当理论的精义。市场是升市,抓逆水做沽空,或者市场是跌市,持相反理论去入市,将会一败涂地。原因是升市,升完可以再升。跌市时,跌完可以再跌。事前,无人可以预计升跌何时会完结。

只要顺势而行,就能将损失风险减到最低限度。运用亚当理论时,注意亚当理论十大戒条:
(1) 一定要认识市场运作,认清市势,否则绝对不买卖。
(2) 入市买卖时,应在落盘时立即订下止损价位。
(3) 止损价位一到即要执行,不可以随便更改,调低止损位。
(4) 入市看错,不宜一错再错,手风不顺者要离,再冷静分析检讨。
(5) 入市看错,只可止损,不可一路加注平均价位,否则可能越亏越多。
(6) 切勿看错市而不肯认输,越错越深。
(7) 每一种分析工具都并非完善,一样会有出错机会。
(8) 市升买升,市跌买跌,顺势而行。
(9) 切勿妄自推测升到哪个价位或跌到哪个价位才升到尽,跌到尽,浪顶浪底最难测,不如顺势而行。

（10）看错市，一旦亏损 10% 就一定要止损，重新来过。

（二）亚当理论的基本原则

（1）赔钱的部位绝不要加码，或"摊平"。

如果你操作的是赚钱的部位，那么在那个时点你是对的。如果你操作的是赔钱的部位，那么你在那个时点你是错的。如果你错的话，那么唯一的问题是："你会错多久？"唯一的答案就是你能否将赔钱的部位转为赚钱，或直接止损为止。事情就是这么简单。如果你已经错了，有两种做法可能使你错得比目前更离谱，其中之一是增加错误的部位，其二在原则（3）中说明。

（2）在开始操作或加码时，绝不能不同时设止损，以便在你万一差错时，你能出场。因为只有在进场之前，才能作出客观的决定。一旦你处在市场之中，就不会再客观了。这世界上绝没有精神上的止损这回事，除非把止损放进市场中，否则止损就不算是止损。

（3）除非是朝操作所要的方向，否则绝不取消或移动止损。

你会想朝反方向移动止损的唯一时刻，是操作部位发生亏损，而且市场对你不利时，如果你移动止损，那么期待之情便完全压制住你冷静且算计妥当的客观性，而且你不再是个理性的操作者。恐惧此时很好地发挥了作用，贪婪可以构成障碍，但期待之情一旦占上风，可能使人万劫不复。

（4）绝不让合理的小损失演变成一发不可收拾的大损失。情况不对，立即退场，留得青山在，不怕没柴烧。

市场是一个强敌，是在竞技场中与你搏斗的勇士。跟真正的搏斗一样，你一犯错，它就会乘虚而入。只要你松懈一次，它就会攻击你脆弱的部位，让你血流如注。许多优秀的操作者日进日出，严守这些戒律，时时保持警觉，然后突然有那么一次，他们肯定自己是对的时候，而违反其中一条守则，丢下警戒，开始期待，然后就是血流如注。短短几天内赔掉的，可能比一年赚的还多。从没有人因小针扎一下而流血致死的；要命的伤口才会如此！深长的伤口才会要人命。

（5）一笔操作，或任何一天，不要让自己亏掉操作资金的 10% 以上。

有时候，你买的所有东西都齐步下跌，你卖的每样东西都并肩上扬。请记住，操作应该是一件乐事。为了享受乐趣，任何时刻都不要冒亏大钱的险。

（6）别去抓头部和底部，让市场把它们抓出来。亚当理论的一个重要论点就是：你永远抓不准股市的头部和底部，想去抓的人也抓不准。但是头部和底部终于出现时，亚当理论只会错一次。

多数操作者都想抓股市的头部和底部，多少操作者也都赔了钱！多少操作者之所以想抓头部和底部，理由都差不多，自负和贪婪。抓住头部和底部，准确的几率比在拉斯维加斯玩吃角子老虎机还低。每个人都知道这种事。你的对手也知道这种事，他偶尔会让你抓准一两次头部和底部，好让你上瘾，继续做这种事，好让你能告诉朋友：由于你敏锐地研判市场，你在低档买进了，这全是自负心里在作祟。同样，你曾经有多少次买到最低点，而且是一直抱着,直到最高点才脱手?为什么要丢掉确立之前的所有利润呢?这全是贪婪在作祟。

(7)别挡在列车前面。如果市场往某个方向爆炸性发展,千万别逆市操作,除非有强烈的证据,显示反转已发生。

超买的市场绝没有不能再涨的理由。超卖的市场绝没有不能再向下的理由。这是敌人喜欢布置的陷阱。把一张非常具有方向性的市场图拿给五岁的小孩看,问他明天要站市场的那一边。这位小孩根本不懂什么叫超买、超卖,什么叫支撑、阻力,更别提更高深的技术分析。他不知道是曾经涨得多高,曾经跌得多低。他对什么叫基本面一无所知。他没有操作者背景和经验。那么他会怎么告诉你,说他要站在市场的那一边?就是那么简单。别站在列车前面,要么就坐上去。

(8)保持弹性。记住你可能会错,亚当理论可能会错,世界上任何事情可能都会出差错。记住亚当理论所说的是几率很高的事,也不是绝对肯定的事。

做对的次数愈多就愈容易失去弹性。连续赚六七笔之后,这时你难免洋洋自得,做法会失去弹性。这就是你的大敌(也就是市场)等候你这么做的时候。它会跟你要回以前所赚的钱,外加一点鲜血。永远记住:你所处理的是概率,而不是绝对值。

(9)操作不顺时,不妨缩手休息。如果你一再发生亏损,请退场到别的地方去度假,让你的情绪冷静下来,等头脑变得清醒再说。现在放手不等于承认失败,而且从头再来时,本钱会少很多,同时操作者现在处于劣势,难以保持客观的态度,他会冒平常自己不肯冒的险。这样他有可能会舍弃十大守则中的一些守则,这就是极少数操作者能赢的理由之一。

(10)问问你自己,你全身从里到外是不是真的想从市场中赚一笔钱,并仔细听一些你自己的答案。有些人心理上渴望着赔钱,也有些人只是想找件事做来认清自己。

如果你在操作的真正理由是想赚钱、想赚一些可以在年底用的钱,那么迟早你会知道,一个人能不能从市场上赚钱,取决于他有没有遵守这十大守则。至于他赚多少钱,则取决于他进场和退场的方法。如果你问自己这个问题,并仔细倾听答案的话,你将了解这十大守则的价值。你将了解,你不会只因为使用亚当理论或其他任何方法,就可以成为赢家。亚当理论只是给你一个进场的理由。这个理由是:市场有很高的几率,往某个特定方向移动一段时间。除非你所有的操作都依据这十大守则,否则亚当理论或其他任何方法,都不会准到让你不断赚钱。当你懂了这一点,你就会在市场上赚不少的钱,到年底有可以花用的钱。正因为你奉行不悖,所以你会懂得这一点。

五、黄金分割率理论

(一)黄金分割率的由来

数学家法布兰斯在13世纪写了一本书,关于一些奇异数字的组合。这些奇异数字的组合是 1,1,2,3,5,8,13,21,34,55,89,144,233……任何一个数字都是前面两数字的总和:2=1+1,3=2+1,5=3+2,=5+3……,如此类推。

有人说这些数字是他从研究的金字塔所得出的,和金字塔上列奇异数字息息相关。金字塔的几何形状有五个面,八个边,总数为十三个层面。由任何一边看入去,都可以看到三个层面。金字塔的长度为 5813 寸（1 寸≈3.33 米）（5-8-13），而高底和底面百分比率是 0.618，那即是上述神秘数字的任何两个连续的比率，譬如 55/89＝0.618，89/144＝0.618，144/233＝0.618。

另外，一个金字五角塔的任何一边长度都等于这个五角形对角线（Diagonal）长度的 0.618。还有，0.618 的倒数是 1.618。譬如 144/89＝1.618，233/144＝1.618，而 0.618×1.618＝就等于 1。

另外，还有人研究过向日葵，发现向日葵花有 89 个花瓣，55 个朝一方，34 个朝向另一方。

神秘？不错，这组数字就叫作神秘数字。而 0.618、1.618 就叫做黄金分割率（Golden Section）。

（二）黄金分割率的特点

黄金分割率的基本公式，是将 1 分割为 0.618 和 0.382，它们有如下特点：

（1）数列中任一数字都是由前两个数字之和构成。
（2）前一数字与后一数字之比例，趋近于一固定常数，即 0.618。
（3）后一数字与前一数字之比例，趋近于 1.618。
（4）1.618 与 0.618 互为倒数，其乘积则约等于 1。
（5）任一数字如与后两数字相比，其值趋近于 2.618；如与前两数字相比，其值则趋近于 0.382。

理顺下来，上列奇异数字组合除能反映黄金分割的两个基本比值 0.618 和 0.382 以外，尚存在下列两组神秘比值。即：

0.191，0.382，0.5，0.618，0.809；
1，1.382，1.5，1.618，2，2.382，2.618。

（三）黄金分割率在投资中的运用

在股价预测中，根据两组黄金比有两种黄金分割分析方法。

第一种方法：以股价近期走势中重要的峰位或底位，即重要的高点或低点为计算测量未来走势的基础，当股价上涨时，以底位股价为基数，跌幅在达到某一黄金比时较可能受到支撑。当行情接近尾声，股价发生急升或急跌后，其涨跌幅达到某一重要黄金比时，则可能发生转势。

第二种方法：行情发生转势后，无论是止跌转升的反转抑或止升转跌的反转，以近期走势中重要的峰位和底位之间的涨额作为计量的基数，将原涨跌幅按 0.191，0.382，0.5，0.618，0.809 分割为五个黄金点。股价在反转后的走势将有可能在这些黄金点上遇到暂时的阻力或支撑。

例如：当下跌行情结束前，某股的最低价 10 元，那么，股价反转上升时，投资人可以预先计算出各种不同的反压价位，也就是 10×（1＋19.1%）＝11.9（元），10×（1＋38.2%）＝13.8（元），10×（1＋61.8%）＝16.2（元），10×（1＋80.9%）＝18.1（元），10×（1+100%）=20（元），10+（1+119.1%）=21.9（元）。然后，再依照实际股价变动情形做斟酌。

反之上升行情结束前，某股最高价为 30 元，那么，股价反转下跌时，投资人也可以计算出各种不同的持价位，也就是 30×（1-19.1%）=24.3（元），30×（1-38.2%）=18.5（元），30×（1-61.8%）=11.5（元），30×（1-80.9%）=5.7（元）。然后，依照实际变动情形斟酌。

黄金分割率的神秘数字由于没有理论作为依据，所以有人批评是迷信，是巧合，但自然界的确充满一些奇妙的巧合，一直难以说出道理。

　　黄金分割率为艾略特所创的波浪理论所套用，成为世界闻名的波浪的骨干，广泛地为投资人士所采用。神秘数字是否真的只是巧合呢？还是大自然一切生态都可以用神秘数字来解释呢？这个问题只能见仁见智。但黄金分割率在股市上无人不知，无人不用，作为一个投资者不能不做此研究，只是不能太过执着而已。

第五章 股票投资基本面分析

第一节 股票投资基本面分析法概述

一、基本面分析方法简介

股票投资是指投资者（法人或自然人）购买股票等有价证券以及这些有价证券的衍生产品，以获取红利、利息及资本利得的投资行为和投资过程。股票投资分析是指人们通过各种专业性分析方法，对影响证券价值或价格的各种信息进行综合分析以判断证券价值或价格及其变动的行为，是股票投资过程中不可或缺的一个重要环节。

股票价格是股票在市场上出售的价格。它的具体价格及其波动受制于各种经济、政治等方面的因素，并受到投资心理和交易技术等的影响。概括起来说，影响股票价格及其波动的因素，主要可以分为两大类：一个是基本因素；另一个是技术因素。

所谓基本因素，是指来自股票市场以外的经济、政治因素以及其他因素，其波动和变化往往会对股票的市场价格趋势产生决定性影响。一般来说，基本因素主要包括经济性因素、政治性因素、人为操纵因素和其他因素等。因此所谓基本面分析方法，也称基本分析方法，是指把对股票的分析研究重点放在它本身的内在价值上。股票价值在市场上所表现的价格，往往受到许多因素的影响而频繁变动。因此，一种股票的实际价值很难与市场上的价格完全一致。如果有某一天受了一种非常性因素的影响，价格背离了价值，又加上某些投资者的恐慌心理的烘托，必然会造成股市混乱，甚至形成危机。如在市场上发现某种股票估价过高，必然竞相出手，如另一种股票估价过低，则肯定引起投资者的抢购。影响股票价值的因素很多，最重要的有如下三个方面：一是全国的经济环境是繁荣还是萧条。二是各经济部门如农业、工业、商业、运输业、公用事业、金融业等各行各业的状况如何。三是发行该股票的企业的经营状况如何，如果经营得当，盈利丰厚，则它的股票价值就高，相应的股价也高；反之，其价值就低，股价也低。

基本面分析法就是利用丰富的统计资料，运用多种多样的经济指标，采用比例、动态等分析方法，从研究宏观的经济大气候开始，逐步开始中观的行业兴衰分析，进而根据微观的企业经营、盈利的现状和前景，从中对企业所发行的股票做出接近显示现实的客观的评价，并尽可能地预测其未来的变化，作为投资者选购的依据。由于它具有比较系统的理论，所以受到学者们的追捧，成为股价分析的主流。

基本面分析法是准备做长线交易的股民以及"业余"股民所应采取的最主要也是最重要的分析方法。因为这种分析方法是从分析股票的内在价值来入手的，而把对股票市场的大环境的分析结果摆在次位,看好一只股票时,看中的是它的内在潜力与长期发展的良好前景,所以当我们采用这种分析法来进行预测分析并在适当的时机购入具体的股票后,就可不必耗费太多的时间与精力去关心股票价格的实时走势。

二、股票投资基本面分析的必要性

(一)有利于降低投资者的投资风险

股票属于风险性资产,其风险由投资者自负,所以每一个投资者在做每一个选择的时候都应谨慎行事。高收益带来的也是高风险,投资者在从事股票投资时,为了争取尽可能大的收益,并把可能的风险降到最低限度,首先要做的就是认真地进行股票投资分析。这样在买卖过程中,投资者才会有信心,才会在看到可能发生的风险时,能及时避开隐蔽的陷阱,确保投资者的投资行动安全。

(二)有利于正确评估股票的投资价位

股票的投资价值受多方面因素的影响,并随着这些因素的变化而发生相应的变化。如影响股票投资价值的因素有宏观经济、行业形势和公司经营管理等多方面的因素。所以,投资者在决定投资某种股票前,首先应该认真评估该股票的投资价值。只有当股票处于投资价值区域时,投资该股票才是有的放矢,否则可能会导致投资失败。股票投资分析正是通过对可能影响股票投资价值的各种因素进行综合分析,来判断这些因素及其变化可能会对股票投资价值带来的影响,因此它有利于投资者正确评估股票的投资价值。

(三)有利于提高投资决策的科学性

股票投资是一种智慧型投资。长期投资者一般要注重公司基本面的分析,短期投资者则要注重股票技术分析。而要在股票市场上进行投机,需要高超的智慧与勇气,其前提是看准了时机才去投资。而时机的把握需要投资者综合运用自己的知识、理论、技术以及方法详尽地周密分析,进行科学的决策,以获得有保障的投资收益。这与盲目的、碰运气的赌博性投资行为有根本的区别。

三、股票投资基本面分析理念

在我国当前股票市场中,坐庄式的价值挖掘型投资理念、价值发现型投资理念、价值培养型投资理念三者并存,其风险类型各不相同,风险度也有较明显的高低之分。但随着我国股票市场制度建设和监管的日益完善、机构投资者队伍的迅速壮大,以价值发现型投资理念、价值培养型投资理念为主的理性价值投资理念将逐步成为主流投资理念。

（一）价值挖掘型投资理念

中国 A 股是一个新兴的转轨市场，由于种种原因容易大起大落，投资股票就要结合这个特点，顺势而为。所以，我们就是要按价值投资思路，选取价值型股票作为投资对象，按价值随股价的波动，参考大盘的周期性波动（螺旋式上升），进行波段操作，建立适应于中国股市特点的一套跟庄盈利模式：以大盘资金进出为导向，因股价的涨与跌，最直接的推动就是其背后的主力资金动向，也就是看大盘资金的进出来进行个股操作。个股选择以阳光资金控盘股为主要选择对象。

价值投机波段操作是建立在六不（即不信消息、不看传闻、不理概念、不停股评、不被软件商忽悠和不为每天涨停板诱惑）基础上的一种独立自主的、符合股市资金运作规律的、适合散户操作的一套趣于完美的波段操作系统。波段操作系统由选时、选股（什么时机选股选什么股）、买进卖出（什么条件下买入什么条件下卖出）、等待下一次机会组成。要想做好价值投机波段操作，首先要对大盘的量、价、时、空进行综合分析，并做出相应预期转折的判断，明确大盘所处的位置的表现特征，把握整个市场趋势的变化。其次要重点关注活跃资金和盘面现金的变化，同时结合大盘各项技术指标进行综合分析。再次根据分析结果做出决策，并对决策进行无条件的执行。最后在操作过程中注意风险控制。

那么，怎样建立价值投机波段操作的盈利模式呢？首先要树立价值投机波段操作理念，从思维上认识和接受这种盈利模式，并坚信这种盈利模式最有效，且风险小、收益高。认识后还要严格执行这一盈利模式，以实现自己在股市稳定赚钱的目的和愿望。其次要确定怎样进行价值投机波段操作，怎样研判大盘资金的进和出、什么时机选股、选什么股、什么时候买入和卖出、什么时候持股等待收益、什么时候持币等待下次机会、怎样进行风险控制等。最后要按照价值投机波段操作的要求，建立一整套操作方法，并严格执行，才算建立价值投机波段操作的盈利模式。

总之，对于价值挖掘型投机理论可以用以下的比喻来形容：股市好比一个水池，水池的大小就是股市的整体规模，水量的多少就是股市资金的数量，企业犹如水面上的乌龟。这样，就可以很容易理解，为什么光挑乌龟不能保证中短期盈利的原因。因为，乌龟的高度是受水面的高度影响的，而水面的高度是受水池的大小变化和水量的增减影响的。成熟股市的规模是有增有减的，也就是除了上市及增发以外还有退市。而中国股市的规模是在不断地增长，除了不断发行新股以外，老股增发配股及大小非解禁，使水池的规模在迅速增大，而且几乎没有退市，这样规模没有减小的问题。即使水量没有减小，但随着水池规模的不断增大，水面必然会呈现不断下降的趋势。依据这个原理，价值投机者可以在水池里的水下降到相对较少的时候，且有迹象开始增多的时机，选择价值被低估的股票买入，到水池里的水较高时候，且有迹象开始减少的时机，买出价值相对高估的股票，这就是价值投机理论的形象比喻。

（二）价值发现型投资理念

价值发现型投资理念是一种风险相对分散的市场投资理念。这种投资理念的前提是股票的市场价值是潜在的、客观的。价值发现型投资理念所依靠的工具不是大量的市场资金，而是市场分析和股票基本面的研究，其投资理念确立的主要成本是研究费用。相对于价值挖掘型的投资理念,价值发现型投资理念给广大投资者带来的投资风险要小得多。其一,价值发现是一种投资于市场价值被低估的股票的过程,在股票价值未达到被高估的价值时,投资获利的机会总是大于风险;其二,由于某些股票的市场价值直接或间接与其所在的行业成长、国民经济发展的总体水平相联系的,在行业发展及国民经济增长没有出现停滞之前,股票的价值还会不断增值,且在这种增值过程中又相应地分享着国民经济增长的益处;其三,对于某类具有价值发现型投资理念的股票,随着投资过程的进行,往往还有一个价值再发现的市场过程,这个过程也许还会将这类股票的市场价值推到一个相当高的价值平台。因此,在价值发现型投资理念下,只要有国民经济增长和行业发展的客观前提,以此理念指导投资就能够较大程度地规避市场投资风险。

(三) 价值培养型投资理念

价值培养型投资理念是一种投资风险共担型的投资理念。在这种投资理念指导下的投资行为既分享股票内在价值成长,也共担股票价值成长风险。其投资方式有两种:一种是投资者作为股票的战略投资者,通过对股票公司战略投资的方式,培养股票的内在价值与市场价值;另一种是众多投资者参与股票公司的融资行为,培养股票的内在价值和市场价值。在我国,前者如各类产业集团的投资行为;后者如投资者参与上市公司的增发、配股及可转债融资等。

同时在具体操作过程中,要注意树立如下投资理念:

(1) 先求知,再投资。美国投资大师彼得·林奇说:"不学习研究就投资与不看牌就玩纸牌游戏一样危险。"在股市中也要先研究市场和上市公司季报、年报,从中索取大量相关信息,并做出精确分析和研判后再投资某一公司股票。

(2) 识大势,赚大钱。对股票投资者而言,首先要对股市宏观环境及微观因素之间的关系进行考察分析。股市是一个复杂的综合体系,它包括政治、经济、社会等方面的因素。密切关注时代潮流、制度创新、政策扶持及市场上的新概念、新题材,一旦有偏好迹象,顺势而为,才能赚钱。

(3) 不求多,只求精。英国理查·考克说:"如果你集中精力在少数几只股票上,你就思考愈深入,做买卖决定时愈慎重。"经过认真查阅资料,反复洞察行情性质后慎重动手。选股要精益求精,品种越少,越容易了解股性,越便于风险管理,涨多了能及时了断,跌透了随时捕捉,操作得心应手。

(4) 多做熟,少做生。巴菲特的投资理念是:"长期做自己熟悉股票,不做陌生股票。"股市没有只涨不跌,也没有只跌不涨的,当选择股性活的熟悉股票后,涨多就卖,跌多就买,反复持续地做差价,积小赢为大胜。这是因为你掌握了此公司的基本面状况、内在价值、股性的活跃程度,较易把握它的买卖时机。

(5) 要知足,不贪心。中国人俗语:"讲究知足,天会使福。"做股票知足尤为重要,涨到一定心理价位落袋为安,留点鱼头鱼尾给别人吃。过贪就有可能让煮熟的鸭子飞了。经验老到的投资者,精就精在知足,降低盈利目标,该出手时就出手,确保胜利成果。

(6) 轻指数,重个股。美国肯尼斯·费雪说:"投资人是买股票,不是买整个股票市场,因此最好把注意力放在个别股票和企业上。"在股市里生存,投资理念要与时俱进,抓住股市结构性调整中板块轮动机会，精选个股，能做到虽赔指数但赚了钱。

（7）一招鲜，吃遍天。股市中的理论、技巧、指标、软件太多，遗憾的是全靠这些赚大钱的人不多，原因是吃多了嚼不烂，就像花很多力气挖许多浅井，不如专心挖口深井反而有水喝。按某种理念和技巧，掌握一种适合自己的投资方法，专做几只熟悉股票，最终必有成效。

（8）心态好，信心足。有人说："炒股就是玩心态。"心态随大盘一起波动就做不好股票。炒股如同四季变换，有春播、夏耕、秋收和冬藏之分，需要机智、勇气和信心，同时也应胜不骄败不馁。最高境界是"手中有股，心中无股；手中无股，心中有股"，本着平和的心态，宁静致远看涨跌，则会成为股市里的赢家。

四、股票投资基本面分析的信息来源

信息在股票投资分析中起着十分重要的作用，是进行股票投资分析的基础。来自不同渠道的信息最终都将通过各种方式对股票的价格发生作用，导致股票价格的上升或下降，从而影响股票的收益率。从信息发布主体和发布渠道来看，股票市场上各种信息的来源如下：

（一）政府部门

政府部门是国家宏观经济政策的制定者，是信息发布的主体，是我国证券市场上有关信息的主要来源。针对我国的实际情况，从总体上看，所发布信息可能会对证券市场产生影响的政府部门主要包括国务院、中国证券监督管理委员会、财政部、中国人民银行、国家发展和改革委员会、商务部、国家统计局以及国务院国有资产监督管理委员会。

（二）证券交易所

我国沪、深证券交易所主要负责提供证券交易的场所和设施，制定证券交易所的业务规则，接受上市申请，安排证券上市，组织、监督证券交易，对会员、上市公司进行监管等事宜。所以，证券交易所向社会公布的证券行情、按日制作的证券行情表，以及就市场内成交情况编制的日报表、周报表、月报表与年报表等是技术分析中的首要信息来源与量价分析基础。

（三）中国证券业协会

根据我国《证券法》的规定，证券公司应当加入证券业协会。证券业协会履行协助证券监督管理机构组织会员执行有关法律、维护会员的合法权益，为会员提供信息服务。中国证券业协会负责监管的代办股份转让信息平台提供非上市公司股份转让信息。

（四）证券登记结算公司

证券登记结算业务采取全国集中统一的运营方式，由证券登记结算机构依法集中统一办理。证券登记结算机构实行行业自律管理。证券登记结算公司履行下列职能：证券账户、结算账户的设立和管理，证券的存管和过户，证券持有人名册登记及权益登记，证券和资金的清算交收及相关管理，受发行人的委托派发证券权益，依法提供与证券登记结算业务有关的查询、信息、咨询和培训服务。

（五）上市公司

上市公司作为经营主体，其经营状况的好坏直接影响投资者对其价值的判断，从而影响其股价水平的高低。一般来说，上市公司通过定期报告（如年度报告和中期报告）和临时公告等形式向投资者披露其经营状况的有关信息，如公司盈利水平、公司股利政策、增资减资和资产重组等重大事宜。作为信息发布主体，它所公布的有关信息，是投资者对其证券进行价值判断的重要依据。

（六）中介机构

证券中介机构利用其人才、信息等方面的优势，为不同市场参与者提供相应的专业化服务，有助于投资者分析证券的投资价值，引导其投资方向。其中，由中介机构专业人员在资料收集、整理、分析的基础上撰写的，通常以有偿形式向使用者提供的研究报告，也是信息的一种重要形式。

（七）媒 体

首先，媒体是信息发布的主体之一。由于影响证券市场的信息内容繁多，信息量极为庞大，因此，媒体便通过专门的人员对各种信息进行收集、整理、归类和汇总，并按有关规定予以公开披露，从而节省信息使用者的时间，大大提高工作效率。其中，媒体专业人员通过实地采访与实地调研所形成的新闻报道或报告，是以媒体为发布主体的重要信息形式。其次，媒体同时也是信息发布的主要渠道。只要符合国家的有关规定，各信息发布主体都可以通过各种书籍、报纸、杂志、其他公开出版物以及电视、广播、互联网等媒体披露有关信息。这些信息包括国家的法律法规、政府部门发布的政策信息、上市公司的年度报告和中期报告等。作为信息发布的主渠道，媒体是连接信息需求者和信息供给者的桥梁。

（八）其他来源

除上述几种信息来源以外，投资者还可通过实地调研、专家访谈、市场调查等渠道获得有关的信息，也可通过家庭成员、朋友、邻居等获得有关信息，甚至包括内幕信息。但必须指出的是，根据有关证券投资咨询业务行为的规定，证券分析师从事面向公众的证券投资咨询业务时所引用的信息仅限于完整翔实的、公开披露的信息资料，并且不得以虚假信息、内幕信息或者市场传言为依据向客户或投资者提供分析、预测或建议。所以，证券分析师应当非常谨慎地处理所获得的非公开信息。

五、股票投资基本面分析的主要步骤

投资者在进行股票投资基本面分析时往往会受到资讯不足、分析工具不全、个人分析能力有限等问题的制约,因此,投资者除自行分析外,还应参考外界力量对股票投资所做的分析,做出正确的判断。由于股票投资基本面分析是一个复杂的过程,考虑问题时我们应采取从宏观到微观、由远及近的步骤进行。

第一步:必须对整个国民经济的运作,包括生产、流通、服务等各个部门做出详细的分析,以便了解国民经济各部门、各地区所处的增长阶段与其发展趋势,从而明确成千上万个具体的企业,了解它们在经济大环境下和所属行业的特色下所从事的具体经济活动。

第二步:对发行股票的企业进行分析。因为股票是由不同的企业发行的,每个企业各有特点,要了解它,就应从股票发行企业的经济状况和财务状况入手,看其资本强弱、技术实力、获益多寡、偿债能力、成长潜力等,从而对股票发行企业做出恰如其分的判断与评价。同时,结合分析其股票本身的历史走势,看它在市场价格变动与企业财务状况相关联的特点及变化轨迹,股票交易量和股票价格变动、市场价格变动的对应关系,并运用各种分析的结果预测股票未来变化的特点及走势。

第三步:对股票市场状况进行分析。股票市场作为一个整体的表现,可能与基本分析的结果相一致,但也并不一定与之完全相同,某一股票的市场行为常常与基本经济所表现的状况相反,一个股市的经济状况和国民经济现状可能都是好的,但这种股票的市场价格可能反而下降,相反的,国民经济的基本状况可能并不好,但整个股票市场可能却很兴旺。总体来说,股票市场作为一个整体,其行为可能与基本投资分析所期望的不一样。股票市场有自己的好恶,投资者和投机者往往偏爱某些行业中的某些股票,不愿意投资到另一些行业中的某些股票,这种情况可能会使市场趋势与整个国民经济背道而驰。但这种行为通常是短期现象,投资者不应忽视其中可能产生的得失。同时,股票市场的趋势可能领先于经济状况,它的周期性变动对可以看到也可能看不到的临时发生的技术上、心理上和投资者情绪上的事件会引起反应,使有些股票的波动比市场大一些,有些比市场小一些,不过市场作为一个整体,对每种股票价格的变动负主要责任,起决定性的影响。所以,有必要把个别股票的预测与整个股市的预测联系起来,互相对照,以提高个别股票价格预测的准确性。

第二节 宏观经济基本面分析

一、宏观经济基本面分析的意义

(一)把握股票市场的总体变动趋势

在股票投资中,宏观经济基本面分析是一个重要环节,只有把握住宏观经济运行的大方向,才能把握股票市场的总体变动趋势,作出正确的投资决策;只有密切关注宏观经济因素的变化,尤其是货币政策和财政政策的变化,才能抓住股票投资的市场时机。

（二）判断整个股票市场的投资价值

股票市场的投资价值与国民经济的整体素质及其结构变动密切相关。这里说的股票市场的投资价值是指整个市场的平均投资价值。从一定意义上说，整个股票市场的投资价值就是整个国民经济增长质量与速度的反映，不同部门、不同行业与成千上万的不同企业相互影响、相互制约，共同影响国民经济发展的速度和质量。宏观经济是个体经济的总和，企业的投资价值必然在宏观经济的总体中综合反映出来，因此宏观经济分析是判断整个股票市场投资价值的关键。

（三）掌握宏观经济政策对股票市场的影响力度与方向

股票市场与国家宏观经济政策息息相关。在市场经济条件下，国家通过财政政策和货币政策来调控经济，或抑制经济过热，或促进经济增长。这些政策将会影响经济增长速度和企业经济效益，并进一步对股票市场产生影响。

二、宏观经济基本面分析的基本方法

（一）总量分析法

总量分析法是指对影响宏观经济运行总量指标的因素及其变动规律进行分析，如对国民生产总值、消费额、投资额、银行贷款总额及物价水平的变动规律的分析等，进而说明整个经济的状态和全貌。总量分析主要是一种动态分析，因为它主要研究总量指标的变动规律。同时，它也包括静态分析，因为总量分析包括考察同一时间内各总量指标的相互关系，如投资额、消费额和国民生产总值的关系等。

（二）结构分析法

结构分析法是指对经济系统中各组成部分及其对比关系变动规律的分析。如国民生产总值中三种产业的结构分析、消费和投资的结构分析、经济增长中各因素作用的结构分析等。结构分析主要是一种静态分析，即对一定时间内经济系统中各组成部分变动规律的分析。如果对不同时期内经济结构变动进行分析，则属于动态分析。

总量分析和结构分析是相互联系的。总量分析侧重于总量指标速度的考察，侧重分析经济运行的动态过程；结构分析侧重于对一定时期经济整体中各组成部分相互关系的研究，侧重分析经济现象的相对静止状态。总量分析非常重要，但它需要结构分析来深化和补充，而结构分析要服从于总量分析的目标。为使经济正常运行，需要对经济运行进行全面把握，将总量分析方法和结构分析方法结合起来使用。

三、宏观经济分析的主要内容

股票投资的宏观经济分析主要包括两个方面的内容，即宏观经济运行和宏观经济政策对股票市场的影响分析。

(一) 宏观经济运行分析

1. 宏观经济运行对股票市场的影响

宏观经济因素是影响股票市场长期走势的唯一因素，宏观经济环境对整个股票市场的影响，既包括经济周期波动这种纯粹的经济因素，也包括政府经济政策及特定的财政金融行为等混合因素。因此宏观经济运行对股票市场的影响主要表现在如下几个方面：

（1）企业经济效益。无论从长期看还是从短期看，宏观经济环境是影响公司生存、发展的最基本因素。公司的经济效益会随着宏观经济运行周期、宏观经济政策、利率水平和物价水平等宏观经济因素的变动而变动。如果宏观经济运行趋好，企业总体盈利水平提高，股票市场的市值自然上涨；如果政府采取强有力的宏观调控政策，紧缩银根，企业的投资和经营会受到影响，盈利下降，证券市场市值就可能缩水。

（2）居民收入水平。在经济周期处于上升阶段或在提高居民收入政策的作用下，居民收入水平提高将会在一定程度上拉动消费需求，从而增加相关企业的经济效益。另外，居民收入水平的提高也会直接促进股票市场投资需求。

（3）投资者对股价的预期。投资者对股价的预期，也就是投资者的信心，是宏观经济影响股票市场走势的重要因素。当宏观经济趋好时，投资者预期公司效益和自身的收入水平会上升，股票市场自然人气旺盛，从而推动市场平均价格走高；反之，则会令投资者对股票市场信心下降。

（4）资金成本。当国家经济政策发生变化，如采取调整利率水平、实施消费信贷政策、征收利息税等政策，居民、单位的资金持有成本将随之变化。如利率水平的降低和征收利息税的政策，将会促使部分资金由银行储蓄变为投资，从而影响证券市场的走向。

2. 宏观经济运行变量与股票市场波动的关系

（1）国内生产总值变动。国内生产总值（GDP）是一国经济成就的根本反映。从长期看，在上市公司的行业结构与该国产业结构基本一致的情况下，股票平均价格的变动与 GDP 的变化趋势是相吻合的。但不能简单地认为 GDP 增长，证券市场就必将伴之以上升的走势，有时实际走势恰恰相反。我们必须将 GDP 与经济形势结合起来进行考察。

① 持续、稳定、高速的 GDP 增长。在这种情况下，社会总需求与总供给协调增长，经济结构逐步合理，趋于平衡，从而表明经济发展势头良好。这时证券市场由于上市公司利润持续上升，股息不断增长，企业经营环境不断改善，产销两旺，从而使公司的股票和债券得到全面升值，促使价格上扬，同时由于人们对经济形势形成了良好的预期，投资积极性得以提高，以及随着 GDP 的持续增长，国民收入和个人收入都不断得到提高，收入增加也将增加证券投资的需求，最终导致证券价格上涨。

② 高通货膨胀下的 GDP 增长。当经济处于严重失衡下的高速增长时，总需求大大超过总供给，这将表现为高的通货膨胀率。这是经济形势恶化的征兆，如不采取调控措施，必将导致未来的滞胀（通货膨胀与经济停滞并存）。这时，经济中的各种矛盾会突出地表现出来，企

业经营将面临困境,居民实际收入也将降低,因而失衡的经济增长必将导致证券市场行情下跌。

③宏观调控下的GDP减速增长。当GDP呈失衡的高速增长时,政府可能采取宏观调控措施以维持经济的稳定增长,这样必然减缓GDP的增长速度。如果调控目标得以顺利实现,GDP仍以适当的速度增长而未导致GDP的负增长或低增长,说明宏观调控措施十分有效,经济矛盾逐步得以缓解,并为进一步增长创造了有利条件。这时证券市场亦将反映这种好的形势而呈平稳渐升的态势。

④转折性的GDP变动。如果GDP一定时期以来呈负增长,当负增长速度逐渐减缓并呈现向正增长转变的趋势时,表明恶化的经济环境得到逐步改善,证券市场走势也将由下跌转为上升。

当GDP由低速增长转向高速增长时,表明低速增长中,经济结构得到调整,经济的瓶颈制约得以改善,新一轮经济高速增长已经来临,证券市场亦将伴之以快速上涨之势。

(2) 经济周期变动。经济周期是一个连续不断的过程,表现为扩张和收缩的交替出现。某个时期,产出、价格、利率、就业率不断上升直至某个高峰——繁荣,之后可能是经济的衰退,产出、产品销售、利率、就业率开始下降,直至某个低谷——萧条。萧条阶段的明显特征是,需求严重不足,生产相对严重过剩,销售量下降,价格低落,企业盈利水平极低,生产萎缩,出现大量破产倒闭,失业率增大。接下来则是经济重新复苏,进入一个新的经济周期。

股票市场综合了人们对于经济形势的预期,这种预期又必然反映到投资者的投资行为中,从而影响股票市场的价格。既然股价反映的是对经济形势的预期,则其表现必定领先于经济的实际表现(除非预期出现偏差,经济形势本身才对股价产生纠错反应)。当经济持续衰退至尾声即萧条时期,百业不振,投资者已远离股票市场,每日成交稀少。此时,那些有眼光而且在不停搜集和分析有关经济形势并做出合理判断的投资者已在默默吸纳股票,股价已缓缓上升。当各种媒介开始传播萧条已去、经济日渐复苏时,股价实际上已经升至一定水平。而那些有识之士在综合分析经济形势的基础上,认为经济将不会再创热潮时,就悄然抛出股票,股价虽然还在上涨,但供需力量逐渐发生转变。当经济形势逐渐被更多的投资者所认识,供求趋于平衡直至供大于求时,股价便开始下跌。当经济形势发展按照人们的预期走向衰退时,与上述相反的情况便会发生。

上面描述了股价波动与经济周期相互关联的一个总体轮廓。这个轮廓给我们以下几点启示:

①经济总是处在周期性运动中。股价伴随经济周期相应波动,但股价的波动超前于经济运动,股价波动是永恒的。

②收集有关宏观经济资料和政策信息,随时注意经济发展动向,正确把握当前经济发展处于经济周期的何种阶段,对未来做出正确判断。

③把握经济周期,认清经济形势。不要被股价的小涨、小跌迷惑而追逐小利或回避小失,这一点对中长期投资者尤为重要。

(3) 通货膨胀对股票市场的影响。通货膨胀对股票市场特别是个股的影响,没有一成不变的规律可循,完全可能产生反方向的影响,所以应依据具体情况进行具体分析。因此,对这些影响进行分析和比较必须从该时期通货膨胀的原因、通货膨胀的程度、配合当时的经济结构和形势、政府可能采取的干预措施等方面的分析入手。以下是分析的几个一般性原则:

①温和的、稳定的通货膨胀对股价的影响较小。

②如果通货膨胀在一定的可容忍范围内持续,而经济处于景气(扩张)阶段,产量和就

业率都持续增长,那么股价也将持续上升。

③ 严重的通货膨胀是很危险的,经济将被严重扭曲,货币加速贬值,这时人们将会囤积商品、购买房屋等进行保值。这可能从两个方面影响股票价格:一是资金流出股票市场,引起股价和债券价格下跌。二是经济扭曲和失去效率,企业筹集不到必需的生产资金;同时,原材料、劳务成本等价格飞涨,使企业经营严重受挫,盈利水平下降,甚至倒闭。

④ 政府往往不会长期容忍通货膨胀的存在,因而必然会使用某些宏观经济政策工具来抑制通货膨胀,这些政策必然对经济运行造成影响。

⑤ 通货膨胀时期,并不是所有价格和工资都按同一比率变动,而是相对价格发生变化。这种相对价格变化导致财富和收入的再分配,因而某些公司可能从中获利,而另一些公司可能蒙受损失。

⑥ 通货膨胀不仅产生经济影响,还可能产生社会影响,并影响投资者的心理和预期,从而对股价产生影响。

⑦ 通货膨胀使各种商品价格具有更大的不确定性,也使企业未来经营状况具有更大的不确定性,从而增加证券投资的风险。

⑧ 通货膨胀对企业的微观影响表现为:通货膨胀之初,税收效应、负债效应、存货效应和波纹效应等都有可能刺激股价上涨。但长期以后,严重的通货膨胀必然恶化经济环境、社会环境,股价将受大环境的影响而下跌。

(4) 通货紧缩对股票市场的影响。通货紧缩将损害消费者和投资者的积极性,造成经济衰退和经济萧条,与通货膨胀一样不利于币值稳定和经济增长。通货紧缩甚至被认为是导致经济衰退的"杀手"。从消费者的角度来说,通货紧缩持续下去,使消费者对物价的预期值下降,而更多地推迟购买。对投资者来说,通货紧缩将使投资产出的产品未来价格低于当前预期,这会促使投资者更加谨慎,或推迟原有投资计划。消费和投资的下降减少了总需求,使物价继续下降,从而步入恶性循环。

从利率角度分析,通货紧缩形成了利率下调的稳定预期,由于真实利率等于名义利率减去通货膨胀率,下调名义利率相当于降低了社会的投资预期收益率,导致有效需求和投资支出进一步减少,工资降低,失业增多,企业的效益下滑,居民收入减少,引致物价更大幅度的下降。可见,因通货紧缩带来的经济负增长,使股票、债券及房地产等资产价格大幅下降,银行资产状况严重恶化。而经济危机与金融萧条的出现反过来又大大影响了投资者对股票市场走势的信心。

(5) 货币政策工具对股票市场的影响。

中央银行的货币政策工具对股票市场的影响,可以从五个方面加以分析:

① 利率。中央银行调整基准利率的高低,对股票价格产生影响。一般来说,利率下降时,股票价格就上升;而利率上升时,股票价格就下降。原因有:第一,利率是计算股票内在投资价值的重要依据之一。当利率上升时,同一股票的内在投资价值下降,从而导致股票价格下跌;反之,则股价上升。第二,利率水平的变动直接影响公司的融资成本,从而影响股票价格。利率低,可以降低公司的利息负担,增加公司盈利,股票价格也将随之上升;反之,利率上升,股票价格下跌。第三,利率降低,部分投资者将把储蓄投资转成股票投资,需求增加,促成股价上升;反之,若利率上升,一部分资金将会从股票市场转向银行存款,致使

股价下降。

利率对股票价格的影响一般比较明显，反应也比较迅速。因此，要把握住股票价格的走势，首先要对利率的变化趋势进行全面掌握。有必要指出的是，利率政策本身是中央银行货币政策的一个组成内容，但利率的变动同时也受到其他货币政策因素的影响。如果货币供应量增加、中央银行贴现率降低、中央银行所要求的银行存款准备金比率下降，就表明中央银行在放松银根，利率将呈下降趋势；反之，则表示利率总的趋势在上升。上述利率与股价运动呈反向变化是一般情况，不能将此绝对化，股价和利率并不是呈现绝对的负相关关系。当形势看好、股票行情暴涨的时候，利率的调整对股价的控制作用就不会很大。同样，当股市处于暴跌的时候，即使出现利率下降的调整政策，也可能会使股价回升乏力。

② 汇率。通常，汇率变动会影响一国进出口产品的价格。当本币贬值时，出口商品和服务在国际市场上以外币表示的价格就会降低，有利于促进本国商品和服务的出口，因此本币贬值时出口导向型的公司经营趋势向好；进口商品以本币表示的价格将会上升，本国进口趋于减少，成本对汇率敏感的企业将会受到负面影响。当本币升值，出口商品和服务以外币表示的价格上升，国际竞争力相应降低，一国的出口会受到负面影响；进口商品相对便宜，较多采用进口原材料进行生产的企业成本降低，盈利水平提升。

目前，人民币正处于渐进的升值进程中，出口导向型公司特别是议价能力弱的公司盈利前景趋于黯淡，亟待产业升级，提高利润率和产品的国际竞争力；需要进口原材料或者部分生产部件的企业，因其生产成本会有一定程度的下降而受益；国内的投资品行业能够享受升值收益也会受到资金的追捧。人民币小幅升值，房地产、金融、航空等行业将直接受益，而对纺织服装、家电、化工等传统出口导向型行业而言则产生负面影响。

③ 中央银行的公开市场业务对股票价格的影响。当政府倾向于实施较为宽松的货币政策时，中央银行就会大量购进有价证券，从而使市场上的货币供给量增加。这会推动利率下调，资金成本降低，从而使企业和个人的投资、消费热情高涨，生产扩张，利润增加，这又会推动股票价格上涨；反之，股票价格将下跌。我们之所以特别强调公开市场业务对证券市场的影响，在于中央银行公开市场业务的运作是直接以国债为操作对象，从而直接关系到国债市场的供求变动，影响到国债市场的波动。

④ 调节货币供应量对股票市场的影响。中央银行可以通过法定存款准备金率和再贴现政策调节货币供应量，从而影响货币市场和资本市场的资金供求，进而影响股票市场。如果中央银行提高法定存款准备金率，这在很大程度上限制了商业银行体系创造派生存款的能力，就等于冻结了一部分商业银行的超额准备。由于法定存款准备金率对应着数额庞大的存款总量，并通过货币乘数的作用使货币供应量大幅度减少，股票市场价格便趋于下跌。同样，如果中央银行提高再贴现率，对再贴现资格加以严格审查，商业银行资金成本增加，市场贴现利率上升，社会信用收缩，股票市场的资金供应减少，使股票市场行情走势趋软；反之，如果中央银行降低法定存款准备金率或降低再贴现率，通常都会导致股票市场行情上扬。

⑤ 选择性货币政策工具对股票市场的影响。为了实现国家的产业政策和区域经济政策，我国对不同行业和区域采取区别对待的方针。一般说来，该项政策会对股票市场整体走势产生影响，而且还会因为板块效应对股票市场产生结构性影响。当直接信用控制或间接信用指导降低贷款限额、压缩信贷规模时，从紧的货币政策使股票市场行情呈下跌走势。但如果在

从紧的货币政策前提下，实行总量控制，通过直接信用控制或间接信用指导区别对待，紧中有松，那么一些优先发展的产业和国家支柱产业以及农业、能源、交通、通信等基础产业及优先重点发展的地区的证券价格则可能不受影响，甚至逆势而上。总的来说，此时贷款流向反映当时的产业政策与区域政策，并引起证券市场价格的比价关系做出结构性的调整。

（二）宏观经济政策分析

1. 财政政策

财政政策是政府依据客观经济规律制定的指导财政工作和处理财政关系的一系列方针、准则和措施的总称。财政政策是当代市场经济条件下国家干预经济、与货币政策并重的一项手段。

（1）财政政策的手段及其对股票市场的影响。财政政策手段主要包括国家预算、税收、国债、财政补贴、财政管理体制、转移支付制度等。这些手段可以单独使用，也可以配合协调使用。财政政策手段包括下面几种：

① 国家预算。国家预算是财政政策的主要手段。作为政府的基本财政收支计划，国家预算能够全面反映国家财力规模和平衡状态，并且是各种财政政策手段综合运用结果的反映，因而在宏观调控中具有重要的作用。国家预算收支的规模和收支平衡状态可以对社会供求的总量平衡产生影响。在一定时期，当其他社会需求总量不变时，财政赤字具有扩张社会总需求的功能，财政采用结余政策和压缩财政支出具有缩小社会总需求的功能。国家预算的支出方向可以调节社会总供求的结构平衡。财政投资主要运用于能源、交通及重要的基础产业、基础设施的建设，财政投资的多少和投资方向直接影响和制约国民经济的部门结构，因而具有造就未来经济结构框架的功能，也有矫正当期结构失衡状态的功能。

② 税收。税收是国家凭借政治权力参与社会产品分配的重要形式。税收具有强制性、无偿性和固定性的特征，它既是筹集财政收入的主要工具，又是调节宏观经济的重要手段。税制的设置可以调节和制约企业间的税负水平。税收还可以根据消费需求和投资需求的不同对象设置税种或在同一税种中实行差别税率，以控制需求数量和调节供求结构。进口关税政策和出口退税政策对于国际收支平衡具有重要的调节功能。

③ 国债。国债是国家按照有偿信用原则筹集财政资金的一种形式，也是实现政府财政政策、进行宏观调控的重要工具。国债可以调节国民收入的使用结构和产业结构，用于农业、能源、交通和基础设施等国民经济的薄弱部门和瓶颈产业的发展，调整固定资产投资结构，促进经济结构的合理化。政府还可以通过发行国债调节资金供求和货币流通量。另外，国债的发行对证券市场资金的流向格局也有较大影响。如果一段时间内，国债发行量较大且具有一定的吸引力，将会分流证券市场的资金。

④ 财政补贴。财政补贴是国家为了某种特定需要，将一部分财政资金无偿补助给企业和居民的一种再分配形式。我国财政补贴主要包括价格补贴、企业亏损补贴、财政贴息、房租补贴、职工生活补贴和外贸补贴等。

⑤ 财政管理体制。财政管理体制是中央与地方、地方各级政府之间以及国家与企事业单位之间资金管理权限和财力划分的一种根本制度，其主要功能是调节各地区、各部门之间的财力分配。

⑥ 转移支付制度。转移支付制度是中央财政将集中的一部分财政资金，按一定的标准拨付给地方财政的一项制度。其主要功能是调整中央政府与地方政府之间的财力纵向不平衡，调整地区间财力横向不平衡。

财政预算政策、税收政策除了通过预算安排的松紧、课税的轻重影响财政收支的多少，进而影响整个经济的景气外，更重要的是对某些行业、某些企业带来不同的影响。如果财政预算对能源、交通等行业在支出安排上有所侧重，将促进这些行业的发展。同样，如果国家对某些行业、某些企业实施税收优惠政策，诸如减税、提高出口退税率等措施，那么这些行业及其企业就会处于有利的经营环境，其税后利润增加，该行业及其企业的股票价格也会随之上扬。另外，证券投资收入所得税的征收情况也对证券市场具有直接影响。一些新兴市场国家为了加快发展证券市场，在一个时期内免征证券交易所得税，这将加速证券市场的发展和完善。

（2）财政政策的种类及其对股票市场的影响。财政政策分为扩张性财政政策、紧缩性财政政策和中性财政政策。实施紧缩财政政策时，政府财政在保证各种行政与国防开支外，并不从事大规模的投资。而实施扩张性财政政策时，政府积极投资于能源、交通、住宅等建设，从而刺激相关产业如水泥、钢材、机械等行业的发展。如果政府以发行公债方式增加投资的话，对经济的影响就更为深远。总的来说，紧缩财政政策将使过热的经济受到控制，股票市场也将走弱，因为这预示着未来经济将减速增长或走向衰退；而扩张性财政政策将刺激经济发展，股票市场则将走强，因为这预示着未来经济将加速增长或进入繁荣阶段。

具体而言，实施积极财政政策对股票市场的影响如下：

① 减少税收，降低税率，扩大减免税范围。其政策的经济效应是：增加微观经济主体的收入，以刺激经济主体的投资需求，从而扩大社会供给，进而增加人们的收入，并同时增加了他们的投资需求和消费支出。减少税收对证券市场的影响为：增加收入直接引起证券市场价格上涨，增加投资需求和消费支出又会拉动社会总需求；而总需求增加反过来又刺激投资需求，从而使企业扩大生产规模，增加企业利润；利润增加，又将刺激企业扩大生产规模的积极性，进一步增加利润总额，从而促进股票价格上涨。因市场需求活跃，企业经营环境改善，盈利能力增强，进而降低了还本付息风险，债券价格也将上扬。

② 扩大财政支出，加大财政赤字。其政策效应是：扩大社会总需求，从而刺激投资，扩大就业。政府通过购买和公共支出增加对商品和劳务的需求，激励企业增加投入，提高产出水平，于是企业利润增加，经营风险降低，将使股票价格和债券价格上升。同时，居民在经济复苏中增加了收入，持有货币增加，景气的趋势更增加了投资者的信心，买气增强，股票市场和债券市场趋于活跃，价格自然上扬。特别是与政府购买和支出相关的企业将最先、最直接从财政政策中获益，有关企业的股票价格和债券价格将率先上涨。但过度使用此项政策，财政收支出现巨额赤字时，虽然进一步扩大了需求，但进而增加了经济的不稳定因素。通货膨胀加剧，物价上涨，有可能使投资者对经济的预期不乐观，反而造成股价下跌。

③ 减少国债发行（或回购部分短期国债）。国债是股票市场上重要的交易券种，国债发行规模的缩减使市场供给量减少，从而对股票市场原有的供求平衡发生影响，导致更多的资金转向股票，推动股票市场上扬。

④ 增加财政补贴。财政补贴往往使财政支出扩大。其政策效应是扩大社会总需求和刺激供给增加，从而使整个股票市场的总体水平趋于上涨。

紧缩财政政策的经济效应及其对股票市场的影响与上述情况相反。

(3) 分析财政政策对股票市场影响应注意的问题。财政政策对股票市场的影响是十分深刻的，也是十分复杂的。正确地运用财政政策为股票投资决策服务，应把握以下几个方面：

① 关注有关的统计资料信息，认清经济形势。

② 从各种媒介中了解经济界人士对当前经济形势的看法，关心政府有关部门主要负责人的日常讲话，分析其经济观点、主张，从而预见政府可能采取的经济措施和采取措施的时机。

③ 分析过去类似形势下的政府行为及其经济影响，据此预期政策倾向和相应的经济影响。

④ 关注年度财政预算，从而把握财政收支总量的变化趋势，更重要的是对财政收支结构及其重点作出分析，以便了解政府的财政投资重点和倾斜政策。一般而言，受倾斜的行业业绩较有保障，该行业平均股价因此存在上涨的空间。

⑤ 在预见和分析财政政策的基础上，进一步分析相应政策对经济形势的综合影响（如通货膨胀、利率等），结合行业分析和公司分析作出投资选择。通常，与政府采购密切相关的行业和公司对财政政策较为敏感。

2. 货币政策

(1) 货币政策及其作用。所谓货币政策，是指政府为实现一定的宏观经济目标所制定的关于货币供应和货币流通组织管理的基本方针和基本准则。货币政策对宏观经济进行全方位的调控，其调控作用突出表现如下几方面：

① 通过调控货币供应总量保持社会总供给与总需求的平衡。货币政策可通过调控货币供应量达到对社会总需求和总供给两方面的调节，使经济达到均衡。当总需求膨胀导致供求失衡时，可通过控制货币量达到对总需求的抑制；当总需求不足时，可通过增加货币供应量提高社会总需求，使经济继续发展。同时，货币供给的增加有利于贷款利率的降低，可减少投资成本，刺激投资增长和生产扩大，从而增加社会总供给；反之，货币供给的减少将促使贷款利率上升，从而抑制社会总供给的增加。

② 通过调控利率和货币总量控制通货膨胀，保持物价总水平的稳定。无论通货膨胀的形成原因多么复杂，从总量上看，都表现为流通中的货币超过社会在不变价格下所能提供的商品和劳务总量。提高利率可延迟现有货币的购买力，减少即期社会需求，也使银行贷款需求减少；降低利率的作用则相反。中央银行还可以通过金融市场直接调控货币供应量。

③ 调节国民收入中消费与储蓄的比例。货币政策通过对利率的调节能够影响人们的消费倾向和储蓄倾向。低利率鼓励消费，高利率则有利于吸收储蓄。

④ 引导储蓄向投资的转化并实现资源的合理配置。储蓄是投资的来源，但储蓄不能自动转化为投资，储蓄向投资的转化依赖于一定的市场条件。货币政策可以通过利率的变化影响投资成本和投资的边际效率，提高储蓄转化的比重，并通过金融市场有效运作实现资源的合理配置。

(2) 货币政策工具。货币政策工具是指中央银行为实现货币政策目标所采取的政策手段。货币政策工具可分为一般性政策工具（包括法定存款准备金率、再贴现政策、公开市场业务）和选择性政策工具（包括直接信用控制、间接信用指导等）。

① 法定存款准备金率。法定存款准备金率是指中央银行规定的金融机构为保证客户提取存款和资金清算需要而准备的在中央银行的存款占其存款总额的比例。当中央银行提高法定

存款准备金率时，商业银行可运用的资金减少，贷款能力下降，货币乘数变小，市场货币流通量便会相应减少。所以，在通货膨胀时，中央银行可提高法定准备金率；反之，则降低法定准备金率。由于货币乘数的作用，法定存款准备金率的作用效果十分明显。人们通常认为这一政策工具效果过于猛烈，它的调整会在很大程度上影响整个经济和社会心理预期，因此，一般对法定存款准备金率的调整都持谨慎态度。

② 再贴现政策。再贴现政策是指中央银行对商业银行用持有的未到期票据向中央银行融资所做的政策规定。再贴现政策一般包括再贴现率的确定和再贴现的资格条件。再贴现率主要着眼于短期政策效应。中央银行根据市场资金供求状况调整再贴现率，以影响商业银行借入资金成本，进而影响商业银行对社会的信用量，从而调整货币供给总量。在传导机制上，若商业银行需要以较高的代价才能获得中央银行的贷款，便会提高对客户的贴现率或提高放款利率，其结果就会使信用量收缩，市场货币供应量减少；反之，则相反。中央银行对再贴现资格条件的规定则着眼于长期的政策效用，以发挥抑制或扶持作用，并改变资金流向。

③ 公开市场业务。在多数发达国家，公开市场业务操作是中央银行吞吐基础货币、调节市场流动性的主要货币政策工具，通过中央银行与指定交易商进行有价证券和外汇交易，实现货币政策调控目标。中国公开市场业务包括人民币操作和外汇操作两部分。外汇公开市场业务1994年3月启动，人民币公开市场业务1998年5月26日恢复交易，规模逐步扩大。1999年以来，公开市场业务已成为中国人民银行货币政策日常操作的重要工具，对于调控货币供应量、调节商业银行流动性水平、引导货币市场利率走势发挥了积极的作用。

④ 直接信用控制。直接信用控制是指以行政命令或其他方式，直接对金融机构尤其是商业银行的信用活动进行控制。其具体手段包括：规定利率限额与信用配额、信用条件限制，规定金融机构流动性比率和直接干预等。

⑤ 间接信用指导。间接信用指导是指中央银行通过道义劝告、窗口指导等办法来间接影响商业银行等金融机构行为的做法。

(3) 货币政策的运作。货币政策的运作主要是指中央银行根据客观经济形势采取适当的政策措施调控货币供应量和信用规模，使之达到预定的货币政策目标，并以此影响整体经济的运行。通常，将货币政策的运作分为紧的货币政策和松的货币政策。

① 紧的货币政策。紧的货币政策的主要政策手段是：减少货币供应量，提高利率，加强信贷控制。如果市场物价上涨，需求过度，经济过度繁荣，被认为是社会总需求大于总供给，中央银行就会采取紧缩货币的政策以减少需求。

② 松的货币政策。松的货币政策的主要政策手段是：增加货币供应量，降低利率，放松信贷控制。如果市场产品销售不畅，经济运转困难，资金短缺，设备闲置，被认为是社会总需求小于总供给，中央银行则会采取扩大货币供应的办法增加总需求。

总的来说，在经济衰退时，总需求不足，采取松的货币政策；在经济扩张时，总需求过大，采取紧的货币政策。但这只是一个方面的问题，政府还必须根据现实情况对松紧程度做科学合理的把握，必须根据政策工具本身的利弊及实施条件和效果选择适当的政策工具。

3. 收入政策

收入政策是国家为实现宏观调控总目标和总任务，针对居民收入水平高低、收入差距大小在分配方面制定的原则和方针。与财政政策、货币政策相比，收入政策具有更高层次的调节功能，它制约着财政政策和货币政策的作用方向和作用力度，而且收入政策最终也要通过财政政策和货币政策来实现。

收入政策目标包括收入总量目标和收入结构目标。收入总量目标着眼于近期的宏观经济总量平衡，着重处理积累和消费、人们近期生活水平改善和国家长远经济发展的关系以及失业和通货膨胀的问题。收入结构目标则着眼于处理各种收入的比例，以解决公共消费和私人消费、收入差距等问题。

收入总量调控政策主要通过财政、货币机制来实施，还可以通过行政干预和法律调整等机制来实施。财政机制通过预算控制、税收控制、补贴调控和国债调控等手段贯彻收入政策。货币机制通过调控货币供应量、调控货币流通量、调控信贷方向和数量、调控利息率等贯彻收入政策。因而收入总量调控通过财政政策和货币政策的传导对股票市场产生影响。

4. 产业政策

国家在实施产业政策时，对需要重点支持的产业，往往配合财政政策和货币政策给予重点扶持。受国家产业政策倾斜的产业，将会有长足的进步，这些企业会具有长久的生命力，其股票价格将会走长期上升通道。国家限制发展的产业则相反，在长时期内其股价上涨会遇到巨大阻力。

三、政治及其他因素对股价的影响

（一）国际形势的变化

国际形势缓和有利于经济的发展，作为经济"晴雨表"的股市会趋于上涨；反之，国际形势紧张则不利于股市上涨。而一国股票市场受国际形势变动的影响与该国经济开放程度有关。一国经济开放程度越高，国内股市受国际形势影响越大；反之，则越小。当今世界经济一体化步伐加快，国与国之间的经济交往越来越密切，任何一个国家的股票市场都很难不受国际形势的影响。

（二）国内政局及重大政治事件

国内政局的稳定有利于该国股票市场的平稳发展；反之，国内政局不稳，则不利于该国股市的发展，易引发股市下跌。如1999年俄罗斯政府总理人选几经更迭，造成政局动荡不安，给该国股市产生极大的压力。而突发性的政治事件也会对股票市场产生重大影响。

（三）战　争

战争使一国政局不稳、经济倒退、人心动荡，相应地就会引起股价下跌。但是战争对不同行业的股票价格影响又有所不同。比如战争使军需工业兴盛，地产股则会遭受重创。

（四）自然灾害

一个国家一旦发生如洪涝、地震等无法抗拒的自然灾害，设备受损、生产停顿、经济停滞，对股市则会产生重大的影响。

根据国外经济与金融的研究分析，判断股市多空走向，把握其发展趋势至少有下列征兆可供参考：

（1）据政府有关部门所发布的各项经济指标与景气对策信号，分析经济成长是否趋于衰退。如政府有关部门发表的经济成长预测、工业生产月增率、失业率以及各项领先指标等，无不透露重要讯息。倘若经济呈现衰退迹象，股市便缺实力支撑，纵有所谓"资金行情"，亦难望其持久。

（2）通货膨胀有无上升趋势。通货膨胀不仅使企业因物价与工资上升，成本升高，同时亦使多数低收入与固定收入者的购买力降低，也会间接影响企业获利。固然通货膨胀初期，企业因拥有低价库存原料与成品以及房地产等优势可保赢利不衰，甚且有过之，但毕竟为时甚短。一旦通胀恶化，股市必然陷于空头走势。

（3）利率是否大幅扬升。当国际间利率大幅扬升，各国为防止其本国资金大量外流，亦必被迫采取提高利率的做法。若各国跟进，则全球利率势必攀升，影响全球经济发展。此外，如果通货膨胀持续上升，则政府为安定民生，遏阻金融投机，亦必采取紧缩金融措施，迫使利率上升。利率上升，企业经营成本上扬，获利能力相对削弱，股市当然蒙受不利，这也就是当美国联邦储备理事会宣布调高贴现率，华尔街股市立即大幅挫落的道理。

（4）房地产景气是否呈现衰退。通常，房地产景气与股市盛衰几乎同步运行。若是房地产景气活络，股市亦必活络；反之，若房地产景气呈现衰退，则股市亦难保繁荣。

（5）股市是否出现脱序性飙涨。股市一旦出现脱序性飙涨，必有几项特色：

① 多数股票"本益比"偏高，与上市公司实际获利能力显然不相称。

② 小型股、投机股股价连续飙升。

③ 价涨量缩，甚至呈现无量上涨。

④ 股场内人潮汹涌，充满乐观气氛，显示股市"过热"。

⑤ 各项技术分析指标显示股市严重"超买"。检讨过去每次股市"崩盘"，股市由多头市场转入空头市场，莫不经历此一脱序性飙涨阶段。因此，一旦有个风吹草动，或是庄家已经捞饱开溜，势必引发恐慌性大卖出，股价遽挫，从而转入空头市场。

（6）国际原油价格是否大幅上扬。截至目前，尚无更经济有效的能源足以取代石油的地位。一旦石油价格大幅上扬，则整个世界经济势必受到重大影响，对全球股市势必产生重大冲击，两次中东石油危机足为殷鉴。

（7）劳动力与环保问题是否日益恶化。劳动力与环保两大问题纠结，确足以挫伤经济发展，并降低企业的投资意愿。

（8）政治与社会是否持续稳定与安定。繁荣的股市有赖于稳定的政治与安定的社会，倘若政局动荡不安，经济发展必受影响，社会秩序混乱，则必降低企业投资意愿，股市转入空头市场亦属势所必然。

第三节 行业环境分析

一、行业环境分析概述

所谓行业是指其按生产同类产品或具有相同工艺过程或提供同类劳动服务划分的企业或组织群体的集合，如饮食行业、服装行业、机械行业等。严格意义上讲，行业与产业有差别，主要是适用范围不一样。产业作为经济学的专门术语，在经济学中的传统定义为，国民经济中基于共同标准划分的部分的总和，或是具有相同性质企业或组织群体的集合。在《辞海》中的定义为，由利益相互联系的、具有不同分工的、由各个相关行业所组成的业态总称，尽管它们的经营方式、经营形态、企业模式和流通环节有所不同，但是，它们的经营对象和经营范围是围绕着共同产品而展开的，并且可以在组成的业态里的各个行业内部完成各自的循环。构成产业一般具有三个特点：① 规模性，即产业的企业数量、产品或服务的产出量达到一定的规模。② 职业化，即形成了专门从事这一产业活动的职业人员。③ 社会功能性，即这一产业在社会经济活动中承担一定的角色，而且是不可缺少的。

行业虽然也拥有职业人员，也具有特定的社会功能，但一般没有规模上的约定。比如，国家机关和党政机关行业就不构成一个产业。证券分析师关注的往往都是具有相当规模的行业，特别是含有上市公司的行业，所以业内一直约定俗成地把行业分析与产业分析视为同义语。

行业环境是企业生存和发展的空间，是与企业关系最为直接、密切的外部环境，直接影响企业获得利润的多少，是企业进行战略选择的基础。因为通过分析行业态势，可以预测行业与获利之间的关系以及未来获利能力的变化；也可以了解行业投资回报的能力，评价行业的吸引力；可以寻找利用机会，缓解企业间的竞争；分析顾客需求，明确成功的关键因素。

二、行业环境分析的内容

行业环境分析包括行业的确定、行业历史和发展趋势分析、行业市场结构分析、行业生命周期分析、行业内企业行为分析、行业关键成功因素分析。

（一）行业的确定

确定企业经营业务、行业归属是行业环境分析的首要内容，也是战略咨询和战略诊断的前提。在这里，我们首先要了解的知识是行业的类型。

行业分类是根据《国民经济行业分类》（GB/T 4754-2011）进行划分的，即《国家统计局关于执行新国民经济行业分类国家标准的通知》（国统字〔2011〕69号）要求，新《国民经济行业分类》（GB/T 4754-2011）从2012年统一开始使用。

在股票投资过程中，行业分类标准较多，根据行业的发展与经济周期的关系可将行业分为周期性行业和非周期性行业。

1. 周期性行业

周期性行业是指和国内或国际经济波动相关性较强的行业,其特征就是产品价格呈周期性波动。它一般分为消费类周期性行业和工业类周期性行业。

(1) 消费类周期性行业。

消费类周期性行业包括房地产、银行、证券、保险、汽车、航空等,消费类周期性行业兼具了周期性行业和消费行业的特性。它们的终端客户大部分是个人消费者(银行还包括企业),虽然品牌忠诚度较低,但仍具有一定的品牌效应。需求虽然出现波动但总体向上,而且在中国基本上是刚刚启动的行业,市场前景巨大。除汽车、航空外,属于较轻资产型企业,行业景气度低谷时规模的弹性较大。

① 银行。银行产品价格相对较稳定,需求波动也较小,其中零售占比大的银行周期性更加弱。银行业的盈利能力在几个行业中比较稳定,但中国银行业未来将面对利差逐步缩小和可能到来的利率市场化,还有房地产及金融风暴导致大量企业倒闭带来的呆坏账爆发的可能性。

② 房地产。房地产价格和需求虽然波动较大,但波动速度和幅度小于工业品行业,而且产品具有多样性、差异化的特性,某些地区的产品更具有资源垄断的特征。龙头企业具有较好的抗风险能力,行业低谷可以带来低成本并购的机会,行业需求刚性和确定性较高。

③ 证券。证券业的价格具有相对的稳定性,需求波动性很高。证券业比较特殊的是,投资者身处行业的周期转换比较明显,通过估值和成交量等指标比较容易判断出行业的拐点。

④ 保险。保险实际不属于周期性行业,但由于投资收益的存在,会呈现阶段的强周期性,中国保险业的高速增长使波动性弱化。如果不是遇上大牛市或大熊市,保险业的周期性并不明显。应该注意的是,在充分竞争的市场环境中,保险业是容易发生价格战的行业,为了获得暂时的市场份额和领先地位,可能出现非理性的保单设计,保单大部分都延续数年、数十年,坏的结果可能很长时间后才显现,投资者难以评估其中的风险。现阶段,中国人寿和中国平安仍处于寡头垄断竞争的地位,随着政策管制的放宽,众多的外资保险不断进入中国,外资保险市场份额逐步扩大,市场竞争将越来越激烈。

⑤ 汽车。汽车业车型换代迅速,技术更新较快,属于重资产型企业,行业竞争激烈,对油价敏感,影响利润的因素较多,盈利的判断比较困难。而且即使景气度高峰期不同企业的盈利能力各异,且提升幅度未必很高。属于糟时可能很糟,好时未必好的行业。

⑥ 航空。航空业竞争激烈,恶性价格竞争经常出现(两到三折的价格随处可见),固定成本高昂,资本性开支庞大,运营成本随油价和汇率巨幅波动,航空业的行业特性使其盈利能力低下。

房地产、银行、证券、保险这四个行业与日常生活密切相关,投资者可以比较容易直观地感受行业的冷暖,而且影响盈利的因素比较简单,相对而言更具可预测性(银行与宏观经济的密切性增加了判断的难度),是投资周期性行业较好的选择。汽车和航空的行业特性决定了它们不是好的投资标的。

(2) 工业类周期性行业。

工业类周期性行业包括有色金属、钢铁、化工、水泥、电力、煤炭、石化、工程机械、航运、装备制造等。这些行业与宏观经济相关度很高,宏观经济复杂多变,基本不可预测(众多著名经济学家的预测往往也是错误的)。而且产品价格波幅巨大、下跌迅猛,需求变化迅速而且周期长，有时投资者根本没有反应的时间。产品成本受原材料影响明显，基本上属于重资产型企业，投入产出周期长，行业景气度高峰期大量的资本支出带来庞大的折旧和摊销，利润对产量的变化极为敏感，行业低谷时规模调整弹性小，影响盈利的不可测因素众多，所以盈利呈现高度的波动性，判断周期拐点的难度也较高。另外，石化、电力、石油等受政府价格管制的行业存在盈利意外下滑的可能性。

　　工业品行业巨大的波动也带来高收益的机会，只是这种机会不是普通投资者容易把握的。特别是一些长周期行业如有色金属，踏错节奏也许不是几年而是十几年才能解套。然而正是有色、石油、煤炭、黄金、钢铁这类资源性的上游行业，产品单一，同质性强，大宗商品期货市场或商品价格指数对产品价格趋势和行业景气度有直观明确的指导性（航运也有类似的指数），根据产品价格区间判断行业拐点更容易。价格指数通常有一定的运行区间，虽然随着时间的推移区间会有所改变，但只要采集足够长周期的数据，就可以得出大概的规律。上游行业的利润波动性更大，风险也更高。中、下游行业产品种类纷繁复杂，不同历史时期各细分子行业的情况迥异，使行业周期的判断更加困难。由于产品的差异性，没有简单直观的价格指数作为判断依据，更依赖宏观经济和各子行业的具体情况。

　　上述这些周期性行业企业构成股票市场的主体，其业绩和股价因经济周期的变化而起落，因此就不难理解经济周期成为主导牛市和熊市的根本原因的道理了。鉴于此，投资周期性行业股票的关键就是对时机的准确把握，如果你能在周期触底反转前介入，则会获得最为丰厚的投资回报；但如果在错误的时点和位置，如周期到达顶端时再买入，则会遭遇严重的损失，可能需要忍受 5 年，甚至 10 年的漫长等待，才能迎来下一轮周期的复苏和高涨。

　　虽然预测经济周期什么时候达到顶峰和谷底，如同预测博彩的输赢一样困难，但在投资实践中还是可以总结出一些行之有效的方法和思路，让投资者有所借鉴。其中，利率是把握周期性股票入市时机最核心的因素。当利率水平低位运行或持续下降时，周期性的股票会表现得越来越好，因为低利率和低资金成本可以刺激经济的增长，鼓励各行各业扩大生产和需求。相反，当利率水平逐渐抬高时，周期性行业因为资金成本上升就失去了扩张的意愿和能力，周期性的股票会表现得越来越差。投资者需要注意的是，当央行刚刚开始减息的时候，通常还不是介入周期性股票的最佳时机，此时是经济景气最低迷之际，有些积重难返之势。开始的几次减息还见不到效果，周期性股票还会维持一段时间跌势，只有在连续多次减息刺激后，周期性行业和股票才会重新焕发活力。同理，当央行刚刚开始加息的时候，投资者也不必急于离场，周期性行业和股票还会继续风光一时，只有在利率水平不断上升接近前期高点时，周期性行业才会明显感到压力，这时投资者可以开始考虑转向。

　　对于市盈率，投资者也不能太迷信，因为它对于投资周期性股票往往会有误导作用，低市盈率的周期性股票并不代表其具有投资价值，相反，高市盈率也不一定是估值过高。以钢铁股为例，在景气低迷阶段，其市盈率只能保持在个位数上，最低可以达到 5 倍以下，如果投资者将其与市场平均市盈率水平对比，认为"便宜"后买入，则可能要面对的是漫长的等待，会错过其他投资机会甚至还将遭遇进一步亏损。而在景气高涨期，如 2004 年上半年，钢铁股市盈率可以达到 20 倍以上，那个时候如果看到市盈率不断走高而不敢买入钢铁股就会错过一轮上升行情。相对于市盈率，市净率由于对利润波动不敏感，倒可以更好地反映业绩波动明显的周期性股票的投资价值，尤其对于那些资本密集型的重工行业更是如此。当股价低于净资产,即市净率低于 1 时,通常可以放心买入,不论是行业还是股价都有随时复苏的可能。

在整个经济周期里,不同行业的周期表现还是有差异的。当经济在低谷出现拐点,刚刚开始复苏时,石化、建筑施工、水泥、造纸等基础行业会最先受益,股价上涨也会提前启动。在随后的复苏增长阶段,机械设备、周期性电子产品等资本密集型行业和相关的零部件行业会表现优异,投资者可以调仓买入相关股票。在经济景气的最高峰,商业一片繁荣,这时的上场主角就是非必需的消费品,如轿车、高档服装、奢侈品、消费类电子产品和旅游等行业,换入这类股票可以享受到最后的经济周期盛宴。

所以,在一轮经济周期里,配置不同阶段受益最多的行业股票,可以让投资的回报最大化。最后,在挑选那些即将迎来行业复苏的股票时,对比一下这些公司的资产负债表,可以帮助你找到表现最好的股票。那些资产负债表健康、相对现金宽裕的公司,在行业复苏初期会有更强的扩张能力,股价表现通常也会更为抢眼。

2. 非周期性行业

简单来说,提供生活必需品的行业就是非周期性行业。那些生产必需品的公司,不论经济走势如何,人们对这些产品的需求都不会有太大变动,如食品饮料、交通运输、医药、商业等收益相对平稳的行业就是非周期性产业,所以在有些书本中将这些行业称之为防御型行业。其特征是:行业的运动状态不受经济周期的影响。不论宏观经济处在经济周期的哪个阶段,行业的销售收入和利润均呈缓慢成长态势或变化不大。这样的行业包括消费原料型和公用事业型。消费原料型类似零售连锁、合成化妆品、烟草、制药、酒类、饮料公司等;公用事业型包括电话、天然气、电力等。因为需求对其产品的收入弹性较小,所以这些公司的收入相对稳定。

根据产业的未来预期划分,可分为朝阳产业和夕阳产业。如目前的生物技术和信息产业都是属于朝阳产业,发展前景一片光明,正所谓"前途是光明的,道路是曲折的",几十年后或许就成了夕阳产业。诞生于十九世纪的钢铁业和纺织业就是明显的夕阳产业,未来发展前景不容乐观。

朝阳产业和夕阳产业具有一定的相对性,在发达资本主义国家已经日臻成熟的如微电子行业在某些发展中国家才刚刚起步,处于朝阳行业的位置。所以发达资本主义国家往往以跨国公司投资的名义,转移在国内的生产技术和设备到发展中国家谋取利益。所以我国的企业也要适时地"引进来,走出去",从而去开拓国外市场。我国地区经济和城乡发展的不平衡也可能造成产业的发展不平衡,新兴产业由东部向西部、由城市向乡村转移已经成为一种趋势。再加上政府政策上的支持,给予企业良性且健康的发展环境。如果企业的发展实力比较弱,竞争力不强,为何不把企业的发展战略转移到西部或者走"农村包围城市"的道路,以寻求企业的长远发展。

按照产业所采用的技术的先进程度,可分为新兴产业和传统产业,一般来说,传统产业多为夕阳产业,新兴产业多为朝阳产业。因为产业的发展周期存在着一定的限制。从诞生、发展、繁荣、衰落,按照传统的行业估算一个产业的发展周期值一般为 120 年。按照产业对资源和技术的依赖程度,产业的周期起伏不定,或长或短。一般来说,对资源的依赖程度越高,行业周期就会越短,如钢铁、纺织行业;对技术的依赖程度越高,行业周期越长,如生物技术、太空技术等。

(二) 行业历史和发展趋势分析

确定了行业所处类型之后,就要通过对这些(或这个)行业的历史和现状的相关资料进行分析,了解行业演变过程中存在的机遇、威胁,对行业未来发展趋势进行判断和预测。分析的工具主要采用 SWOT 分析模型(态势分析法)。它是 20 世纪 80 年代初由美国旧金山大学的管理学教授韦里克提出的,经常被用于企业战略制定、竞争对手分析等场合。SWOT 分析代表分析企业优势(strength)、劣势(weakness)、机会(opportunity)和威胁(threats)。因此,SWOT 分析实际上是将对企业内外部条件各方面内容进行综合和概括,进而分析组织的优劣势、面临的机会和威胁的一种方法。

环境发展趋势分为两大类:一类表示环境威胁,另一类表示环境机会。环境威胁指的是环境中一种不利的发展趋势所形成的挑战,如果不采取果断的战略行为,这种不利趋势将导致公司的竞争地位受到削弱。环境机会就是对公司行为富有吸引力的领域,在这一领域中,该公司将拥有竞争优势。对环境的分析也可以有不同的角度。比如,一种简明扼要的方法就是 PEST 分析,另外一种比较常见的方法就是波特的五力分析。

识别环境中有吸引力的机会是一回事,拥有在机会中成功所必需的竞争能力是另一回事。每个企业都要定期检查自己的优势与劣势,这可以通过"企业经营管理检核表"的方式进行。企业或企业外的咨询机构都可利用这一格式检查企业的营销、财务、制造和组织能力。每一要素都要按照特强、稍强、中等、稍弱或特弱划分等级(见表5-1)。

表 5-1 企业经营管理检核表

检核内容	特强	稍强	中等	稍弱	特弱
1. 营销与销售 (1) 市场营销计划。 公司有营销预算吗? 公司有市场营销计划吗? 公司的经营抓住了市场机遇了吗? (2) 市场研究。 公司是否界定清楚其目标市场? 有无对目标市场做进一步的细分? 公司了解客户的愿望和需求吗? 公司是否清楚市场对其产品或服务的反应? 公司是否已经充分发挥了市场潜力? 公司是否一直在做竞争分析? (3) 定价。 价格与目前行业的实际水平一致吗? 公司的定价策略是根据公司的成本结构吗? 公司是否在做价格灵敏度研究? (4) 广告和公共关系。 公司是否按可衡量的结果选择媒介? 公司所做的广告前后一致吗? 按照公司的经营水平及期望增长计划,广告预算合理吗?					

续表

检核内容	特强	稍强	中等	稍弱	特弱
（5）客户服务。 客户服务优先吗？ 公司是否恳求客户的反馈？ 在服务于客户需求和理想的经营策略之间是否达到了合理的平衡？ （6）销售管理。 公司对销售人员和区域代表是否按他们的职责给予了适当的指导？ 公司是否确立了由个人特色的销售目标？ 公司有提供适当的销售支持吗？ 销售人员有经过系统的培训吗？ （7）个人销售情况。 公司的销售人员是否知道销售策略是什么？ 个人风格怎样影响销售策略？					
2. 公司运作 （1）公司选址。 公司的位置是否合适？ （2）公司成长。 公司业务成长至少高于通货膨胀率吗？ 是否已经达到公司的财产增长、销售和利润目标？ （3）采购。 是否选用了声誉好且有竞争力的供应商？ 是否有采购计划？ （4）库存控制。 公司的库存周转情况是否清楚？ 对于周转慢的存货是否加以控制？ 是否已经制定合理的再订货策略？ （5）时间安排。 公司内是否有货品和材料运行不畅通的问题？ 对每项工作应占用多长时间公司是否有订立和控制？ 公司是否有建立基于时间管理的快速反应机制？ （6）质量控制。 是否有一个有效适当的质量控制和质量保证系统？ 公司是否制定质量政策？质量计划？ 对于可能影响产品质量的关键因素是否进行量化控制？ 是否设定质量接受标准（AQL）？ 对于公司从事质量管理的人员是否有进行培训和资格认定？ 公司是否定期对质量系统进行审查？ （7）保险。 公司是否每年都有整体保险？ 每年都有做年度保险评审吗？					

续表

检核内容	特强	稍强	中等	稍弱	特弱
3. 财务 （1）账目与会计公司的账簿是否适合会计要求？ 所记录的资料是否容易使用？ 需要时，是否能立即获得所需要的信息？ 公司是否有每月盈亏核算？ 公司有年度财务报告吗？ （2）预算公司使用现金流量有预算吗？ 是否运用月度偏差分析？ 是否有设备购买的预算？ （3）成本控制公司对各项成本都有管理控制吗？ 对于高成本项目是否做特别处理？ 是否运用预算作为初步成本控制的工具？ （4）筹款必要时，公司总能成功地筹集资金吗？ （5）信用与融资公司是否运用信用来有效地增加收入？公司是否清楚了解信用和融资成本？ 是否对信用和融资策略做定期评审？ 公司当前的财务政策是否成功？ 是否有一个对可收取账款的财务政策？ （6）与银行的交往公司同主要的业务银行的关系是否融洽、友好？ 公司同一家还是几家银行交往？ （7）资金成本公司对资金成本和利润率是否做过比较？利息率和借款条件是否适当？ （8）公司是否了解并运用财务分析工具： ①收支平衡分析？ ②现金流量推算分析？ ③月度盈亏分析（收入报表）？ ④平衡表？ ⑤比例分析？ ⑥行业运行比例？ ⑦税务计划？					
4. 人事 （1）招聘是否按照最有效的资源搭配进行招聘？ 是否从合格的申请者中选聘？ 是否有保留合格申请人的档案？ （2）培训公司的雇员是否按工作要求进行过系统的培训？是否保留培训记录？ （3）激励公司是否建立对员工的激励制度？ 公司是否有自己的企业文化和共享价值观？ 员工对自己的工作是否表现出兴趣？ 员工是否全力以赴地投入？					

续表

检核内容	特强	稍强	中等	稍弱	特弱
（4）政策执行情况公司的各项政策是否被有效地执行？是否达到预期的结果？是否按期进行管理评审？（5）沟通员工是否了解或参与决策？员工是否清楚自己的目标？公司是否为员工创造提升和发展的机会？					
5. 行政管理 （1）记录资料的保管如有需要，是否很容易找到过去时间的记录或资料？记录资料是否至少保留到规定的期限？是否建立人事档案制度？ （2）问题的解决是否有未解决的问题？ （3）决策管理层行事果断吗？有一个决策程序吗？ （4）领导公司是否有足够合格的企业管理人员？ （5）培养接班人公司是否有职务代理人制度？ （6）政府法规公司对可能影响业务的当地或国家法规是否清楚？并制定有相应的因应政策？ （7）同专业人员合作公司是否聘用会计师、律师或专业顾问？					

（三）行业市场结构分析

市场结构就是市场的垄断和竞争的程度。根据行业中企业的数量多少、产品的差异、进入限制程度，行业基本上可分为如下四种市场结构类型。

1. 完全竞争

完全竞争是指众多生产者生产同质产品的市场情形。其特点是：生产者数量众多，各种生产资料可以完全流动；生产的产品是同质的、无差别的；生产者不是价格的制定者，生产者的盈利基本上是由市场对产品的供需状况来确定的；生产者和消费者对市场都非常了解，并可自由进入和退出这个市场。从上述特点可以看出，完全竞争的实质在于所有的企业都无法控制市场的价格和使产品差异化。初级产品的市场类型多与此相近似。

2. 垄断竞争

垄断竞争是指许多生产者生产同种但不同质产品的市场情形。其特点是：生产者众多，各种生产资料可以流动；生产的产品同种但不同质，即产品之间存在着差异；由于产品差异性的存在，生产者可借以树立自己产品的声誉，从而对其产品的价格有一定的控制能力。制造品的市场类型一般都属于这种类型。

3. 寡头垄断

寡头垄断是指相对少量的生产者在某种产品的生产中占据很大市场份额的市场情形。在这个市场上，通常存在着一个起领导作用的企业，其他的企业则随该企业的定价与经营方式的变化而相应地进行某些调整。处于领导地位的企业不是固定不变的，它随企业实力的变化而变化。资本密集型、技术密集型产品，如钢铁、汽车以及少数储量集中的矿产品，如石油等市场类型多属此类。

4. 完全垄断

完全垄断是指独家企业生产特质产品（指没有或缺乏相近的替代品）的市场情形。完全垄断可分为政府完全垄断和私人完全垄断两种。在这种市场中，由于市场被独家企业所控制，产品又没有或缺少合适的替代品，因此垄断者能够根据市场的需求情况制定理想的价格和产量，在高价寡销和低价多销之间进行选择，以获取最大的利润。但垄断者制定产品价格与生产数量的自由是受限制的，它要受到反垄断法和政府管制的约束。公用事业和某些资本、技术高度密集型或稀有资源的开采等行业属于这种完全垄断的市场类型。

（四）行业竞争结构分析

根据美国著名的战略管理学者迈克尔·波特（Michael E.Porter）的观点，在一个行业中，存在着五种基本的竞争力量，即潜在的加入者、替代品、购买者、供应者以及行业中现有竞争者间的抗衡。

波特提出的行业竞争结构模型如图5-1所示。

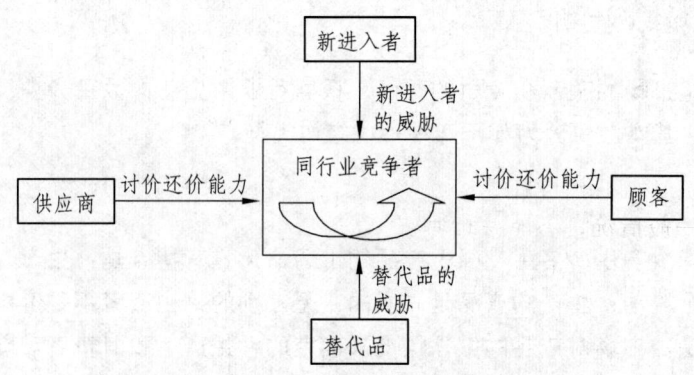

图5-1 波特提出的行业竞争结构模型及影响因素

1. 模型所反映的基本内容

（1）单个企业的赢利潜力本质上由其所在行业的赢利潜力所决定，而行业的赢利水平又由这个行业的竞争强度所决定。所以行业的选择对单个企业能否获超平均利润有重要影响。通俗地说，行业选得好，怎么干都有高利润；行业选不好，苦死累死也赚不到钱。

（2）很多因素影响行业竞争强度，进而影响企业赢利水平，但五种力量的影响最本质：①潜在进入者的威胁；②供应商的威胁；③购买者的威胁；④替代产品的威胁；⑤产业内竞争者的威胁。以上五种力量大的行业基本赢利潜力低，而五种力量小的行业基本赢利潜力高。

（3）竞争不像多数人以为的仅仅只发生于行业内部竞争者之间，而是经常来自于行业外部。潜在的竞争者、替代产品、供应商和购买者都可能成为竞争者,而且是最有威胁的竞争者;就像现在看来对相机最有威胁的是手机。

(4) 行业竞争结构的形成和变化受国家政策和行业特点的影响,但影响最大的还是行业内部竞争者的战略行为。波特在 20 世纪 80 年代就指出,行业内部竞争是五种力量中最关键的力量。如果行业内恶性竞争,则其他四种力量必然恶性变化;当然,如果行业内良性竞争,那么其他四种力量也会良性变化。

波特的行业竞争结构分析理论是企业进行外部环境分析和战略选择最为重要、使用最广泛的模型,它有以下作用:帮助企业决策者预测现有的行业赢利潜力,从而决定是坚持还是退出原行业;帮助企业决策者分析行业竞争的特点,从而制定竞争战略;帮助企业决策者分析拟进入的新行业,从而决定是否进入和如何进入该新行业。

2. 五种力量的简要分析

(1) 潜在进入者威胁的分析。如果在行业发展的早期阶段,新的进入者会带来资金、新产品和新观念,促进行业发展。但行业发展相对成熟后,新的进入者主要使行业竞争强度增加。通常行业进入障碍越低,新的进入者会越多,整个行业竞争结构就会恶化。单个企业在决定进入一个新行业前,需要分析该行业的进入障碍,从而判断该行业的进入难度和赢利潜力;在已进入某个行业后,也需要分析该行业的进入障碍,以便建立更高的行业进入障碍。构成行业进入障碍主要有以下几种因素:

① 规模经济效益,也就是如果某行业规模经济效益比较明显,而且行业中已经存在具有规模优势的大企业,这就是明显的进入障碍。例如,化工行业已经存在若干大型企业,规模经济就是这个行业的进入障碍。

② 产品差异。通常,产品差异越大的行业,进入障碍就越低,如流行时装的进入障碍就低。另外,还有品牌号召力。通常,客户对品牌号召力越关注,行业内现存竞争者的品牌号召力越强,行业进入障碍就越高。

③ 初始资本投入。通常,初始资本投入越高的行业,进入障碍就越强。例如,飞机制造业利润率极高,但初始资本投入太高是很大的进入障碍;而小型超市、制衣等行业初始资本投入很低,所以投资收益率也不高。

④ 销售渠道。销售渠道也是市场竞争中的稀缺资源,通常建立销售渠道越难,进入障碍就越高。

⑤ 国家政策和专利。如果某种行业非常依赖国家政策或技术专利,这也是强大的进入障碍,如军工行业。

(2) 供应商威胁的分析。如果某个行业中供应商讨价还价的能力大,那么它就会用诸如提高供应价格、降低产品/服务质量等方法挤压这个行业的利润率。单个企业在进入某个行业前,需要分析供应商讨价还价的能力。构成供应商提高讨价还价能力的因素主要有以下几种:

① 供应商所处产业集中度高,能提高供应商讨价还价的能力。

② 几乎没有替代产品,通常购买者需要的产品只有一种或只有一个供应商能够满足,没有多种替代品或其他供应商提供,供应商讨价还价的能力就越大。

③ 供应商产品的标准化程度。

④ 供应商所提供的产品在企业整体产品成本中的比例。
⑤ 供应商提供的产品对企业生产流程的重要性。
⑥ 供应商提供产品的成本与企业自己生产的成本之间的比较。
⑦ 供应商提供的产品对企业产品质量的影响。
⑧ 企业原材料采购的转换成本。
⑨ 供应商前向一体化的战略意图。

（3）购买者威胁的分析。与供应商一样，购买者也能够对行业盈利性造成威胁。购买者能够强行压低价格，或要求更高的质量或更多的服务。为达到这一点，他们可能使生产者互相竞争，或者不从任何单个生产者那里购买商品。购买者一般可以归为工业客户或个人客户，购买者的购买行为与这种分类方法一般是不相关的。有一点例外是，工业客户是零售商，他可以影响消费者的购买决策，这样，零售商的讨价还价能力就显著增强了。以下因素影响购买者集团的议价能力：

① 集体购买。
② 产品的标准化程度。
③ 购买者对产品质量的敏感性。
④ 替代品的替代程度。
⑤ 大批量购买的普遍性。
⑥ 产品在购买者成本中所占的比例。
⑦ 购买者后向一体化的战略意图。

（4）替代品的威胁。替代品是指那些与客户产品具有相同功能的或类似功能的产品。如糖精从功能上可以替代糖，飞机远距离运输可能被火车替代等。生产替代品的企业本身就给客户甚至行业带来威胁，替代竞争的压力越大，对客户的威胁越大。决定替代品压力大小的因素主要有以下几种：

① 替代品的盈利能力。
② 替代品生产企业的经营策略。
③ 购买者的转换成本。

（5）现有企业之间的竞争。现有企业之间的竞争强度主要由下列因素决定：

① 竞争者数量。
② 产业增长速度。如果产业增长速度较快，现有企业之间争夺既有市场份额的竞争就会变得不激烈。
③ 产品特征和转换成本。
④ 固定成本。
⑤ 退出壁垒。退出壁垒是指那些迫使投资收益低甚至是亏损的企业仍然在行业中从事生产经营活动的因素。退出壁垒包括专门化的资产、退出的固定成本、战略相关性、情感障碍、政府和社会的约束等。

行业中的每一个企业或多或少都必须应付以上各种力量构成的威胁，而且客户必面对行业中的每一个竞争者的举动。除非认为正面交锋有必要而且有益处，如要求得到很大的市场份额，否则客户可以通过设置进入壁垒（包括差异化和转换成本）来保护自己。

当一个客户确定了其优势和劣势时（参见 SWOT 分析），客户必须进行定位，以便因势利导，而不是被预料到的环境因素变化所损害，如产品生命周期、行业增长速度等，然后保护自己并做好准备，以有效应对其他企业的举动并做出反应。

波特的"行业竞争结构分析模型"，是一个统计表格。表格的左边是五种竞争力量及其各自所包括的若干内容的陈述。右边是对这些陈述的态度，管理人员可以根据自己的态度进行打分。坚决同意打 1 分，一般同意打 2 分，不同意也不反对打 3 分，一般反对打 4 分，坚决反对打 5 分。

（五）行业生命周期分析

每种行业都要经历一个由成长到衰退的发展演变过程。一般说来，行业的生命周期可分以下四个阶段，如图 5-2 所示。

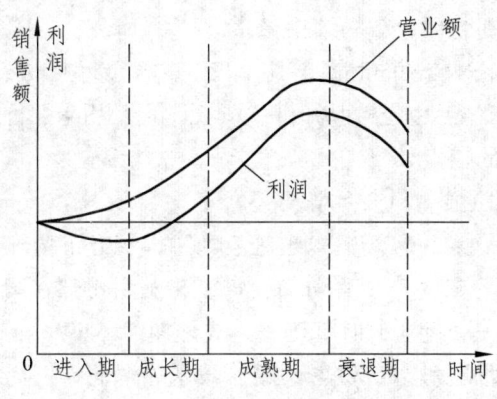

图 5-2　行业的生命周期

1. 进入期

在新行业的初创期里，由于新行业刚刚诞生或创建不久，因而只有为数不多的创业公司投资于这个新兴的行业。这些创业公司财务上不但没有盈利，反而普遍亏损；同时，也面临很大的投资风险。在进入期后段，随着行业生产技术的提高、生产成本的降低和市场需求的扩大，新行业便逐步由高风险低收益的初创期转向高风险、高收益的成长期。

2. 成长期

在成长期的初期，企业的生产技术逐渐成形，市场认可并接受了行业的产品，产品的销量迅速增长，市场逐步扩大，然而企业可能仍然处于亏损或者微利状态，需要外部资金注入以增加设备、人员，并着手于下一代产品的开发。进入加速成长期后，企业的产品和劳务已为广大消费者接受，销售收入和利润开始加速增长，新的机会不断出现，但企业仍然需要大量资金来实现高速成长。在这一时期，拥有较强研究开发实力、市场营销能力、雄厚资本实力和畅通融资渠道的企业逐渐占领市场。这个时期的行业增长非常迅猛，部分优势企业脱颖而出，投资于这些企业的投资者往往获得极高的投资回报，所以成长期阶段有时又被称为"投资机会时期"。

这一时期,企业的利润虽然增长很快,但所面临的竞争风险也非常大,破产率与被兼并率相当高。由于市场竞争优胜劣汰规律的作用,市场上生产厂商的数量会在一个阶段后出现大幅度减少,之后开始逐渐稳定下来。由于市场需求趋向饱和,产品的销售增长率减慢,迅速赚取利润的机会减少,整个行业便开始进入成熟期。

3. 成熟期

(1) 行业成熟表现在以下四个方面:

① 产品的成熟。产品的成熟是行业成熟的标志。产品的基本性能、式样、功能、规格、结构都将趋向成熟,且已经被消费者习惯。

② 技术上的成熟,即行业内企业普遍采用的是适用的且至少有一定先进性、稳定性的技术。

③ 生产工艺的成熟。

④ 产业组织上的成熟。也就是说,行业内企业间建立起了良好的分工协作关系,市场竞争是有效的,市场运作规则合理,市场结构稳定。

行业的成熟期是一个相对较长的时期。具体来看,各个行业成熟期的时间长短往往有所区别。一般而言,技术含量高的行业成熟期历时相对较短,而公用事业行业成熟期持续的时间较长。

(2) 行业处于成熟期的特点如下:

① 企业规模空前、地位显赫,产品普及程度高。

② 行业生产能力接近饱和,市场需求也趋于饱和,买方市场出现。

③ 构成支柱产业地位,其生产要素份额、产值、利税份额在国民经济中占有一席之地,但通常在短期内很难识别一个行业何时真正进入成熟期。

进入成熟期的行业市场已被少数资本雄厚、技术先进的大厂商控制,各厂商分别占有自己的市场份额,整个市场的生产布局和份额在相当长的时期内处于稳定状态。厂商之间的竞争手段逐渐从价格手段转向各种非价格手段,如提高质量、改善性能和加强售后服务等。行业的利润由于一定程度的垄断达到了较高的水平,而风险却因市场结构比较稳定、新企业难以进入而较低。

在行业成熟期,行业增长速度降到一个适度水平。在某些情况下,整个行业的增长可能会完全停止,其产出甚至下降。行业的发展很难较好地保持与国民生产总值同步增长。当然,由于技术创新、产业政策、经济全球化等各种原因,某些行业可能会在进入成熟期之后迎来新的增长。

4. 衰退期

衰退期出现在较长的稳定期之后。由于大量替代品的出现,原行业产品的市场需求逐渐减少,产品的销售量也开始下降,某些厂商开始向其他更有利可图的行业转移资金,因而原行业出现了厂商数目减少、利润水平停滞不前或不断下降的萧条景象。至此,整个行业便进入衰退期。

但在很多情况下,行业的衰退期往往比行业生命周期的其他三个阶段的总和还要长,大量的行业都衰而不亡,甚至会与人类社会长期共存。例如,钢铁业、纺织业在衰退,但是人们却看不到它们的消亡。烟草业更是如此,难有终期。

需要说明的是，上述关于行业生命周期四个阶段的分析只是对行业发展共性的一种描述，它并不适用于所有的行业。而且，同一行业在不同发展水平的不同国家或者在同一国家的不同发展时期，可能处于生命周期的不同阶段。

因此，我们在具体判断某个行业所处的实际生命周期阶段的时候，往往会从以下几个方面进行综合考察：

（1）行业规模。随着行业兴衰，行业的市场容量有一个"小—大—小"的过程，行业的资产总规模也经历"小—大—萎缩"的过程。

（2）产出增长率。产出增长率在成长期较高，在成熟期以后降低，经验数据一般以15%为界。到了衰退阶段，行业处于低速运行状态，有时甚至处于负增长状态。

（3）利润率水平。利润率水平是行业兴衰程度的一个综合反映，一般都有"低—高—稳定—低—严重亏损"的过程。

（4）技术进步和技术成熟程度。随着行业兴衰，行业的创新能力有一个强增长到逐步衰减的过程，技术成熟程度有一个"低—高—老化"的过程。

（5）开工率。长时期的开工充足反映了行业处在成长或成熟期间的景气状态。衰退期往往伴随着开工不足。

（6）从业人员的职业化水平和工资福利收入水平。随着行业兴衰，从业人员的职业化和工资福利收入水平有一个"低—高—低"的过程。

（7）资本进退。行业生命周期中的每个阶段都会有企业的进退发生。在成熟期以前，进入的企业数量及资本量大于退出量；而进入成熟期，进入的企业数量及资本量与退出量有一个均衡的过程；在衰退期，则退出超过进入，行业规模逐渐萎缩，转产、倒闭多有发生。

（六）行业内企业行为分析

要着重分析行业内企业在对历史上和当前的策略和行为，以及应对行业结构变化的反映等行为模式进行深入的剖析。尤其是对处于同一战略群体中的企业和主要竞争对手的行为是分析的重点，它们的战略博弈过程，体现了行业特点及行为模式。采取的工具主要是SCP分析模型（Structure-Conduct-Performance Model，结构—行为—绩效模型）。

SCP模型是由美国哈佛大学产业经济学权威乔·贝恩（Joe S.Bain）、谢勒（Scherer）等人于20世纪30年代建立的。该模型提供了一个既能深入具体环节，又有系统逻辑体系的市场结构（structure）、市场行为（conduct）、市场绩效（performance）的产业分析框架。SCP框架的基本含义是，市场结构决定企业在市场中的行为，而企业行为又决定市场运行在各个方面的经济绩效。从SCP分析模型可知：一方面，行业结构的特性，限定了企业面临的选择和约束的范围；另一方面，企业的行为和绩效水平，又对行业结构产生重要影响，并使行业结构不断发生动态变化，同时外部的冲击，也会对行业结构产生重大影响。具体内容包括：

（1）SCP模型分析在行业或者企业受到表面冲击时，可能的战略调整及行为变化。

（2）SCP模型从对特定行业结构、企业行为和经营绩效三个角度来分析外部冲击的影响。

① 外部冲击：企业外部经济环境、政治、技术、文化变迁、消费习惯等因素的变化。

② 行业结构：外部各种环境的变化对企业所在行业可能的影响，包括行业竞争的变化、

产品需求的变化、细分市场的变化、营销模型的变化等。

③ 企业行为：企业针对外部的冲击和行业结构的变化，有可能采取的应对措施，包括企业方面对相关业务单元的整合、业务的扩张与收缩、营运方式的转变、管理的变革等一系列变动。

④ 经营绩效：在外部环境方面发生变化的情况下，企业在经营利润、产品成本、市场份额等方面的变化趋势。

（七）行业关键成功因素分析

行业关键成功要素是在竞争中取胜的关键环节。

识别方法：可以通过判别矩阵的方法，定性识别"行业关键成功要素"。具体操作过程是采用集中讨论的形式，对矩阵中每一个要素打分，一般采用两两比较的方式；如果A比B重要，则打2分；如果A与B同样重要，打1分；如果B比A重要，打0分。所有格子打分后，横向加总，得出权重分配。一般权重最高的因素，成为"行业关键成功要素"。

三、影响行业兴衰的主要因素

行业兴衰的实质是行业在整个产业体系中的地位变迁，也就是行业经历"幼稚产业—先导产业—主导产业—支柱产业—夕阳产业"的过程，是资本在某一行业领域"形成—集中—大规模聚集—分散"的过程，是新技术的"产生—推广—应用—转移—落后"的过程。

一个行业的兴衰会受到技术进步、产业政策、产业组织创新、社会习惯改变和经济全球化等因素的影响而发生变化。

（一）技术进步

当前，正是科学技术日新月异的时代，不仅新兴学科不断涌现，而且理论科学向实用技术的转化过程的速度也大大加快。技术进步对行业的影响是巨大的，它往往催生了一个新的行业，同时迫使一个旧的行业加速进入衰退期。例如，电灯的出现极大地削减了对煤油灯的需求，蒸汽动力行业则被电力行业逐渐取代，喷气式飞机代替了螺旋桨飞机，大规模集成电路计算机则取代了一般的电子计算机等。这些新产品在定型和大批量生产后，市场价格大幅度下降，从而很快就能被消费者所使用。上述这些特点使新兴行业能够很快超过并代替旧行业，或严重地威胁原有行业的生存。未来优势行业将伴随新的技术创新而到来，处于技术尖端的基因技术、纳米技术等将催生新的优势行业。

当然，新、旧行业并存是未来全球行业发展的基本规律和特点，大部分行业都是国民经济不可缺少的。多数行业都会在竞争中发生变化，以新的增长方式为自己找到生存的空间。例如，传统农业已经遍布全世界，未来农业还会依靠技术创新获得深度增长。传统工业在通过技术创新获得深度增长的同时，还可以通过行业的国际转移，在其他相对落后的国家获得广度增长的机会。

（二）产业政策

政府对于行业的管理和调控主要是通过产业政策来实现的。产业政策是国家干预或参与经济的一种形式，是国家（政府）系统设计的有关产业发展的政策目标和政策措施的总和。一般认为，产业政策包括产业结构政策、产业组织政策、产业技术政策和产业布局政策等部分。其中，产业结构政策（选择行业发展重点的优先顺序的政策措施）与产业组织政策（调整市场结构和规范市场行为的政策）是产业政策的核心。

产业政策通过以下作用对投资活动产生直接影响：一是促进和维护一国幼稚产业的发展；二是加快资源配置的优化过程，促使资本向有利于国民经济的产业流动；三是促进市场机制和市场结构的完善；四是给企业提供一个透明度较高的发展环境；五是使产业结构能不断适应世界科学技术的新发展等。产业政策的突出特点是有区别地对待不同行业，因此了解国家不同时期产业政策的特点对于股票投资的决策有重要作用。对于国家积极鼓励发展的产业，由于受到政府各种优惠政策的扶持，一定会前途光明，投资者从长远角度考虑，应该向这些产业投资；对于国家限制发展的产业，其前景将是暗淡的，故投资者在向这些产业投资时应十分慎重。

（三）产业组织创新

产业组织是指同一产业内企业的组织形态和企业间的关系，包括市场结构、市场行为、市场绩效三个方面。因此，所谓产业组织创新，是指同一产业内企业的组织形态和企业间关系的创新。产业组织的创新过程实际上是对影响产业组织绩效的要素进行整合优化的过程，是使产业组织重新获取竞争优势的过程。

从作用的效果来看，产业政策的调控与产业组织的创新都有优化产业组织的功能，但产业政策在产业组织合理化过程中的作用是一种经济过程中的被组织力量，而产业组织创新则往往是产业及产业内企业的自组织过程。

实践证明，产业组织创新的直接效应包括实现规模经济、专业化分工与协作、提高产业集中度、促进技术进步和有效竞争等；间接影响包括创造产业增长机会、促进产业增长实现、构筑产业赶超效应、适应产业经济增长等多项功效。产业组织创新能在一定程度上引起产业（或行业）生命周期运行轨迹或生命周期阶段持续时间的变化。

（四）社会习惯改变

随着人们生活水平和受教育程度的提高，消费心理、消费习惯、文明程度和社会责任感会逐渐改变，从而使某些商品的需求发生变化并进一步影响行业的兴衰。在解决基本温饱之后，人们更注重生活质量，不受污染的天然食品备受人们青睐；对健康投资从注重保健品转向健身器材；物质生活丰富后，人们更注重智力投资和丰富的精神生活，旅游、音响成了新的消费热点；快节奏的现代生活使人们更偏好便捷的交通和通信工具；高度工业化和生活现代化又使人们认识到保护生存环境免受污染的重要性。发达国家的工业部门每年都要花费几十亿美元的经费来研制与生产和环境保护有关的各种设备，以便使工业排放的废渣、废水和废气能够符合规定的标准。所有这些社会观念、社会习惯、社会趋势的变化对企业的经营活动、生产成本和收益等都会产生一定的影响,足以使一些不再适应社会需要的行业在衰退的同时激发新兴行业的发展。

需求变化是未来优势产业的发展导向,并在很大程度上影响行业的兴衰。在收入相对比较低的时候,由于恩格尔定律的作用,人们对生活用品有较大需求。提供生活消费品的可口可乐、宝洁、强生公司和满足这些需求的销售渠道如沃尔·马特公司,均在不断满足这些消费需求的过程中发展起来。随着收入水平的提高,生活消费品支出占消费总支出的比例逐渐下降,人们需要更多的服务消费和金融投资,从而使金融、旅游、教育、医疗、保险、体育、文化等行业获得了快速增长的动力。

(五)经济全球化

所谓经济全球化,是指商品、服务、生产要素与信息跨国界流动的规模与形式不断增加,通过国际分工,在世界市场范围内提高资源配置效率,从而使各国经济相互依赖程度有日益加深的趋势。它是全球生产力发展的结果,其推动力是追求利润和取得竞争优势。20世纪90年代以来,经济全球化的趋势大大加强。导致经济全球化的直接原因是国际直接投资与贸易环境出现了新变化。经济全球化导致产业的全球性转移,选择性发展将是未来各国形成优势行业的重要途径。

第四节 公司分析

公司分析主要是通过对公司基本素质和财务报告的分析,找出那些内在价值低于其现行股票价格且财务状况、经营成果俱优的公司,作为投资的目标。公司分析是基本面分析的核心。因为投资者进行证券投资分析的目的是为了找出具有投资价值的股票,公司是股票的载体,对公司进行分析可以在很大程度上确定这个公司的股票是否具有投资价值,而宏观经济分析和行业环境分析只是为了更确切地把握公司的发展现状和发展前景。对公司的分析可以分为基本素质分析和财务分析两大部分。基本素质分析着重于考察公司的竞争能力和经营管理能力;财务分析则通过分析公司的财务指标考察其偿债能力和盈利能力等。

一、公司基本素质分析

对公司基本素质的分析可以从以下几个方面着手:

(一)公司行业地位分析

行业地位分析的目的是判断公司在所处行业中的竞争地位,如是否为领导企业,在价格上是否具有影响力,是否有竞争优势等。在大多数行业中,无论其行业平均盈利能力如何,总有一些企业比其他企业具有更强的获利能力。企业的行业地位决定了其盈利能力是高于还是低于行业平均水平,决定了其在行业内的竞争地位。衡量公司行业竞争地位的主要指标是行业综合排序和产品的市场占有率。

(二)公司经济区位分析

我们对上市公司进行区位分析,就是将上市公司的价值分析与区位经济的发展联系起来,以便分析上市公司未来发展的前景,确定上市公司的投资价值。具体来讲,可以通过以下几个方面进行上市公司的区位分析:

1. 区位内的自然条件与基础条件

自然条件和基础条件包括矿产资源、水资源、能源、交通、通信设施等,它们在区位经济发展中起着重要作用,也对区位内上市公司的发展起着重要的限制或促进作用。分析区位内的自然条件和基础条件,有利于分析该区位内上市公司的发展前景。如果上市公司所从事的行业与当地的自然和基础条件不符,公司的发展可能会受到很大的制约。

2. 区位内政府的产业政策

为了促进区位经济的发展,当地政府一般都会制定相应的经济发展战略规划,提出相应的产业政策,确定区位优先发展和扶植的产业,并给予相应的财政、信贷及税收等诸多方面的优惠措施。这些措施有利于引导和推动相应产业的发展,相关产业内的公司也将因此而受益。如果区位内上市公司的主营业务符合当地政府的产业政策,一般会获得诸多政策支持,对上市公司的进一步发展有利。

3. 区位内的经济特色

所谓经济特色,是指区位内经济与区位外经济的联系和互补性、龙头作用及其发展活力与潜力的比较优势。它包括区位的经济发展环境、条件与水平、经济发展现状等有别于其他区位的特色。比如,某区位在电脑软件或硬件方面,或在汽车工业方面已经形成了优势和特色,那么该区位内的相关上市公司,在同等条件下比其他区位主营业务相同的上市公司具有更大的竞争优势和发展空间。

(三)公司产品分析

1. 产品的竞争能力

(1)成本优势。成本优势是指公司的产品依靠低成本获得高于同行业其他企业的盈利能力。在很多行业中,成本优势是决定竞争优势的关键因素,理想的成本优势往往成为同行业价格竞争的抑制力。如果公司能够创造和维持成本领先地位,并创造出与竞争对手价值相等或近似的产品,那么只有将价格控制在行业平均或接近平均的水平,才能获取优于平均水平的经营业绩。成本优势的来源各不相同,并取决于行业结构。一般来讲,产品的成本优势可以通过规模经济、专有技术、优惠的原材料、低廉的劳动力、科学的管理、发达的营销网络等实现。其中，由资本的集中程度决定的规模效益是决定产品生产成本的基本因素。当公司达到一定的资本投入或生产能力时，根据规模经济的理论，生产成本和管理费用将会得到有效降低。

（2）技术优势。技术优势是指公司拥有的比同行业其他竞争对手更强的技术实力及其研究与开发新产品的能力。这种能力主要体现在生产的技术水平和产品的技术含量上。在现代经济中，公司新产品的研究与开发能力是决定公司竞争成败的关键因素，因此，公司一般都确定了占销售额一定比例的研究开发费用。这一比例的高低往往能决定公司的新产品开发能力。产品的创新包括：① 通过新核心技术的研制，开发出一种新产品或提高产品的质量。② 通过新工艺的研究，降低现有的生产成本，开发出一种新的生产方式。③ 根据细分市场进行产品细分，实行产品差别化生产。④ 通过研究产品组成要素的新组合，获得一种原料或半成品的新的供给来源等。而技术创新则不仅包括产品技术，而且包括人才创新。

（3）质量优势。质量优势是指公司的产品以高于其他公司同类产品的质量赢得市场，从而取得竞争优势。由于公司技术能力及管理等诸多因素的差别，不同公司间相同产品的质量是有差别的。消费者在进行购买选择时，产品的质量始终是影响他们购买倾向的一个重要因素。当一个公司的产品价格溢价超过了其为追求产品的质量优势而附加的额外成本时，该公司就能获得高于其所属行业平均水平的盈利。换句话说，在与竞争对手成本相等或成本近似的情况下，具有质量优势的公司往往在该行业中占据领先地位。

2. 产品的市场占有情况

产品的市场占有情况在衡量公司产品竞争力方面占有重要地位。通常可以从两个方面进行考察。其一，公司产品销售市场的地域分布情况。从这一角度可将公司的销售市场划分为地区型、全国型和世界范围型。市场地域的范围能大致地估计一个公司的经营能力和实力。其二，公司产品在同类产品市场上的占有率。市场占有率是对公司实力和经营能力较精确的估计。市场占有率是指一个公司产品销售量占该类产品整个市场销售总量的比例。市场占有率越高，表示公司经营能力和竞争力越强，公司销售和利润水平越好、越稳定。

3. 产品的品牌战略

品牌是一个商品名称和商标的总称，可以用来辨别一个卖者或卖者集团的货物或劳务，以便同竞争者的产品相区别。一个品牌不仅是一种产品的标识，而且是产品质量、性能、满足消费者效用可靠程度的综合体现。品牌竞争是产品竞争的深化和延伸，当产业发展进入成熟阶段，产业竞争充分展开时，品牌就成为产品及企业竞争力的一个越来越重要的因素。品牌具有产品所不具有的开拓市场的多种功能：一是品牌具有创造市场的功能；二是品牌具有联合市场的功能；三是品牌具有巩固市场的功能。

（四）公司经营能力分析

1. 公司法人治理结构

公司法人治理结构有狭义和广义两种定义。狭义上的公司法人治理结构是指，有关公司董事会的功能、结构和股东的权利等方面的制度安排;广义上的法人治理结构是指,有关企业控制权和剩余索取权分配的一整套法律、文化和制度安排,包括人力资源管理、收益分配和激励机制、财务制度、内部制度和管理等。健全的公司法人治理机制至少体现在以下七个方面:

(1) 规范的股权结构。
(2) 有效的股东大会制度。
(3) 董事会权力的合理界定与约束。
(4) 完善的独立董事制度。
(5) 监事会的独立性和监督责任。
(6) 优秀的职业经理层。
(7) 相关利益者的共同治理。

2. 公司经理层的素质

在现代企业里,经理人员不仅担负着企业生产经营活动等各项管理职能,而且还要负责或参与对各类非经理人员的选择、使用与培训工作。因此,经理人员的素质是决定企业能否取得成功的一个重要因素。在一定意义上,是否有卓越的企业经理人员和经理层,直接决定着企业的经营成果。对经理人员的素质分析是公司分析的重要组成部分。一般而言,企业的经理人员应该具备如下素质:一是从事管理工作的愿望;二是专业技术能力;三是良好的道德品质修养;四是人际关系协调能力。

3. 公司从业人员的素质和创新能力

公司业务人员的素质也会对公司的发展起到很重要的作用。作为公司的员工,公司业务人员应该具有如下的素质:专业技术能力、对企业的忠诚度、责任感、团队合作精神和创新能力等。对员工的素质进行分析,可以判断该公司发展的持久力和创新能力。

(五) 公司成长性分析

1. 公司经营战略分析

经营战略是企业面对激烈的市场变化与严峻挑战,为求得长期生存和不断发展而进行的总体性谋划。它是企业战略思想的集中体现,是企业经营范围的科学规定,同时又是制定规划的基础。经营战略是在符合和保证实现企业使命的条件下,在充分利用环境中存在的各种机会和创造新机会的基础上,确定企业同环境的关系,规定企业从事的经营范围、成长方向和竞争对策,合理地调整企业结构和分配企业的资源。经营战略具有全局性、长远性和纲领性的特征,它从宏观上规定了公司的成长方向、成长速度及其实现方式。

2. 公司规模变动特征及扩张潜力分析

公司规模变动特征和扩张潜力一般与其所处的行业发展阶段、市场结构、经营战略密切相关。它从微观方面具体考察公司的成长性,可以从以下几个方面进行分析。

(1) 公司规模的扩张是由供给推动,还是由市场需求拉动引致的;是通过公司的产品创造市场需求，还是生产产品去满足市场需求；是依靠技术进步，还是依靠其他生产要素等，找出企业发展的内在规律。

（2）纵向比较公司历年的销售、利润、资产规模等数据，把握公司的发展趋势是加速发展、稳步扩张，还是停滞不前。

（3）将公司销售、利润、资产规模等数据及其增长率与行业平均水平及主要竞争对手的数据进行比较，了解其行业地位的变化。

（4）分析预测公司主要产品的市场前景及公司未来的市场份额；分析公司的投资项目，并预计其销售和利润水平。

（5）分析公司的财务状况以及公司的投资潜力和筹资潜力。

二、公司财务分析

由于公司的财务状况最能反映公司的实际生产经营情况，投资者都是通过对公司的财务状况进行分析，了解公司的经营业绩，预测公司未来的发展状况，评估公司发行证券的内在价值。因此，财务分析是证券投资基本分析的核心内容。财务指标分析可以分为以下五大类：偿债能力比率分析、资本结构比率分析、经营效率分析、盈利能力分析和投资收益分析。

（一）公司主要的财务报表

上市公司必须遵守财务公开的原则，定期公开自己的财务状况，提供有关财务资料，便于投资者查询。上市公司公布的财务资料中，主要是一些财务报表。在这些财务报表中，最为重要的有资产负债表、利润表和现金流量表。

1. 资产负债表

资产负债表是反映企业在某一特定日期财务状况的会计报表，它表明企业在某一特定日期所拥有或控制的经济资源、所承担的现有义务和所有者对净资产的要求权。

我国资产负债表按账户式反映，即资产负债表分为左方和右方，左方列示资产各项目，右方列示负债和所有者权益各项目。总资产等于负债加上净资产（资本、股东权益、所有者权益），即资产各项目的合计等于负债和所有者权益各项目的合计。通过账户式资产负债表，可以反映资产、负债和所有者权益之间的内在关系，并达到资产负债表左方和右方平衡。同时，资产负债表还提供年初数和期末数的比较资料。

2. 利润表

利润表是反映企业一定期间生产经营成果的会计报表，表明企业运用所拥有的资产进行获利的能力。利润表把一定期间的营业收入与其同一会计期间相关的营业费用进行配比，以计算企业一定时期的净利润（或净亏损）。我国一般采用多步式利润表格式。

利润表主要反映以下七个方面的内容：

（1）构成营业收入的各项要素。营业收入由主营业务收入和其他业务收入组成。

(2)构成营业利润的各项要素。营业收入减去营业成本(主营业务成本、其他业务成本)、营业税金及附加、销售费用、管理费用、财务费用、资产减值损失,加上公允价值变动收益、投资收益,即为营业利润。

(3)构成利润总额(或亏损总额)的各项要素。利润总额(或亏损总额)在营业利润的基础上加营业外收入,减营业外支出后得到。

(4)构成净利润(或净亏损)的各项要素。净利润(或净亏损)在利润总额(或亏损总额)的基础上,减去本期计入损益的所得税费用后得出。

(5)每股收益。普通股或潜在普通股已公开交易的企业以及处于公开发行普通股或潜在普通股过程中的企业,还应在利润表中列示每股收益的信息,包括基本每股收益和稀释每股收益两项指标。

(6)其他综合收益。该项目反映企业根据企业会计准则规定未在损益中确认的各项利得和损失扣除所得税影响后的净额。

(7)综合收益总额。该项目反映企业净利润与其他综合收益的合计金额。

3. 现金流量表

现金流量表反映企业一定期间现金的流入和流出,表明企业获得现金和现金等价物的能力。现金流量表主要分经营活动、投资活动和筹资活动产生的现金流量三个部分。

(二)财务报表分析的方法与原则

1. 财务报表分析的方法

(1)比较分析法。比较分析法是指对两个或几个有关的可比数据进行对比,揭示财务指标的差异和变动关系,是财务报表分析中最基本的方法。

(2)因素分析法。因素分析法是依据分析指标和影响因素的关系,从数量上确定各因素对财务指标的影响程度。

2. 财务报表分析的原则

(1)坚持全面原则。财务分析可以得出很多比率指标,每个比率指标都从某个方面揭露了公司的状况,但任何一个比率都不足以为评价公司提供全面的信息;同时,某一指标的不足可以由其他方面得到补充。因此,分析财务报表要坚持全面原则,将多个指标、比率综合在一起得出对公司全面客观的评价。

(2)坚持考虑个性原则。一个行业的财务平均状况是行业内各公司的共性,但一个行业的各公司在具体经营管理活动中会采取不同的方式,这会在财务报表数据中体现出来。比如,某公司的销售方式以分期收款为主,会使其应收账款周转率表现出差异。又如,某公司本年度后期进行增资扩股,会使本公司的资产收益率、股东权益收益率指标下降,但这并不表示公司经营真正滑坡,这是由资本变动而非经营变动带来的。所以,在对公司进行财务分析时,要考虑公司的特殊性,不能简单地与同行业公司直接比较。

（三）公司财务比率分析

财务比率是指同一张财务报表的不同项目之间、不同类别之间、在同一年度不同财务报表的有关项目之间，各会计要素的相互关系。财务比率是比较分析的结果，但同时财务比率分析也是对公司财务报表进行更深层次的比较分析或因素分析的基础。分析和评价公司财务状况与经营成果的财务指标包括：偿债能力指标、营运能力指标、盈利能力指标和现金流量指标。

1. 偿债能力分析

偿债能力是指公司偿还到期债务的能力。偿债能力分析包括短期偿债能力分析和长期偿债能力分析。

（1）短期偿债能力分析。短期偿债能力是指公司流动资产对流动负债足额偿还的保证程度，是衡量公司当前财务能力特别是流动资产变现能力的重要标志。公司短期偿债能力分析主要采用比率分析法，指标主要有流动比率、速动比率和现金流动负债比率。

① 流动比率。它是流动资产除以流动负债的比值，即：

$$流动比率 = 流动资产/流动负债$$

一般情况下，流动比率越高，反映公司短期偿债能力越强。从理论上讲，流动比率维持在 2：1 是比较合理的。

② 速动比率。它是从流动资产中扣除存货部分再除以流动负债的比值，即：

$$速动比率 = （流动资产 - 存货）/流动负债$$

通常认为正常的速动比率为 1，低于 1 的速动比率说明短期偿债能力偏低，但因行业的不同，速动比率会有很大的差别而没有统一的标准。

（2）长期偿债能力分析。长期偿债能力是指公司偿还长期负债的能力。它的大小是反映公司财务状况稳定与否及安全程度高低的重要标志。其分析指标主要有四项。

① 资产负债率。它是负债总额除以资产总额的百分比，即：

$$资产负债率 = 负债总额/资产总额 \times 100\%$$

该指标反映在总资产中有多大比例是通过借债来筹集的，也可以衡量公司在清算时保护债权人利益的程度。

② 产权比率。它是负债总额与股东权益总额的比率，也称为债务股权比率，即：

$$产权比率 = 负债总额/股东权益总额 \times 100\%$$

该项指标反映由债权人提供的资本与股东提供的资本的相对关系，反映公司基本财务结构是否稳定。

③ 有形资产净值债务率。它是公司负债总额与有形资产净值的百分比，即：

$$有形资产净值债务率 = 负债总额/有形资产净值 \times 100\%$$

④ 利息保障倍数。利息保障倍数又称为已获利息倍数，是公司息税前利润与利息费用的比率，即：

$$利息保障倍数 = 息税前利润/利息费用$$

该指标用来衡量偿付借款利息的能力，也叫已获利息倍数。该指标越高，说明公司支付利息费用的能力越强,越低说明公司难以保证用经营所得来及时足额地支付负债利息。

2. 营运能力分析

营运能力分析是指通过计算企业资金周转的有关指标分析其资产利用的效率,是对企业管理层管理水平和资产运用能力的分析。反映公司营运能力大小的指标主要有以下内容:

(1) 存货周转率。它是营业成本被平均存货所除得到的比率,即存货周转次数。计算公式为:

$$存货周转率 = 营业成本/平均存货$$

$$存货周转天数 = 360 天/存货周转率$$

一般来说,存货周转率越高越好。存货周转率越高,表明其变现的速度越快,周转额越大,资金占用水平越低。

(2) 应收账款周转率和应收账款周转天数,其计算公式为:

$$应收账款周转率 = 主营业务收入/平均应收账款$$

$$应收账款周转天数 = 360 天/应收账款周转率$$

它反映年度内应收账款转为现金的平均次数,说明应收账款流动的速度。一般来说,应收账款周转率越高,平均收账期越短,说明应收账收回越快;否则,公司的营运资金会过多地滞留在应收账款上,影响资金的周转。

(3) 流动资产周转率。流动资产周转率是营业收入与全部流动资产的平均余额的比值。其计算公式为:

$$流动资产周转率 = 营业收入/平均流动资产$$

公式中的平均流动资产是资产负债表中的流动资产合计期初数与期末数的平均数。流动资产周转率反映流动资产的周转速度。周转速度快,会相对节约流动资产,等于相对扩大资产投入,增强公司盈利能力;而延缓周转速度,需要补充流动资产参加周转,形成资金浪费,降低公司盈利能力。

(4) 总资产周转率。它是公司主营业务收入净额与资产平均总额的比率,即:

$$总资产周转率 = 主营业务收入净额/资产平均总额$$

该项指标反映资产总额的周转速度。周转越快,公司的销售能力越强。公司可以通过薄利多销的方法,加速资产的周转,带来利润绝对额的增加。

3. 盈利能力分析

盈利能力就是公司资金增值的能力,它通常体现为公司收益数额的大小与水平的高低。公司对增值的不断追求是公司资金运转源泉与直接目的。

(1) 主营业务净利率。它是企业净利润与主营业务收入净额的比率,即:

$$主营业务净利率 = 净利润/主营业务收入净额 \times 100\%$$

该指标反映每1元主营业务收入带来的净利润是多少,表示主营业务收入的收益水平。

(2) 主营业务毛利率。它是营业毛利额与营业净收入之间的比率,即:

$$主营业务毛利率 = (主营业务收入 - 主营业务成本)/主营业务收入 \times 100\%$$

该指标表示每1元主营业务收入扣除主营业务成本后,有多少钱可以用于各项期间费用和形成盈利。

(3) 资产净利率。它是公司净利润与平均资产总额的百分比，即：

$$资产净利率 = 净利润/平均资产总额 \times 100\%$$

该指标反映公司资产利用的综合效果。指标越高，表明资产的利用效率越高。

(4) 净资产收益率。净资产收益率又称股东权益收益率，是净利润与年末净资产的比率，即：

$$净资产收益率 = 净利润/年末净资产 \times 100\%$$

该指标反映公司所有者的投资报酬率，具有很强的综合性。

(5) 每股收益。每股收益指扣除优先股股息后的税后利润与普通股股数比率，即：

$$每股收益 = （净利润 - 优先股股利）/发行在外的年末普通股总数$$

该指标是衡量上市公司盈利能力的最重要的财务指标，它反映普通股的获利水平。

(6) 市盈率。这是指普通股每股市价与每股收益的比率，即：

$$市盈率 = 每股市价/每股收益$$

该指标反映投资者对每1元净利润所愿意支付的价格。

4. 现金流量分析

(1) 流动性分析。所谓流动性，是指将资产迅速转变为现金的能力，即：

$$现金到期债务比 = 经营现金净流量/本期到期的债务$$

其中，本期到期的债务是指本期到期的长期债务和本期应付的应付票据。

$$现金流动负债比 = 经营现金净流量/流动负债$$

$$现金债务总额比 = 经营现金净流量/债务总额$$

(2) 获取现金能力分析。获取现金能力是指经营现金净流入和投入资源的比值，投入资源可以是主营业务收入、总资产、营运资金、净资产或普通股股数等。主要指标如下：

$$主营业务现金比率 = 经营现金净流量/主营业务收入$$

$$每股营业现金净流量 = 主营业务收入/普通股股数$$

$$全部资产现金回收率 = 普通股股数/资产总额$$

(3) 财务弹性分析。财务弹性分析指公司适应经济环境变化和利用投资机会的能力，主要指标如下：

$$现金满足投资比率 = 近5年经营活动现金净流量/近5年资本支出、\\存货增加、现金股利之和$$

该比率越大，说明资金自给率越高。达到1时，说明公司可以用经营活动获取的现金满足扩充所需资金；若小于1，则说明公司是靠外部融资来补充。

$$现金股利保障倍数 = 每股营业现金净流量/每股现金股利$$

该比率越大，说明支付现金股利的能力越强。

(4) 收益质量分析。收益质量是指报告收益与公司业绩之间的关系。如果收益能如实反映公司业绩，则认为收益的质量好；如果收益不能很好地反映公司业绩，则认为收益的质量不好。

从现金流量表的角度来看，收益质量分析主要是分析会计收益与现金净流量的比率关系，其主要的财务比率是营运指数。

营运指数＝经营现金净流量/经营所得现金

经营所得现金＝经营净收益＋非付现费用

＝净利润－非经营收益＋非付现费用

小于1的营运指数，说明收益质量不够好。首先，营运指数小于1，说明一部分收益尚没有取得现金，停留在实物或债权形态，而实物或债权资产的风险大于现金，应收账款能否足额变现是值得怀疑的，存货也有贬值的风险，所以未收现的收益质量低于已收现的收益。其次，营运指数小于1，说明营运资金增加了，反映公司为取得同样的收益占用了更多的营运资金，即取得收益的代价增加了，所以同样的收益代表着较差的业绩。应收账款增加和应付账款减少使收现数减少，影响公司的收益质量。应收账款如不能收回，已经实现的收益就会落空；即使延迟收现，其收益质量也低于已收现的收益。

5. 投资收益分析

（1）普通股每股净收益。

普通股每股净收益是本年盈余与普通股流通股数的比值。其计算公式一般为：

普通股每股净收益＝（净利润－优先股股息）/发行在外的加权平均普通股股数

该指标反映普通股的获利水平，指标值越高，每一股份可得的利润越多，股东的投资效益越好；反之则越差。

（2）股息发放率。

股息发放率是普通股每股股利与每股净收益的百分比。其计算公式为：

股息发放率＝每股股利/每股净收益×100%

该指标反映普通股股东从每股的全部净收益中分到手中的部分，就单独的普通股投资人来讲，这一指标比每股净收益更直接体现当前利益。

（3）普通股获利率。

普通股获利率是每股股息与每股市价的百分比。其计算公式为：

普通股获利率＝每股股息/每股市价×100%

获利率又称股息实得利率，这是衡量普通股股东当期股息收益率的指标。这一指标在用于分析股东投资收益时，分母应采用投资者当初购买股票时支付的价格；在用于对准备投资的股票进行分析时，则使用当时的市价。这样既可揭示投资该股票可能获得股息的收益率，也表明出售或放弃投资这种股票的机会成本。投资者可利用股价和获利率的关系以及市场调节机制预测股价的涨跌。当预期股息不变时，股票的获利率与股票市价成反方向运动。当某股票的获利率偏低时，说明股票市价偏高；反之，若获利率偏高，说明股价偏低，投资者会竞相购买，又会导致股价上升。

（4）本利比。

本利比是每股股价与每股股息的比值。其计算公式为：

本利比＝每股股价/每股股息

本利比是获利率的倒数，表明目前每股股票的市场价格是每股股息的几倍，以此来分析相对于股息而言，股票价格是否被高估以及股票有无投资价值。

（5）市盈率。

市盈率是每股市价与每股税后净利的比率，亦称本益比。其计算公式为：

$$市盈率 = 每股市价/每股净利$$

公式中，每股市价是指每股普通股在证券市场上的买卖价格。该指标是衡量股份制企业盈利能力的重要指标，用股价与每股税后净利进行比较，反映投资者对每元净利所愿支付的价格。这一比率越高，意味着公司未来成长的潜力越大。一般说来，市盈率越高，说明公众对该股票的评价越高。但在市场过热、投机气氛浓郁时，常有被扭曲的情况，投资者应特别小心。

（6）投资收益率。

投资收益率等于公司投资收益除以平均投资额的比值。用公式表示为：

$$投资收益率 = 投资收益/平均投资额 \times 100\%$$

其中：

$$平均资产总额 = （期初长短期投资 + 期末长短期投资）/2$$

该指标反映公司利用资金进行长短期投资的获利能力。

（7）每股净资产。

每股净资产是净资产除以发行在外的普通股股数的比值。用公式表示为：

$$每股净资产 = 净资产/发行在外的普通股股数$$

公式中，净资产为资产总额与负债总额之差，即所有者权益。该指标反映每股普通股所代表的股东权益额。对投资者来讲，这一指标使他们了解每股的权益。

（8）净资产倍率。

净资产倍率是每股市价与每股净值的比值。其计算公式为：

$$净资产倍率 = 每股市价/每股净值$$

净资产倍率是将每股股价与每股净值相比，表明股价以每股净值的若干倍在流通转让，评价股价相对于净值而言是否被高估。净资产倍率越小，说明股票的投资价值越高，股价的支撑越有保证；反之则投资价值越低。这一指标同样是投资者判断某股票投资价值的重要指标。

（四）财务分析中应注意的问题

1. 财务报表数据的准确性、真实性与可靠性

财务报表是按会计准则编制的，它们合乎规范，但不一定反映该公司的客观实际。例如，报表数据未按通货膨胀或物价水平调整；非流动资产的余额是按历史成本减折旧或摊销计算的，不代表现行成本或变现价值；有许多项目，如科研开发支出和广告支出，从理论上看是资本支出，但发生时已列作当期费用；有些数据基本上是估计的，如无形资产摊销和开办费摊销，但这种估计未必正确；发生了非常的或偶然的事项，如财产盘盈或坏账损失，可能歪曲本期的净收益，使之不能反映盈利的正常水平。

2. 财务分析结果的预测性调整

公司的经济环境和经营条件发生变化后，原有的财务数据与新情况下的财务数据不具有直接可比性。比如，某公司由批发销售为主转为以零售为主的经营方式，其应收账款数额会

大幅下降，应收账款周转率加快，但这并不意味着公司应收账款的管理发生了突破性的改变。因此，在对公司财务指标进行比率分析后对公司的财务情况下结论时，必须预测公司经营环境可能发生的变化，对财务分析结果进行调整。如市场消费习惯改变后如果产品不转型，将会失去一大部分市场，或者由于行业的低进入壁垒使许多新兴公司加盟该行业，这些都会在现有的基础上降低公司的盈利能力。

3. 公司增资行为对财务结构的影响

公司的增资行为一般会改变负债和所有者权益在公司资本总额中的相对比重，因此，公司的资产负债率和权益负债比率会相应受到影响。

(1) 股票发行增资对财务结构的影响。

① 配股增资对财务结构的影响。公司通过配股融资后，由于净资产增加，而负债总额和负债结构都不会发生变化，因此公司的资产负债率和权益负债比率将降低，减少了债权人承担的风险，而股东所承担的风险将增加。

② 增发新股对财务结构的影响。增发新股后，公司净资产增加，负债总额以及负债结构都不会发生变化，因此公司的资产负债率和权益负债比率都将降低。

(2) 债券发行增资对财务结构的影响。发行债券后，公司的负债总额将增加，同时总资产也增加，资产负债率将提高。此外，公司发行不同期限的债券，也将影响公司的负债结构。

(3) 其他增资行为对财务结构的影响。除了股权融资和发行债券外，公司其他的增资方式也有向外借款。如果公司向银行等金融机构以及向其他单位借款，则形成了公司的负债，公司的权益负债比率和资产负债率都将提高。

第五节 上市公司财务报表分析

证券投资已经成为百姓经济生活中不可或缺的一部分。然而大多数中小投资者不是专业人员，缺乏必要的财务常识，很多投资者因为不懂报表而错失买卖股票的良机。因此，如何正确地分析上市公司财务报表，挖掘真正具备投资价值的公司，是广大投资者的当务之急。

一、对资产负债表的分析

资产负债表是反映上市公司会计期末全部资产、负债和所有者权益情况的报表。通过资产负债表，能了解企业在报表日的财务状况，长短期的偿债能力，资产、负债、权益和结构等重要信息。

(一) 对资产负债表中资产类科目的分析

在资产负债表中资产类的科目很多，但投资者在进行上市公司财务报表的分析时应重点关注应收款项、待摊费用、待处理财产净损失和递延资产四个项目。

1. 应收款项

（1）应收账款：一般来说，公司存在三年以上的应收账款是一种极不正常的现象，这是因为在会计核算中设有"坏账准备"这一科目，正常情况下，三年的时间已经把应收账款全部计提了坏账准备，因此它不会对股东权益产生负面影响。但在我国，由于存在大量"三角债"，以及利用关联交易通过该科目来进行利润操纵等情况。因此，当投资者发现一个上市公司的资产很高，一定要分析该公司的应收账款项目是否存在三年以上应收账款，同时要结合"坏账准备"科目，分析其是否存在资产不实、"潜亏挂账"的现象。

（2）预付账款：该账户同应收账款一样是用来核算企业间的购销业务。这也是一种信用行为，一旦接受预付款方经营恶化，缺少资金支持正常业务，那么付款方的这笔货物也就无法取得，其科目所体现的资产也就不可能实现，从而出现虚增资产的现象。

（3）其他应收款：主要核算企业发生的非购销活动的应收债权，如企业发生的各种赔款、存出保证金、备用金以及应向职工收取的各种垫付款等。但在实际工作中，并非这么简单。例如，大股东或关联企业往往将占用上市公司的资金挂在其他应收款下，形成难以解释和收回的资产，这样就形成了虚增资产。因此，投资者应该注意到，当上市公司报表中的"其他应收款"数额出现异常放大时，就应该加以警惕了。

2. 待处理财产净损失

不少上市公司的资产负债表上挂账列示巨额的"待处理财产净损失"，有的甚至挂账达数年之久。这种现象明显不符合收益确认中的稳健原则，不利于投资者正确评价企业的财务状况和盈利能力。

3. 待摊费用和递延资产

待摊费用和递延资产并无实质上的重大区别，它们均为本期公司已经支出，但其摊销期不同。"待摊费用"的摊销期在一年以内，而"递延资产"的摊销期超过一年。从严格意义上讲，待摊费用和递延资产并不符合资产的定义，但它们似乎又同未来的经济利益相联系，而且在会计实务中，不少人习惯于把已发生的成本描述为资产。

（二）对资产负债表中负债类科目的分析

投资者在对上市公司资产负债表中负债类科目的分析时，应重点关注其偿债能力。主要通过以下几个指标进行分析：

1. 短期偿债能力分析

（1）流动比率：流动资产和流动负债之间的比率，是衡量公司短期偿债能力常用的指标。一般来说，流动资产应远高于流动负债，起码不得低于1∶1，一般以大于2∶1较合适。其计算公式是：

$$流动比率=流动资产/流动负债$$

但是,对于公司和股东,流动比率也不是越高越好。因为流动资产还包括应收账款和存货,尤其是由于应收账款和存货余额大而引起的流动比率过大,会加大企业短期偿债风险。因此,投资者在对上市公司短期偿债能力进行分析的时候,一定要结合应收账款及存货的情况进行判断。

(2)速动比率:速动资产和流动负债的比率,即用于衡量公司到期清算能力的指标。一般认为,速动比率最低限为0.5:1,如果保持在1:1,则流动负债的安全性较有保障。因为当此比率达到1:1时,即使公司资金周转发生困难,也不致影响其即时偿债能力。其计算公式为:

$$速动比率=速动资产/流动负债$$

该指标剔除了应收账款及存货对短期偿债能力的影响,一般来说,投资者利用这个指标来分析上市公司的偿债能力比较准确。

2. 长期偿债能力分析

(1)资产负债率、权益比率、负债与所有者权益比率。这三个比率的计算公式为:

$$资产负债率=负债总额/资产总额$$

$$所有者权益比率=所有者权益总额/资产总额$$

$$负债与所有者权益比率=负债总额/所有者权益总额$$

资产负债率反映企业的资产中有多少负债,一旦企业破产清算,债权人得到的保障程度如何;所有者权益比率反映所有者在企业资产中所占份额,所有者权益比率与资产负债率之和为1;负债与所有者权益比率反映的是债权人得到的利益保护程度。投资者在看财务报表时,只要看一下资产、负债、所有者权益、无形资产总额这几项,便可大概看出该企业的长期偿债能力状况,这三个比率只有在同行业、不同时间段相比较,才有一定价值。

(2)长期资产与长期资金比率。其公式为:

$$长期资产与长期资金比率=(资产总额-流动资产)/(长期负债+所有者权益)$$

这一指标主要用来反映企业的财务状况及偿债能力,该值应该低于100%。如果高于100%,则说明企业动用了一部分短期债务来购置长期资产,这样就会影响企业的短期偿债能力,其经营风险也将加大,实为危险之举。

二、对利润表的分析

在财务报表中,企业的盈亏情况是通过利润表来反映的。利润表反映企业一定时期的经营成果和经营成果的分配关系。它是企业生产经营成果的集中反映,是衡量企业生存和发展能力的主要尺度。投资者在分析利润表时,应主要抓住以下几个方面:

(一)利润表结构分析

利润表是把上市公司在一定期间的营业收入与同一会计期的营业费用进行配比,以得到该期间的净利润（或净亏损）的情况。由此可知，该报表的重点是相关的收入指标和费用指标。"收入-费用=利润"可以视作阅读这一报表的基本思路。当投资者看到一份利润表时，会注意到以下几个会计指标：主营业务收入、主营业务利润、营业利润、利润总额、净利润。在这些指标中应重点关注主营业务收入、主营业务利润、净利润，尤其应关注主营业务利润与净利润的盈亏情况。许多投资者往往只关心净利润，认为净利润为正就代表公司盈利，于是高枕无忧。实际上，企业的长期发展动力来自于对自身主营业务的开拓与经营。严格意义上而言，主营亏损但净利润有盈余的企业比主营业务盈利但净利润亏损的企业更危险。企业可以通过投资收益、营业外收入将当期利润总额和净利润作成盈利，可谁又敢保证下一年度还有投资收益和营业外收入呢？

（二）通过分析关联交易判断上市公司利润的来源

上市公司为了向社会公众展现自己的经营业绩，提高社会形象，往往利用关联方间的交易来调节其利润，主要分析方法有以下几种。

1. 增加收入，转嫁费用

投资者在进行投资分析时，一定要分析其关联交易，特别是母子公司间是否存在着相互关联交易、转嫁费用的现象，对于有母子公司关联交易的，一定要将其上市公司的当年利润剔除掉关联交易虚增利润。

2. 资产租赁

由于上市公司大部分都是从母公司剥离出来的，上市公司的大部分资产主要是从母公司以租赁方式取得的，所以从而租赁资产的租赁数量、租赁方式和租赁价格就是上市公司与母公司之间可以随时调整的阀门。有的上市公司还可将从母公司租来的资产同时转租给母公司的子公司，以分别转移母公司与子公司之间的利润。

3. 委托或合作投资

（1）委托投资。当上市公司接受一个周期长、风险大的项目时，则可将某一部分现金转移给母公司，以母公司的名义进行投资，将其风险全部转嫁到母公司，却将投资收益确定为上市公司当年的利润。

（2）合作投资。上市公司要想配股，其净资产收益率要达到一定的标准，公司一旦发现其净资产收益率很难达到这个要求，便倒推出利润缺口，然后与母公司签订联合投资合同，投资回报按倒推出的利润缺口确定，其实这块利润是由母公司出的。

4. 资产转让置换

一般来说，上市公司通过与母公司资产转让置换，从根本上改变自身的经营状况，长期拥有"壳资源"所带来的配股能力，对上市公司及其母公司都是一个双赢战略。通常，上市公司购买母公司优质资产的款项挂往来账，不计利息或资金占用费，这样上市公司不仅获得了优质资产的经营收益，而且不需付出任何代价，把风险转嫁给母公司。另外，上市公司往往将不良资产和等额的债务剥离给母公司或母公司控制的子公司,以达到避免不良资产经营所产生的亏损或损失的目的。

三、现金流量表

现金流量表是反映企业在一定时期内现金流入、流出及其净额的报表,它主要说明公司本期现金来自何处、用往何方以及现金余额如何构成。投资者在分析现金流量表时应注意以下几个方面:

(一)现金流量的分析

一些公司会通过往来资金操纵现金流量表。上市公司与其大股东之间通过往来资金改善原本难看的经营现金流量。本来关联企业的往来资金往往带有融资性质,但是借款方并不作为短期借款或者长期借款,而是放在其他应付款中核算,贷款方不作为债权,而是在其他应收款中核算。这样其他应付、应收款变动额在编制现金流量表时就作为经营活动产生的现金流量,而实质上这些变动反映的是筹资、投资活动业务。当其他应付、应收款的变动是增加现金流量时,经营活动所产生的现金流量净额就可能被夸大。

(二)注意上市公司现金股利分配的状况

现金股利分配有很强的信息含量。财务状况良好的公司往往能够连续分配较好的现金股利,有一些上市公司虽然账面利润好看,但是利润是虚假的,财务状况恶劣,一般不能经常分配现金股利。

(三)"每股现金流量"这一指标反映的问题

"每股现金流量"和"每股税后利润"应该是相辅相成的,有的上市公司有较好的税后利润指标,但现金流量较不充分,这就是典型的关联交易所导致的。另外,有的上市公司在年度内变卖资产而出现现金流大幅增加,这也不一定是好事。

现金流量多大才算正常呢?作为一家抓牢主业并靠主业盈利的上市公司,其每股经营活动产生的现金流量净额,不应低于其同期的每股收益。道理其实很简单,如果其获得的利润没有通过现金流进公司账户,那这种利润极有可能是通过做账"做"出来的。投资者最好选择每股税后利润和每股现金流量净额双高的个股,作为中线投资品种。

四、财务报表分析的局限性

财务报表分析对于了解企业的财务状况和经营业绩,评价企业的偿债能力和盈利能力,制定经济决策,都有着显著的作用。但由于种种因素的影响,财务报表分析及其分析方法,也存在着一定的局限性。我们在分析中,应注意这些局限性的影响,以保证分析结果的正确性。

1. 会计处理方法及分析方法对报表可比性的影响

会计核算上不同的处理方法产生的数据会有差别。例如，固定资产采用直线折旧法或采用加速折旧法，折旧费也不同。企业长期投资采用成本法与采用权益法所确认的投资收益也不一样。因此，如果企业前后期会计处理方法改变，对前后期财务报表对比分析就会有影响。同样，一个企业与另一个企业比较，如果两个企业对同一事项的会计处理采用的方法不一样，数据的可比性也会降低。所以，我们在分析报表时，一定要注意看附注，看企业使用的是什么方法以及方法有无变更等。

从财务报表分析方法来看，某些指标计算方法不同也会给不同企业之间的比较带来不同程度的影响。例如，应收账款周转率、存货周转率等，其平均余额的计算，报表使用者由于数据的限制，往往用年初数与年末数进行平均，这样平均计算应收账款余额与存货余额，在经营业务一年内各月各季较均衡的企业尚可，但在季节性经营的企业或各月变动情况较大的情况下，如期初与期末正好是经营旺季，其平均余额就会过大，如是淡季，则又会过小，从而影响指标的准确性。

此外，财务报表分析、指标评价要与其他企业以及行业平均指标比较才有意义。但各企业不同的情况，如环境影响、企业规模、会计核算方法的差别，会对可比性产生影响。而行业平均指标，往往是各种情况的综合或折中，如果行业平均指标是采用抽样调查得到的，在抽到极端样本时，还会歪曲整个行业情况。因此，在对比分析时，应慎重使用行业平均指标，对不同企业进行比较时应注意调整一些不可比因素的影响。

2. 通货膨胀的影响

由于我国的财务报表是按照历史成本原则编制的，在通货膨胀时期，有关数据会受到物价变动的影响，使其不能真实地反映企业的财务状况和经营成果，引起报表使用者的误解。例如，以历史成本为基础的资产价值必然小于资产当前的价值，以前以500万元购买的固定资产，现在的重置成本可能为800万元，但账上及报表上仍反映为500万元固定资产原价。如不知道该资产是哪一年买的，仅仅靠这个数据，我们就不能正确理解一个企业的生产规模。进一步说，折旧费是按固定资产原价提取的，利润是扣减这种折旧费计算出来的，由于折旧费定低了，企业将无力重置价格已上涨的资产；同时由于折旧费定低了，利润算多了，可能会导致企业多交所得税，多付利润，最终可能使企业的简单再生产也难以维持。

3. 信息的时效性问题

财务报表中的数据，均是企业过去经济活动的结果。用这些数据来预测企业未来的动态，只有参考价值，并非绝对合理可靠。而且等报表使用者取得各种报表时，可能离报表编制日已过去多日。

4. 报表数据信息量的限制

由于报表本身的原因，其提供的数据是有限的。对报表使用者来说，可能不少需要使用的信息，在报表或附注中找不到。

5. 报表数据的可靠性问题

有时，企业为了使报表显示出企业良好的财务状况及经营成果，会在会计核算方法上采用其他手段来粉饰财务报表。这时财务报表分析就容易误入歧途。

以上关于财务报表分析及其分析方法局限性的种种说明并不能否定财务报表分析的积极作用，了解这些局限性，分析报表时注意它们的影响，可以提高财务报表分析的质量。

此外，报表使用者在阅读和分析企业财务报表时，一定不要忽略报表附表和附注。仔细阅读有关附表和附注，能使人们正确理解报表上所反映的信息，不致产生错误的判断和结论。同时，在阅读报表时，还应注意注册会计师"审计报告"的意见。注册会计师从第三者公正的立场，从专业人士的角度，对企业报表数据是否真实、可靠、可验证等方面的评价，对于报表使用者来说很有用。

总之，进行报表分析不能单一地对某些科目进行关注，而应将公司财务报表与宏观经济一起进行综合判断，与公司历史进行纵向深度比较，与同行业进行横向宽度比较，把其中偶然的、非本质的东西舍弃掉，得出与决策相关的实质性的信息，以保证投资决策的正确性与准确性。

第六章 股票投资技术分析

第一节 技术分析概述

技术分析是基本面分析之外的又一证券投资分析方法,在证券交易市场上广泛运用。一般来说,作为一名涉足证券市场的投资者,都应该具备一定的技术分析功底,以便增强自己对未来证券市场走势的预测能力,降低投资损失的概率。

一、技术分析的含义

技术分析是以证券市场过去和现在的市场行为为分析对象,应用数学和逻辑的方法,探索出一些典型变化规律,并据此预测证券市场未来变化趋势的技术分析方法。由于技术分析方法运用了大量的数据资料,并采用了各种不同的数据处理方法,因此受到投资者的重视和青睐。技术分析的精髓就是总结经验、寻找规律,然后进一步运用这些规律。对那些希望通过低买高卖、获取差价形式的投资者是有益的,但技术分析方法不强调对因果关系的探寻,不保证运用者一定获利。

二、技术分析的基本假设

作为一种投资分析工具,技术分析方法以一定的假设条件为前提。

1. 市场行为涵盖一切信息

该假设是技术分析的基础,该假设认为影响股票价格变动的所有信息都会被反映在股票的市场行为(股票的价、量、时、空)中,因此可以直接通过分析股票的市场行为而不用去分析影响股票价格的所有因素,从而节省了时间与精力。但该假设的局限性在于市场存在信息的失真现象,市场反映的信息同原始信息有一些差异。

2. 股票价格会沿趋势移动

该假设是进行技术分析最根本、最核心的条件。其主要思想是:股票价格是按一定规律进行的,有保持原来运动方向的惯性。技术分析的目的正是要试图找出股票价格的变动规律,"顺势而为"。由于股票价格的运动方向是由供求关系决定的,供求关系一旦确定,股票价格的变化趋势就会一直持续下去。只要供求关系不发生根本改变,股票价格的走势就不会发生反转。但该假设的局限性在于：价格的沿趋势运动是在没有"外力"影响的理想状态下进行的，但股票市场中"外力"是随时存在的，保持趋势将不容易，如突发事件的影响。

3. 历史会重演

这条假设是从人的心理因素方面考虑的。市场中进行具体买卖的是人，由人决定最终的操作行为。这些行为必然要受到人类心理学中某些规律的制约。在股票市场上，一个人在某种情况下按一种方法进行操作取得成功，那么以后遇到相同或相似的情况，就会按同一方法进行操作；如果失败了，以后就不会按前一次的方法操作。股票市场的某个市场行为给投资者留下的阴影或快乐会长期存在。因此，技术分析法认为，根据历史资料概括出来的规律已经包含了未来股票市场的一切变动趋势，所以可以根据历史预测未来。但该假设的局限性在于：股票市场的市场行为是千变万化的，不可能有完全相同的情况重复出现，差异总是或多或少地存在。

三、技术分析的要素

股票市场中，价格、成交量、时间和空间是进行分析的要素。这几个因素的具体情况和相互关系是进行正确分析的基础。

1. 价和量是市场行为最基本的表现

一般地，价增量增，价跌量减。根据这一趋势规律，当价格上升时，成交量不再增加，意味着价格得不到买方确认，价格的上升趋势就将会改变；反之，当价格下跌时，成交量萎缩到一定程度就不再萎缩，意味着卖方不再认同价格继续往下降了，价格下跌趋势就将会改变。成交价、成交量的这种规律关系是技术分析的合理性所在，因此，价、量是技术分析的基本要素，一切技术分析方法都是以价、量关系为研究对象的，目的就是分析、预测未来的价格趋势，为投资决策提供服务。

2. 时间和空间表现市场的潜能

在技术分析中，"时间"是指完成某个过程所经过的时间长短。通常是指一个波段或一个升降周期所经过的时间，体现了市场潜能由小变大再变小的过程。而"空间"反映了价格波动的大小或"幅度"，也体现了市场潜在的上升或下降的能量大小。一般来说，时间长、波动空间大的过程，对今后价格趋势的影响和预测作用也大；时间短、波动空间小的过程，对今后价格趋势的影响和预测作用也小。

四、技术分析的理论基础

技术分析的理论基础是空中楼阁理论。空中楼阁理论是美国著名经济学家凯恩斯于1936年提出的，该理论完全抛开股票的内在价值，强调心理构造出来的空中楼阁。投资者之所以要以一定的价格购买某种股票,是因为他相信有人将以更高的价格向他购买这种股票。至于股价的高低,这并不重要,重要的是存在更大的"笨蛋"愿以更高的价格向你购买。精明的投资者无须去计算股票的内在价值,他要做的只是抢在最大的"笨蛋"之前成交,即股价达到最高点之前买进股票,而在股价达到最高点之后将其卖出。

五、技术分析方法的类型

在价、量历史资料基础上进行的统计、数学计算、绘制图表方法是技术分析方法的主要手段。从这个意义上讲,技术分析方法种类繁多,形式多样。一般说来,可以将技术分析方法分为如下五类:

1. 指标类

指标类是根据价、量的历史资料,通过建立一个数学模型,给出数学上的计算公式,得到一个体现证券市场的某个方面内在实质的指标值。指标反映的内容大多是无法从行情报表中直接看到的,它可为我们的操作行为提供指导方向。常见的指标有相对强弱指标(RSI)、随机指标(KDJ)、趋向指标(DMI)、平滑异同移动平均线(MACD)、能量潮(OBV)、心理线(PSY)、乖离率(BIAS)等。

2. 切线类

切线类是按一定方法和原则,在根据股票价格数据所绘制的图表中画出一些直线,然后根据这些直线的情况推测股票价格的未来趋势,为我们的操作行为提供参考。这些直线就叫切线。切线的画法最为重要,画得好坏直接影响预测的结果。常见的切线有趋势线、轨道线、黄金分割线、甘氏线、角度线等。

3. 形态类

形态类是根据价格图表中过去一段时间走过的轨迹形态来预测股票价格未来趋势的方法。价格走过的形态是市场行为的重要部分,从价格轨迹的形态中,我们可以推测出证券市场处在一个什么样的大环境之中,由此对今后的投资给予一定的指导。主要的形态有M头、W底、头肩顶、头肩底等十几种。

4. K线类

K线类是根据若干天的K线组合情况,推测证券市场中多空双方力量的对比,进而判断证券市场行情的方法。K线图是进行各种技术分析最重要的图表。人们不断总结经验,发现了一些对股票买卖有意义的K线组合,而且新的研究结果也在不断被发现、被运用。

5. 波浪类

波浪理论是把股价的上下变动和不同时期的持续上涨、下跌看作是波浪的上下起伏,认为股票的价格运动遵循波浪起伏的规律,数清楚了各个浪就能准确地预见到跌势已接近尾声,牛市即将来临;或是牛市已到了强弩之末,熊市即将来到。波浪理论较之别的技术分析流派,最大的区别就是能提前很长时间预计到行情的底和顶,而别的流派往往要等到新的趋势已经确立之后才能看到。但是,波浪理论又是公认的较难掌握的技术分析方法。

以上五类技术分析流派从不同的方面理解和考虑股票市场,有的有相当坚实的理论基础,有的没有很明确的理论基础。在操作上,有的注重长线,有的注重短线;有的注重价格的相对位置,有的注重价格的绝对位置;有的注重时间,有的注重价格。尽管各类分析方法考虑的方式不同,但目的是相同的,彼此并不排斥,在使用上可相互借鉴。

六、应用技术分析注意的问题

第一,技术分析必须与基本面的分析结合起来使用。对于刚刚兴起的不成熟股票市场,由于市场突发消息较频繁,人为操纵因素较多,所以仅靠过去和现在的数据、图表去预测未来是不可靠的。投资者只有将技术分析法与基本分析法结合起来进行分析,才能既保留技术分析的优点,又考虑基本因素的影响,提高测试的准确程度。

第二,注意多种技术分析方法的综合研判,切忌片面地使用某一种技术分析结果。实践证明,单独使用一种技术分析方法有相当大的局限性和盲目性。如果应用每种方法后得到同一结论,那么依据这一结论出错的可能性就很小;如果仅靠一种方法,得到的结论出错的机会就大。为了提高决策的准确性,应尽量多掌握一些技术分析方法。

第三,前人和别人得到的结论要通过自己实践验证后才能放心地使用。由于股票市场能给人们带来巨大的利益,上百年来研究股票的人层出不穷,分析的方法各异,使用同一分析方法的风格也不同。前人和别人得到的结论是在一定的特殊条件和特定环境中得到的,随着环境的改变,前人和别人成功的方法自己在使用时有可能失败。

第四,技术分析是一种工具,要靠人去使用,决定的因素是人。在运用技术分析时,很大程度上依赖于使用者个人的选择。例如,技术指标中参数的选择,切线中线条画法的选择,波浪理论中浪的数法,都是人为的,个人的偏好和习惯影响这些选择,当然也就影响技术分析的结果。这就是不同的人在使用技术分析时产生不同后果进而得到不同结论的原因之一。

第二节 K线分析

K线因形似蜡烛,又称蜡烛线,同时它也被称作阴阳线或日式线。据说,K线起源于日本的德川幕府时代,当时大阪的米市商人用它记录一天(一周或一月)中米市行情价格的波动变化。后来K线被传入股市,并且经过200年的演进,到现在已经发展成为具有完整形式和翔实的技术与方法的一种分析股市行情的理论,并被人们普遍采用。

一、K线的画法

K线图的绘制比较简单,它由开盘价、收盘价、最高价和最低价四种价格组成。开盘价与收盘价构成了 K 线的实体,而最高价与最低价则分别组成 K 线的上影线和下影线。K 线实体的长短取决于收盘价与开盘价的差别,而最高价与最低价的高低则决定了上影线和下影线的长短。最高价离 K 线的实体愈远,则上影线愈长;最低价离实体愈远,则下影线愈长。

K 线实体的颜色要视开盘价与收盘价的具体情况而定。若收盘价高于开盘价,K 线实体用白色或红色绘制;若收盘价低于开盘价,K 线实体用黑色或绿色绘制。收盘价高于开盘价的 K 线称为阳线,表示市场处于涨势;收盘价低于开盘价的 K 线称为阴线,表示市场处于跌势。K 线分为日 K 线、周 K 线、月 K 线和年 K 线几种,分别根据日资料、周资料、月资料和年资料进行绘制。个别场合下(如使用计算机)还可绘制分时 K 线图。K 线图的形状如图 6-1 所示。

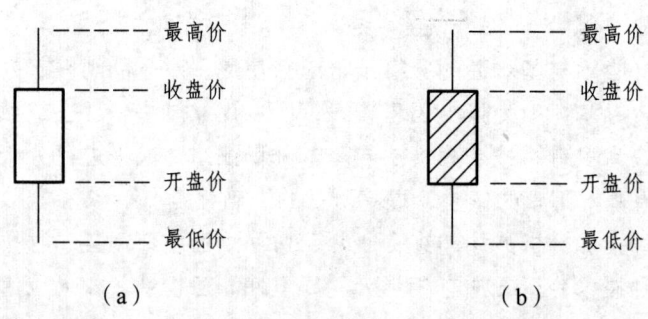

图 6-1　K 线图的形状

二、单根 K 线的分析

(一)分析基本规则

单根 K 线的分析基本规则:一看阴阳;二看实体;三看影线长短。其中:

(1) 阳线看涨,阴线看跌。阳线是股市上升的基础,表示收市时买气增强,阴线是股市下跌的基础,表示收市的卖气增强。

(2) 阴、阳线实体的长度代表了升跌的力度。其中,阴线实体越长,则下跌力度越大,阳线实体越长,则上升力度越大,所以大阳线一般出现在上升趋势中,表示买盘轻松,后市看好;大阴线一般表示抛盘沉重,行情下跌。

(3) 阳线的上影线代表上升趋势的削弱,阴线的上影线则代表下跌趋势的增强,上影线越长,后市越被看淡,如图 6-2 所示。

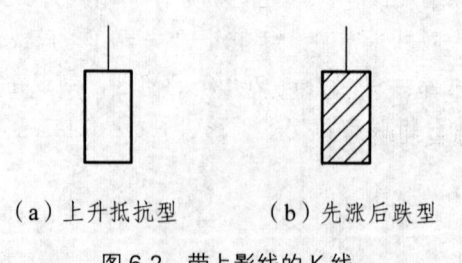

(a) 上升抵抗型　　(b) 先涨后跌型

图 6-2　带上影线的 K 线

应用法则：

① 长上影线出现在上升趋势的高位，若成交量放大，则意味着多头追高积极，但高位抛压沉重，股价向上攀越艰难，行情很可能调头回档或反转。

② 长上影线出现在下降趋势的低位，若成交量放大，则意味着多头抄底盘介入，但不能有效遏制抛压，多空双方已逐渐转向势均力敌。

(4) 阳线的下影线代表上升趋势的增强，阴线的下影线则代表下跌趋势的削弱。一般说，下影线越长，多方的反击力度越强，如图 6-3 所示。

(a) 先跌后涨型　　(b) 下跌抵抗型

图 6-3　带下影线的 K 线

应用法则：

① 长下影线出现在上升趋势的高位，若成交量放大，则意味着抛压加重，承接踊跃，但有多头力竭之感。

② 长下影线出现在下降趋势的低位，若成交量放大，则意味着有恐慌性筹码抛出，但低位接盘踊跃，有大量多头抄底盘介入。

(5) 十字形、"T"字形、"倒 T"字形表明多空双方势均力敌，市场处于重要关口，但"—"有不同的含义。

应用法则：

① 底部 T 型线（蜻蜓）看涨，顶部 T 型线（蜻蜓）看跌的变盘线。

② 十字线可能构成重要的警告信号，原趋势停顿或反转。

③ 只有在一个市场不经常出现十字线的条件下，十字线才具有重要意义。

④ 如果具有很长的上影线，或者具有很长的下影线则更加意味着市场犹豫不决，较普通的十字线更具有预示着原趋势停顿或反转的研判意义。

⑤ 顶部十字架表示：短期见顶，后势看跌。

（二）单根 K 线的实战意义

1. 小阳星

全日中股价波动很小，开盘价与收盘价极其接近，收盘价略高于开盘价，小阳星的出现，表明行情已处于混乱不明阶段，后市的涨跌无法预测。此时，要根据其前期 K 线组合的形状以及当时所处的价值区域综合判断。

2. 小阴星

小阴星的分时走势图与小阳星相反，只是收盘价格低于开盘价，表明行情疲软，发展方向不明。

3. 小阳线

其波动范围较小阳星增大，多头梢占上风，但上攻无力，表明行情发展扑朔迷离。如果在低价值区域出现上吊阳线，股价表现出探底过程中成交量萎缩，随着股价的逐步抬高，成交量呈现均匀放大事态，并最终以阳线报收，预示着后市股价看涨。如果在高价值区域出现上吊阳线，则有可能是主力在拉高出货，需要留心。

4. 下影阳线

它的出现表明多空交战中多方的攻击沉稳有力，股价先跌后涨，行情有进一步上涨的潜力。

5. 上影阳线

显示多方攻击时上方抛压沉重，这种图形常见于主力的试盘动作，说明此时浮动筹码较多，涨势不强。

6. 光头阳线

光头阳线若出现在低价位区域，在分时走势图上表明为股价探底后逐浪走高且成交量同时放大，预示为一轮上升行情的开始。如果出现在上升行情途中，表明后市继续看好。

7. 光脚阳线

光脚阳线表明上升势头很强，但在高位处多空双方有分歧，购买时应谨慎。

8. 上影长的阳线

上影长的阳线表示多方上攻受阻回落，上档抛盘较重。能否继续上升局势尚不明朗。

9. 光头光脚阳线

光头光脚阳线表明多方已经牢固控制盘面，逐浪上攻，步步逼空，涨势强烈。

10. 小阴线

小阴线表示空方呈打压态势，但力度不大。

11. 光脚阴线

光脚阴线的出现表示股价虽有反弹，但上档抛压沉重，空方趋势打压使股价以阴线报收。

12. 光头阴线

如果这种线型出现于低价位区，说明抄底盘的介入使股价有反弹迹象，但力度不大。

13. 下影阴线、下影十字星、T形线

这三种线型中的任何一种出现在低价位区时，都说明下档承接力较强，股价有反弹的可能。

14. 上影阴线、倒 T 形线

这两种线形中的任何一种出现在高价值区时,说明上档抛压严重,行情疲软,股价有反转下跌的可能。如果出现在中价位区的上升途中,则表明后市仍有上升空间。

15. 十字星

这种线型常称为变盘十字星,无论出现在高价位区或低价位区,都可视为顶部或底部信号,预示着大势即将改变原来的走向,如果转折失败上涨与下跌的幅度是前期涨和跌幅一倍。

16. 大阴线

股价横盘一日,尾盘突出放量下跌,表明空方在一日交战中最终占据了主导优势,次日低开的可能性较大。如果股价走出逐浪下跌的行情,这说明空方已占尽优势,当多方无力抵抗,股价被逐步打低,后市看淡。

三、K 线组合应用分析

单根 K 线仅代表一个交易单位时间内价格变动的情况,信息量太少,必须进行多 K 线分析,即把几根 K 线联系起来分析,其预测的准确率会大大提高,一般不超过五根。而无论 K 线组合是几根,都是以 K 线相对位置的高低和阴阳来推测行情的。

(一) 常见的两根 K 线组合分析

1. 鲸吞型(见图 6-4)

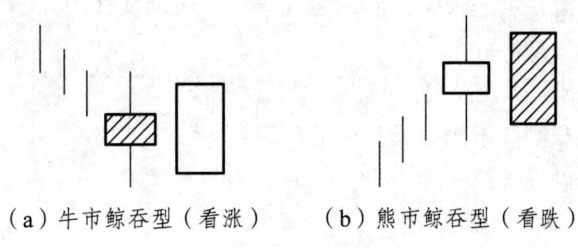

(a) 牛市鲸吞型(看涨)　　(b) 熊市鲸吞型(看跌)

图 6-4　鲸吞型 K 线组合

鲸吞型的特征:
　　(1) 该形态出现之前一定有相当明确的趋势;
　　(2) 第二天的实体必须完全包含前一天的实体;
　　(3) 前一天的 K 线与趋势一致;
　　(4) 第二天实体阴阳与第一天相反。

2. 孕育型(见图 6-5)

孕育型的特征:
　　(1) 本形态长实体之前一定有相当明确的趋势;

(2) 长实体之后为小实体,小实体被包在长实体内;

(3) 第一根线实体颜色与趋势一致;

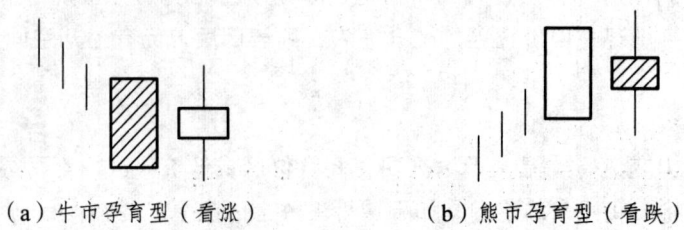

(a) 牛市孕育型(看涨)　　　(b) 熊市孕育型(看跌)

图 6-5　孕育型 K 线组合

(4) 小实体颜色与长实体相反。

其中,小实体为"十"字线,则为特殊情况。

3. 刺穿线(见图 6-6)和乌云盖顶(见图 6-7)

图 6-6 刺穿线(曙光初现)(看涨)　　　图 6-7 乌云盖顶(看跌)

刺穿线的特点:

(1) 第一天为长阴实体;

(2) 第二天为长阳线实体,开盘低于前一天最低点;

(3) 阳线的收盘在第一天实体内,但高于第一天阴实体中点。

乌云盖顶的特点:

(1) 第一天长阳;

(2) 第二天为开盘高于第一天高价的长阴;

(3) 第二天收盘低于第一天中点。

(二)常见的三根 K 线组合分析

1. 早晨之星(见图 6-8)和黄昏之星(见图 6-9)

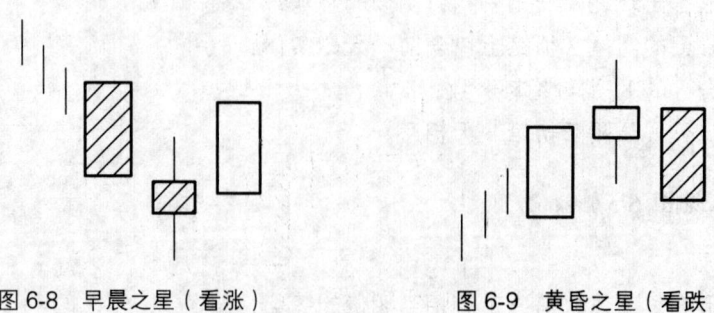

图 6-8　早晨之星(看涨)　　　图 6-9　黄昏之星(看跌)

该组合的特征：
(1) 第一天为与趋势一致的长实体（不管有没有影线）；
(2) 第二天的小实体星形线与第一天之间有缺口，其颜色不重要；
(3) 第三天为与第一天颜色相反的长实体。

2. 上升乌鸦两缺口（见图6-10）

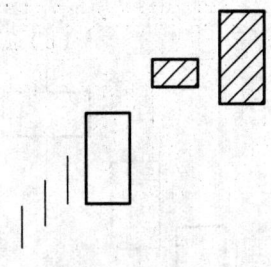

图6-10　上升乌鸦两缺口

上升乌鸦两缺口的特点：
(1) 第一天长阳；
(2) 第二天出现带上升缺口的阴线；
(3) 第三天阴线实体下部低于第一根阴线。

3. 三白兵（见图6-11）

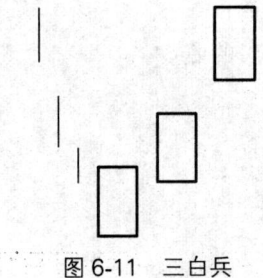

图6-11　三白兵

该组合的特点有：
(1) 三根连续的长阳，每天出现更高的收盘价；
(2) 每天的开盘价应在前一天实体的中点之上；
(3) 每天的收盘价应该在当天的最高点或接近最高点。

4. 三乌鸦（见图6-12）

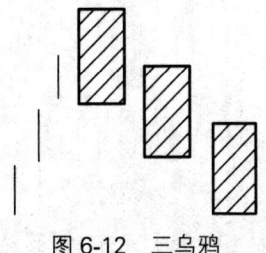

图6-12　三乌鸦

该组合的特征：

(1) 连续三天长阴；

(2) 每天的收盘出现新低；

(3) 每天开盘在前一天实体内；

(4) 每天的收盘等于或接近当天的最低。

5. 强弩之末（见图6-13）

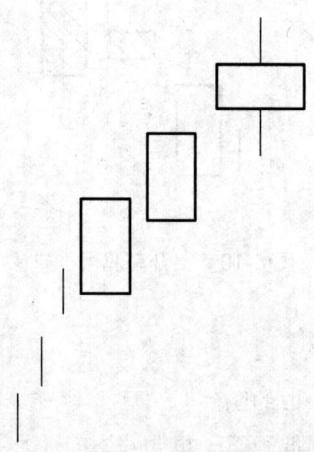

图6-13　强弩之末

特点：

(1) 第一、第二根为长阳实体；

(2) 第三天的开盘接近第二天的收盘；

(3) 第三天为仿轴线或星形线。

（三）经典的K线组合图形分析

1. 上升V型反转（见图6-14）

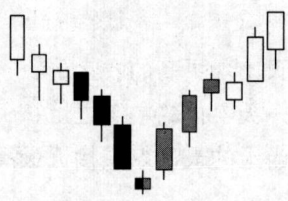

图6-14　上升V型反转

应用法则：

底部见底，反转上升。

2. 出水芙蓉（见图6-15）

应用法则：

一根大的阳线上穿三条均线，改变均线为多头排列，后势看涨。

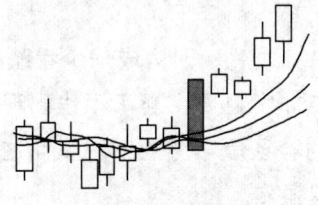

图 6-15　出水芙蓉

3. 下降 V 型反转（见图 6-16）

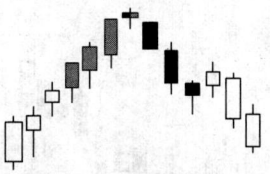

图 6-16　下降 V 型反转

应用法则：
反转形态，后势看跌。

4. 倒锤子（见图 6-17）

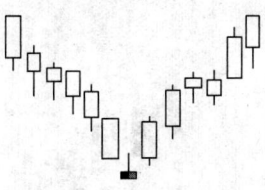

图 6-17　倒锤子

应用法则：

（1）如果倒锤子线出现在下降趋势之后，则构成一个看涨的 K 线图形态，这一点与普通的锤子线同出一辙。

（2）在分析倒锤子线时，有一点非常重要：当倒锤子线出现后，必须等待下一个时间单位的看涨信号对它加以验证。倒锤子线的验证信号可能采取下面这样的形式：倒锤子线次日的开市价向上跳空，超过了倒锤子线的实体。向上跳空的距离越大，验证信号就越强烈。还可能采取另外一种形式：倒锤子线次日是一根白色 K 线，并且它的价格均处在较高的水平，则完成了看涨的验证信号。

5. 吊颈线（见图 6-18）

图 6-18　吊颈线

应用法则：

（1）如果吊颈线出现在上升趋势之后，则构成一个看跌的 K 线图形态。

（2）在分析吊颈线时，有一点非常重要：当吊颈线出现后，必须等待下一个时间单位的看跌信号对它加以验证。吊颈线的验证信号可能采取下面这样的形式：吊颈线次日的开市价向下跳空缺口越大，验证信号就越强烈。

（3）还可能采取另外一种形式：吊颈线次日是一根黑色 K 线，并且它的收盘价格低于吊颈线的实体，则完成了看跌的验证信号。

6. 叠叠多方炮（见图 6-19）

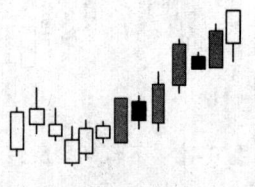

图 6-19　叠叠多方炮

应用法则：

重叠多方炮，后势极端看涨。

7. 叠叠空方炮（见图 6-20）

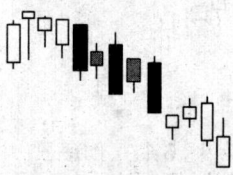

图 6-20　叠叠空方炮

应用法则：

空方炮的重复，短期下跌走势的可能性极大。

8. 东方红大阳升（见图 6-21）

图 6-21　东方红大阳升

应用法则：

连续拉阳线，如果配合均线金叉，后势看涨。

9. 断头铡刀（见图6-22）

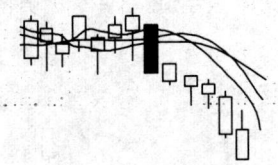

图 6-22　断头铡刀

应用法则：
一根大阴线切断了三根均线，改变了均线的排列，为空头排列，后势看空。

10. 多方炮（见图6-23）

图 6-23　多方炮

应用法则：
多方强势，短期看涨。

11. 曙光初现（反击线）（见图6-24）

图 6-24　曙光初现（反击线）

应用法则：
（1）反击线形态出现于一轮由缓跌到急跌的下降趋势中，行情将演化为 V 型反转或止跌横盘趋势。
（2）反击线形态根据其后一个阳线切入阴线实体的深入程度不同而决定其反击力度的大小。即阳线切入阴线实体的深度越大，则行情将演化为反转或止跌横盘趋势的可能性越高。

12. 九阴白股爪（见图6-25）

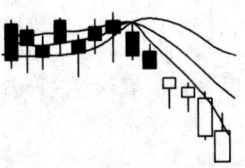

图 6-25　九阴白股爪

应用法则：

连续的阴线和均线死叉一同出现，预示着后期的走势凶多吉少。

13. 剧涨并排红（见图 6-26）

图 6-26　剧涨并排红

应用法则：

（1）剧涨并排红（并列阳线），也称"并列阳线 K 线、两阳线跳空平底"。本形态是由两根相邻的阳线 K 组成的，它们具有相同的开市价。它们的实体也具有差不多相同的高度。

（2）在上升趋势中，如果出现了一组向上跳空的并列阳线，则构成了一个看涨的持续形态。

14. 看跌提腰带线（见图 6-27）

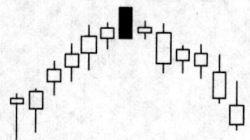

图 6-27　看跌提腰带线

应用法则：

（1）看跌捉腰带线又名"尖兵线"或"试盘线"，预示行情看跌。

（2）在上升趋势中的看跌捉腰带线，表明行情将停滞或反转。

（3）在盘档中的看跌捉腰带线，以试盘线居多，多头尖兵线的出现意味着行情向上突破盘整失败，抛压太重，趋势以继续横盘居多。

（4）在下降趋势中的看跌捉腰带线，表明多头反弹微弱，空头抛压力量强大，行情将继续下跌。

15. 看跌吞没形态（见图 6-28）

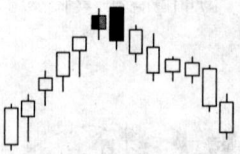

图 6-28　看跌吞没形态

应用法则：

（1）看跌吞没形态出现在一轮明显的上升趋势中，如果吞没形态具有下面列出了这样的一些参考性要素和特征，那么它们构成重要反转信号的可能性将大大增强。

(2) 在看跌吞没形态中，第一天的实体非常小，而第二天的实体非常大。这种情况可能说明原有趋势的驱动力正在消退，而新趋势的潜在力量正在壮大。

(3) 看跌吞没形态出现在超长期的或非常急剧的市场运动之后。如果存在超长期的上升趋势，则增加了以下这种可能性：潜在的买家已经入市买进，持有多头。在这种情况下，市场可能缺少足够的新的多头头寸的供应，无力继续推动市场上升。如果存在非常急剧的市场运动，则市场可能已经朝一个方向走得太远，容易遭受获利盘空头的抛盘打击。

(4) 在看跌吞没形态中，第二个实体伴有超额的交易量。这种情形可能属于巨量出货暴跌现象。

(5) 在看跌吞没形态中，第二天的实体向前吞没的实体不止一个。

16. 看涨捉腰带线（见图 6-29）

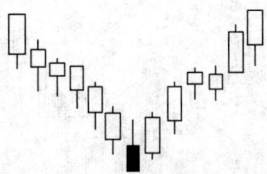

图 6-29　看涨捉腰带线

应用法则：

(1) 看涨捉腰带线又名"尖兵线"或"试盘线"，预示行情看涨。

(2) 在上升趋势中的看涨捉腰带线，表明行情将继续上涨。

(3) 在盘档中的看涨捉腰带线，以试盘线居多，多头尖兵线的出现将意味着行情向上突破盘整上涨。

(4) 在下降趋势中的看涨捉腰带线，极易构成一根当日反转 K 线，但趋势的反转有待于下一根 K 线的收盘价高于看涨捉腰带线的最高价的验证。

17. 看涨吞没形态（见图 6-30）

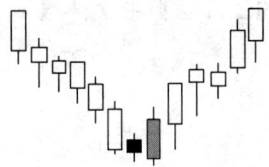

图 6-30　看涨吞没形态

应用法则：

(1) 看涨吞没形态出现在一轮明显的下跌趋势中，如果吞没形态具有下面列出了这样的一些参考性要素和特征，那么它们构成重要反转信号的可能性将大大增强。

(2) 在看涨吞没形态中，第一天的实体非常小，而第二天的实体非常大。这种情况可能说明原有趋势的驱动力正在消退，而新趋势的潜在力量正在壮大。

(3) 看涨吞没形态出现在超长期的或非常急剧的市场运动之后。如果存在超长期的下降趋势，则增加了以下这种可能性：最后的空头已接近抛出，股价无力下行，只要有多头入市买进,这种情况下,市场可能缺少足够的新的空头头寸的供应,无力继续打压股价下行。如果存在非常急剧的市场运动,则市场可能已经朝一个方向走得太远,容易遭受到抄底多头将股价迅速拉抬推高。

(4)在看涨吞没形态中,第二个实体伴有超额的交易量。这种情形可能属于巨量买入暴涨现象。

(5)在看涨吞没形态中,第二天的实体向前吞没的实体不止一个。

18. 平底(镊子线)(见图6-31)

应用法则:

(1)平底形态出现于一轮短暂的下降趋势中,两根K线有相同的最低价,意味行情探低见底,股价行将反转上升。

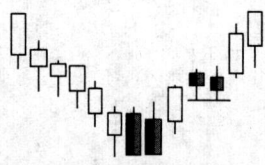

图6-31 平底(镊子线)

(2)平底形态反转上升的力度较小。

19. 平顶(镊子线)(见图6-32)

图6-32 平顶(镊子线)

应用法则:

(1)平顶形态出现于一轮短暂的上升趋势中,两根K线有相同的最高价,意味行情摸高见顶,股价行将反转。

(2)平顶形态反转下跌的力度较小。

20. 前进红三兵(见图6-33)

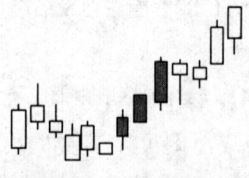

图6-33 前进红三兵

应用法则:

(1)上升持续形态的前进红三兵形态出现在长期盘整形态的后期,且处于一段时间行情的相对低价区域,则行情将脱离盘档区域,在大成交量的配合下,走出一段持续上升的行情。

(2)前进红三兵形态出现在一段上升的行情,经过盘档区域整理后时,则行情将脱离盘档区域,在大成交量的配合下,走出一段新的持续上升的行情。

(3)若前进红三兵形态出现在一段上升行情的后期,即处于一段时间行情的相对高价区域(如曾出现过突破缺口,中继缺口,竭尽缺口等特征),则该形态不再具有上升持续形态的研判意义。

21. 三十字线(见图6-34)

应用法则:
短期变盘在即,或原来的趋势将停止。

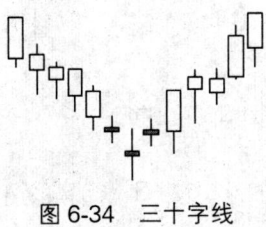

图6-34 三十字线

22. 上升三法(见图6-35)

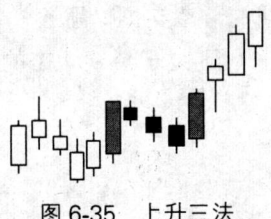

图6-35 上升三法

应用法则:
(1)由于这群较小的K线均处于第一天的价格范围之内,它们与最前面的长阳线一道,构成了一种类似于三日孕线形态的价格形态(在本形态中,所谓处于最前面的K线的价格范围之内,指的是这群小K线均处于该K线的上下影线的范围之内;而在真正的孕线形态中,仅仅是小K线的实体包含在前面那根线的实体之内)。小K线既可以是白色的,也可以是黑色的,不过,黑色K线最常见。连续数个阴线都无法将股价推到第一根K线的开盘价之下,而后的一个大阳线与前数个小K线形成包抱线,意味着涨势行情开始。

(2)在三法形态中,下面这项因素可能加强其预测意义:如果头、尾两根白色K线的交易量超过了中间那群小K线的交易量,那么该形态的分量就更重了。

23. 上跳空缺口(见图6-36)

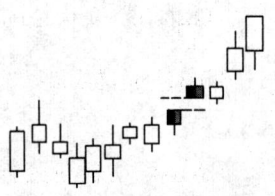

图6-36 上跳空缺口

应用法则：

(1) 突破缺口：股价突破长期盘整，产生向上跳空缺口，则预示着一轮上涨行情开始。

(2) 中继缺口：又名"测量缺口"，标志着上涨行情走到了中间途中。

(3) 竭尽缺口：意味着行情日薄西山，很可能是向高价圈的最后冲刺。

24. 上涨分离线（见图6-37）

应用法则：

(1) 分离线形态暗示市场的当前上升趋势仍将继续，第一个实体的阴线颜色说明了牛市目前处于持续状态。第二根K线是阳线的，但最低价开市价只到昨日的开市价，表明强势未改。

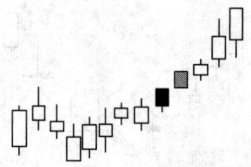

图6-37　上涨分离线

(2) 分离线形态出现前必须有一段明显的上升趋势，无论这段上升趋势是长或短，在此之后出现该形态才较为有效。

(3) 分离线形态如果出现在前期的形态支撑位附近，则将有企稳或反转的可能性。

(4) 如果分离线形态的K线越长，则处于持续状态的可靠性进一步增强，对行情的研判更具意义。

25. 上涨会合线（见图6-38）

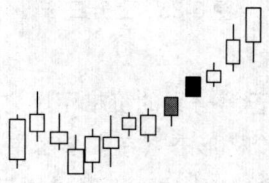

图6-38　上涨会合线

应用法则：

(1) 会合线形态表示市场的当前上升趋势仍将继续，第一个实体的阳线颜色说明了多方目前处于持续状态。第二根K线是阴线，但最低价只收到昨日的收盘价，表明强势未改。

(2) 会合线形态出现前必须有一段明显的上升趋势，无论这段下降趋势是长或短，在此之后出现该形态才较为有效。

(3) 会合线形态如果出现在前期的形态支撑位附近，则其上升的可能性将增强。

(4) 如果会合线形态的K线越长，则处于持续状态的可靠性进一步增强，对行情的研判更具意义。

26. 射击之星（流星）（见图6-39）

应用法则：

(1) 射击之星形态出现在短期的上升趋势，它发出警告信号，表明市场顶部就在眼前。

本形态的技术意义不如黄昏星形态强,通常不构成主要反转信号。但常和其他K线组合构成更有研判意义的形态。

图 6-39 射击之星(流星)

(2)如果在射击之星形态出现时,带有巨大成交量,则因短期多头资金短缺,空头将大量筹码抛出,股价先扬后抑,完成了一个由多转空的心理过程,故行情可能短期见顶而走疲。

27. 石塔线(墓碑)(见图 6-40)

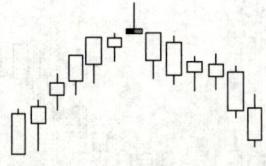

图 6-40 石塔线(墓碑)

应用法则:

(1)墓碑十字线最突出的长处是在于昭示市场顶部,即在市场顶部的墓碑十字线比在市场底部的墓碑十字线的意义更重要。

(2)位于上涨行情之后的墓碑十字线具有疲软的意义:当日股价剧烈地向上攻击,表明多头力量强大;然而好景不长,空头立即还以颜色,当日就把股价在收盘时打回到今天的开盘价,多空双方不再拉升或抛售,暂时处于一种平衡和休战状态。

28. 双飞乌鸦(见图 6-41)

图 6-41 双飞乌鸦

应用法则:

在扬升的走势中,第一个大阳线显示多头全力攀升模样,第二个小阴线虽跳空高开,但上涨乏力,反而以小阴线收盘,第三日重复此种走势,强化并证实说明:行情仍居高不下表明多头竭尽全力奋战,渴望行情再度呈现多头天下的意愿,而此阴线与前日形成两只乌鸦形态,表示行情开始疲软的象征。

29. 思量红三兵(见图 6-42)

应用法则:

(1)虽然思量红三兵形态在一般情况下不属于顶部反转形态,但是有时候,它也能引出不容忽视的下跌行情。特别是若思量红三兵形态出现在一段上升行情的后期,当紧接着出现一个巨大的阴线时,很容易构成乌云盖顶 K 线形态,或黄昏之星形态,从而变成了典型的反转看跌的 K 线组合形态。故当思量红三兵形态出现时,应谨慎从事,静观其变,不应贸然追高。

图 6-42　思量红三兵

（2）请记住,在通常情况下,思量红三兵形态并不是一个趋势反转信号,这种形态的出现,常常意味着市场需要一段深思熟虑的时间,以便决定下一步的方向。

30. 跳空上涨卷袖线（见图 6-43）

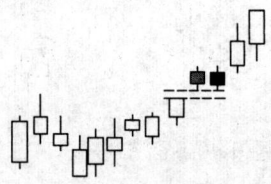

图 6-43　跳空上涨卷袖线

应用法则:

如果上升趋势途中,产生了一个向上跳空缺口,但第二天低开收阴线将跳空缺口回补,说明了多头在低位承接;空头惜售未发生后续抛售,原上升趋势将持续。

31. 跳空下跌并列阳线（见图 6-44）

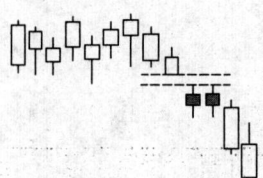

图 6-44　跳空下跌并列阳线

应用法则:

（1）向下跳空并列阳线形态出现在一个较为清晰的下降趋势之中,快速下降产生向下跳空的白色 K 线。

（2）如果市场收市在并列白色 K 线的最低点之下,则意味着下一波下跌行情即将展开。

32. 跳空下跌并列阴阳线（见图 6-45）

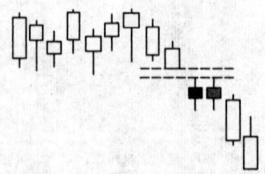

图 6-45　跳空下跌并列阴阳线

应用法则：

（1）向下跳空并列阴阳线形态出现在一个较为清晰的下降趋势之中，快速下降产生向下跳空的阴线。

（2）如果下降趋势途中，产生了一个向下跳空缺口，但第二天低开高收阳线将跳空缺口回补，说明多头在低位承接；却在缺口处受阻，无力继续上攻，回补缺口后，原下降趋势将持续。

33. 跳空下跌卷袖线（见图6-46）

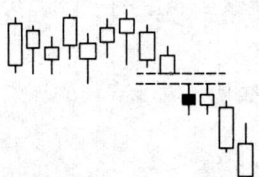

图6-46　跳空下跌卷袖线

应用法则：

（1）一旦向下跳空并列黑白K线形态出现，则原下降趋势将持续。故在反抽确认缺口回补时，此时是多头抽身而退，抛出筹码逃命的好时机。

（2）跳空下跌卷袖线形态出现在一个较为清晰的下降趋势之中，快速下降产生向下跳空的阴线。

（3）如果下降趋势途中，产生了一个向下跳空缺口，但第二天低开高收阳线将跳空缺口回补，说明了多头在低位承接；却在缺口处受阻，无力继续上攻，回补缺口后，原下降趋势将持续。

34. 铁锤（见图6-47）

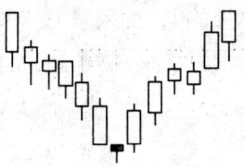

图6-47　铁锤

应用法则：

（1）如果锤头线出现在下降趋势之后，则构成一个看涨的K线图形态。

（2）在分析锤头线时，有一点非常重要：当锤头线出现后，必须等待下一个时间单位的看涨信号对它加以验证。锤头线的验证信号可能采取下面这样的形式：锤头线次日的开市价向上跳空，超过了锤头线的实体。向上跳空的距离越大，验证信号就越强烈。

（3）还可能采取另外一种形式：锤头线次日是一根白色K线，并且它的价格均处在较高的水平，则完成了看涨的验证信号。

35. 曙光初现（反击线）（见图 6-48）

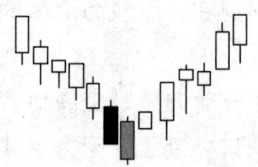

图 6-48　曙光初现（反击线）

应用法则：

（1）反击线形态出现于一轮由缓跌到急跌的下降趋势中，行情将演化为 V 型反转或止跌横盘趋势。

（2）反击线形态根据其后一个阳线切入阴线实体的深入程度不同而决定其反击力度的大小。

36. 乌云笼罩（披线）（见图 6-49）

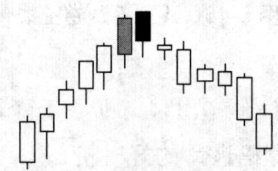

图 6-49　乌云笼罩（披线）

应用法则：

下面列出了一些参考性因素，如果乌云盖顶形态具有这样的特征，则有助于增强其看跌的技术分量：

（1）乌云盖顶形态中，黑色实体的收市价向下穿入前一个白色实体的程度越深，是该形态构成市场顶部的机会越大。

（2）乌云盖顶形态发生在一个超长期的上升趋势中，它的第一天是一根坚挺的白色实体，其开市价就是最低价（就是说，是秃脚的），而且其收市价就是最高价（就是说，是秃头的）；它的第二天是一根长长的黑色实体，其开市价位于最高价，而且收市价位于最低价（这是一个秃头秃脚黑色 K 线）。

（3）在乌云盖顶形态中，如果第二个实体（即黑色的实体）的开市价高于某个重要的阻挡水平，但是市场未能成功地坚守住，那么可能证明多方已经无力控制市场了。

（4）如果在第二天开市的时候，市场的交易量非常大，那么这里就可能发生胀爆现象。

37. 下跌分离线（见图 6-50）

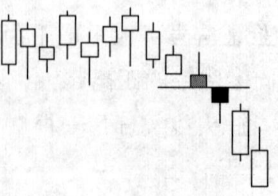

图 6-50　下跌分离线

应用法则：

（1）下跌分离线形态表示市场当前下跌的趋势仍将继续，第一根 K 线是阳线，第二根阴线实体的颜色说明了空方目前处于持续状态，表明弱势未改。

（2）下跌分离线形态出现前必须有一段明显的下跌趋势，无论这段下降趋势是长或短，在此之后出现该形态才较为有效。

（3）下跌分离线形态如果出现在前期的形态支撑位破位后 3% 市价的附近，则其下跌的可能性将加强。

（4）如果下跌分离线形态的 K 线越长，则处于持续状态的可靠性进一步增强，对行情的研判更具意义。

38. 下跌会合线（见图 6-51）

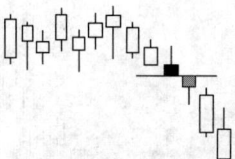

图 6-51　下跌会合线

应用法则：

（1）下跌会合线形态表示市场当前下跌的趋势仍将继续，第一根阴线实体的颜色说明了空方目前处于持续状态。第二根 K 线是阳线，但最高价只收到昨日的收盘价，表明弱势未改。

（2）下跌会合线形态出现前必须有一段明显的下跌趋势，无论这段下降趋势是长或短，在此之后出现该形态才较为有效。

（3）会合线形态如果出现在前期的形态支撑位破位后 3% 市价的附近，则其下跌的可能性将加强。

（4）如果会合线形态的 K 线越长，则处于持续状态的可靠性进一步增强，对行情的研判更具意义。

39. 下降三法（见图 6-52）

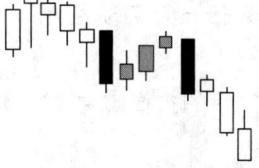

图 6-52　下降三法

应用法则：

所谓下降三法形态，这类形态均属于持续形态。在下降趋势中的三法形态中，下面这项因素可能加强其预测意义：如果头、尾两根阴线的 K 线交易量超过了中间那群小 K 线的交易量，那么，该形态的分量就更重了。

40. 缺口（见图 6-53）

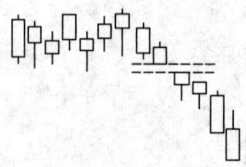

图 6-53　缺口

应用法则：

（1）突破缺口：股价突破长期盘整，产生向下跳空缺口，则预示着一轮下跌行情开始。

（2）中继缺口：又名"测量缺口"，标志着下跌行情走到了中间途中。

（3）竭尽缺口：意味着行情抛压走到了尽头，很可能是向低价圈的最后一跌。

41. 仙人指路（见图 6-54）

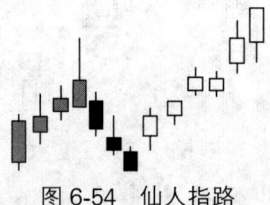

图 6-54　仙人指路

应用法则：

上冲回档洗盘，后期看涨，并且有望创近期的新高。

42. 跳空上涨并列阳线（见图 6-55）

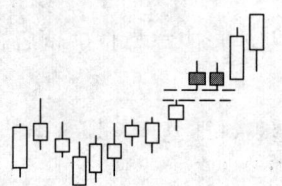

图 6-55　跳空上涨并列阳线

应用法则：

（1）向上跳空并列阳线形态出现在一个较为清晰的上升趋势之中，快速上升产生向上跳空的白色 K 线。

（2）如果市场收市在并列白色 K 线的最高点之上，则意味着下一波上涨行情即将展开。

43. 跳空上涨并列阴阳线（见图 6-56）

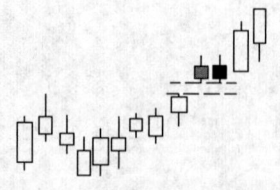

图 6-56　跳空上涨并列阴阳线

应用法则：

（1）向上跳空并列阴阳线形态出现在一个较为清晰的上升趋势之中，快速上升产生向上跳空的白色 K 线。

（2）如果上升趋势途中，产生了一个向上跳空缺口，但第二天低开收阴线将跳空缺口回补，说明了多头在低位承接；空头惜售未发生后续抛售，回补缺口后，原上升趋势将持续。

44．阳后双阴阳（见图 6-57）

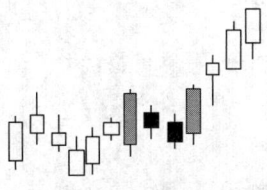

图 6-57　阳后双阴阳

应用法则：

阳后双阴阳 K 线组合，后势看涨。

45．阴后双阳阴（见图 6-58）

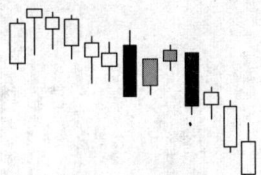

图 6-58　阴后双阳阴

应用法则：

一根阴线后出现反弹的两根阳线，但被一根更大的阴线吃掉，表明空头仍然强大。

46．孕线（见图 6-59）

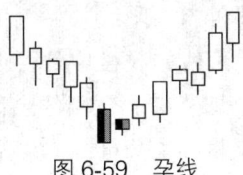

图 6-59　孕线

应用法则：

在 K 线理论中，孕线形态的出现，预示着市场将同先前的趋势分道扬镳，行情将可能演化为反转或止跌横盘的趋势，且横盘的可能性大于反转的可能性。

47．骤跌并排红（见图 6-60）

应用法则：

本形态是由两根相邻的阳线 K 组成的，它们具有相同的开市价，并且它们的实体也具有差不多相同的高度。如果出现了一组向下跳空的并列阳线，两阳线跳空平底，则后市看跌。

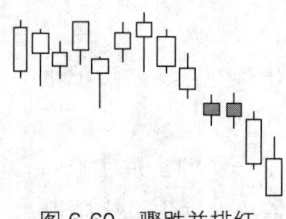

图 6-60　骤跌并排红

（四）应用 K 线组合应注意的问题

对 K 线的判断和应用，应注意如下几个问题：

1. 分析实体的长短

阳线的实体越长，买方的力量越强；阴线的实体越长，卖方的力量越强。两根或三根 K 线组合在一起时，如果同是阳线，且后面的阳线实体与前面的阳线相比，一根比一根长，表明买方占绝对优势，股价涨势还将增强；如果后面的阳线与前面相比，渐次缩短，表明买方气势已开始减弱，股价涨幅有限。如果同是阴线则相反，两根或三根阴线，后面比前面的长，卖方势强还会进一步打压股价；阴线渐次缩短，卖方力量开始衰退，股价下跌势头趋缓。

2. 分析上影和下影的长短

上影长，说明买方将股价推高后遇空方打压，上影越长，空方阻力越大；下影长，说明买方在低价位有强力支撑，下影越长，支撑力越强。

3. 两根、三根 K 线的相互关系

如果紧连的两根或三根 K 线，分别为阳线或阴线，则要注意分析它们之间的关系，着重比较收盘价的相对关系。以两根 K 线为例，如果第一根是阴线，第二根为阳线，要看第二根 K 线的收盘价是否高于第一根 K 线的收盘价，是否超过第一根 K 线实体的 50%，是否高于阴线的开盘价，是否将前一日阴线全部包入，阳线收盘价位置越高，表明买方力量越强。如果第一根是阳线，第二根是阴线，则看阴线的收盘价是否低于阳线的收盘价，是否低于阳线实体的 50%，是否低于阳线的开盘价，即将前一日阳线全部包入。阴线收盘价越低，卖方力量越强。三根或多根 K 线组合也可依上述办法分析。

4. 分析 K 线是否组成某一形态

多根 K 线组合分析，要注意是否已组成某一反转或盘整形态，若已组成形态，则应按形态特点分析，而不必过于拘泥于 K 线的关系。但特别要注意突破形态的 K 线，如以大阳线向上突破或大阴线向下跌破，加上成交量的配合，则是明确的信号。

5. 分析 K 线在一个较大行情中的位置

分析 K 线也要胸有全局，不能"只见树木，不见森林"。特别要注意高价圈和低价圈中出现大阳线、大阴线和十字转机线，要将它们放在整个行情走势中分析判断。

总之，K线组合形态有着极其丰富的内容，投资者应当在进一步学习的基础上，在实践中不断探索，总结规律，才能熟能生巧，运用自如。应用K线图组合进行分析时应注意，无论是一根K线，还是两根及多根K线的组合，都是对多、空双方争斗的描述，由它们的组合得到的结论都是相对的，而不是绝对的。对具体进行买卖股票的投资者来说，结论只是起一种建议的作用，也就是说，结论要涨不一定就涨，而是指今后上涨的概率较大。

第三节　切线理论分析

切线理论是指按一定方法和原则在由股票价格的数据所绘制的图表上画一些直线。然后根据这些直线的情况推测股票价格的未来趋势。

一、趋势分析

简单地说，趋势就是价格的波动方向，或者说是证券市场运动的方向。最先对趋势做出划分的是查理斯·H.道（Charles H. Dow），他认为股价变动趋势依据时间长短可划分为三个层次：主要趋势、次要趋势和短暂趋势。其中，主要趋势是指股价长期趋势，可能持续几个月，甚至数年之后才会改变波动方向。其特色为在多头市场里，一段行情的平均数最高点比前一段行情的平均数最高点为高，也就是一峰比一峰高；空头市场里，一段行情的平均数最低点比前一段行情的平均数最低点要低，也就是一谷比一谷低。次要趋势是指在进行主要趋势的过程中的调整，也即长期上涨趋势中的下跌阶段，或是长期下跌趋势中的回升阶段。对于次要趋势波动的期间，道氏理论认为大约是两个星期至一个月或更久，反转幅度（跌幅或涨幅）约为前面基本趋势的上涨或下跌的3/8，通常在每一个主要趋势中，总会出现两个或更多的次要趋势。短暂趋势是次要趋势中的调整，也即股票价位每日的波动。其波动快则数小时，慢则几天内结束，这种波动的随机性比较强。

从图形上看，市场的变动就是一条曲折蜿蜒的折线，每个折点处就形成一个峰或谷，由这些峰和谷的相对高度可以看出趋势的走向。股价运动趋势的方向一般分为三种，即上升方向、下降方向和水平方向。如果图形中每个后面的峰和谷都高于前面的峰和谷，也就是通常所说的底部逐渐抬高或者上升浪，则趋势就是上升方向；如果图形中每个后面的峰和谷低于前面的峰和谷，则趋势就是下降方向；若图形中每个后面的峰和谷与前面的峰和谷相比无明显高低之分，则趋势就是水平方向，如图6-61所示。

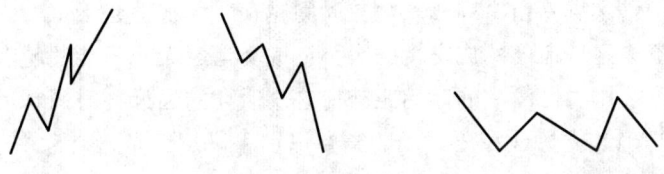

图6-61　趋势的三个方向

二、支撑线和压力线

认清趋势是进行投资的重要步骤。认清趋势之后，就应该采取相应的行动。如果认清大牛市已经来临，那么就应该进入市场进行实际的投资，只是将面临一个选择入市时机的问题。每个投资者都希望在大涨之前的低点买入，或者在涨势中途回落的低点买入。这些低点在哪里呢？对这些问题肯定没有十全十美的答案，但是支撑线和压力线会给我们一些帮助。

1. 支撑线和压力线的含义

支撑线又称抵抗线。当股价跌到某个位置的附近时，股价停止下跌，甚至有可能回升，这个阻止股价继续下跌的价格就是支撑线所在的位置。支撑线是因为多方在此买入形成的，一般前期的高点和低点以及成交密集区就是经常形成抵抗线的区域（见图6-62）。

压力线又称阻力线。当价格上涨到某个价位附近时，价格会出现停止上涨，甚至回落，这是空方在此抛出筹码造成的。压力线所在的位置阻止价格的继续上升（见图6-62）。

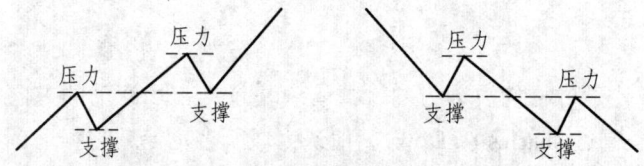

图6-62　支撑线和压力线

2. 支撑线和压力线的作用

如前所述，支撑线和压力线的作用是阻止或暂时阻止股价朝一个方向继续运动。由于股价的变动是有趋势的，要维持这种趋势，保持原来的变动方向，就必须冲破阻止其继续向前的障碍。比如说，要维持下跌行情，就必须突破支撑线的阻力和干扰，创造出新的低点；要维持上升行情，就必须突破上升压力线的阻力和干扰，创造出新的高点。由此可见，支撑线和压力线迟早会有被突破的可能，它们不足以长久地阻止股价保持原来的变动方向，只不过是使它暂时停顿而已。如果一条支撑线被跌破，那么这一支撑线将成为压力线；同理，一条压力线被冲破，这个压力线将成为支撑线。这说明支撑线和压力线的地位不是一成不变的，是可以改变的。

3. 支撑线和压力线的确认与修正

由于每一条支撑线和压力线的确认都是人为的，带有很大的主观性。在实际操作中，若确认支撑及压力线可从以下三个方面进行考虑：

（1）股价在此价格区域停留时间和长短：时间越长，可能性越大。
（2）股价在此价格区域伴随的成交量的大小：成交量越大，可能性越大。
（3）这个支撑区或压力区发生的时间距当前这个时期的远近：时间越近，影响越大。

上述三个方面是确认支撑线和压力线的重要识别手段。但是，有时由于价格的变动，会发现原来确认的支撑线或压力线并不真正具有支撑或压力的作用。这时就存在对支撑线和压力线进行修正的问题。

4. 常见的支撑位与压力位产生的位置

由于支撑线和压力线能阻止或暂时阻止股价朝一个方向继续运动，因此，支撑线和压力线所在的位置往往是买入和卖出的最佳价位和时机。在一个上升的趋势中，每次股价回落时获得支撑的价位即是买入的最佳价位；而在一个下降的趋势中，每次股价回升时受到压力的价位即是投资者卖出的最佳价位。因此，投资者有必要学会如何辨认股价运动过程中的支撑位和压力位。由于支撑和压力会互相转化，因此，支撑位和压力位辨认与判断的方法是相同的。一般来讲，支撑位与压力位产生在以下位置：

（1）趋势线点位。上升趋势线主要对股价产生支撑作用，而下降趋势线主要对股价产生压力作用。

（2）均线位。均线代表了一段时期内市场的平均成本与多空双方的均衡点，因此是多空双方争夺的焦点，因而会产生支撑和压力作用。

（3）阶段性高低点。由于投资者心理的变化，前期股价运动所产生的阶段性高点会对于目前股价的上攻产生压力作用，而前期股价运动所产生的阶段性低点会对目前股价的下跌产生支撑作用。

（4）前期成交密集区。所谓成交密集区是指伴随着大成交量的价格区域，如果股价从下方上攻至此区域，可能会遭遇到大量的解套盘，从而对股价产生压力作用；相反，如果股价从上方回落至此区域，可能会受到大量补仓盘，从而对股价产生支撑作用。

（5）黄金分割线位。黄金分割是指运用费波纳奇数列中的黄金分割率分析股价走势。黄金分割法是依据 0.618 黄金分割率原理计算得出的点位，这些点位在证券价格上升和下跌过程中表现出较强的支撑和压力效能。其计算方法是依据上升或下跌幅度的 0.618 或其他黄金比率的倍率来确定支撑和压力点位。

（6）整数关口。支撑位与压力位从很大程度上是投资者的心理压力线，因此，一些整数位往往成为支撑位和压力位，通常称之为整数关口，对于股指来说如 3000 点、3100 点等，对于个股来说如 10 元、11 元等。

在实际操作中，如果股价一碰到支撑线就反弹，那么有理由认为此时股价已接近谷底，做好买入的操作。如果股价跌破支撑线，交易量大增且股价很快反弹到支撑线以上，那么有理由认为掌握这只股票的大户先抛股票跌破支撑线，造成市场恐慌而大量抛盘，此时是一个大量吸纳的极佳机会。

三、趋势线和轨道线

（一）趋势线

1. 趋势线的含义及分类

趋势线，就是根据股价上下变动的趋势所画出的直线，画趋势线的目的是衡量价格的变化趋势，由趋势的方向明确地看出股价的趋势，依其脉络寻找出恰当的卖点与买点。具体画法是：在股价运动过程中，会相继出现低点和高点，在上升趋势中，将逐浪上升的两个低点连成一条直线，即构成上升趋势线，这条线位于相应的股价之下（见图6-63）；在下降趋势中，将逐浪下降的两个高点连成一条直线，就是下降趋势线，这条线位于相应的股价之上（见图6-64）。由图中可以看出，上升趋势线起支撑作用，下降趋势线起阻力作用。

图6-63　上升趋势线

图6-64　下降趋势线

趋势线的分类常有如下几个标准：

（1）从方向上分，趋势线可分为"上升趋势线"和"下降趋势线"。

①上升趋势线是将最先形成或最具有代表意义的两个低点连接而成的一条向上的斜线。

②下降趋势线是将最先形成或最具有代表意义的两个高点连接而成的一条向下的斜线。

（2）从速度上分，趋势线可分为"快速趋势线"和"慢速趋势线"。

①"快速趋势线"运行速度比"慢速趋势线"快，维持时间比慢速趋势线短。一般来说，快速趋势线揭示了股价或指数的短期趋势，是激进型投资者做多、做空的一个重要依据。

②"慢速趋势线"揭示了股价或指数的长期趋势，是稳健型投资者做多、做空的重要依据。正因为如此，人们常常把他们结合在一起组成"快慢趋势线组合"进行对照分析。这样就比单纯用一根趋势线进行分析走势的效果要好得多。

（3）从时间上分，趋势线可分为"长期趋势线""中期趋势线"和"短期趋势线"。

①"长期趋势线"是联结两大浪的谷底或峰顶的斜线，跨度时间为几年，它对股市的长期走势将产生重大影响。

②"中期趋势线"是连接两中浪的谷底或峰顶的斜线，跨度时间为几个月，甚至在一年以上，它对股市的中期走势产生很大影响。

③"短期趋势线"是联结两小浪的谷底或峰顶的斜线，跨度时间不超过2个月，通常只有几个星期，甚至几天时间，它对股市的走势只能起到短暂影响。

一个长期趋势要由若干个中期趋势组成，而一个中期趋势要由若干个短期趋势组成。投资者在分析趋势的过程中，应按照从长到短的原则，先分析长期趋势，再分析中期趋势，再分析短期趋势。长期管中期，中期管短期。而中期趋势至关重要，投资者较容易把握，实战性也最强。因此，学习趋势分析时最好从中期趋势开始入手。

2. 趋势线的确认

要得到一条真正起作用的趋势线，要经多方面的验证才能最终确认，对趋势线进行确认时，一般要注意以下三点：

（1）第二个低点必须高于第一个低点，才能得出上升趋势线；第二个高点必须低于第一个高点，才能得出下降趋势线。

（2）找出两个明显的低点，连成一条直线，这一段中的所有股价都应位于这条直线上方，这条线才能成为上升趋势线；相反，两个高点连成的直线，这一段中所有股价都应位于这条线的下方，才能形成下降趋势线。趋势线所经过的次级底部越多，越有意义，同时趋势线不能太平或太陡，否则就失去了意义。

（3）另外还需取第三点来验证趋势线的有效性，如果第三点没有有效击穿趋势线，则说明该趋势线的有效性得到了验证。一般来说，趋势线和它两个底部连线形成的角度是估量有效性的标准，适当角度（30°）的趋势线有技术意义。

3. 趋势线的作用

一般来说，趋势线有以下两种作用：

（1）对今后的价格变动起约束作用，使价格总保持在这条趋势线的上方（上升趋势线）或下方（下降趋势线），实际上，就是起支撑和压力作用。上升趋势线揭示了股价或指数的运行方向是向上的，它对股价或指数的上升具有支持作用，因而又被称为"上升支撑线"。所以，只有不出现上升趋势线被有效突破的现象，投资者就可以放心地一路做多。当然，一旦上升趋势线被有效突破，其失去支撑作用的同时，将转变为压力作用，压制股价或指数的再度上升。这时，投资者不能再继续看多、做多，而要进行减磅操作，寻机退场。下降趋势线的作用与之相反。

（2）趋势线被突破后，就说明股价下一步的走势将要反转。越重要、越有效的趋势线被突破，其反转的信号越强烈。趋势线被突破后，原来所起的支撑和压力作用将相互交换角色（见图6-65）。

图 6-65　趋势线被突破

4. 判断趋势线被突破的方法

趋势线的突破对买入、卖出时机等的选择具有重要的分析意义，而且即使是市场的机构大户往往也会根据趋势线的变化采取市场运作。因此，搞清趋势线何时为之突破，是有效的突破还是非有效的突破，对投资者而言都是至关重要的。事实上，股价在趋势线上下徘徊的情况常有发生，判断的失误意味着市场操作的失误。以下提供一些判断的方法和市场原则，但具体的情况仍要结合当时的市场情况进行具体的分析。

那么怎样去判断趋势线被突破呢？

（1）股价穿越趋势线时，当日收盘价必须高于或低于趋势线价位，一般要超越3%才可信赖，以时间来判别，以三天为标准，最谨慎的做法是突破后还要观察回抽的确认。

（2）看成交量的变化。成交量在真正上升开始突破某种形态时必须大增，但是下跌的突破时成交量难以揣定。通常，股价跌破趋势线的第一天成交量并不显著增加，然而在下跌过程中会出现大成交量，随后开始萎缩。

（3）股价穿越趋势线后，离趋势线越远，突破越有效。

（4）股价穿越趋势线后，在趋势线的另一方停留的时间越长，突破越有效。

（5）当突破趋势线时出现缺口，这突破将会是强而有力。

5. 趋势线操作要点

趋势线表明当股价向其固定方向移动时，它非常有可能沿着这条线继续移动。

（1）当上升趋势线跌破时，就是一个出货讯号。在没有跌破之前，上升趋向线就是每一次回落的支持。

（2）当下降趋势线突破时，就是一个入货讯号。在没突破之前，下降趋向线就是每一次回升的阻力。

（3）支撑线和压力线可以相互转化，当股价从上向下突破一条支撑线后，原有的支撑线将可能转变为压力线；而当股价从下向上突破一条压力线后，原有的压力线也将可能转变为支撑线。

（4）一种股票随着固定的趋势移动时间愈久，其趋势愈可靠。

（5）趋势线连接的点数越多，其可靠性就越强，趋势线的长短与其重要性成正比，长期趋势线和中期趋势线第一点和第二点的距离不应太近，如距离过近，所形成的趋势线的重要性将降低。

（6）趋势线的角度至关重要，过于平缓的角度显示出力度不够，也就是大家常说的"肉股"，不容易马上产生大行情；过于陡峭的趋势线则不能持久，往往容易很快转变趋势。著名角度线大师江恩认为，45°角的趋势线非常可靠，也就是江恩所说的1×1角度线。

（7）股价的上升与下跌，在各种趋势末期，皆有加速上升与加速下跌的现象。因此，大势反转的顶点或底部，大都远离趋势线。

（8）在涨势中，当股价跌破上升趋势线后不是反转向下，而是继续上升并创出新高，分析者就应该从第一个低点和最新形成的低点重新划出一条新趋势线。原先的趋势线将失去作用。同样，在跌势中，下降趋势线被有效突破后，不是反转向上，而是继续向下且收盘创出新低，分析者就应该从第一个高点和最新形成的高点重划出一条新趋势线。原先的趋势线将失去作用（见图6-66）。

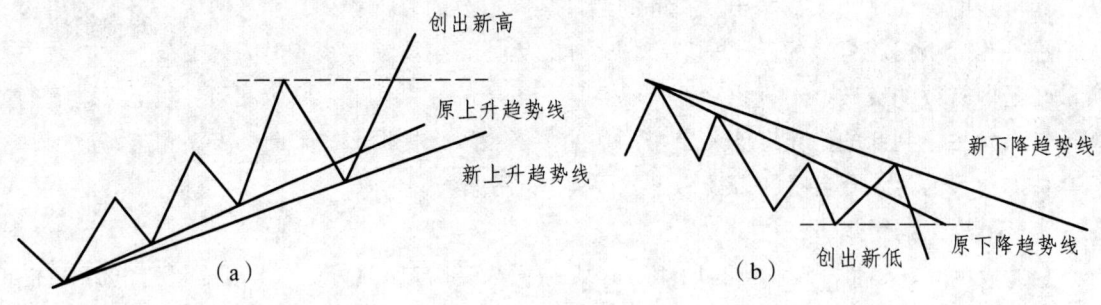

图6-66　趋势线的修正

（9）在研究趋势线突破时，需要说明一种情况：一种趋势的打破，未必是一个相反方向的新趋势的立即开始，有时候由于上升或下降得太急，市场需要稍作调整，做上下侧向运动。如果上下的幅度很窄，就形成所谓牛皮状态。侧向运动会持续一些时间，有时几天，有时几周才结束，之后再选择突破方向，如图6-67所示。

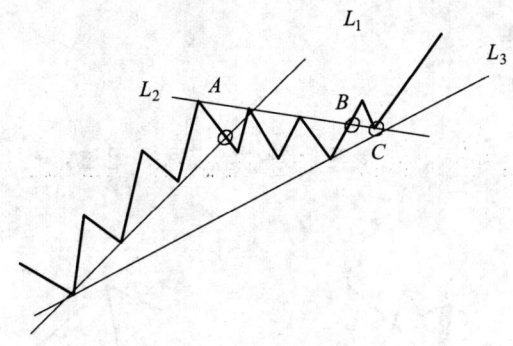

图 6-67 趋势线的突破

总之,趋势线可以帮助投资者顺势而为,寻找价格的运动趋势,在上升的趋势时买入股票并持有;在下跌的趋势时不买股票,并持币。投资者应牢牢记住:永不确认市场转势,直到趋势线被打破为止。当然,在具体操作时,还是有一定技巧性。如在向上突破下降趋势线时,应谨慎看多不宜马上介入,应等待第二个低点的产生,形成上升趋势,才是介入良机,并且以两个低点的连线所做的上升趋势线作为止损点。如突破后,即行介入应以下降压力线或前期低点或颈线作为止损价,如图 6-68 所示。

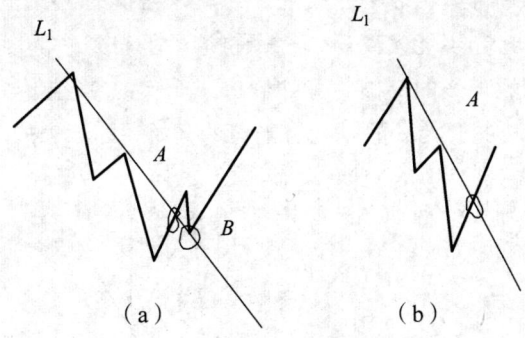

图 6-68 趋势线突破后的买点

同样若向下突破上升趋势线时,若突破后立即退出,如短期内返身向上再创新高,则应在回调受到新趋势线支撑后介入;若形成整理走势,应待突破整理形态压力线时再行介入,如图 6-69 所示。

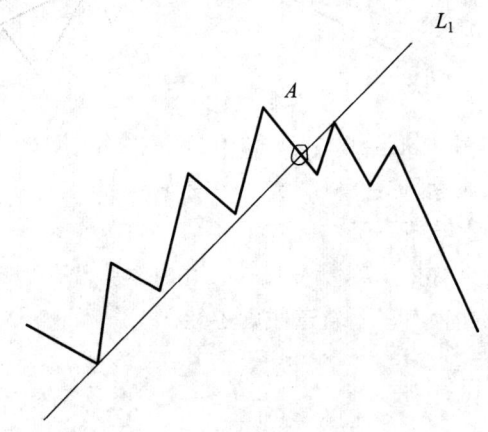

图 6-69 趋势线突破后的卖点

（二）轨道线

1. 轨道线的画法

轨道线又称通道线或管道线，它是在趋势线确定后，通过第一个峰和谷做出的与趋势成平行线，即如图6-70所示。

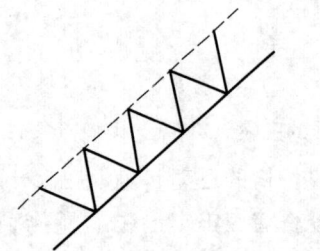
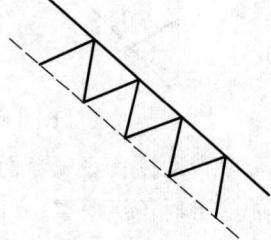

图 6-70　轨道线

2. 轨道线的作用

（1）限制作用：两条平行线组成一个轨道，这就是常说的上升和下降轨道。轨道的作用是限制股价的变动范围，让它不能太离谱。一个轨道一旦得到确认，那么价格将在这个通道里变动。对上面的或下面的直线的突破将意味着有一个大的变化。与突破趋势线不同，对轨道线的突破并不是趋势反转的开始。而是趋势加速的开始，即原来的趋势线的斜率将会增加，趋势线的方向将会更加陡峭（见图6-71）。

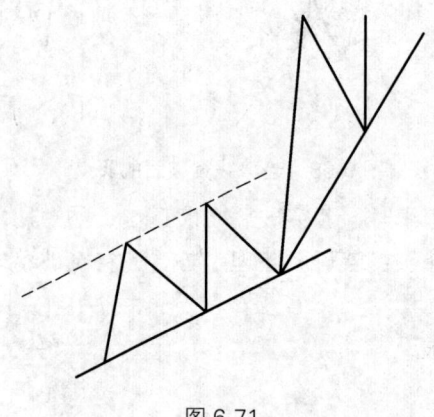

图 6-71

（2）趋势转向的预警作用：轨道线的另一个作用是提出趋势转向的警报。如果在一次波动中未触及轨道线，离得很远就开始掉头，这往往是趋势将要改变的信号。这说明，市场已经没有力量继续维持原有的上升或下降的趋势了。

轨道线和趋势线是相互合作的一对。很显然，先有趋势线，后有轨道线，趋势线比轨道线重要得多。趋势线可以独立存在，而轨道线则不能。

3. 轨道线的特点及操作原则

（1）上升通道中成交量一般呈放大态势，下轨称为上升趋势线，上轨则称为通道线。下降通道往往呈缩量态势，上轨是下降趋势线或压力线，作为通道线的下轨通常具有一定支撑。

（2）不论向上突破还是向下突破，只要盘出原有通道，股价最初常表现得较温和，而有力地冲破通道束缚时，股价运行多较为迅猛；向上突破时常显著放量且伴随回抽现象，向下突破时是否回抽却多与量没有太大关系，而一旦冲破通道线，股价多会加速运行，其后的运行速率往往因此而加快。

（3）不管突破哪一条价格边线或以何种方式突破，沿突破方向所做的与原通道等宽的外延平行线即为股价的最小运动幅度。

（4）不同通道间的比较。一般来说，较可靠的趋势通道，上升通道的角度较为陡峭在45°至60°间，下降通道则在30°左右。

（5）通道线及外延平行线通常会提供买卖良机。

4. 常见的轨道线突破

（1）主导趋势加速进行：与突破趋势线不同，轨道线被突破有时并不是趋势反向的开始，而是原有趋势加速的开始，即原来的趋势线的斜率将会增加，趋势线的角度将会更加陡峭。这种情况我们称为主导趋势加速进行。

（2）价格动力衰竭：突破轨道线的另一种情况是价格动力衰竭，此时价格发生了趋势的转向。衰竭往往发生在一段漫长的运动趋势之后，价格虽然突破了轨道线，但无法保住成果，最终又回到轨道中。那么，如何分辨上述两种情况呢？我们可以从以下几个方面进行判断。

① 通道的上倾斜度或下倾斜度越陡，出现衰竭的可能性越大。

② 突破发生在基本趋势的第一浪，就可能加速上行。

③ 突破发生后如果股价保持在通道之外，就可能出现加速运动。换句话说，价格在通道之外盘衡的时间越长，出现衰竭的可能性越小。

④ 与其他技术分析手段结合运用。

例如：与KDJ指标综合判断。

a. 当股价周线图中，KDJ指标运行在80以上，并出现死叉，假突破居多。如果之前出现将死未死形态，则可信度更大。

b. 股价在中位区向上突破，成功突破可信度较大。

c. 当KDJ指标在中位区已有一次死叉，再次以金叉的方式向上突破则可信程度会大大增强。

5. 具体的操作方法

（1）出现突破压力轨道线时，没有股票的投资者，稳健的操作方式，是在突破后的回抽确认后再行介入，虽然可能会错过一些机会，但也会规避由于判断失误所带来的巨大风险。如果突破后回跌到通道内，但幅度不深，并且在短时间内，又向上突破通道线，这也是极佳的介入时机。

（2）突破支撑轨道线时，稳健的操作方法是在回升到通道内，并有效突破下降趋势线时再行介入。

四、黄金分割线和百分比线

当股价持续上涨或者持续下跌到一定程度,肯定会遇到压力或支撑,遇到压力或支撑后,股价变动方向就可能发生改变。黄金分割与百分比线提供了支撑线和压力线所在的几个价位,而对什么时间达到这个价位不必过多关心。

(一) 黄金分割线

黄金分割是一个古老的数学方法,关于它的各种神奇的作用和魔力,数学上至今还无明确的解释,只是发现它屡屡在实践中发挥着意想不到的作用。在股票的技术分析中,人们广泛利用黄金分割线来寻找市场走势的支撑与阻力位,指导投资者的实际操作,那么如何制作黄金分割线呢?

第一步:利用一些黄金分割的特殊数字。

| 0.191 | 0.382 | 0.618 | 0.809 |
| 1.191 | 1.382 | 1.618 | 1.809 |

其中,0.382、0.618、1.382、1.618 最为重要,股市极为容易在这四个数产生的黄金分割线处产生支撑和阻力。

第二步:找一个特殊的点。这个点一般是:一段上升行情结束调头向下的最高点或一段下降行情结束调头向上的最低点。

第三步:用找到的点的价格分别乘以上述黄金数字,就找到若干条直线。找到的几条直线中,有可能成为价格的支撑位或压力位。找支撑位一般是将最高价乘比 1 小的黄金数;找阻力位是将最低价乘比 1 大的黄金数。如:当股价为 10 时,可分别得到 8.09、6.18、3.82、1.91 几位数,而以 6.18、3.82 的支撑可能性最大;若最低价为 10 时,可分别得到 11.91、13.82、16.18、18.09、20、21.91、23.82、26.18、42.36、68.54 等几位数,其中以 13.82、16.18、42.36 成为压力线的可能性最大。

(二) 百分比线

百分比线考虑问题的出发点是人们的心理因素和一些整数位的分界点。以某次上涨行情开始的最低点和开始向下回撤的最高点两者之间的差,分别乘以几个特殊的百分比数,就可以得到未来支撑位可能出现的位置。常用的百分比数包括:

1/8   1/4   3/8   1/2   5/8   3/4   7/8   1   1/3   2/3

在这 10 条线中,以 1/2、1/3、2/3 这三条线最为重要。在很大程度上,1/2、1/3、2/3 是人们的一种心理倾向。如果没有回落到 1/3 以下,就好像没有回落够;如果已经回落了 2/3,人们自然会认为已经回落够了,因为传统的定胜负的方法是三局两胜。当然,上面所列的 10 个特殊的数字都可以用百分比来表示,之所以用上面的分数表示,是为了突出整数的习惯。

五、扇形原理、速度线和甘氏线

黄金分割线和百分比线提供一些水平的价位，希望其中能有一个价位起到支撑的作用。出于同样的目的，扇形线、速度线和甘氏线这三种切线则是从一点（通常是下降的低点或上升的高点）引出多条射线，希望有一条将来能起到支撑或压力作用。

（一）扇形原理

扇形线与趋势线有很紧密的联系，类似于趋势线的调整。扇形线丰富了趋势线的内容，明确给出了趋势反转（不是短期趋势）的信号。股价趋势要反转就需要有强大的反转力量来推动股价突破层层阻力。要向上反弹就需要突破压力线；要向下回落就需要突破支撑线。小幅或短暂的调整都不足以构成真正的反转，必须真正消除各种阻止力量，才能最终确认反转的到来。

扇形原理依据的是三次突破原则。在上升趋势中，先以两个低点画出上升趋势线1后（见图 6-72a），如果价格回落，跌破了先前的上升趋势线，则以新出现的低点与原来的第一个低点相连接，画出第二条上升趋势线2。再往下，如果第二条上升趋势线又被向下突破，则同前面一样，用新的低点与最初的低点连接起来，画出第三条上升趋势线3。依次变得越来越平缓的这三条直线形如张开的扇子，扇形线由此而得名。下降趋势的扇形线与上升趋势扇形线的做法类似，反向行之而已（见图 6-72b）。图中连续画出的三条直线一旦都被突破，它们的支撑和压力角色就会相互转换，这一点符合支撑线和压力线的普遍规律。

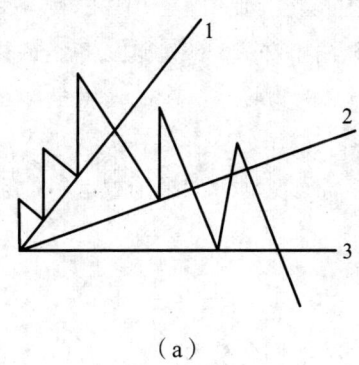
（a）

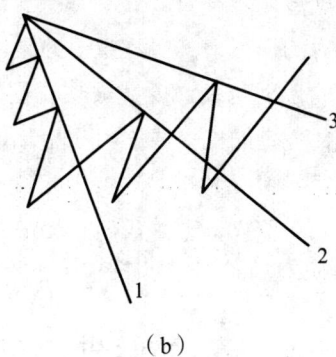
（b）

图 6-72

（二）速度线

同扇形原理考虑的问题一样，速度线也是用来判断趋势是否将要反转。速度线具有一些百分比线的思想。它是将每个上升或下降的幅度分成三等份进行处理，速度线因此又称为三分法。

速度线的做法如下：首先要找到一个上升或下降过程的最高点和最低点（这一点同百分比线相同）；然后，将高点和低点的垂直距离分成三等份；然后连接高点（在下降趋势中）与

1/3 和 2/3 分界点，或连接低点（在上升趋势中）与 1/3 和 2/3 分界点，得到的两条直线就是速度线。

与别的切线不同，速度线可能随时变动，从速度线的画法可知，一旦股价有了新的高点或低点，速度线将随着发生变动。当新的高点和低点离原来的高点和低点相距很远时，速度线的变动将很大，原先的速度线将变得没有什么价值。

速度线一经突破，原来的支撑线和压力线的角色将相互转换，这也符合支撑线和压力线的一般规律。速度线最为重要的功能是判断一个趋势是被暂时突破还是长久突破（转势），其基本的思想叙述如下：

（1）在上升趋势的调整之中，如果向下回落的程度突破了位于上方的 2/3 速度线，则股价将试探下方的 1/3 速度线。如果 1/3 速度线被突破，则股价将会大幅下跌，预示着这一轮上升行情的结束，也就是转势。

（2）在下降趋势的调整中，如果向上反弹的程度突破了位于下方的 2/3 速度线，则股价将试探位于上方的 1/3 速度线。如果 1/3 速度线被突破，则股价将会大幅飙升，预示着这一轮下跌的结束，股价进入上升趋势。

（三）甘氏线

甘氏线同扇形线和速度线类似，也是从一个高点或低点出发，依照一定的角度，引出多条直线。甘氏线分为上升甘氏线和下降甘氏线两种。甘氏线的做法如下：首先找到上升趋势的低点和下降趋势的高点，然后以此点为中心以多个特定的角度引出直线。如果出发点是股价的高点，则应画下降甘氏线；如果出发点是股价的低点，则应画上升甘氏线。每条直线都有支撑或压力的作用，其中最重要的是 45°线、63.75°线和 26.25°线，这三条线往往标志着股价趋势变动的不同阶段，要突破也往往需要有较为强大的力量。其余的角度虽然在股价的波动中也能起到一定的支撑或压力作用，但都不太重要，也比较容易被突破。

同速度线相似，甘氏线也会随着股价高低点的变动而变动，如果刚被选中的点马上被创新的高点或低点取代，则甘氏线也会随之变更。

第四节 常见的反转形态理论分析

通过 K 线图可以记录股价运动的轨迹，从这些轨迹中我们可以发现股价变动的趋势，并可以用上升趋势线、下降趋势线或水平趋势线来形象地反映这些趋势。一个趋势形成以后并非是无限地沿着这个方向运动下去，在某些时刻，趋势的方向也会发生转变，可能从上升趋势反转为下跌趋势，也可以从上升趋势（或下跌）趋势转为横向延伸，股价运动趋势的这种变化在图形上通常表现为一定的形态。形态理论正是通过研究股价所走过的轨迹及所表现出的各种形态，分析和挖掘出曲线告诉我们一些多空双方力量的对比结果，从而指导我们的行动。

一、价格移动的规律和两种形态类型

(一) 规 律

股价移动的规律是完全按照多空双方力量对比大小和所占优势的大小而行动的。一方的优势大,股价就向这一方移动。如果这种优势不足以摧毁另一方的抵抗,则股价不久还会回来。这是因为另一方只是暂时退却,随着这种不大的优势影响的消失,另一方还会站出来收复失地。再者,如果这种优势足够大,足以摧毁另一方的抵抗,甚至把另一方的力量转变成本方的力量,则此时的股价将沿着优势一方的方向移动到很远的距离,短时间内肯定不会回来,甚至永远也不会回来,这是因为此时的情况发生了质变,多空双方原来的平衡位置发生了变化,已经向优势一方移动了。

根据多空双方力量对比可能发生的变化,可以知道股价的移动应该遵循这样的规律:
(1) 股价应在多空双方取得均衡的位置上下来回波动;
(2) 原有的平衡被打破后,股价将寻找新的平衡位置。
可以用下面的表示方法具体描述股价移动的规律:
持续整理、保持平衡→打破平衡→新的平衡→再打破平衡……
股价的移动就是按这一规律循环往复、不断运行的。证券市场中的胜利者往往是在原来的平衡快要打破之前或者是在打破的过程中采取行动而获得收益的。如果原平衡已经被打破,新的平衡已经找到,这时才开始行动,已经晚了。

(二) 价格形态的两种类型

证券价格的移动主要是由两种过程构成,即保持平衡持续的整理和打破平衡的突破,我们把证券价格运动的形态分为两大类型。

1. 反转形态

这是指趋势正在发生重要的反转的形态,即为打破平衡。绝大多数情况下,当一个价格走势处于反转过程中,不论是由涨至跌还是由跌至涨,图表上都会呈现出一个典型的"区域"或"形态",这就被称为反转形态。一个大的反转形态会带来一轮幅度大的运动,而一个小的反转形态就伴随一轮小的运动。反转形态的特性一般可概述如下:
(1) 反转形态的形成在于先有一个主要趋势的存在。
(2) 趋势即将反转的第一个信号通常也表示重要趋势线的突破。
(3) 图形愈大,价格移动愈大。
(4) 顶部形态形成的时间较底部图形短,且震荡较大。
(5) 底部形态的价格幅度较小,形成的时间则较长。
在研究反转形态技术分析中,最重要的是要研究突破是真的,还是假的;否则会造成较大的损失。使用这种形态时一定要注意以下几点:
(1) 必须有趋势的存在,才存在反转的问题。

(2) 某一重要的支撑或压力线被突破,如颈线,是反转形态突破的重要依据。

(3) 某个形态形成的时间越长,规模越大,则反转后带来的市场波动也越大。

(4) 交易量是向上突破的重要参考因素,向下突破时,交易量的可能作用不大。

2. 整理形态

这是指市场价格经过急升或急跌之后,价格出现横向伸展所形成的各种形态,该形态仅是当前趋势的暂时休整,其后的市场运动将与原来的趋势方向一致。

值得注意的是,尽管可根据一定的方法对某个具体的形态进行归类,但是这些形态中有些是不易区分其完全属于哪一类,如三重顶(底)形态。

即使是这样,我们还是具体来介绍一些常见的反转形态和整形态,以及它们的特点。

二、常见的反转突破形态

(一) 头肩顶和头肩底形态

1. 形态分析

头肩顶和头肩底是实际股价形态中出现最多的形态,是最著名的反转形态。图 6-73 是这种形态的简单形式,从图中可以看出,这种形态一共出现三个顶和底,也就是要出现三个局部的高点和局部低点:中间的高点(低点)比另外两个都高(低),成为"头",左右两个相对较低(高)的高点(低点)称为"肩"("头"),这就是"头肩形"名称的由来。以下以头肩顶为例对头肩的形态进行介绍。

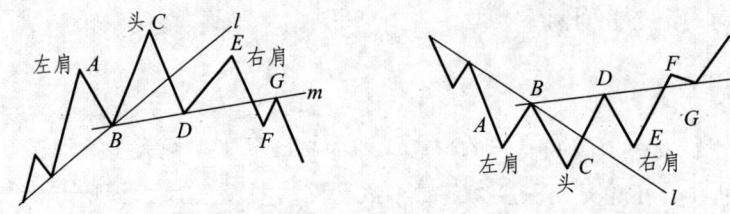

图 6-73 头肩顶(底)

头肩顶形态的形成过程大体如下:

(1) 左肩部分——持续一段上升的时间,成交量很大,过去在任何时间买进的人都有利可图,于是开始获利沽出,令股价出现短期的回落,成交量较上升到其顶点时有显著的减少。

(2) 头部——股价经过短暂的回落后,又有一次强力的上升,成交亦随之增加。不过,成交量的最高点较之于左肩部分,明显减退。股价上升突破上次的高点后再一次回落。成交量在这回落期间亦同样减少。

(3) 右肩部分——股价下跌到接近上次的回落低点又再获得支持回升,可是,市场投资的情绪显著减弱,成交量较左肩和头部明显减少。股价没法抵达头部的高点便告回落,于是形成右肩部分。

(4) 突破——从右肩顶下跌穿破由左肩底和头部底所连接的底部颈线，其突破颈线的幅度超过市价的 3%以上。

这种头肩顶反转向下的道理与支撑线和压力线的内容有密切关系。图 6-73 左图中的直线 l 和直线 m 是两条明显的支撑线。从 C 点到 D 点，突破了直线 l，说明上升趋势的势头已经遇到了阻力，E 点和 F 点之间的突破则是趋势的转向。另外，E 点的反弹高度没有超过 C 点，也是上升趋势出现问题的信号。左图中的直线 m 是头肩顶形态中极为重要的直线——颈线。在头肩顶形态中，它是支撑线，起支撑作用。

头肩顶形态走到了 E 点并掉头向下，只能说是原有的上升趋势已经转化成横向延伸，还不能说已经反转向下了。只有当走到了 F 点，即股价向下突破了颈线时，才能说头肩反转形态已经形成。

同大多数的突破一样，这里颈线被突破也有一个被认可的问题。百分比原则和时间原则在这里都适用。一般而言，以下两种形态为假头肩顶形态：第一，当右肩的高点比头部还要高时，不能构成头肩顶形态；第二，如果股价最后在颈线水平回升，而且回升的幅度高于头部，或者股价跌破颈线后又回升到颈线上方，这可能是一个失败的头肩顶，宜进一步观察。

2. 市场的含义

头肩顶是一个不容忽视的技术性走势，我们从这种形态可以观察到多空双方的激烈争夺情况。

初时，看多的力量不断推动股价上升，市场投资情绪高涨，出现大量成交，经过一次短期的回落调整后，那些错过上次升势的人在调整期间买进，股价继续上升，而且攀越过上次的高点，表面看来市场仍然健康和乐观，但成交已大不如前，反映出买方的力量在减弱中。那些对前景没有信心和错过了上次高点获利回吐的人，或是在回落低点买进做短线投机的人纷纷沽出，于是股价再次回落。第三次的上升，为那些后知后觉错过了上次上升机会的投资者提供了机会，但股价无力突破上次的高点，而成交量进一步下降时，差不多可以肯定过去看好的乐观情绪已完全扭转过来。未来的市场将疲弱无力，一次大幅的下跌即将来临。

对此形态的分析如下：

(1) 这是一个长期性趋势的转向形态，通常会在牛市的尽头出现。

(2) 当最近的一个高点的成交量较前一个高点为低时，就暗示了头肩顶出现的可能性；当第三次回升股价没法升抵上次的高点，成交量继续下降时，有经验的投资者就会把握机会沽出。

(3) 当头肩顶颈线击破时，就是一个真正的沽出讯号，虽然股价和最高点比较，已回落了相当的幅度，但跌势只是刚刚开始，未出货的投资者继续沽出。

(4) 当颈线跌破后，我们可根据这形态的最少跌幅量度方法预测股价会跌至哪一水平。这量度的方法是：从头部的最高点画一条垂直线到颈线，然后在完成右肩突破颈线的一点开始，向下量出同样的长度，由此量出的价格就是该股将下跌的最小幅度。

3. 要点提示

(1) 一般来说，左肩和右肩的高点大致相等，部分头肩顶的右肩较左肩为低。但如果右肩的高点较头部还要高，形态便不能成立。

（2）如果颈线向下倾斜，显示市场非常疲乏无力。

（3）成交量方面，左肩最大，头部次之，而右肩最少。不过，根据有些统计所得，大约有三分之一的头肩顶形态中，左肩成交量较头部多，三分之一的成交量大致相等，其余的三分之一是头部的成交量大于左肩的。

（4）当颈线跌破时，不必有成交量增加，我们也该信赖，倘若成交量在跌破时激增，显示市场的抛售力量十分庞大，股价会在成交量增加的情形下加速下跌。

（5）在跌破颈线后可能会出现暂时性的回升（后抽），这情形通常会在低成交量的跌破时出现。不过，暂时回升应该不超越颈线水平。

（6）头肩顶是一个杀伤力十分强大的形态，通常其跌幅大于量度出来的最少跌幅。

（7）假如股价最后在颈线水平回升，而且高于头部，又或是股价于跌破颈线后回升高于颈线，这可能是一个失败的头肩顶，不宜信赖。

（8）头部与双肩不成比例者，不应视之头肩顶（底），不应套用头肩顶（底）的操作策略。

（9）突破颈线是确认头肩顶（底）的重要条件。头肩顶（底）形态形成之后，股价突破颈线，成交量会在随后的一个短时间内出现低谷，这是市场犹豫的表现，之后，通常会有一个反抽的过程，使价格回到颈线水平。

对头肩底而言，和头肩顶的形状一样，只是整个形态倒转过来而已，又称"倒转头肩式"。形成左肩时，股价下跌，成交量相对增加，接着为一次成交量较小的次级上升。接着股价又再下跌且跌破上次的最低点，成交量再次随着下跌而增加，较左肩反弹阶段时的交投为多，形成头部；从头部最低点回升时，成交量有可能增加。整个头部的成交量来说，较左肩为多。当股价回升到上次的反弹高点时，出现第三次的回落，这时的成交量明显少于左肩和头部，股价在跌至左肩的水平，跌势便稳定下来，形成右肩。最后，股价正式启动一次升势，且伴随成交量大量增加，当其颈线阻力冲破时，成交量更显著上升，整个形态便宣告形成。

对头肩底而言，我们要注意如下几点：

（1）头肩顶和头肩底的形状差不多，主要的区别在于成交量方面。

（2）当头肩底颈线突破时，就是一个真正的买入讯号，虽然股价和最低点比较，已上升一段幅度，但升势只是刚刚开始，尚未买入的投资者应该继续追入。其最少升幅的量度方法是：从头部的最低点画一条垂直线相交于颈线，然后在右肩突破颈线的一点开始，向上量度出同样的高度，所量出的价格就是该股将会上升的最小幅度。另外，当颈线阻力突破时，必须要有成交量激增的配合，否则这可能是一个错误的突破。不过，如果在突破后成交逐渐增加，形态也可确认。

（3）一般来说，头肩底形态较为平坦，因此需要较长的时间来完成。

（4）在升破颈线后可能会出现暂时性的回跌，但回跌不应低于颈线。如果回跌低于颈线，又或是股价在颈线水平回落，没法突破颈线阻力，而且还跌低于头部，这可能是一个失败的头肩底形态。

（5）头肩底是极具预测威力的形态之一，一旦获得确认，升幅大多会大于其最少升幅。

股价变化经过复杂而长期的波动所形成的形态可能不只是标准的头肩型形态，会形成所谓的复合头肩形态。这种形态与头肩形态基本相似，只是左右肩部或者头部出现多于一次，形成一头双肩式、一头多肩式和多头多肩式。其形成过程也与头肩形态类似。复合头肩形态的分析意义和普通的头肩式形态一样，当在底部出现时，即表示一次较长期的上升市即将来临；假如在顶部出现，显示市场将转趋下跌。在形成复合头肩型的初期，因成交量可能不规则，使形态难以辨认，但稍久就很容易看出它和头肩形态的趋势完全一致。

（二）双重顶（底）形态

1. 双重顶

双重顶又称"M头"，它由两个等高或几乎等高的双重顶构成，其形态过程如图 6-74 所示。即一只股票上升到某一价格水平时，出现大成交量，股价随之下跌，成交量减少，接着股价又升至与前一个价格几乎相等之顶点，成交量再随之增加却不能达到上一个高峰的成交量，再第二次下跌，股价的移动轨迹就像 M 字，这就是双重顶。

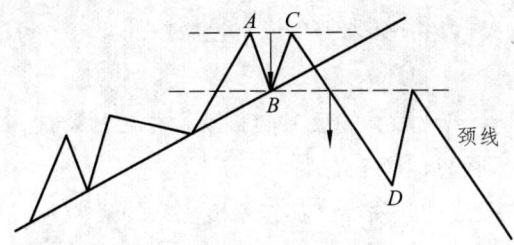

图 6-74 双重顶

在上升趋势过程的末期，股价急速上升到第一个高点 A 建立了新高点之后受阻回跌，在峰顶处留下大成交量。受上升趋势线的支撑，这次回档将在 B 点附近停止，成交量随股价下跌而萎缩。往后股价继续上升，又回至前一峰顶附近 C 点（与 A 点几乎等高），成交量再度增加，却不能达到前面的成交水准，上升遇到阻力，接着股价掉头向下，这样就形成 A 和 C 两个顶的形状。

"M头"形成以后，有两种可能的前途：一是未突破 B 点的支撑位置，股价在 A、B、C 三点形成的狭窄范围内上下波动，演变成矩形箱形结构形式。二是突破 B 点的支撑位置继续向下，这种情况才是双重顶反转突破形态的真正出现。前一种情况只能说是一个潜在的双重顶反转突破形态出现了。

以 B 点画平行于 A、C 连线的平行线，就得到一条非常重要的直线——颈线。A、C 连线是趋势线，颈线是与这条趋势线对应的轨道线，它在这里起支撑作用。

一个真正的双重顶反转突破形态的出现，除了必要的两个相同高度的高点以外，还应该向下突破 B 点支撑。

突破颈线就是突破轨道线、突破支撑线，所以也存在突破确认的问题。前面介绍的有关支撑线、压力线被突破的确认原则在这里都适用。双重顶反转突破形态一旦得到确认，同样具有测算功能,即从突破点算起,股价将至少要跌到与形态高度相等的距离。这里的形态高度是从顶点到颈线的垂直距离,即从 A 或 C 到 B 的垂直距离。图 6-74 中,右边箭头所指的将是股价至少要跌到的位置,在它之前的支撑都不足取。

总结起来,双重顶反转形态一般具有如下特征:

(1)双重顶的两个高点不一定在同一水平,两者相差少于 3% 就不会影响形态的分析意义。

(2)向下突破颈线时不一定有大成交量伴随,但日后继续下跌时成交量会扩大。

(3)双重顶形态完成后的最小跌幅度量度方法是由颈线开始,至少会下跌从双头最高点到颈线之间的垂直距离。

(4)形成第一个头部(或底部)时,其回落的低点是最高点的 10%~20%(底部回升的幅度也是相若似)。

(5)双重顶(底)不一定都是反转信号,有时也会是整理形态,要由二个波谷的时间差决定,通常两个高点(或两个低点)形成的时间相隔超过一个月为常见。

(6)双头的两个高峰都有明显的高成交量,这两个高峰的成交量同样尖锐和突出,但第二个头部的成交较第一个头部显著为少,反映出市场的购买力量已在转弱。双底第二个底部成交量十分低沉,但在突破颈线时,必须得到成交量激增的配合方可确认。双头跌破颈线时,成交量的上升也应该信赖。

(7)通常突破颈线后,会出现短暂的反方向移动,称之为反抽,双底只要反抽不低于颈线(双头之反抽则不能高于颈线),形态依然有效。

(8)一般来说,双头或双底的升跌幅度都较量度出来的最少升/跌幅为大。

2. 双重底

双重底又称"W 底",是双重顶的相反形态。双重底与双重顶的突破不同的地方在于,双重底在突破颈线后,必须有大成交量的配合,否则可能为无效突破。而双重顶的突破时,并不一定需要大成交量的伴随。

应用双重顶(底)应注意的地方:

(1)双重顶(底)的两个顶(底)在大多数情况下不完全相等,多少有点差异。

(2)两个顶和底可能是复杂的多个小顶和底。

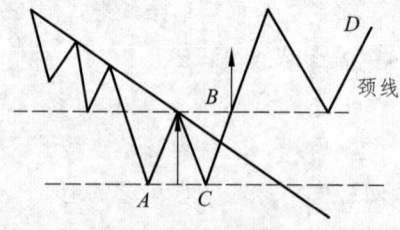

图 6-75 双重底

(3)成交量(突破)不同。

(4)两个顶和底之间的距离越远,反转潜力越大。

(5)颈线被突破之后,价格通常会有回头的情况,称为反扑,但会受到颈线的阻挡。

(三) 三重顶 (底) 形态

三重顶 (底) 形态是双重顶 (底) 形态的扩展形式，也是头肩顶 (底) 形态的变形，由三个一样高或一样低的顶和底组成。与头肩形的区别是头的价位回缩到与肩部差不多相等的位置，有时甚至低于或高于肩部一点。从这个意义上讲，三重顶 (底) 形态与双重顶 (底) 形态也有相似的地方，只是前者比后者多"折腾"了一次。其分析要点如下：

(1) 三重顶 (底) 之顶峰与顶峰，或底谷与底谷的间隔距离与时间不必相等，同时三重顶之底部与三重底之顶部不一定要在相同的价格形成。

(2) 三个顶点价格不必相等，大至相差 3% 以内就可以了。

(3) 三重顶的第三个顶，成交量非常小时，即显示出下跌的征兆，而三重底在第三个底部上升时，成交量大增，即显示出股价具有突破颈线的趋势。

(4) 从理论上讲，三重底或三重顶最小涨幅或跌幅，底部或顶部愈宽，力量愈强。

出现三重顶 (底) 形态的原因是由于没有耐心的投资者在形态未完全确定时，便急于跟进或跳出；走势不尽如人意时又急于杀出或抢进；等到大势已定，股价正式反转上升或下跌，仍照原预期方向进行时，投资者却犹豫不决，缺乏信心，结果使股价走势变得复杂。

图 6-76 是三重顶 (底) 形态的简单图形。它的颈线差不多是水平的，三个顶 (底) 也差不多是相等高度。

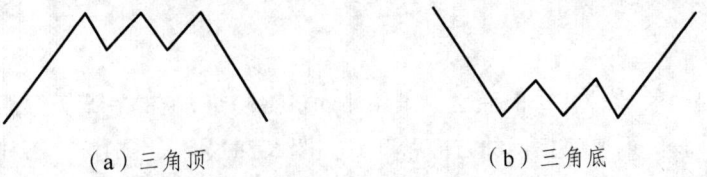

(a) 三角顶　　　　　　　(b) 三角底

图 6-76　三重顶 (底)

应用和识别三重顶 (底) 的方法主要是用识别头肩形态的方法。头肩形态适用的方法三重顶 (底) 都适用，这是因为三重顶 (底) 从本质上说就是头肩形态。

与一般头肩形态最大的区别是，三重顶 (底) 的颈线和顶部 (底部) 连线是水平的，这就使三重顶 (底) 具有矩形的特征。比起头肩形态来说，三重顶 (底) 更容易演变成持续形态，而不是反转形态。另外，三重顶 (底) 的顶峰与顶峰，或谷底与谷底的间隔距离和时间等因素在分析时不必完全相等。此外，如果三重顶 (底) 的三个顶 (底) 的高度从左到右依次下降 (上升)，则三重顶 (底) 就演变成了直角三角形态。这些都是我们在应用三重顶 (底) 时应该注意的地方。

(四) 圆弧形态

将股价在一段时间的顶部高点用折线连起来，在每一个局部的高点都考虑到的情况下，我们有时可能得到一条类似于圆弧的弧线，盖在股价之上；将每个局部的低点连在一起也能得到一条弧线，托在股价之下，如图 6-77 所示。这种形态，我们称之为圆弧形态。圆弧形态又称为碟形、圆形或碗形等，这些称谓都很形象。不过应该注意的是：图中的曲线不是数学意义上的圆，也不是抛物线，而仅仅是一条曲线。

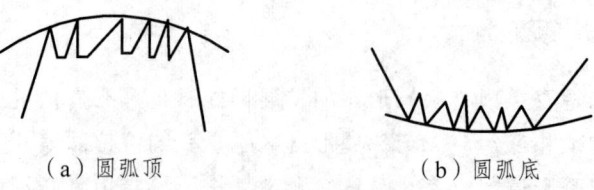

(a)圆弧顶　　　　　　　　(b)圆弧底

图 6-77　圆弧形态

圆弧形态在实际中出现的机会较少,但一旦出现则是绝好的机会,它的反转深度和高度是不可测的。圆弧底的形成一般认为是庄家逐步建仓的过程,因为一下子不可吃得过多,圆弧顶一般是庄家逐步出货的过程。另外,形态的时间越长,今后反转的力度就越长。

圆弧形态具有如下特征:

(1)形态完成、股价反转后,行情多属暴发性,涨跌急速,持续时间也不长,一般是一口气走完,中间极少出现回档或反弹。因此,形态确信后应立即顺势而为,以免踏空、套牢。

(2)在圆弧顶或圆弧底形态的形成过程中,成交量的变化都是两头多,中间少。越靠近顶或底成交量越少,到达顶或底时成交量达到最少。在突破后的一段,都有相当大的成交量。

(3)圆弧形态形成所花的时间越长,今后反转的力度就越强,越值得人们去相信这个圆弧形。一般来说,应该与一个头肩形态形成的时间相当。

(五)"V形"形态

"V形"形态是一种比较特殊的而且很难预测的价格趋势,它是在毫无预示信号的情况下,局势的骤然反转,股价迅速朝相反的方向移动(如图 6-78)。

(a)"V形"顶　　　　　　　　(b)"V形"底

图 6-78　"V形"形态

"V形"形态在其形成过程中的最大特点如下:

(1)底(顶)部出现只有一次,"V形"底左边与右边的跌涨势和"V形"顶左边与右边的涨跌势十分陡峭。

(2)转势点的时间仅三两个交易日,有时候只有一根带长上下影线的大阳(阴)线构成反转形态。

(3)这种情形一般伴随有突发性事件发生,由于多空争斗激烈,成交量急剧放大。

"V形"形态的操作思路:"V形"形态和倒"V形"形态属暴涨暴跌走势,股价在底部或顶部停留的时间极短,供投资人操作的机会仅有一次,操作难度很大,在底部抄底和在顶部逃顶的人很少。因此,投资者在操作上必须思维敏捷,决策和行动都要迅速果断,在某种程度上要敢于追涨杀跌。

(六）喇叭形、菱形与缺口

1. 喇叭形

喇叭形的正确名称应该是扩大形或增大形。因为这种形态酷似一个喇叭，故得名。图 6.79 是喇叭形的图形。

一个标准的喇叭形态应该有 3 个高点，2 个低点。股票投资者应该在第三峰（图 6-79 中的 5 处）调头向下时就抛出手中的股票，这在大多数情况下是正确的。如果股价进一步跌破了第二个谷，则喇叭形完全得到确认，抛出股票更成为必然。

股价在喇叭形之后的下调过程中，肯定会遇到反扑，而且反扑的力度会相当大，这是喇叭形的特殊性。但是，只要反扑高度不超过下跌高度的一半（图 6-79 中的 7 处），股价下跌的势头还是应该继续。

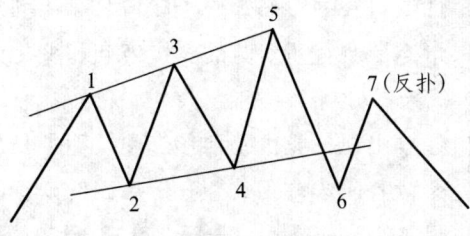

图 6-79 喇叭形态

喇叭形态具有如下特征：

（1）喇叭形一般是一个下跌形态，暗示升势将到尽头，只有在少数情况下股价在高成交量配合下向上突破时，才会改变其分析意义。

（2）在成交量方面，整个喇叭形态形成期间都会保持不规则的大成交量，否则难以构成该形态。

（3）喇叭形走势的跌幅是不可量度的，一般说来，跌幅都会很大。

（4）喇叭形源于投资者的非理性，因而在投资意愿不强、气氛低沉的市场中，不可能形成该形态。

2. 菱 形

菱形又叫钻石形，一般是头部反转形态，其实质是为喇叭形和对称三角形的结合，菱形的左边类似于一个喇叭形，菱形的右边类似于一个对称三角形。先是宽幅震荡，并伴随成交量的放大，显示了喇叭形特征；当价格运行到最高处时，突然振幅变窄，成交量也相应萎缩，呈现对称三角形的特征（见图 6-80）。菱形是一种较为罕见的走势形态，它一般出现在市场的顶部，并且是看跌的形态。比起喇叭形来说，它更有向下转势的愿望。

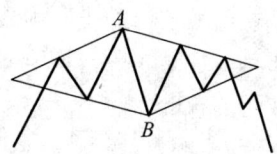

图 6-80 菱 形

菱形反转形态同样有预测功能。菱形反转形态的下端支撑线被有效突破后，股价最小跌幅为菱形的形态高度。

3. 缺　口

缺口，通常又称为跳空，是指证券价格在快速大幅波动中没有留下任何交易的一段真空区域。缺口的出现往往伴随着向某个方向运动的一种较强动力。缺口的宽度表明这种运动的强弱。一般来说，缺口愈宽，向该方向运动的动力愈大；反之，则愈小。不论向何种方向运动所形成的缺口，都将成为日后较强的支撑或阻力区域，不过这种支撑或阻力效能依不同形态的缺口而定。

缺口分析是技术分析的重要手段之一。有关的技术分析著作常将缺口划分为普通缺口、突破缺口、持续性缺口和消耗性缺口四种形态。由于缺口具有不同形态，而每种形态各具特点，人们可以根据不同的缺口形态预测行情走势的变化方向和变化力度，因此，缺口分析已成为当今技术分析中极其重要的技术分析工具。

（1）普通缺口。普通缺口经常出现在股价整理形态中，特别是出现在矩形或对称三角形等整理形态中。由于股价仍处于盘整阶段，因此，在形态内的缺口并不影响股价短期内的走势。普通缺口具有的一个比较明显的特征是：它一般会在 3 日内回补；同时，成交量很小，很少有主动的参与者。如果不具备这些特点，就应考虑该缺口是否属于普通缺口形态。普通缺口的支撑或阻力效能一般较弱。普通缺口的这种短期内必补的特征，给投资者短线操作带来了一个机会，即当向上方向的普通缺口出现之后，在缺口上方的相对高点抛出证券，待普通缺口封闭之后买回证券；而当向下方向的普通缺口出现之后，在缺口下方的相对低点买入证券，待普通缺口封闭之后再卖出证券。这种操作方法的前提是必须判明缺口是否为普通缺口，且证券价格的涨跌是否达到一定的幅度。

（2）突破缺口。突破缺口是证券价格向某一方向急速运动，跳出原有形态所形成的缺口。突破缺口蕴含着较强的动能，常常表现为激烈的价格运动，具有极大的分析意义，一般预示行情走势将要发生重大变化。突破缺口的形成在很大程度上取决于成交量的变化情况，特别是向上的突破缺口。若突破时成交量明显增大，且缺口未被封闭（至少未完全封闭），则这种突破形成的缺口是真突破缺口。若突破时成交量未明显增大，或成交量虽大，但缺口短期内很快就被封闭，则这缺口很可能是假突破缺口。

一般来说，突破缺口形态确认以后，无论价位（指数）的升跌情况如何，投资者都必须立即做出买入或卖出的指令，即向上突破缺口被确认就立即买入；向下突破缺口被确认就立即卖出，因为突破缺口一旦形成，行情走势必将向突破方向纵深发展。

（3）持续性缺口。持续性缺口是在证券价格向某一方向有效突破之后，由于急速运动而在途中出现的缺口，它是一个趋势的持续信号。在缺口产生的时候，交易量可能不会增加，但如果增加的话，则通常表明一个强烈的趋势。

持续性缺口的市场含义非常明显，它表明证券价格的变动将沿着既定的方向发展变化，并且这种变动距离大致等于突破缺口至持续性缺口之间的距离，即缺口的测量功能。持续性缺口一般不会在短期内被封闭,因此,投资者可在向上运动的持续性缺口附近买入证券或者在向下运动的持续性缺口附近卖出证券,而不必担心是否会套牢或者踏空。

(4) 消耗性缺口。消耗性缺口一般发生在行情趋势的末端,表明股价变动的结束。若一轮行情走势中已出现突破缺口与持续性缺口,那么随后出现的缺口就很可能是消耗性缺口。判断消耗性缺口最简单的方法就是考察缺口是否会在短期内封闭。若缺口封闭,则消耗性缺口形态可以确立。消耗性缺口容易与持续性缺口混淆,它们的最大区别是:消耗性缺口出现在行情趋势的末端,而且伴随着大的成交量。

由于消耗性缺口形态表明行情走势已接近尾声,因此,投资者在上升行情出现消耗性缺口时应及时卖出证券,而在下跌趋势中出现消耗性缺口时买入证券。

第五节 常见的整理形态理论分析

整理形态是股价在向一个方向经过一段时间的快速运行后,不再继续原趋势,而在一定区域内上下窄幅波动,等待时机成熟后再继续前进。这种运行所留下的轨迹称为整理形态。三角形、矩形、旗形和楔形是著名的整理形态。

一、三角形态

根据三角形出现的形态特征,可以将其分为上升三角形、下降三角形、对称三角形和扩散三角形。

(一) 上升三角形与下降三角形

1. 形态分析

上升三角形显示买卖双方在该范围内的较量,但买方的力量在争持中已稍占上风。卖方在其特定的股价水平不断沽售不急于出货,但不看好后市,于是股价每升到理想的沽售水平便即沽出,这样在同一价格的沽售形成了一条水平的供给线。不过,市场的购买力量很强,他们不待股价回落到上次的低点,更迫不及待地购进,因此形成一条向右上方倾斜的需求线。成交量在形态形成的过程中不断减少。图 6-81a 是上升三角形的简单图形。

下降三角形的形状与上升三角形的恰好相反,是看跌的形态。股价在某特定的水平出现稳定的购买力,因此价格每回落至该水平便回升,形成一条水平的需求线。可是市场的沽售力量却不断加强,股价每一次波动的高点都较前次为低,于是形成一条下倾斜的供给线。成交量在完成整个形态的过程中,一直十分低沉。图 6-81b 是下降三角形的简单图形。

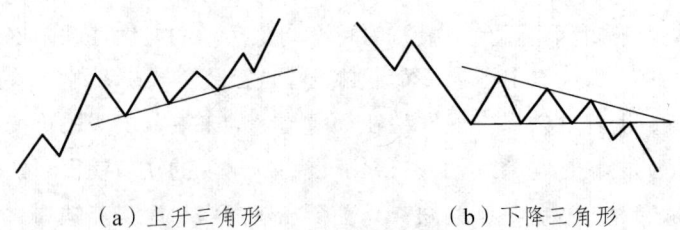

（a）上升三角形　　　　（b）下降三角形

图 6-81　上升三角形和下降三角形

2. 市场分析要点

对于上升三角形和下降三角形整理形态，我们要注意如下几点：

（1）上升三角形和下降三角形都属于整理形态。上升三角形在上升过程中出现，暗示有突破的可能，下降三角形正相反。

（2）上升三角形在突破顶部水平的阻力线时，有一个短期买入讯号，下降三角形在突破下部水平阻力线时有一个短期沽出讯号。但上升三角形在突破时须伴有大成交量，而下降三角表突破时不必由大成交量来证实。

（3）值得一提的是，此二形态虽属于整理形态，一般有向上向下的规律性，但亦有可能朝相反方向发展。即上升三角形可能下跌，因此投资者在向下跌破 3%（收市价）时，宜暂时沽出，以待形势明朗。同时，在向上突破时，没有大成交量配合，也不宜贸然投入。相反，下降三角形也有可能向上突破，这里若有大成交量则可证实，另外在向下跌破时，若出现回升，则观察其是否阻于底线水平之下，在底线之下是假性回升，若突破底线 3%，则图形失败。

（二）对称三角形

1. 形态分析

对称三角形是因为买卖双方的力量在该段价格区域内势均力敌，暂时达到平衡状态所形成。股价从第一个短期性高点回落，但很快地便被买方所消化，推动价格回升；但购买的力量对后市没有太大的信心，又或是对前景感到有点犹疑，因此股价未能回升至上次高点就掉头，再一次下跌。在下跌的阶段中，那些沽售的投资者不愿意太低价贱售或对前景仍存有希望，所以回落的压力不强，股价未低跌到上次的低点便已告回升，买卖双方的观望性争持使股价的上下小波动日渐缩窄，形成了此形态。成交量在对称三角形成的过程中不断减少，正反映出多空双方对后市犹疑不决的观望态度，使市场暂时沉寂。

图 6-82 是对称三角形的一个简化图形，这里的原有趋势是上升，所以，三角形完成以后是突破向上。从图中可以看出，对称三角形有两条聚拢的直线，上面的向下倾斜，起压力作用；下面的向上倾斜，起支撑作用。两直线的交点称为"顶点"。正如趋势线的确认要求第三点验证一样，对称三角形一般应有 6 个转折点（如图中的 A、B、C 等）。这样，上下两条直线的支撑压力作用才能得到验证。

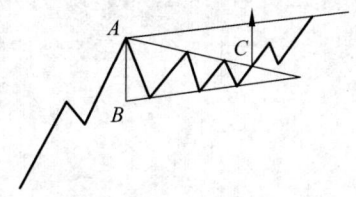

图 6-82　对称三角形

2. 突破类型

一般情形之下,对称三角形属于整理形态,即股价会继续原来的趋势移动。只有在股价朝其中一方明显突破后,才可以采取相应的买卖行动。如果股价往上冲破阻力(必须得到大成交量的配合),就是一个短期买入讯号;反之,若是往下跌破(在低成交量之下跌破),便是一个短期沽出讯号。

(1) 向上突破:通常发生在股价产生了一段升幅,由于涨幅已大,短线获利盘开始获利了结,形成了对股价的打压,但看多者逢低继续买入,便形成了相互拉锯的三角形整理状态,股价运行一段时期后,将在一个较窄的区域内暂时达到平衡,多空双方势均力敌。这时,如果出现一种力量(常是一种外力),加入到多方之中,均衡即被打破,产生向上突破,并指示了向上攻击的方向,一波升势又将展开。

(2) 向下突破:通常是在股价产生了较大的跌幅,因跌幅较大,投资者惜售,短线买卖价形成三角形整理形态,多空力量暂时平衡,但这只是下跌途中的中转站,一旦新的利空因素产生,稍有卖压,平衡即被打破,产生向下突破,另一轮跌势又将开始。

3. 判断有效突破的注意事项

判断对称三角形是否有效突破,要注意如下三点:

(1) 价位是否产生明显的改变,是否有明确的突破方向。

(2) 向上突破时,必须有较大成交量的支持,成交量增加幅度越大,突破的可信性就越高,向下突破时,可以有较大成交量增量,也可以没有成交量增量,没有成交量增量突破可以成立,如有大成交量的配合,向下突破就更为有力。

(3) 突破后 3 日内,股价没有重新走回对称三角形之内,这样可以确认股价已走出对称三角形,形成了向上或是向下的突破。

对称三角形形态内的第一个高点和低点延伸至三角形顶端的这条直线叫颈线力矩(三角形的横向宽度),一个对称三角形其突破信号通常产生于颈线力矩的 1/2 或 3/4 处,在这种距离产生的突破,一般较有力度,理论上如果股价超过 3/4 长度位置后,仍未产生有效突破,股价会缓慢运行至对称三角形顶端,多空力量相互抵消,股价继续横向运动。但在实践中,也经常出现股价直至运行到三角形顶端时,才产生向上或向下的突破。

对称三角形产生突破后,经常会有一种反抽现象,向上突破产生反抽是一个较好的逢低买入点,而向下突破,投资者应坚决离场,不要死等反抽点的出现,因为一旦下跌趋势产生,经常这种反抽根本不会出现。对称三角形突破后,向上和向下的空间是可以度量的。理论上,对称三角形突破后,其向上的最小涨幅和向下的最小跌幅是对称三角形的宽,也就是对称三角形形态内，第一个顶点与第一个低点之间的垂直距离。对称三角形的股价变动愈接近其顶点而未能突破界线时，其力量愈小，若太接近顶点的突破即失效。通常，在距三角形底边一半或四分之三处突破时会产生最准确的移动。

4. 投资策略

在对称三角形形态内的投资策略：虽然对称三角形大部分是属于整理形态，不过亦有可能在升市的顶部或跌市的底部出现。根据统计，对称三角形中大约四分之三属整理形态，而余下的四分之一则属转势形态，所以应遵循等待、观望、休息的策略，直至产生突破方向时，才进入市场。

（三）扩散三角形

1. 形态分析

扩散三角形也叫喇叭形，大多出现在顶部，为看跌形态，是头肩顶的变形，价格经过一段时间的上升后下跌，然后再上升再下跌，上升的高点较上次为高，下跌的低点亦较上次的低点为低，也就是说在完成左肩与头部之后，在右肩反弹时超越头部的高点创出新高。整个形态以狭窄的波动开始，然后在上下两方扩大，把上下的高点和低点分别连接起来，就可以画出一个镜中反照的三角形状，也就是右肩创新高的头肩顶，这就是笑里藏刀的扩散三角形。

扩散三角形是由投资者冲动情绪所造成的，通常在长期上升的最后阶段出现，这是一个缺乏理性和失去控制的市场，投资者受到市场炽烈的投机风气或传言所感染。本来投资者操作已趋保守，直到右肩创新高后，在市场一片鼓吹延伸浪的呼声中，又重新疯狂追涨。但"夕阳无限好，只是近黄昏"，当众人都看好之际，行情总是朝反方向前进。市场冲动和杂乱无章的行动，使股价不正常地大上大落，形成上升时高点较上次为高，回落时低点则较上次为低的情况。

2. 实战运用技巧

（1）标准的扩散三角形至少包含三个转折高点，两个转折低点。这三个高点一个比一个高，两个低点可以在水平位置，或者右边低点低于左边低点；当股价从第三个高点回跌，其回落的低点较前一个低点为低时，可以假设形态的成立。将高点与低点各自连接成颈线后，两条线所组成的区域，外观就像一个喇叭形，由于其属于"五点转向"形态，故较平缓的喇叭形也可视之为一个有较高右肩和下倾颈线的头肩顶。

（2）扩散三角形在整个形态形成的过程中，成交量保持着高而且不规则的波动。喇叭形是由投资者冲动和非理性的情绪造成的，绝少在跌市的底部出现，因为股价经过一段时间的下跌之后，市场毫无人气，在低沉的市场气氛中，不可能形成这种形态。而不规则的成交波动，反映出投资激动且不稳定的买卖情绪，这也是大跌市来临的先兆。因此，喇叭形为下跌形态，暗示升势将到尽头。

（3）扩散三角形下跌的幅度无法测量，也就是说并没有至少跌幅的量度公式估计未来跌势，但一般来说，跌幅都将极深。同时，喇叭形右肩的上涨速度虽快，但右肩破位下行的速度更快,但形态却没有明确指出跌市出现的时间。只有当下限跌破时形态便可确定,投资者该马上止盈或止损出局了。

(4)扩散三角形也有可能会失败,即会向上突破,尤其喇叭形的顶部是由两个同一水平的高点连成的,如果股价以高成交量向上突破,那么前面上升的趋势仍会持续。但对于稳健保守的投资者而言,"宁可错过,不能做错",不必过于迷恋于这种风险大于收益的行情,毕竟喇叭形的构筑头部概率十分大。

二、矩形整理形态

矩形又叫箱形,也是一种典型的整理形态,股票价格在两条横着的水平直线之间上下波动,呈现横向延伸的运动。矩形在形成之初,多空双方全力投入,各不相让。空方在价格涨到某个位置就抛压,多方在股价下跌到某个价位就买入,时间一长就形成两条明显的上下界线。随着时间的推移,双方的战斗热情会逐步减弱,成交量减少,市场趋于平淡。图6-83是矩形的简单图示。

从图6-83中可以看出,矩形在其形成的过程中极可能演变成三重顶(底)形态,这是我们应该注意的。正是由于矩形的判断有这么一个容易出错的可能性,在面对矩形和三重顶(底)进行操作时,几乎一定要等到突破之后才能采取行动,因为这两个形态今后的走势方向完全相反。一个是持续整理形态,要维持原来的趋势;另一个是反转突破形态,要改变原来的趋势。矩形的突破也有一个确认的问题。当股价向上突破时,必须有大成交量的配合方可确认,而向下突破则不必有成交量增加;当矩形突破后,其涨跌幅度通常等于矩形本身的宽度,这是矩阵形态的测算功能。面对突破后股价的反扑,矩形的上下界线同样具有阻止反扑的作用。与别的大部分形态不同,矩形为我们提供了一些短线操作的机会。如果在矩形形成的早期能够预计到股价将进行矩形调整,那么就可以在矩形的下界线附近买入,在上界线附近抛出,来回进行几次短线的进出。如果矩形的上下界线相距较远,那么短线的收益也是相当可观的。

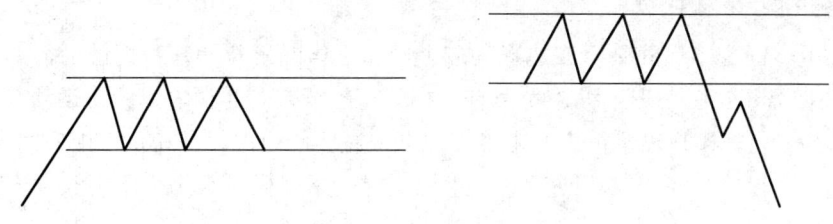

图6-83 矩形整理形态

三、旗形和楔形整理

旗形和楔形是两个最为著名的整理形态。在股票价格的曲线图上,这两种形态出现的频率最高,一段上升或下跌行情的途中,可能出现好几次这样的图形。它们都是一个趋势的中途休整过程,休整之后,还要保持原来的趋势方向。这两个形态的特殊之处在于,它们都有明确的形态方向,如向上或向下,并且形态方向与原有的趋势方向相反。

（一）旗　形

从几何学的观点看，旗形应该叫平行四边形，它的形状是一上倾或下倾的平行四边形，形状就如同一面挂在旗杆顶上的旗帜，故此得名。它又可分为上升旗形和下降旗形两种，如图 6-84 所示。旗形大多发生在市场极度活跃，股价以剧烈的、近乎于直线上升或下降方式运动的情况下。这种剧烈运动的结果就是产生旗形的条件。由于上升或下降得过于迅速，市场必然会有所休整，旗形就是完成这一休整过程的主要形式之一。旗形的上下两条平行线起压力和支撑的作用，这一点有些像轨道线。这两条平行线的某一条被突破是旗形完成的标志。

旗形也有测算功能。旗形的形态高度是平行四边形左右两条边的长度。旗形被突破之后，股价将至少要走到形态高度的距离，大多数情况是走到旗杆高度的距离。此外，应用旗形时，我们还应该注意以下几点。

（1）旗形出现之前，一般应有一个旗杆，这是价格做直线运动形成的。

（2）旗形持续的时间不能太长，时间太长，它保持原有趋势的能力将下降。经验告诉我们，持续时间应该短于 3 周。

（3）旗形形成之前和突破之后，成交量都很大。在旗形的形成过程中，成交量从左到右逐渐减少。

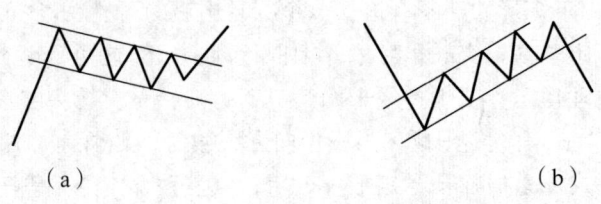

图 6-84　旗　形

（二）楔　形

1. 形态分析

将旗形中上倾或下倾的平行四边形变成上倾和下倾的三角形，我们就会得到楔形，如图 6-85 所示。同旗形和三角形一样，楔形有保持原有趋势方向的功能。股价运动趋势的途中会遇到这种形态。上升楔形表示一个技术性反弹渐次减弱的市况，常在跌市中的回升阶段出现，显示股价尚未见底，只是一次下跌后的技术性反弹。下降楔形常出现于中长期升市的回落调整阶段。

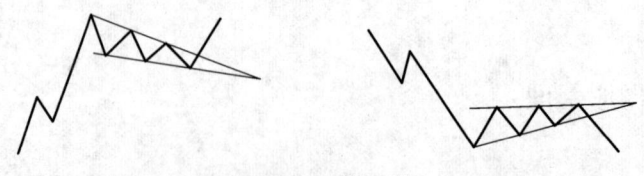

图 6-85　楔　形

2. 与其他整理形态的区别

（1）楔形的三角形上下两条边都是朝着同一方向倾斜，具有明显的倾向，这是该形态与前面三角形整理形态的不同之处。

（2）与旗形和三角形稍微不同的地方是，楔形偶尔也出现在顶部或底部而作为反转形态。这种情况一定是发生在一个趋势经过了很长时间接近于尾声的时候。

（3）在楔形形成过程中，成交量渐次减少；在楔形形成之前和突破之后，成交量一般都很大。

（4）与旗形的另一个不同之处是，楔形形成所花费的时间较长，一般需要2周以上的时间方可完成。

3. 市场分析要点

楔型整理形态市场分析要点可概述为：

（1）楔形（无论上升楔形抑是下降楔形）上下两条线必须明显地收敛于一点，如果形态太过宽松，形成的可能性就该怀疑。一般来说，楔形需要两个星期以上才能形成。

（2）虽然跌市中出现的上升楔形大部分都是往下跌破占多，但相反地若是往上升破，而且成交亦有明显的增加，形态可能出现变异，发展成上升通道，这时候我们应该改变原来偏淡的看法，股价可能会沿着新的上升通道，开始一轮新的升势了。同样倘若下降楔形不升反跌，跌破下限支持，形态可能改变为下降通道，这时候后市的看法就应该随着市势的变化而做出修正了。

（3）上升楔形上下两条线收敛于一点，股价在形态内移动只可以做有限的升和降，最终会告跌破。而股价理想的跌破点是由第一个低点开始，直到上升楔形尖端，之间距离的2/3处。有时候，股价可能会一直移动到楔形的尖端，出了尖端后还稍作上升，然后才大幅下跌。

（4）下降楔形和上升楔形有一点明显的不同之处，上升楔形在跌破下限支撑后经常会出现急跌；但下降楔形往上突破阻力后，可能会横向发展，形成徘徊状态或圆状，成交仍然十分低沉，然后才慢慢开始上升，成交量随之而增加。这种情形的出现，我们可待股价打破徘徊闷局后才考虑跟进。

（5）从实战的经验统计，下降楔形向上突破与向下突破的比例为7∶3；从时间上看，如果下降楔形超过三四个星期，那么向下突破的可能性就会增加。

第六节 主要技术指标分析

所谓技术指标法，就是应用一定的数学公式，对开盘价、最高价、最低价、收盘价、成交量和成交金额等原始数据进行处理，得出指标值，将指标值绘成图表，从定量的角度对股市进行预测的方法。

技术指标法的本质是通过数学公式产生技术指标。这个指标反映了股市的某一方面深层次的内涵，这些内涵仅仅通过原始数据是很难看出的。技术指标种类繁多，考虑的方面也多。以技术指标的功能为划分依据，将常用的技术指标分为趋势型、超买超卖型、人气型和大势型四类。

一、趋势型指标

（一）MA

1. MA 的概念

移动平均法（MA）是指统计分析的方法，将一定时期内的证券价格（或指数）加以平均，并把不同时期的平均值连接起来，形成一条平滑曲线，用以观察证券价格变动趋势的一种技术分析方法。由上述方法得到的曲线称移动平均线。MA 计算方法就是连续若干天的收盘价的算术平均。天数就是 MA 的参数。例如，参数为 10 的移动平均线就是连续 10 日的收盘价的算术平均价格，记号为 MA（10）。同理，我们有 5 日线、30 日线等概念。最开始的几天是没有 MA 值的。"缺损"的数目与参数的大小有关。

2. MA 的特点

MA 最基本的思想是消除股价随机波动的影响，寻求股价波动的趋势。它具有以下特点。

（1）追踪趋势。MA 能够表示股价的波动趋势，并追随这个趋势，不轻易改变。原始数据的股价图表不具备这个保持追踪趋势的特性。

（2）滞后性。在股价原有趋势发生反转时，由于 MA 的追踪趋势的特性，MA 的行动往往过于迟缓，调头速度落后于大趋势，这是 MA 一个极大的弱点。

（3）稳定性。要较大地改变 MA 的值，无论是向上还是向下，都比较困难，当天的股价必须有很大的变动。

（4）助涨助跌性。当股价突破移动平均线时，无论是向上还是向下突破，股价都有继续向突破方向发展的愿望。

（5）支撑线和压力线的特性。由于 MA 的上述四个特性，使它在股价走势中起支撑线和压力线的作用。

MA 的参数变化可以调整 MA 上述几方面的特性。参数选择得越大，上述的特性就越明显。比如，突破 5 日线和突破 10 日线的助涨助跌的力度完全不同，10 日线比 5 日线的力度大。

3. 葛兰维尔法则

葛兰维尔根据 200 天移动平均线与每日股价平均值的关系提出了买卖股票的八条法则（见图 6-86）。

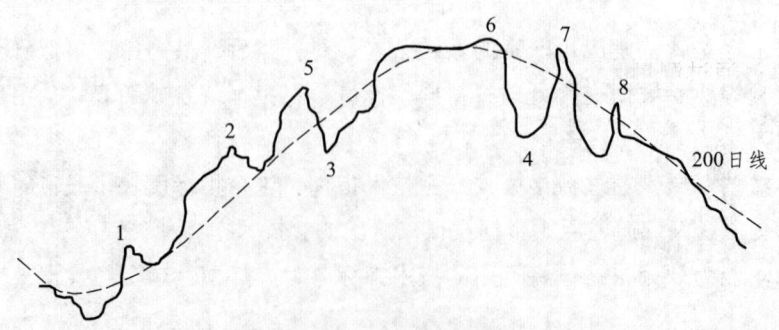

图 6-86　葛兰维尔买卖股票的八条法则

(1) 买入法则。

① 平均线从下降逐渐转为水平,且有往上方抬头趋势,而股价从平均线的下方突破平均线时。

② 股价趋势走在平均线之上,股价下跌而没有跌破平均线,又再度上升。

③ 股价跌至移动平均线下方,而平均线短期内仍为陆续上升趋势。

④ 股价趋势走在平均线之下时,突然暴跌,跳高平均线非常远,极有可能再超过平均线(先分必合)。

(2) 卖出法则。

① 股价在上升中,且走在平均线之上,却离平均线非常远。

② 平均线波动从上升趋势逐渐转为水平线,而且股价从水平线下方突破平均线时。

③ 股价趋势在平均线之下,回升时未超越平均线,平均线已有从趋于水平再度转向下移的趋势。

④ 股价在平均线上徘徊,而且平均线继续下跌,则宜卖出。

需要说明的是,每天的股价实际上是 1 日的 MA。上述法则中股价相对于 MA 的所有叙述,都可以换成短期相对于长期 MA,由此也引出了股市中常说的死亡交叉和黄金交叉两个概念。所谓黄金交叉指的是短期移动平均线从下方上穿中期移动平均线或长期移动平均线,或者中期移动平均线从下方上穿长期移动平均线所形成的交叉。它表明后市将出现多头排列,投资者可以买进。所谓死亡交叉指的是短期移动平均线从上方下破中期移动平均线或长期移动平均线,或者中期移动平均线从上方下破长期移动平均线所形成的交叉。它表明后市将出现空头排列,投资者应卖出手中的股票。在盘整阶段或趋势形成后中途休整阶段,以及局部反弹和回落阶段,MA 极易发出错误的信号,这是使用 MA 时最应该注意的。另外,MA 只是作为支撑线和压力线,站在某线之上,当然有利于上涨。但并不是说一定会涨,支撑线有被击穿的时候。

MA 的盲点体现在两方面。第一,信号频繁。当价格处于盘整阶段,MA 势必会发出很多的信号,产生信号频繁的现象。第二,支撑压力结论的不确定。

(二) MACD

1. MACD 的含义

MACD(moving average convergence and divergence)分析方法是由杰拉尔得·阿佩尔(Gerald Appel)于 1979 年首先提出的。MACD 根据每日的收市价,计算出两条不同速度的加权移动平均线,通过测量两条平均线的差离值来判断买卖时机,是一种极为常用的技术分析方法。

2. MACD 的计算

MACD(平滑异同移动平均线)由正负差(DIF)和异同平均数(DEA)两部分组成,DIF 是核心,DEA 是辅助。DIF 是快速平滑移动平均线与慢速平滑移动平均线的差。快速和慢速的区别是:进行指数平滑时采用的参数大小不同,快速是短期的,慢速是长期的。以现在常用的参数 12 和 26 为例，对 DIF 的计算过程进行介绍。

今日 EMA（12）= 2/（12+1）×今日收盘价 + 11/（12+1）×昨日 EMA（12）

今日 EMA（26）= 2/（26+1）×今日收盘价 + 25/（26+1）×昨日 EMA（26）

DIF = EMA（12）− EMA（26）

单独的 DIF 也能进行行情预测，但为了使信号更可靠，引入了另一个指标 DEA。DEA 是 DIF 的移动平均，也就是连续数日的 DIF 的算术平均。

3. MACD 的应用法则

（1）当 DIF 由下向上突破 DEA，形成黄金交叉，既白色的 DIF 上穿黄色的 DEA 形成的交叉。或者 BAR（绿柱线）缩短，为买入信号。

（2）当 DIF 由上向下突破 DEA，形成死亡交叉，既白色的 DIF 下穿黄色的 DEA 形成的交叉。或者 BAR（红柱线）缩短，为卖出信号。

（3）顶背离：当股价指数逐波升高，而 DIF 及 DEA 不是同步上升，而是逐波下降，与股价走势形成顶背离，预示股价即将下跌。如果此时出现 DIF 两次由上向下穿过 DEA，形成两次死亡交叉，则股价将大幅下跌。

（4）底背离：当股价指数逐波下行，而 DIF 及 DEA 不是同步下降，而是逐波上升，与股价走势形成底背离，预示着股价即将上涨。如果此时出现 DIF 两次由下向上穿过 DEA，形成两次黄金交叉，则股价即将大幅度上涨。

MACD 指标主要用于对大势中长期的上涨或下跌趋势进行判断，当股价处于盘局或指数波动不明显时，MACD 买卖信号较不明显。当股价在短时间内上下波动较大时，因 MACD 的移动相当缓慢，所以不会立即对股价的变动产生买卖信号。

MACD 主要是利用长短期的两条平滑平均线，计算两者之间的差离值，作为研判行情买卖的依据。MACD 指标是基于均线的构造原理，对价格收盘价进行平滑处理（求出算术平均值）后的一种趋向类指标。它主要由两部分组成，即正负差（DIF）、异同平均数（DEA），其中，正负差是核心，DEA 是辅助。DIF 是快速平滑移动平均线（EMA1）和慢速平滑移动平均线（EMA2）的差。

在现有的技术分析软件中，MACD 常用参数是快速平滑移动平均线为 12，慢速平滑移动平均线参数为 26。此外，MACD 还有一个辅助指标——柱状线（BAR）。在大多数技术分析软件中，柱状线是有颜色的，在低于 O 轴以下是绿色，高于 O 轴以上是红色，前者代表趋势较弱，后者代表趋势较强。

4. 使用 MACD 指标时应当遵循的基本原则

（1）当 DIF 和 DEA 处于 O 轴以上时，属于多头市场，DIF 线自下而上穿越 DEA 线时是买入信号。DIF 线自上而下穿越 DEA 线时，如果两线值还处于 O 轴以上运行，仅仅只能视为一次短暂的回落，而不能确定趋势转折，此时是否卖出还需要借助其他指标来综合判断。

（2）当 DIF 和 DEA 处于 O 轴以下时，属于空头市场。DIF 线自上而下穿越 DEA 线时是卖出信号，DIF 线自下而上穿越 DEA 线时，如果两线值还处于 O 轴以下运行，仅仅只能视为一次短暂的反弹，而不能确定趋势转折，此时是否买入还需要借助其他指标来进行综合判断。

(3) 柱状线收缩和放大。一般来说，柱状线的持续收缩表明趋势运行的强度正在逐渐减弱，当柱状线颜色发生改变时，趋势确定转折。但在一些时间周期不长的 MACD 指标使用过程中，这一观点并不能完全成立。

(4) 形态和背离情况。MACD 指标也强调形态和背离现象。当形态上 MACD 指标的 DIF 线与 MACD 线形成高位看跌形态，如头肩顶、双头等，应当保持警惕；而当形态上 MACD 指标 DIF 线与 MACD 线形成低位看涨形态时，应考虑买入。判断形态时，以 DIF 线为主，MACD 线为辅。当价格持续升高，而 MACD 指标走出一波比一波低的走势时，意味着顶背离出现，预示着价格将可能在不久之后出现转头下行；当价格持续降低，而 MACD 指标却走出一波高于一波的走势时，意味着底背离现象的出现，预示着价格将很快结束下跌，转头上涨。

(5) 牛皮市道中指标将失真。当价格并不是自上而下或者自下而上运行而是保持水平方向的移动时，我们称之为牛皮市道。此时虚假信号将在 MACD 指标中产生，指标 DIF 线与 MACD 线的交叉将会十分频繁，同时柱状线的收放也将频频出现，颜色也会常常由绿转红或者由红转绿，此时 MACD 指标处于失真状态，使用价值相应降低。

用 DIF 的曲线形状进行分析，主要是利用指标相背离的原则。具体为：如果 DIF 的走向与股价走向相背离，则是采取具体行动的时间。但是，根据以上原则来指导实际操作，准确性并不能令人满意。经过实践、摸索和总结，综合运用 5 日、10 日均价线，5 日、10 日均量线和 MACD，其准确性大为提高。

当 MACD 与 K 线图的走势出现背离时，应该视为股价即将反转的信号，必须注意盘中走势。

就其优点而言，MACD 可自动定义出目前股价趋势之偏多或偏空，避免逆向操作的危险。而在趋势确定之后，则可确立进出策略，避免无谓的进出次数，或者发生进出时机不当的后果。MACD 虽然适于研判中期走势，但不适于短线操作。再者，MACD 可以用来研判中期上涨或下跌行情的开始与结束，但对箱形的大幅振荡走势或胶着不动的盘面并无价值。同理，MACD 用于分析各股的走势时，较适用于狂跌的投机股，对于价格甚少变动的所谓牛皮股则不适用。总而言之，MACD 的作用是找出市场的超买超卖点，市场的转势点。

5. 短线投资者的买卖策略

(1) 在 MACD 图表中，如 MACD1 由上向下转势，又或者 MACD2 由上向下转，则表示价位可能下跌，可考虑沽货。

(2) 反之，如 MACD1 由下向上转势，又或者 MACD2 由下向上转势，则表示价位可能上升，可考虑入货。

(3) 这种买卖讯号的出现会较频繁，投资者的买卖次数亦会相应增加。

6. 中短线投资者的买卖策略

(1) 在 MACD 图表中的一支支垂直线称为移动平均汇聚背驰指标（MACD），而绿色横线是柱状垂直线的分水岭，柱状垂直线出现在此分水岭之下，称为"负"，而出现在分水岭之上，则称为"正"。

(2) 对中短线投资者而言，当移动平均汇聚背驰指标（MACD）柱状垂直线由负变正时，亦即垂直线由分水岭之下转为之上时，是入货讯号。如利用移动平均汇聚背驰指针（MACD）来分析，则 MACD1 将会由下向上穿越 MACD2。

（3）反之，当柱状垂直线由正变负时，亦即垂直线由分水岭之上转为之下时，是沽货讯号。同样的，MACD1 将会由上向下穿越 MACD2。

7. 中线投资者的买卖策略

（1）在 MACD 图表中的灰黑色横虚线为零线，如 MACD1 和 MACD2 都处于零线之上，显示市况上升趋势未完。故此，MACD1 和 MACD2 在零线之上向下转势，或者 MACD1 跌破 MACD2，亦只能当作平仓讯号。但如果 MACD1 是在零线之下，而跌破 MACD2 时，才能构成较为可靠的沽货讯号。

（2）反之，如果 MACD1 和 MACD2 都在零线之下，显示跌势未完。故此，MACD1 和 MACD2 都在零线之下而向上转势时，或者 MACD1 升破 MACD2，亦只能当作平仓讯号。但如果 MACD1 是在零线之上，而升破 MACD2，才能视作较为可靠的入货讯号。

二、超买超卖型指标

（一）WMS

WMS（威廉指标）最早起源于期货市场，由 Larry Williams 于 1973 年首创。WMS 表示的是市场处于超买还是超卖状态。

1. WMS 的计算方法

WMS 的计算公式如下：
$$\text{WMS}_n = (H_n - C_t) / (H_n - L_n) \times 100$$

式中　C_t——当天的收盘价；

H_n——n 日内最高价；

L_n——n 日内最低价。

由计算公式可知，WMS 只有一个参数，那就是天数 n。n 可取 6、14、20 等，投资者根据个人习惯和需要而定。WMS 指标表示的含义是当天收盘价在过去的一段日子的全部价格范围内所处的相对位置。如果 WMS 的值较小，则当天的价格处在相对较高的位置，要提防回落；如果 WMS 的值较大，则说明当天的价格处在相对较低的位置，要注意反弹。

2. WMS 的应用

WMS 的应用大致有以下几条规则：

（1）在 0～100 区间内，WMS 低于 20 为相对超买，股票价格已进入顶部，可考虑卖出。WMS=20 这一横线，一般视为卖出线。WMS 高于 80 为相对超卖，表明市场处于超卖状态，股票价格已近底部，可考虑买入。WMS=80 这一横线，一般视为买入线。

（2）WMS 在 20～80 区间时，表明市场上多空暂时取得平衡，股票价格处于横盘整理之中，可考虑持股或持币观望。

（3）WMS = 50 称作多空均衡区，WMS ≤ 50 为多头市场，WMS ≥ 50 为空头市场。

（4）当股价由超卖区向上攀升并升破中轴线 50，则表示市场较强，可买入；当股价由超买区回落，并下破中轴线 50，则表示市场较弱，可卖出。

（5）在具体实战中，当威廉曲线向上突破 20 超买线而进入超买区运行时，表明股价进入强势拉升行情，这是提醒投资者要密切关注行情的未来走势，只有当 WMS 曲线再次向下突破 20 线时，才为投资者提出预警，为投资者买卖决策提供参考。同样，当威廉曲线向下突破 80 超卖线而进入超卖区运行时，表明股价的强势下跌已经缓和。这也提醒投资者可以为建仓做准备，而只有当 WMS 曲线再次向上突破 80 线时，投资者才真正短线买入。

3. WMS 指标的实战技巧

与其他指标相比，WMS 指标是比较适合用于股票中短线投资的研判，它的构造也比较简单，在股市分析软件上，有的是由短、中、长三条不同周期的曲线组成，有的是由 1 条 WMS 曲线组成。为了使 WMS 指标的研判更加直观明了，一般选用 1 条 WMS 曲线来分析。其研判方法主要集中在 WMS 曲线所处的位置以及运行方向上。下面我们就以 79 日 WMS 指标为例，来揭示 WMS 指标的买卖和观望功能。

（1）买卖信号。

① 当 WMS 曲线在 50 附近盘整了较长一段时间以后，一旦 WMS 曲线由下向上突破 50 这条线，同时股价也放量突破中长期均线，则意味股票中期强势行情即将开始，这是 WMS 指标发出的中线买入信号。此时，投资者可以开始买进股票。

② 当 WMS 曲线从 50（或 40）附近快速向上飙升，股价也依托短期均线向上扬升，一旦 WMS 曲线向上突破 20 这条线，则意味着股票短期强势行情即将开始，这是 WMS 指标发出的短线买入信号。此时，投资者可以短线买进股票。

③ 当 WMS 曲线从 20 线上方向下滑落，一旦 WMS 曲线接着向下又突破了 40 以后，如果股价同时也跌破中长期均线，则意味着股票的短期强势行情可能结束，这是 WMS 曲线发出的短线卖出信号。此时，投资者应及时卖出股票。

④ 当 WMS 曲线从上向下缓慢跌破 50 这条线时，如果股价也同时跌破了中期均线，则意味股票的中期弱势行情已经开始，这是 WMS 指标发出的中线卖出信号。如果股价是前期大涨过的股票，这种卖出信号更加准确。

（2）持股持币信号。

① 当 WMS 曲线一直运行在 20 线上方，同时股价也依托中短期均线强势上攻，则表明股价是处于极强势的上涨行情，这是 WMS 指标发出的短线持股看涨信号，投资者应坚决持股待涨。

② 当 WMS 曲线向下突破 50 线以后，一直运行在 50 线下方，同时股价也被中短期均线压制下行时，则表明股价的中期弱势趋势形成，这是 WMS 指标发出的持币待涨信号。此时，投资者应坚决持币观望。

（二）KDJ 指标

KDJ 指标的中文名称是随机指数（stochastics），是由 George Lane 首创的。与 WMS 一样，最早也起源于期货市场。

1. KDJ 指标的计算公式和理论依据

在 KDJ 以前，先产生未成熟随机值 RSV（raw stochastic value），其计算公式为：

$$RSV_n = (C_t - L_n) / (H_n - L_n) \times 100$$

式中：C_t、H_n、L_n 的意义同 WMS 的计算公式。

对 RSV 进行指数平滑，就得到 K 值：

$$今日 K 值 = 2/3 \times 昨日 K 值 + 1/3 \times 今日 RSV$$

对 K 值进行指数平滑，就得到如下 D 值：

$$今日 D 值 = 2/3 \times 昨日 D 值 + 1/3 \times 今日 K 值$$

式中：1/3 是平滑因子，是可以人为选择的，所以 KD 指标具有 WMS 的一些特性。在反映股市价格变化时，WMS 最快，K 指标其次，D 指标最慢。K 指标反应敏捷，但容易出错；D 指标反应稍慢，但稳重可靠。

J 指标是 D 指标加上一个修正值，计算公式为：

$$J = 3D - 2K = D + 2(D - K)$$

2. KDJ 指标的应用法则

KDJ 指标是三条曲线，在应用时主要从以下五个方面进行考虑。

（1）从 KD 指标的取值方面考虑。KD 的取值范围都是 0～100，将其划分为几个区域：80 以上为超买区，20 以下为超卖区，其余为徘徊区。根据这种划分，KD 超过 80 就该考虑卖出了，低于 20 就该考虑买入了。应该说明的是，上述划分只是一个应用 KD 指标的初步过程，仅仅是信号，完全按这种方法进行操作容易招致损失。

（2）从 KD 指标曲线的形态方面考虑。当 KD 指标在较高或较低的位置形成了头肩形态和多重顶（底）时，是采取行动的信号。注意，这些形态一定要在较高位置或较低位置出现，位置越高或越低，结论越可靠。对于 KD 曲线，我们同样可以引入支撑和压力的概念。某一条支撑线和压力线的被突破，也是采取行动的信号。

（3）从 KD 指标的交叉方面考虑。K 与 D 的关系就如同股价与 MA 的关系一样，有死亡交叉与黄金交叉的问题，不过这里交叉的应用是很复杂的，还要看别的条件。以 K 从下向上与 D 交叉为例，K 上穿 D 是金叉，为买入信号，但是出现金叉是否应该买入，还要看别的条件。

第一个条件是交叉的位置应该比较低，是在超卖区的位置，越低越好；第二个条件是与 D 相交的次数，有时在低位 K、D 要来回交叉好几次，交叉的次数以两次为最少，越多越好；第三个条件点相对于 KD 线低点的位置，这就是常说的"右侧相交"原则。K 是在 D 已经抬头向上时才同 D 相交，比 D 还在下降时与之相交要好得多。

（4）从 KD 指标的背离方面考虑。在 KD 处在高位或低位，如果出现与股价走向的背离，则是采取行动的信号。当 KD 处在高位,并形成两个依次向下的峰,而此时股价还在一股劲的上涨,这叫顶背离,是卖出的信号;与之相反,KD 处在低位,并形成一底比一底高,而股价还继续下跌,这构成底背离,是买入信号。

(5) 从 J 指标的取值大小考虑。J 指标取值超过 100 和低于 0,都属于价格的非正常区域,大于 100 为超买,小于 0 为超买。

3. 日、周、月线中的 KDJ 指标买卖规则

大家在分析股票的时候,看一看周 K 线、月 K 线十分有必要,很多时候,周、月线已经死叉下行,中长线趋势走坏,但日线偏偏发出金叉,K 线也走好,量价配合也好,而此时介入,多数情况下就是中、短期头部。下面就 KDJ 指标在日、周、月线中的不同表现谈一下看法。

(1) 低位金叉——低位启动,坚决买进。

如果选定的目标股日线 KDJ 指标的 D 值小于 20,KDJ 形成低位金叉,而此时周线 KDJ 的 J 值在 20 以下向上金叉 KD 值,或在强势区向上运动;同时,月线 KDJ 也在低中位运行,且方向朝上,可坚决买进。如果一只股票要产生较大的行情,必须满足周、月线指标的 KDJ 方向朝上,绝对没有例外!

(2) KDJ 日线金叉,周、月线高位运行——面临调整,不宜介入。

如果选定的目标股日线 KDJ 指标金叉,而周线 J 值在 90 以上,月线 J 值在 80 以上运行。这时,该股面临着中级调整,此时短线介入风险很大,不宜介入。

(3) KDJ 日线金叉,周线 KDJ 向上,月线 KDJ 向下——反弹行情,少量参与。

如果选定的目标股日线 KDJ 指标金叉,周线 KDJ 的运行方向朝上,而月线 KDJ 的运行方向朝下,则可能是反弹行情,可用少量资金参与。

(4) KDJ 日线金叉,周线 KDJ 向下,月线 KDJ 向上——主力洗盘,周线反转。

如果选定的目标股日线 KDJ 金叉,周线 KDJ 的运行方向朝下,而月线 KDJ 的运行方向朝上,则此时股价正在进行试盘后的洗盘,或挖坑,或主力刻意打压,可等周线 KDJ 方向反转后再介入。

(5) KDJ 日、周、月线高位运行——风险在即,不宜介入。

如果选定的目标股日线 KDJ 的 J 值大于 100,周线 KDJ 的 J 值大于 90,月线 KDJ 的 J 值大于 80,风险就在眼前,不宜介入。

(6) KDJ 日线高位运行,周、月线低位运行——短线回调,二次金叉。

如果选定的目标股日线 KDJ 的 J 值在 90 以上,而周、月线运行在低位,且方向朝上,这时面临着短线回调,等股价回调后,日线 KDJ 再次金叉进入。

(三) RSI

1. RSI 的计算

RSI(relative strength index,相对强弱指标),是指以股票价格的相对涨跌幅度为依据,

对股价的变动及其趋势进行预测与分析的工具。股票市场中的强弱指标的计算公式：

$$RSI(n) = A/(A+B) \times 100$$

式中　　A——n 天中股价向上波动的大小；

　　　　B——n 天中股价向下波动的大小；

　　　　$A+B$——股价总的波动大小。

RSI 的参数是天数 n，即考虑时间的长度，一般有 5 日、9 日、14 日等。RSI 实际上是表示向上波动的幅度占总的波动的百分比，如果占的比例大就是强势。RSI 的取值介于 0~100。

相对强弱指标（RSI）有时可采用如下计算公式：

相对强弱指标（RSI）= 100-100/(1+RS)

式中，RS 为相对强度，用如下公式求得：

相对强度（RS）= n 日内收盘涨数和的平均值/n 日内收盘跌数和的平均值

n 可取 6、9、14 等不同的天数，主要根据分析者的习惯和需要而定。

2. 相对强弱指标的运用原则

（1）如果 RSI 值小于 20%，则表示市场上的卖盘多于买盘，市价下跌的幅度过大，投资者可抓紧时机买进。

（2）如果 RSI 值大于 80%，表示市场上的买盘多于卖盘，市价上涨的幅度过高，未来下跌的可能性很大，投资者应抓紧时机卖出。

（3）如果 RSI 小于 10%，则表示市价已下跌到底部，接近地价，股价随时可以反弹，投资者应抓住时机买进。

（4）如果 RSI 值大于 90%，则说明市价过高，涨得太快，接近天价，随时都会跌下来。如果投资者手中持有这种股票，就应不失时机地抛出，以免高价套牢。

（5）如果 RSI 长期在 50%以上时，则表示是多头市场。如果 RSI 长期在 50%以下时，则表示是空头市场。

3. RSI 实战技巧

和其他指标相比，RSI 指标波动频繁，而且其预示的趋势性不是很明显，在实际研判股市行情中，往往会给投资者以错乱无序的感觉。为了解决这个问题，这里选用益盟分析家股市分析软件的两组不同的日（12，72）和日（9，12）参数来讲述 RSI 指标的买卖预示功能。

（1）买卖信号。

① 12 日 RSI 和 72 日 RSI 相结合的买卖功能。

a. 当 12 日 RSI 曲线在 50 数值附近向上突破 72 日 RSI 曲线形成"金叉"时，表明股票多头力量开始强于空头力量，股价将大幅扬升，这是 RSI 指标所指示的中线买入信号。特别是当股价也同时带量向上突破中长期均线时，这种买入信号比较准确。此时，投资者应及时逢低买入股票。

b. 当 12 日 RSI 曲线和 72 日 RSI 曲线在 60 数值上方运行了比较长的时间时，一旦 12 日 RSI 曲线向下突破 72 日曲线形成"死叉"时，表明多头力量已经衰弱，股价将开始大幅下跌，这是 RSI 指标指示的短线卖出信号。特别是对于那些前期涨幅过大的股票，这种卖出信号更加准确。此时，投资者应及时清仓离场。

c. 当 12 日 RSI 曲线和 72 日 RSI 曲线从高位回落到 50 附近时，一旦 12 日 RSI 曲线向下到 72 日 RSI 曲线时，就意味多头力量已经衰弱，空头力量开始强大，股价将面临大幅下跌的可能，这是 RSI 指标所指示的中线卖出信号。特别是对于那些高位盘整的股票，这种卖出信号更加强烈。此时，投资者也应中线离场观望。

② 9 日 RSI 和 12 日 RSI 相结合的买卖功能。

a. 当 9 日 RSI 和 12 日 RSI 曲线在 50 数值下方，几乎同时向上突破 50 数值这条 RSI 指标的多空平衡线时，表明股票的多头力量开始增强，股价将向上攀升，这也是 RSI 指标所指示的中线买入信号。特别是当前期股价经过了在一段狭小的价位区间整理，然后带量突破时，这种买入信号比较准确。此时，投资者应及时买入股票。

b. 当 9 日 RSI 曲线和 12 日 RSI 曲线在 80 数值上方运行时，一旦 9 日 RSI 曲线和 12 日 RSI 曲线几乎同时向下突破 80 这条线时，表明股票的多头力量开始衰弱，股价面临向下调整的压力，这是 RSI 指标所指示的短线卖出信号。特别是对于那些短期涨幅较大的股票，这种卖出信号更加强烈。此时，投资者应及时短线离场观望。

c. 当 9 日 RSI 曲线和 12 日 RSI 曲线从高位回落到 50 附近时后，如果这两条线短期内不能再度返身向上，一旦 9 日 RSI 曲线和 12 日 RSI 曲线向下突破 50，就意味空头力量开始强大，股价将面临大幅下跌的可能，这也是 RSI 指标所指示的中线卖出信号。特别是对于那些高位盘整的股票，这种卖出信号更加强烈。此时，投资者也应中线离场观望。

（2）持股持币信号。

① 12 日 RSI 和 72 日 RSI 相结合的持股、持币功能。

a. 当 12 日 RSI 曲线在中位（50 左右）向上突破 72 日 RSI 曲线后，如果这两条曲线同时向上运行，并且股价带量上行时，则表明多头力量占绝对优势，股价将继续向上扬升，这是 RSI 指标比较明显的持股待涨信号。此时，投资者应坚决持股待涨，直至 RSI 指标发出短线卖出信号。

b. 当 12 日 RSI 曲线在中高位（60 以上）向下突破 72 日曲线后，一直运行在 72 日曲线下方时，则意味着多头力量可能衰弱、空头力量开始增强，股价将向下调整，这是 RSI 指标所指示的持币观望信号。特别是对于那些股价高位盘整后开始下跌的股票，这种持币观望信号更加准确。此时，投资者应以持币观望为主。

c. 当 12 日 RSI 曲线在中高位（50 以上）向下突破 72 日 RSI 曲线后，如果两条曲线同时向下运行，则表明多头力量已经衰竭、空头力量占据明显优势，股价将开始大幅下跌，这也是 RSI 指标所指示的比较明显的持币观望信号。此时，投资者应持币观望。

d. 当 12 日 RSI 曲线和 72 日 RSI 曲线从高位回落后，如果这两条曲线先后跌破 50 并同时向下运行时，表明空头力量占绝对优势，股价将继续下跌，这也是 RSI 指标明显的持币观望信号。此时，投资者应坚决持币观望。

② 9 日 RSI 和 12 日 RSI 相结合的持股、持币功能。

a. 当 9 日 RSI 曲线和 12 日 RSI 曲线在中位（50 左右）几乎同时向上运行，并且股价也依托中短期均线向上运行时，则表明多头力量开始占主导地位，股价将展开一轮上升行情，这是 RSI 指标比较明显的持股待涨信号。此时，投资者应坚决持股待涨，直至 RSI 指标发出短线卖出信号。

b. 当 9 日 RSI 曲线和 12 日 RSI 曲线在高位（80 左右）几乎同时向下运行时，表明多头力量有所衰弱、空头力量开始增强，股价将出现短线调整行情，这是 RSI 指标所指示的持币观望信号。特别是对于那些近期短线涨幅过大的股票，这种短期内持币观望的信号更加明显。

c. 当 9 日 RSI 曲线和 12 日 RSI 曲线在 50 附近时，如果这两条曲线几乎同时跌破 50 并向下运行时，表明空头力量占绝对优势，股价将继续下跌，这也是 RSI 指标所指示的持币观望信号。特别是对于那些前期涨幅过大的股票，这种信号更加明显。此时，投资者应坚决持币观望。

（四）乖离率

1. 乖离率的计算

乖离率（BIAS），简称 Y 值，它以当日移动平均数为基准。实际价格与移动平均数之间的差距，称为乖离程度。用乖离程度除以移动平均数得到的百分比就是乖离率。也就是说，乖离率是表示当日实际价格与平均价格之间的差距，从而也就可以用数字来表示股价线与移动平均线的距离。公式为：

$$BIAS(n) = [C_t - MA(n)]/MA(n) \times 100\%$$

式中　C_t——当日收盘价；

　　　$MA(n)$——n 日移动平均价。

分子为收盘价与移动平均的绝对距离，可正可负，除以分母，就是相对距离。乖离率的公式中含有参数的项只有一个，即 MA，这样乖离率的参数就是 MA 的参数，即天数 n。一般来说，参数选得越大，则允许股价远离 MA 的程度就越大。换句话说，股价远离 MA 到了一定程度，我们就会认为该回头了。

2. 乖离率的应用

乖离率有正负之分。当暴涨或狂跌时，乖离率的绝对值将放大；当放大到一定程度时，乖离率就失灵了。

乖离率达到多少，投资者可借它进行决策呢？目前，各国都有不同的标准，现以我国台湾地区证券市场为例说明其应用方法。

（1）当 BIAS（10）＜-4.5% 时，是买进股票的时机；BIAS（10）＞5% 时，是卖出股票的时机。

（2）当 BIAS（25）＜-7% 时，是买进股票的时机；BIAS（25）＞8% 时，是卖出股票的时机。

（3）当 BIAS（73）＜-11% 时，是买进股票的时机；BIAS（73）＞14% 时，是卖出股票的时机。

（4）每段行情股价与平均值间的乖离率达到最大百分比，就会向零值靠近。

3. 乖离率指标与其他技术指标的组合应用

乖离率指标非常适合与两种技术指标进行组合运用，一种是随机指标 KDJ，另一种是布林线指标 BOLL。

在技术性反弹行情中，乖离率指标适合与随机指标组合运用，KD 指标和 BIAS 指标可以使反弹行情中的操作变得及时准确。在反弹行情中，BIAS 指标的功用是确认股价是否超跌，而 KD 指标的作用是显示个股是否有拐头向上的动能，两者的结合有利于投资者准确判断出反弹的最佳时机。具体的应用方法如下：

（1）将 BIAS 指标的参数设置为 24 日，将 KD 指标的参数设置为：参数 N 设置为 9 日，参数 M1 设置为 3 日，参数 M2 设置为 3 日。

（2）BIAS 指标要小于-6，这只是确认该股超跌的初选条件。

（3）KD 指标产生黄金交叉，K 线上穿 D 线。

（4）KD 交叉同时，KD 指标中的 D 值要小于 16。

在第二组组合中，乖离率指标与布林线指标的结合运用适合在超跌反弹行情中的买入：对于这类反弹行情，投资者不宜采用追涨，而要结合技术分析方法，运用 BIAS 和布林线指标的组合分析，把握个股进出时机。具体方法如下：

（1）当 BIAS 的三条短期均线全部小于 0 时；

（2）股价也已经触及 BOLL 的下轨线 LB；

（3）布林线正处于不断收敛状态中的；

（4）BIAS 的短期均线上穿长期均线，并且成交量逐渐放大。

当几组指标符合上述条件时，投资者可以积极择股买入。

三、人气型指标

（一）心理线指标

1. 心理线指标的计算

心理线指标（Psychological Line，PSY），主要是从股票投资者买卖趋向的心理方面，对多空双方的力量进行探索。心理线指标（PSY）的计算公式为：

$$PSY(n) = A/n \times 100$$

式中　n——天数，是 PSY 的参数；

A——在这 n 天之中股价上涨的天数。

PSY 参数的选择是人为的，为了便于计算，一般选择参数为 10 或大于 10。参数选择越大，PSY 的取值范围越集中，越平稳。

2. 心理线指标的应用

（1）一段下跌（上升）行情展开前，超买（超卖）的最高（低）点通常会出现两次。在出现第二次超买（超卖）的最高（低）点时，一般是卖出（买进）时机。由于 PSY 指标具有这种高点密集出现的特性，可给投资者带来充裕时间进行研判与介入。

（2）PSY 指标在 25~75 为常态分布。PSY 指标主要反映市场心理的超买超卖，因此，当心理线指标在常态区域内上下移动时，一般应持观望态度。

(3) PSY 指标超过 75 或低于 25 时，表明股价开始步入超买区或超卖区，此时需要留心其动向。当 PSY 指标百分比值超过 83 或低于 17 时，表明市场出现超买区或超卖区，价位回跌或回升的机会增加，投资者应该准备卖出或买进，不必在意是否出现第二次信号。这种情况在个股中比较多见。

(4) 当 PSY 指标百分比值＜10，是极度超卖。反弹的机会相对提高，此时为短期较佳的买进时机；反之，如果 PSY 指标百分比值＞90，是极度超买。此时为短期卖出的有利时机。

(5) 当 PSY 曲线和 PSYMA 曲线同时向上运行时，为买入时机；相反，当 PSY 曲线与 PSYMA 曲线同时向下运行时，为卖出时机。而当 PSY 曲线向上突破 PSYMA 曲线时，为买入时机；相反，当 PSY 曲线向下跌破 PSYMA 曲线后，为卖出时机。

(6) 当 PSY 曲线向上突破 PSYMA 曲线后，开始向下回调至 PSYMA 曲线，只要 PSY 曲线未能跌破 PSYMA 曲线，都表明股价属于强势整理。一旦 PSY 曲线再度返身向上时，为买入时机；当 PSY 曲线和 PSYMA 曲线同时向上运行一段时间后，PSY 曲线远离 PSYMA 曲线时，一旦 PSY 曲线掉头向下，说明股价上涨的动能消耗较大，为卖出时机。

(7) 当 PSY 曲线和 PSYMA 曲线再度同时向上延伸时，投资者应持股待涨；当 PSY 曲线在 PSYMA 曲线下方运行时，投资者应持币观望。

(8) 当 PSY 曲线和 PSYMA 曲线始终交织在一起，于一个波动幅度不大的空间内运动时，预示着股价处于盘整的格局中，投资者应以观望为主。

3. 注意要点

PSY 指标与成交量变异率（VR）应配合使用，确定短期买卖点，可以找出每一波的高低点。另外，PSY 指标最好与 K 线互相对照，如此更能从股价变动中了解超买或超卖的情况。

（二）OBV 线

成交量指标中最常用的是 OBV 指标。OBV 的英文全称是 On Balance Volume，中文名称直译为"平衡交易量"，也称其为能量潮。用以验证当前股价走势的可靠性，并由 OBV 得到趋势可能反转的信号，比起单独使用成交量看得更清楚。

1. OBV 的计算方法

OBV 的计算公式很简单，假设已经知道了上一个交易日的 OBV，就可以根据今天的成交量以及今天的收盘价与上一个收盘价的比较计算出今天的 OBV。用数学公式表示如下：

$$今日 OBV = 昨日 OBV + sgn \times 今天的成交量$$

其中：sgn 表示正负符号，当今天的收盘价大于等于昨天的收盘价，取正号；当今天的收盘价小于昨天的收盘价，取负号。这里的成交量指的是成交股票的手数，不是成交金额。

在第一次计算 OBV 的基准时，可以用零或前一日的成交量，有时可选定任一数量。以每日的 OBV 值为纵坐标值，交易日期为横坐标，就可以得到股票市场的 OBV 线。

OBV 的构造原理很简单，它把股市比喻成潮水一个潮起潮落的过程，如果多方力量大，则向上的潮就大，中途回落的潮就小。衡量潮大小的标准就是成交量。成交量大则潮水的力量就大；成交量小则潮水的力量就小。每一天的成交量可以理解成潮水，但这股潮水是向上还是向下，是保持原来的大方向还是中途回落，由当天收盘价与昨天收盘价的大小比较而决定。如果今天的收盘价大于等于昨天的收盘价，则这一潮属于多方；如果今天的收盘价小于昨天的收盘价，则这一潮属于空方。

2. OBV 线的应用

（1）当 OBV 线下降，而此时股价上升，是卖出信号，表示高档买盘无力，故宜卖出。

（2）股价下降时而 OBV 线上升，表示买盘旺盛，逢低接手强股，股价可能会止跌回升，是买进信号。

（3）OBV 线缓慢上升时，为买进信号；OBV 线急速上升时，为卖出信号。

（4）当价格与 OBV 背离时，表明市场趋势要反转，应警觉。

（5）OBV 线对双重顶第二个高峰的确定有较为标准的显示，当股价自双重顶第一个高峰下跌又再次回升时，如果 OBV 线能够随股价趋势同步上升且价量配合，则可持续多头市场并出现更高峰。相反，当股价再次回升时 OBV 线未能同步配合，却见下降，则可能形成第二个顶峰，完成双重顶的形态，导致股价反转下跌。

（6）OBV 线从正的累积数转为负数时，为下跌趋势，应该卖出持有股票。反之，OBV 线从负的累积数转为正数时，应该买进股票。

（7）OBV 线最大的用处在于观察股市盘局整理后，何时会脱离盘局以及突破后的未来走势，OBV 线变动方向是重要参考指数，其具体的数值并无实际意义。

总体来说，OBV 线适用于短期分析，必须和股价曲线或其他分析工具结合起来使用。

四、大势型指标

大多数技术指标都是既可应用于个股，又可应用于大盘指数。而大势型指标主要对整个证券市场的多空状况进行描述，它只能用于研判证券市场整体形势，而不能应用于个股。

一般来说，描述股市整体状况的指标是综合指数，如道琼斯指数、上证指数等。但无论哪种指数都不可能面面俱到，总有不尽如人意的地方。以下介绍的 ADL、ADR 和 OBOS 三个指数从某个角度讲，能够弥补综合指数的不足，提前向投资者发出信号。

（一）腾落指数（Advance Decline Line，ADL）

1. 指标含义

ADL 是反映股价趋势的常用指标。腾落指标不考虑股票发行量或成交量的权数大小，将所有股票等同对待，认为所谓"大势"就是多数股票的共同趋势，即大多数股票上涨就是大势上涨，大多数股票下跌就是大势下跌，通过连续累计计算涨跌家数反映股票价格走向趋势。

2. 计算公式

$$ADL = 每日股票上涨家数 - 每日股票下跌家数 + 前一日 ADL$$

3. ADL 的应用

（1）加权股价指数持续下降，并创新低点，腾落指数下降，也创新低点，短期内大势继续下跌可能性大；加权股价指数持续上升，并创新高点，腾落指数上升，也创新高值，短期内大势继续上扬可能性大。

（2）通常腾落指数下降三天，反映大势涨少跌多的情况持续，而股价指数却连续上涨三天，这种不正常现象常难以持久，并且最后向下回跌一段的可能性大。此种背离现象是卖出信号，表示大势随时回档。通常腾落指数上升三天，反映大势涨多跌少的事实，而股价指数却相反地连续下跌三天，这种不正常现象也难以持久，并且最后向上回涨一段的可能性大。此种背离现象是买进信号，表示大势随时会反弹或扬升。

（3）ADL 走势与指数走势多数有类似效果，一般可以用趋势线研判方式来预测支撑价位。

（4）高档形成 M 头与低档形成 W 底，是卖出与买进的信号。

（5）股市处于多头市场时，ADL 呈现上升趋势，其间如果突然出现急速下跌现象，接着又立即扭转向上，创下新高点，则表示行情可能再创新高。股市处于空头市场时，ADL 呈现下降趋势，其间如果突然出现上升现象，接着又回头，下跌突破原先所创低点，则表示另一段新的下跌趋势产生。

（二）涨跌比率（ADR）

1. 指标含义

ADR（Advance Declne Ratio）是根据股票的上涨家数和下跌家数的比值，推断股票市场多空双方力量的对比，进而判断出证券市场的实际情况。

ADR 的图形是以 1 为中心上下波动，波动幅度取决于参数的选择。参数选择得越小，ADR 波动的空间就越大，曲线的起伏就越剧烈；参数选择得越大，ADR 波动的幅度就越小，曲线上下起伏越平稳。

2. ADR 的应用

（1）十日涨跌比率的常态分布通常在 0.5～1.5，而 0.5 以下或 1.5 以上则为非常态现象。在大多头市场和大空头市场里，常态分布的上限与下限将扩增至 1.9 以上与 0.4 以下。涨跌比率超过 1.5 时，表示股价长期上涨，已脱离常态，超买现象产生，股价容易回跌，是卖出信号；反之，低于 0.5 时，股价容易反弹，是买进信号。

（2）除了股价进入大多头市场或展开第二段上升行情的初期，涨跌比率有机会出现 2.0 以上绝对超买数字外，其余的次级上升行情在超过 1.5 时就是卖点。

（3）多头市场的涨跌比率值，大多数时间维持在 0.6～1.3（若是上升速度不快，只是盘升走势时），超过 1.3 时应准备卖出，而低于 0.6 时，又可逢低买进。多头市场低于 0.5 的现象极少，是极佳的买点。

（4）对大势而言，涨跌比率具有先行的警示作用，尤其是在短期反弹或回档方面，更能比图形领先出现征兆。十日涨跌比率的功能在于显示股市买盘力量的强弱，进而推测短期行情是否可能出现反转。

（5）若图形与涨跌比率成背离现象，则大势即将反转。

（6）涨跌比率如果不断下降，低于 0.75，通常显示短线买进机会已经来临，在多头市场中几乎无例外。在空头市场初期，如果降至 0.75 以下，通常暗示中级反弹即将出现。而在空头市场末期，十日涨跌比率降至 0.5 以下时，则为买进时机。

（7）涨跌比率下降至 0.65 之后，再回升至 1.40，但无法突破 1.40，则显示上涨的气势不足。涨跌比率向上冲过 1.40 时，暗示市场行情的上涨至少具有两波以上的力量。

（三）超买超卖指标（OBOS）

1. 指标含义

OBOS（Overbought-Oversold Index）是利用在一段期间内股市涨跌家数的累积差关系，来测量大盘买卖气势的强弱及未来走向，以作为研判股市呈现超买或超卖区的参考指标。

2. 计算公式

一般使用 10 日 OBOS，其计算公式为：

$$10 \text{ 日 OBOS 值} = 10 \text{ 日内股票上涨累计家数} - 10 \text{ 日内股票下跌累计家数}$$

3. OBOS 的应用法则

OBOS 的研判方法主要是将指数线与 OBOS 线相联系再判断。与均量线的判别方法一样，如果二线同升，便是好现象；二线同降，便是坏行情；指数线上升，OBOS 下降，表明许多小盘股已走下坡路。原因是指数由众多股票组成的，指数上升，表明占权重较大的大盘股还在上升，而 OBOS 并非加权算法，它只算个数。OBOS 的下降，说明整个市场许多股票都在下跌，但这些跌股却是指数中占权重不大的小盘股；尽管如此，小盘股的下跌预示着股市将转为弱势，所以，是卖出信号。同理，指数若在下降，OBOS 却在上升，表明中小盘股已有起色，所以股市即将反转。

OBOS 通常有以下特点：

（1）十日 OBOS 值通常在 600~700 呈常态分布。

（2）当十日 OBOS 值超过 700，股市呈现超买现象，是卖出时机。

（3）当十日 OBOS 值低于 600 时，股市呈现超卖现象，是买入时机。

（4）当加权指数持续上升，而 OBOS 线却往下走，此种背离现象显示出大多数的小型股已开始走下坡，因此，市场可能会转向弱势，此时，如果在高价圈形成的 M 头，是卖出时机。

（5）假如 OBOS 线持续向上，代表上升的股票远超过下跌的股票，而加权指数线却往下滑落，这种背离现象显示市场可能即将反转上升，尤其在低价圈形成的 W 底，为买进时机。

（6）OBOS 指标所计算出来的分析资料，代表某一期间内投资人的决定。大多数投资人决定买进后，大多数的股票才会上涨，此种情况下 OBOS 一直向上，此时可大胆买进。

第七章 股票投资者心理行为分析

第一节 股票投资者的类型

根据股票投资者的投资目的或手段,可以将其划分为各种不同类型。

一、按投资目的分

按投资目的,股票投资者可分为套利型、参股型和经营型。

所谓套利型是以套取差价利润为目的的股票投资者;所谓参股型是以参与股息和红利分配为目的的投资者;所谓经营型是以参与股份公司经营活动为目的的投资者。

二、按投资者对风险的态度分

按投资者对风险的态度,股票投资者可分稳健型、激进型和温和型。

稳健型投资者也称保守型投资者。这类投资者对风险采取回避的态度,以安全作为首要考虑因素。因此,他们在投资选择上首先考虑国家债券、金融债券、公司债券、优先股等固定收益证券以及股息较优厚的普通股。

激进型投资者也称风险型投资者。这类投资者愿意承担较大的风险,以期获得较多的利益,其投资对象通常是市场价格波动较大的普通股以及具有成长性的股票,而对收益固定的证券如债券则缺乏兴趣。

温和型投资者也称中庸型投资者。这类投资者对风险采取较为适中的态度,介于稳健和激进之间,一方面希望能获得稳定而丰厚的投资收益;另一方面又不忽略证券市场价格的波动,在参与市场交易时,往往采取中间位切入的策略。因此,他们在投资对象的选择上通常是普通股与债券并重,兼顾投资和投机两方面的因素。

三、按投资时间长短分

按投资时间长短,股票投资者可分为长期投资者、中期投资者和短期投资者。

长期投资者主要是指公司董事及长期持股的大股东;中期投资者主要是指参与投资的中、大户投资者;短期投资者则指以赚取差价利润为目的的短线投资者。证券投资的期限长短是相对而言的,也很难有一个绝对的标准,一般来说,几天或几月为短期,一年以下者为中期,一年以上者为长期。

四、按投资的行为特征分

按投资的行为特征,股票投资者可分为投资者、投机者和赌博者三种类型。

投资者是指购买股票后,准备在较长时间内持有,以获得投资增值及股利或利息收入,并具有参与投资对象经营的愿望。从事投资行为的投资者,由于其目的在于资本所得和稳定的投资收益,一般会选择质量较高的股票进行投资。所谓质量较高的股票,是指那些经济实力雄厚、经营管理好的上市公司发行的股票(如股市中的"蓝筹股")以及收益丰厚的债券等。因此,投资者在进行投资行为之前,一般要在掌握了较充分的信息情报资料的基础上,对所要购买的股票的各种风险和预期的收益率进行分析,绝不能凭空臆测来进行投资决策。

投机者是在股票市场上频繁地进行股票的买进和卖出,利用有利时机,从短期的证券价格中套取差价利润为目的的股票买卖者。投机者在股票交易市场上十分常见,他与投资者不同,是希望能在短期的股票价格变动中获得价格差额。因此,投机者在买卖股票时,通常不注重对上市公司的经济实力和经营者等方面的分析,不注重企业定期的稳定的收入,而只关注股票价格的波动可能带来的利益。他们敢于承担较大的风险,在股票价格下跌时买进,在价格上升时出售,为此,投机者往往会在短期内获得可观的收益,当然,也可能遭受较大的损失。

必须指出,投机并不同于欺诈,在股票交易中,欺诈通常被认为是非法的。

赌博者以运气、机遇为基础,凭借侥幸的心理来买卖股票。他们将证券买卖看成赌博的机会,往往在毫无信息资料分析的情况下,或者仅凭点滴的内幕消息便做出买卖的大胆决策,或者将所有的资金孤注一掷,进行买空、卖空,试图从中获利;或者利用手中的资金,哄抬价格,操纵市场,以期谋取暴利;或者大胆地进行股票投机,贪得无厌,期望一夜之间成为富翁。

但是以上三种类型有时也很难区分开,因为投资者有时也有投机行为,在时机较准时,也会买卖证券以期获得差价收益;而投机者购买证券本身就是一种投资行为,只是他们为买而卖或为卖而买,是非正常的投资行为;赌博者的行为本身就是一种投机,只不过是超出了正常的投机范围。

第二节 股票投资者群体心理效应

一、股票投资者群体心理的内涵

群体心理是指群体成员在群体的活动中共有的、有别于其他群体的价值、态度和行为方式的总和。群体心理不是独立存在的精神体、不是实体,但又体现在群体现象之中;群体心理不是每个群体成员个人心理过程本身，但又存在于每一个体身上。群体心理是一种十分复杂的心理现象。

首先，群体心理是群体成员共有的价值、态度和行为方式的总和。这里，共有的心理反应是群体活动的心理基础，共有的行为方式是共有心理的外在表现。在由形形色色的投资人构成的股民群体中，人性的两极——恐惧与贪婪正是该群体所共有的心理基础，而由此引发的追涨杀跌行为就是这种心理的外在表现。群体心理的共有性，也把群体心理与一般的社会个体心理区分开来。虽然群体是由个体组成的，但是，由个体组成的群体有着个体所没有的特征。群体心理不是个体心理的简单算术之和。

其次，群体心理是群体成员在群体活动中形成的。这是说，群体心理的根源不在于个体之间的心理沟通、心理影响，不在于个体间的相互作用或社会相互作用本身，而在于人们共同的活动中，这个活动就是所谓的"主观见之于客观"的过程。这些个人在活动中相互联系、形成关系、互相制约，最后形成这个群体共有的心理。我们所说的投资大众心理，只有通过投资人的买卖行为才能体现出来。我国证券市场经过几十年的发展，现已经形成一个社会化的大众投资热潮。在行情最火爆之时，几乎所有的证券交易营业部内都是人头攒动；而街头巷尾，不论是否参与交易，股票都成了人们谈论的热门话题。然而，对于那些没有实际参与买卖股票的人们来说，他们无论如何也不会有当事者那种群体性的心理反应。因此，投资大众心理只能来源于大众的交易活动。

二、股票投资者的群体心理效应

1. 预期心理

在古典股市理论中，心理预期被认为是股价运动大动力，它的理论基础是空中楼阁理论，其倡导者是现代经济学宗师凯恩斯。在凯恩斯一举成名的 20 世纪 30 年代萧条时期，大多数人关心研究刺激经济的观点。然而，在著名的《就业、利息和货币通论》一书中，凯恩斯用了整整一章论述了股票市场以及投资者预期的重要性。

提及股票，凯恩斯认为无人能确定什么将影响未来的收益前景和股息。因此，凯恩斯认为多数人主要关心的不是对一笔投资在其投资期间的可能收益做出准确的长期预测，而是抢在公众之前预测到价值常规基础的变化。显然，凯恩斯更多地运用心理原则而不是金融估计来研究股票市场，根据凯恩斯的观点，股票价格并不是由其内在价值决定的，而是由投资者心理预期决定的，故此理论被称为空中楼阁理论，以示其虚幻性。

心理预期具有不稳定性，它会受到乐观和悲观情绪的影响而聚变，从而引起股票价格的剧烈波动。当心理预期受到过分乐观情绪支配时，投资者大量抢购股票，股票求大于供，从而引发价格大幅飙升，在股市炒起一座座没有内在价值支撑的"空中楼阁"。

2. 从众效应

从众效应是群体心理中极为常见的一种心理效应，它是指居于群体中的个人往往会受到群体的影响和压力，从而表现出在知觉、判断及行为上与群体多数人相一致的现象。

譬如，股票市场就是由各式各样的投资人所组成的一个大众聚集场所，由于股市充满着不确定性，投资人在做出投资决策时常常会以他人的行为作为一种社会参照。这就为从众效应的产生提供了温床。在股市中，投资大众的心念与行为往往对投资个体产生影响，有时候，这种影响甚至表现为一种无形的压力，使人不由自主地改变或动摇自己原有的想法与行为，屈从于群体的压力。当股市行情看好时，大家都被"传染"得一片乐观情绪，纷纷抢进筹码；在行情疲软的时候，整个市场又被"传染"成一派悲观气氛，以致引发恐慌性抛售，甚至一些原来不想卖股票的人，由于眼看着电子屏幕上的数字频频下跳，耳听到是一片卖出的喧嚣声，于是也受了感染，忍不住抛售一空。这正是股市中从众效应的一种表现。

正因为股票市场是一个不确定性很大的市场，因此，其价位的高低往往由人的心理预期决定，而不存在一个能够实现帕累托效率的均衡点。这就使置身于其中的人们常常会受市场走势的左右，而失去主见。一旦被股市的波动牵着鼻子走，投资人往往会表现为一种从众心理，有些人甚至会盲目肯定要跌，盲目跟进，而不以自己的脑子独立思考。

纵观世界股市历史，引发几次大的暴跌行情的原因虽然是多方面的，但投资大众在极度恐慌心理状态下出现一致性的抛售行为不能不说是一个重要原因。譬如，1929年10月28日，席卷纽约、伦敦、巴黎、法兰克福等世界几大金融中心的股市大暴跌；1987年10月19日，美国纽约股市的大暴跌。

3. 博傻心理

社会心理学中所说的博傻现象是一种大众激奋方式，一种令人亢奋不已的大众投入状态，也是一种几近狂热而无理性的状态，每个人购进股票都不必考虑该股票的价格是否高过其价值，而只关心有没有比他更傻的傻瓜愿意以更高的价格向他买进。

历史上著名的17世纪荷兰郁金香狂潮，后来被许多群众投机心理的专家作为一个经典范例。由于证券市场所特有的投机性，也由于置身于其中的投资大众为追逐暴利而常常丧失理性。因此，从证券市场的历史发展中可以找到许多典型事例。

4. 流言及其作用

暗示是社会影响的主要方式之一，它是指人或环境以含蓄间接的方式向他人发出某种信息，以此对他人的心理和行为产生影响。这种影响具体表现为，使人不知不觉之中毫无抵抗力地接受某种意见、观点，从而表现出相应的心理和行为。

股票市场中出现的暗示现象，主要是一种社会暗示，它是在特定的社会环境中，通过人们之间的相互影响实现的。股票市场是一个高风险市场，置身于其中的人们对信息十分敏感，信息在股市中的流动又十分快捷。在这里，每时每刻都会听到各种各样的消息，纷纷扬扬，传入投资者的耳中，从而对投资行为产生影响，这些往往是通过暗示作用实现的。有时候，投资者之间不经意说过的一句话，也有可能对他人产生强烈的暗示作用。

有关群体心理的易受暗示性，在19世纪一些早期社会心理学家的著作中已经有所论及。法国学者黎朋（G. LeBow）认为，暗示是一种类似于催眠的现象，其结果导致了群众中的个人丧失其个人身份（去个性化）。另一个法国学者塔尔德（G. LeTarde）在《模仿律》（1989年）一书中则指出："暗示一模仿过程的作用起始于某个具有独一无二的观念或行为的始作俑者，他将这一观念或行为的复本传递给周围的一个又一个人,以致无穷。"这种现象具体表现在股市上,就是各种题材、概念的炒作。在不同的时间里,股市中会兴起炒作某种概念的风气。所谓"概念或题材",往往首先由一些机构主力发掘,加上一些股市分析家的大肆鼓吹渲染。经由各种媒介而流传于股市。在沪深股市中,就有许多这样那样的概念,如"西部概念""高科技概念""资产重组概念"等,这些概念常常出现在各种股评文章里,也流行于投资者口头传播之间。这似乎向投资人做出一种暗示,只要投资于蕴含这些概念的股票,就能抓住市场的炒作热点,从而达到盈利的目的。

一般说来,流言对股市波动和影响,主要是表现为两种情况,即"利多传言"与"利空传言"。由于股市中信息传递具有不对称性的特点,人们获取信息的途径千差万别。某些机构主力为了做行情,有时候也故意会制造一些流言,以达到操纵股市的目的。在股市层出不穷的投机风潮中,流言所扮演的作用是不容忽视的,在同一时刻,传入人们耳中的流言常常真假难辨,亦幻亦真,除了极少数了解真相的"内幕人"之外,一般的中小投资人往往无所适从。

流言在传播过程中其内容会发生变化、甚至歪曲。社会心理学的研究表明:流言的内容在传播过程中,由于经过多次传播之后变得简明扼要,甚至会遗漏许多具体细节,失去一些信息;接受传言的人由于对其中有的内容较易引起注意和兴趣,留下较深刻的印象,经他再次传播时,就会强调其印象深刻的部分。而且,流言的接受者常常以自己的知识经验、立场态度等主观因素来理解流言的内容,如果是他认为合乎逻辑的部分就接受下来,同时凭自己的想象对它做进一步的加工。因此,流言在传播过程中往往会失真。这种情形在股市中表现得尤为突出。本来只是一条小小的消息,一旦成为流言在股民中传播开来,经过多人的"添油加醋",就可能演变成为一条大消息,成为重大利多或利空。

值得注意的是,股票市场对消息甚至对流言的吸收消化,前后并不一致,往往具有超前性,这与流言传播过程中的 S 型特点是相符的。有关研究表明,流言传播的速度开始时较为缓慢,随后不断加快,当达到高潮时,将接近饱和状态——人人皆知时,又变得缓慢起来。这时,它的作用已经不再像初期的那么大。实际上,在股票市场,一条人人皆知的新闻就不再是新闻,当投资大众反应出现钝化,就可能会引起相反的效应。因此实际情况常常是,一旦利好传言得到证实,离下跌也就不远了,而一旦利空传言被大众所了解,也就孕育了上涨的机会。这就是所谓的利好出尽等于利空,利空出尽等于利好。

5. 感染效应

心理学上所说的感染效应是指个人情绪反应受到他人或群体影响,个体对他人或群体的某种心理状态的无意以、不自在的遵从。这也是一个潜移默化的过程。在证券市场,这通常表现为投资大众心理与操纵手法的相互传染。

感染效应在股市中的作用表现为以下几个特征:

其一,这种群体效应的实现并不是一定要使受感染者接受某种信息或行为模式,而是通过传播为主的情绪状态来实现的。行情看好时置身于其中的投资者们也会传染为一片乐观情绪,甚至一些原来并不怎么看好的投资人,在看到大家都一致认为看涨之时,也会转而改变自己的观点,而投入到多方行列。同样,当一些投资者由于某个利空传闻做出卖出反应时,恐慌的情绪也会使更多的人相信这个消息的可靠性,结果,难于摆脱大众的恐慌情绪和看法,也加入到抛售的行列。尽管投资立场的转变通常也与个人的人格特征有关，但市场中的情绪感染作用不容忽视。

其二，股票市场中的情绪感染效应来源于投资大众心理。由于市场参与者的水平参差不齐、性情各异，但追求利益、避免损失的动机则极为一致。处在市场之中，投资个体经常会体验着来自群体的种种无形的影响，自我意识在群体氛围之中趋于淡化。实际上，市场中人们是处在一种极易使人失去个性化的环境之中。在一片人声鼎沸之中，个人的观感常常被群体的影响所淹没，从而失去独立思考和理性判断的能力，最终导致盲目的投资行为。因此，感染效应也是一些投资人不由自主地产生"追涨杀跌"的一个重要心理因由。在证券市场的发展历史上，无数次投机狂潮的掀起很大程度上都是受到群体感染效应的影响，此外，在感染效应的作用之下，人们相互之间的情感影响会经历着多次的相互强化，这一现象称之为："循环反应"或"连锁反应"。这是一个由他人的情绪在自己身上引发同样情绪的过程。例如，在股市中，一个投资人受其他人的乐观情绪所影响加入到看多行列，购进股票，而这个行为又会进一步增加市场中其他人的多头气氛，也纷纷买进股票，由此，产生相互感染、相互刺激并相互强化反应，以致多头阵营愈加强大，直至演变出一段上升行情。不过，随着证券市场的发展，投资人日趋成熟，其心理素质、风险意识逐步增强，相应地，抵御群体影响的能力也会提高。因而，对于吸引他们的某些心境或行为的钳制性也就越大，感染效应的作用就会减弱。

其三，感染效应的作用使投资大众在心理上产生一种共同感受，基于心理上的共同感受进而诱发出广泛的群众性模仿行为。对此，现代大众传媒扮演着重要作用。由于股票市场是一个对信息极度敏感的地方，有关信息通过现代传媒的渲染，传播既迅速广泛，又更易于对投资大众产生影响。因此，感染效应对投资人的影响并不局限于某个地方或某个证券网点，而是对整个投资群体发挥着作用。

6. 处置效应

处置效应是一种比较典型的投资者认知偏差，表现为投资者对于盈利的股票偏向于卖出以兑现收益，而对于亏损的股票则倾向于继续持有以避免出现实际损失的现象。行为组合理论提出人谢弗林和斯塔曼指出，在股票市场上投资者往往对亏损股票存在较强的惜售心理，即继续持有亏损股票，不愿意实现损失；投资者在盈利面前倾向回避风险，愿意较早卖出股票以锁定利润。谢弗林和斯塔曼将引致处置效应的原因归结于投资者的心理，投资者为避免现实损失带来的后悔和尴尬而回避现实损失。因为一旦损失实现，即证明投资者以前的判断是错误的；投资者急于实现盈利是为了证明自我，即骄傲自大心理所致。然而亦有其他学者如卡尼曼和特维斯基等认为，投资者担心后悔的心理重于自大心理，因此投资者宁可不采取行动，有这样倾向的投资者可能既不愿意实现亏损亦不愿意实现盈利，不卖出盈利的股票是担心股票价格会继续上升。处置效应反映投资者回避现实损失的倾向。总体上来讲，这种倾向至少是不合适的。因为在很多情况下，处置效应主要受到投资者心理因素的影响，这会削弱投资者对投资风险和股票未来收益状况的客观判断，非理性地长期持有一些失去基本因素的股票，使投资者盈少亏多。正因如此，不少流行的投资策略建议投资者使用止损指令来控制损失的程度，但是实践中投资者真正能自制和采纳这类建议的并不多。

7. 羊群效应

股市的羊群行为是指投资者在交易过程中存在学习与模仿现象，从而导致他们在某段时期内买卖相同的股票。凯恩斯早就指出："从事股票投资好比参加选美竞赛，谁的选择结果与全体评选者平均爱好最接近，谁就能得奖；因此每个参加者都不选他自己认为最美者，而是运用智力，推测一般人认为最美者。"可见，羊群行为是出于归属感、安全感和信息成本的考虑，小投资者会采取追随大众和追随领导者的方针，直接模仿大众和领导者的交易决策。就个体而言，这一行为是理性还是非理性的，经济学家们还没有得出统一的结论。比较极端的理性主义者如美国芝加哥大学教授加里 S.贝克尔认为："人类所有的经济行为都是理性的，经济学家们之所以不能解释是因为他们情不自禁地用非理性行为、粗心大意、愚蠢行为、价值的特别改变等臆断说明他们解释不了的现象以掩盖他们知识上的缺乏，而这些臆断恰恰暴露了他们所掩饰的失败。"贝克尔的观点虽然比较极端，但可以让我们相信只要我们不要臆断地分析，个体股市参与者的"羊群行为"多少是有几份理性的。如社会心理学可控实验证实：当观察现实很模糊时，大众就成为信息源，或者说大众的行为提供了一个应如何行动的信息。在股市上，由于信息的不对称，个体无法从有限的股价信息中做出合理的决定，从众就是其理性行为，虽然这种理性含有不得已的意味。所以我们可以认为，股市的羊群行为经常是以个体的理性开始的，通过其放大效应和传染效应，跟风者们渐渐表现出非理性的倾向，进而达到整体的非理性。当股市炒作过度时，就出现了"非理性繁荣"。这就如同一片肥沃的草原上只有几只羊，应该说它们会吃得很饱。但是某天吸引来了一大群羊，这时候草原就要被啃食成荒漠了。同时，羊群越来越吃不饱，有一些倒下了，有一些迁徙了，但是如果是只聪明的羊，那它就不应该跟着大部队，应该留在这里，这样等草长出来了就会变成肥羊了。所以有的时候大家都认为某件事是怎样的时候，其实事实可能正好相反。

我国股票市场个体投资者羊群行为一般具有以下特征：

（1）我国股票市场个体投资者呈现出非常显著的羊群行为，并且卖方羊群行为强于买方羊群行为，时间因素对投资者羊群行为没有显著影响，投资者的羊群行为源于其内在的心理因素。

（2）不同市场态势下，投资者都表现出显著的羊群效应，也就是无论投资者是风险偏好还是风险厌恶，都表现出显著的羊群效应。

（3）股票收益率是影响投资者羊群行为的重要因素。交易当天股票上涨时，投资者表现出更强的羊群行为。投资者买方羊群行为在交易当天股票下跌时大于上涨时，而卖方羊群行为则相反。总体上，卖方羊群行为大于买方羊群行为。

（4）股票规模是影响投资者羊群行为的另一重要因素。随着股票流通股本规模的减小，投资者羊群行为逐步增强，这与国外学者的研究具有相同的结论。

第三节　股票投资者个性心理弱点

心理学告诉我们，每个人的性格和心理特点都是独一无二的。这意味着每个投资者可能含有比别人更多的偏见来到这个市场。所以认识到自身的心理弱点对自己的操作是非常重要的。炒股的过程实际上是人类战胜自己心理弱点的过程。其中最主要的就是克服恐惧和贪婪的过程。

一、恐惧心理

恐惧是一种复杂的心理情绪，有多种表现形式，如担忧、害怕、惊慌、恐慌等。当一个人处于恐惧之中，常常混合着其他一些否定性的情绪，诸如怂恨、充满敌意、愤怒、报复心等，因而会形成一种极大的破坏力。股市中会有各种担心和畏惧的情况，就恐惧的形式而言，大致有以下主要几种形式：

1. 害怕亏本

投资者进入股市是为了盈利，所以，许多人特别怕亏。但股市是一个高风险高收益的市场，进入市场之前就应该有思想准备，从容应对得与失。投资者越是怕亏反而越会亏，所以在入市前一定要谨慎抉择，选择一种适合自己并且经济上能够承受的投资模式。

2. 害怕被套

俗话说，常在股市走，哪有不被套的。被套之后最要紧的就是心态要好，被套既然已成事实，就不能害怕。只有心态好，才能沉着应战，最终还能抓住机会扭转局面。但如果心态不好，盲目地追涨杀跌，只会错上加错，使潜在的损失变成现实的损失，使小损失变成大损失。

3. 怕 赢

在股市里，怕赢的人是很常见的。在一轮大行情中，股市一涨不回头，许多股票的价格一涨再涨，但有相当多的投资者往往是刚一开始涨的时候就将手中的股票抛出去了，股价涨了一两倍，而自己却只赚了 20%，这就是怕赢的表现。因此，在股市大行情来临之时，要敢于入市，并且敢于持股。

4. 害怕踏空

这种现象常常发生在股票价格大幅上扬之后，证券经理们常常是根据市场本身或者其他同事来做出评量。如果伴随着大规模的剧烈波动而没有采取投资行为的话，那么，他们就会有错失机会的感觉，以致这种踏空的恐惧是如此强烈，常常使他们不顾一切投入。这种感受对于一般散户投资者来说更是不陌生。比如说，当一个大的波段行情发生之前，他可能会由于某种原因没有介入，或者是介入后因为一个不利消息的影响又早早出来了。不管怎样这种"牛市中的卖出行为"使投资者有一种被"摔出去"的感觉，这种感觉常常会使投资者产生一种既后悔又愤恨不已的心理，迫使他们重新投入市场。

5. 其 他

恐惧还有其他一些表现形式。例如，对国家安全危机的恐惧，对消息的担忧，以及对过去失败记录的记忆等。

恐惧往往可以相互传染，恐惧会引起更多的恐惧，当周围的人们纷纷对某个利空消息做出卖出反应时，更多的投资者可能会相信消息的可靠性。结果，我们将难于摆脱众人的恐慌情绪和看法，也会不自觉地加入到抛售的行列之中。

二、贪婪心理

可以说，贪婪是人类的一种本性，也是影响我们心理平衡的另一个重要因素。在股市里，它表现为过分自信以及试图在短时期内获取大利的欲望。在证券市场，由于价格的波动是如此迅速，因而，对于那些试图快速致富的人的确极具诱惑力。问题在于，一旦人们受这种快速致富的欲念所支配，就会招致更多的紧张感，从而失掉客观性。

贪婪在投资市场的主要表现为，在多头市场总想以更低的价格买入；而在空头市场，总想以更高的价格卖出，结果往往坐失良机。这就会使一项有望获得成功的投资，由于自己的贪婪而走向失败。具体说来，在股市中，人的贪婪有许多不同的表现。

1. 见好不收

股价不会无止境地上涨，而有些投资者总是不愿意相信稳步上升的股市会一下转而回落，总认为今天的趋势就是明天的事实。但价值规律总是要发挥作用的，经过一段时间持续涨升的股票，一定会形成超买，在获利盘回吐的压力下，最后跌回到合理的价位。到顶必跌，到底必升，有高潮就必然会有低潮，有高山必有峡谷，股市就是这样。因此，必须合理控制自己的欲望。股市里风云变幻，最大收益是很难确定的。而贪得无厌的人总是一味地追求最大的收益，其结果只能是因小失大，把到手的丰厚利润丧失掉。

2. 羡慕和嫉妒

有这种心理的人总是会接"最后一棒"。股市刚开始的时候，他们总是在观望，迟迟不肯入市。等过两年，才发现当年大胆入市的人现已获利颇丰，顿时又是羡慕，又是嫉妒，后悔当年没有跟着入市，于是便凭一时的头脑发热，也不仔细研究一下股市的行情和大势便贸然入市，但一买股票就被深度套牢，从而陷入自己所挖的心理陷阱。

3. 一味贪低

有些投资者入市之前掌握了一点股票知识，而且也分析过我国股市当时的状况，认识到股票的价格确实已高过合理价格。但在人气的煽动下，又忍不住要入市，怎么办？只好采取一种自认为行得通的办法，那就是买低价股，他们一心想买便宜货，总是选择那些价格平平或变化幅度很小的股票，不敢也不愿买那些业绩优良、持续上升的优质股，从而使自己在股票投资上走向另一个极端。其实，价位相对较高的蓝筹股，在整个股市上扬时，它往往会涨得更快，而在整个股市下跌时，由于持有者对它的未来有较好的预期，往往不愿出手，因此基本能保持稳定，即使会有所下跌，幅度也会小于大盘或平均跌幅。正是由于它具备这些优点，它的价位当然要高于其他业绩不好的股票。因此，选股时不能一味贪低。

4. 斤斤计较

投资者在买进股票时，有时会贪图一两个价位的便宜而使想买进的股票买不进，想卖出的股票又出不了手，失掉了宝贵的机会。这种总是希望以比当时更低的价格买入，或比当时更高的价格卖出的做法，往往会贻误买卖时机，使投资者得不偿失。要避免这种情况，投资者在买进或卖出时，就必须认真分析行情走势，弄清自己的立场，到底是看多还是看空。如果是坚决看多，完全可以在填单时多报几分，或者是以当前的卖出价买进；如果是坚决看空，就完全可以在填单时少报几分，或者是以当前的买入价卖出。这样一般都能保证成交，不会因不能成交而错过行情。

贪婪常常会使一项本来成功的投资导致失败。因为成功如不加以适当的控制，也能播下失败的种子。投资者在经历了成功的交易之后，必然会体验着一种心理愉悦感和不可战胜之感。在这种心理支配之下，投资者常常会采取更多的冒险，做出粗心的决策，而市场总是会不断地寻找我们所拥有的那些弱点，这些草率的活动必然会为播种灾难性的种子准备适宜的土壤。对此，记住这一句话是重要的：没有人即使是天才也不能够无往而不胜。投资者总会不断地经历着成功与失败，一个成功的投资者能够充分地意识到这种不可战胜之感，并且经常是在经历了一次成功的投资之后，努力与市场保持一定的距离，这种距离感将为他们提供"充电"机会，从而能够以更加客观的心理状态重新投入市场。

恐惧和贪婪可以说是潜伏在每一个投资人内心深处的两个心理陷阱，在进行证券投资时，一不小心就有可能坠入其中。而一旦投资人受到恐惧与贪婪的影响，客观性就无从谈起，他们也更容易遭受出乎意料的行情的冲击，并对此做出情绪化的反应。上述对这两种心理的平衡，正是克服这两种心理所带来的消极影响的方法。

三、过度交易的市场化行为

美国有位学者 H. J. Wolf 在一本名为《股市投机之研究》（1926 年）的书中，把投资者整天泡在市场，时刻关注着价格变化的现象称作为"市场化行为"，他把这比作登上一列不知道将开往何处的火车的那种冲动。这种市场化行为，会使投资者相信他正运用其判断，而其实只是一种猜测：投资者以为他是进行投机，其实他是在赌博。Wolf 告诫人们：一旦市场的情形变得如此的不确定，以致不可能对未来的方向做出准确的判断。这时候，人们应该远离市场，这对于保持投资者的客观性是十分重要的。假如我们仅仅根据一些似是而非的事实做出投资决策，那么，我们对这项决策的信心就不牢固，因而极易受到哪怕是一丁点坏消息或者出乎意料的价格波动的影响而匆匆忙忙地中止一项投资行为。

过度交易会损害投资者的洞察力。在投资领域，这种洞察力可以认为是一种对未来的展望和把握能力。在一轮牛市行情中，大多数股票都会上升，这就像所有的船只会随着湖水的上涨而上涨一样。而在熊市中，大多数股票在大多数时间里会下跌。然而，上升或下跌通常是以趋势运行方式进行的。在上升的过程中，会有回档产生；在下降趋势中，时常会有反弹出现。这就意味着，即使投资人购买了一只优良的股票，也会在一个主要的趋势中逆向而动。如果投资者不断在市场中搏击，频繁进出的结果会使投资人的操作界限变得非常短。养成我们通常说的"跑短线"的习惯。这样一来，投资者将难以确认一个主要趋势的运动方向，往往是在经历一连串令人痛苦的损失之后，才会明白主要的趋势已经发生了变化的结论。

目前，乐于跑短线的散户投资者不在少数，这些人每天泡在市场里，两眼紧盯电子行情表，生怕漏过每一次的价格跳动。由于他们时时处在类似于伤寒症患者的谵妄状态，情绪也不断随着价格的波动而战战兢兢，一天下来，他们好像经历了几次完全的牛市和熊市的转换，身心疲惫至极。通常，这也会使投资人的理性思考能力受到影响。其实，道氏理论早就指出，日常的价格波动是难以预测的。价格的反复无常只会使投资人产生一种心理沉醉感，不知不觉之间受到价格瞬间波动的影响，以致对市场情形和价值的看法产生歪曲。这就像照相，镜头对得太近了，反而使物体看起来变形。

在证券市场，经常是信息过度，有些是人为操纵的谣言，有些是即时而出乎人们意料的。过度交易的投资人，因为整天泡在市场中，自然难免受市场消息的左右。而且，证券市场又是一个大众聚集的场所，大众心理上的歇斯底里（Hysteric）很容易透过暗示作用传染给每一个市场中人。所以，有时候，明明是头天晚上自己在家里想好的操作计划，第二天一到市场却被搁置一边。

当然，也有一些投资者有能力根据其经验，透过即时行情的表面，洞悉市场上重要的反转趋势。在这种情况下，他们往往只是把价格行为作为投资决策的依据。从表面上看来，他们也是与市场共呼吸，但他有极强的自我控制能力，这与一般的投资大众是不同的。而且，他们往往是在坏消息出现、股价不断走低时成为买家，而在好消息出现、价格不断上扬时成为卖家。他们通常是以快捷方式对消息做出与大众相反的反应。

四、定势心理

在心理学上，定势心理是指人们由于过去的经验作用，而在心理和行为上出现固定的倾向。在证券投资心理上，常常表现为投资者对某一类股票格外钟情，对某种操作十分偏好，即使情形发生了变化，他们仍然会利用原先的一套做法。

心理定势是在不知不觉中形成的，也是一种十分自然的现象。实际上，这也是投资者操作经验日积月累的结果。因此有其积极的一面。不过，在瞬息万变的证券市场，新的题材、新的热点、新的操作手法、新的投资理念层出不穷，要求投资者不断变换自己的思想以适应市场。如果投资者一味地依靠既往的经验，试图以不变应万变，那么遭受损失是必然的。

要克服自己不良的定势心理，必须不断进行自我反省。通常在回顾过去的交易情况时，我们发现，导致失败的原因是十分清晰的，但当时却感到惘然。在这种反省中，失败的经验更值得记取。虽然人们的本性似乎是更趋于记住愉快的事情而忘记痛苦的经历，即使成功的投资，也还是需要不断地加以改进。因为在经历成功之后，投资者会有放松和降低警觉性的倾向。因为他们刚刚从市场获得最好的检验。

成功的经历强化了我们认为自己是正确的信念。结果，我们就不可能对自己的投资或交易情况产生疑问，甚至在新的相反的证据出现在面前时也是一样。总之，要改变一种既成的心理定势不是一蹴而就的。因为这涉及改变习惯。而这种习惯是在过去很长一段时期内不断重复和强化而形成的。我们的这些习惯是根深蒂固的情绪定势。在生活中，这些模式建立得非常早。心理学家告诉我们，除非我们不断做出努力，否则，这些心理定势很难发生改变。

五、偏　见

在人际心理学上，有一种"基本归因错误"。归因是指人们对他人或自己的所作所为进行分析，指出其性质或推论其原因的过程。也就是把他人的行为或自己行为的原因加以解释和推测。如某一天股市上涨了，我们就会对其原因加以推测，归因使人们对事物有所预见，它使我们对周围世界和自己有一个相对固定、前后一致的看法，使人们能够适应世界。所谓"基本归因错误"是说，我们在对别人的行为原因进行分析时，倾向于夸大个人特性的作用，而贬低外部情况的影响。而对自己的行为原因的分析正好相反。如果事情成功了，那肯定是别人的错误。因此，我们对未来的预测的确常怀有偏见。

偏见就是一种固执的看法，它可能是缘于投资者过分的自信。其心理陷阱的表现形势有如下几个方面：

1. 过度自信

过度自信是一种过于相信自己的判断力、过高估计事件发生概率的行为。一般涉及两种表现：一是过于信任自己的能力和判断力，高估自己对事情的预测或把握；二是当事件发生后，倾向于将有利的方面归于自己的能力，而将不利的方面归于运气、环境、他人等。心理学研究还表明，个体的过度自信倾向与事件类型密切相关。对于可以快速得到结论的事件，如彩票、天气预报、赌博等，人们不容易产生过度自信。而对于一些反馈很慢的事件，如疾病诊断、投资决策等，人们更容易产生过度自信。

研究表明，人们做出某种决策所花的时间越短，对该决策准确性的自信心就越强。Briony、Andrew 等的研究结果则认为，投资者对正性结果事件的过度自信要大于对负性结果事件的过度自信。当预测那些实际上很少发生的事情会发生在自己身上时，过度自信较为明显。而预测那些实际上很可能发生的事情不会发生在自己身上时，过度自信不明显。这其实也与选择性感知有关，人们总是具有趋利避害的天性。人们常常在事件发生之后可以找出导致事件发生的合理原因，这会使人们产生事情可预测的错觉，从而更加严重的过度自信。需要注意的是，自信与过度自信是不同的。自信表示对自己某方面能力的一种现实的信任，而过度自信意味着人们对自己的知识技能或者掌控局面的能力过于乐观的估计。这种过度自信的倾向会导致投资者承担更大的风险，因为事实上他们高估了自己的判断而低估了市场的风险。这种非理性偏差的结果就是，过度自信的投资者认为自己比其他大多数投资者更加"聪明"，能够把握市场甚至战胜市场。

过度自信对于股票投资者而言无疑是有害的。我国证券市场个体投资者存在着一种典型的心理就是过度自信，过于自信的投资者会过度相信自己判断分析和解释信息的能力，从而会以多种形式影响交易行为。首先，过度自信直接会导致低估风险。当认为风险较低时，投资者往往倾向于承担较小的风险以获取收益。然而事实却是，投资者的预期收益与实际承担的风险不对等，导致投资者容易遭受更多的损失。其次，过度自信的投资者会倾向于频繁操作，因为他们认为能够抓住别人的弱点或者市场的错误。我国证券市场个体投资者的过度自信直接导致了其在进行股票市场投资时无法做到对行情进行客观冷静的分析，结果常常导致盲目投资行为发生，进而影响我国股票市场。

2. 反应过度与反应不足

投资者过度自信的心理偏差在风险市场上的行为表现就是反应偏差，即过度反应与反应不足，当投资者过分自信或信心不足时，情绪过分高涨或情绪过分低落时，非理性的投资者往往采取过分追涨或杀跌的过度交易行为。

过度反应是指某一重大事件引起股票价格产生剧烈变动，超过预期的理论水平，出现超涨或者超跌的情况，然后再以反向修正的形式回归至其应有价位上的一种现象。投资者在未出现需要采取某种行动的情况下，由于主观对信息的判断失误，采取了超过正常反应程度的投资行动，从而出现投资失误。投资者之所以存在过度反应，是因为对事件的影响和评价过度敏感，造成对价格趋势的过于乐观或过于悲观的预期。经过一段时间后，投资者再修正对事件的评价，合理调整股票的预期价格。在证券市场，广大投资者在得知某一事件后，往往会对未来股价过于乐观，导致股价超理论水平上涨，或者对未来股价过于悲观，导致股价超理论水平下跌经过一段时间的消化之后，投资者能够合理评价，修正事件影响时，股价便会产生反向修正，即原来超涨的或者跌幅低于理论水平的在反向修正中便会趋向于理论水平。

反应不足是指当市场上有重大消息时，股价波幅较小，而一些较大的波动却出现在没有什么重大消息的时候。反应不足常见的是市场对刚公布的消息没有足够的反应力度，随后才逐步修正的现象。反应不足源于投资者对于新趋势、新变化反应迟钝。反应不足是由于对某一事件或者信息的不敏感产生的，表明投资者对新信息的敏锐度和分析能力较弱。在信息的理解甄别中，投资者无法判断哪些信息有意义，哪些信息意义不大。在这种情况下，投资者出于保守心态，采取了对新信息漠视的态度。从某种意义上来讲，金融市场中存在的这种"反应不足"现象是与"反应过度"相互对立的。相关实证研究表明，在上涨时期，证券市场往往对利多反应过度，对利空反应不足；在下跌时期，市场往往对利多反应不足，对利空反应过度。投资者往往对模糊的、突出的、吸引眼球的信息（如突发事件、谣言等）反应较强，一般表现为过度反应；而对具体的、经常性的信息（如会计信息）则反应不足。市场总体是反应过度还是反应不足取决于产生心理偏差和行为偏差的投资者与理性投资者之间的博弈。个人投资者和机构投资者则分别对市场在短期和长期内的表现有重要影响。尽管在短期内机构投资者对信息的反应相对理性，但市场仍表现出过度反应，这往往是由于个人投资者的反应过度引起的；而在长期，市场更多的时候是由机构投资者起主导作用，使市场表现出反应不足。

偏见在每个人身上都不同程度的存在，要克服这个投资障碍，首先就是对此要有正确的认识。特别是应该对自己那些引致失败的交易活动加以认真地评价，仔细分析当时的心理状态、思想情绪等。由于人的记性总是具有选择性,所以,对失败的交易或投资进行检讨就显得格外有意义。从失败中,聪明的投资人可以学会许多东西。失败是成功之母,道理十分简单,真正加以实行的人并不多见。

其次就是建立某些可以称为安全阀门的措施,以减少投资人再次掉进同样陷阱的概率。在进行投资或交易时,不要问自己期望赚多少钱。尽管在此时投资人总是相信获利的机会将大于风险,否则,他是根本不会投身市场的,但是与此相反,我们应该问问自己,在正常情况下可能发生的最糟糕的事情是什么?换句话说,在获取潜在的利润之前先考虑风险。这个过程可达到两个目的:① 它说明了风险与利润的关系;② 有助于投资人事先有所戒备,想到自己可能犯错误。

六、焦躁与慌乱

焦躁与慌乱是股市中另外一组常见的心理表现。所谓焦躁就是着急和烦躁,不沉稳,总是急于求成。之所以出现这种现象,与急于致富的心情有很大的关系。在股市中,很少有人会真正去享受数年或数十年之后的投资成果,因为那实在是太遥远了。有些投资者想在几天、十几天,最多是几十天时间里就实现致富的梦想,在投资中,其表现就是投资者心态浮躁,不能考虑中长期的投资效果。

在现代社会中,由于生活节奏加快,人们的生活压力加大,加上某些暴富人物经典传奇故事被传媒的刻意渲染,很容易使人产生浮躁不安的心态。特别是在股市中,现代传媒先进快捷的手段,常常会给人造成一种错觉,使很多人感觉必须立刻做出决定,以免错过眼前这个难得的机会,这样往往就会使谨慎而有计划的投资活动被不耐烦和冲动所取代。而事实上,在股市中真正能赚到钱并享受投资成功乐趣的人,往往是那些能够认真地研判大势,在最合适的时机才入市,到最合适的时候才出局离场的人。股市受经济发展的影响,涨落是有自身规律的,如果投资者看好我国经济未来发展的美好前景,就不要为股市是否会上涨而担忧。

在我国经济长期看好的前提下,每一次股市的回落,都是风险的释放,只要能选好绩优成长股,耐心地持有等待,就一定能有好的回报。但需要强调的是,一定要戒浮躁,以平静的心态面对股市。

与焦躁相连的另一个心理表现就是慌乱。所谓慌乱就是对自己的行为缺乏控制能力,慌张而忙乱。在股市中出现这种情况的人,大多是散户,而且这些散户又往往是在心理上和经济实力上处于弱势的群体。这些人在股市上往往稍有风吹草动,就会惊慌失措,在上升行情中,刚获利就马上抛出,而在下跌行情中更是见跌就逃,从来不认真考虑和评估自己行为的合理性。

其实,股市中的股价涨跌是很正常的,利多利空消息也随时可见,其中绝大多数是机构有意营造的。特别是在股价急跌过程中,机构利用信息不对称的原理用股评人士的"黑嘴"制造种种谣言,助长市场的恐慌情绪,使有些散户丧失持股信心,抛出手中股票,结果是正中机构大户的下怀,趁机收集廉价的筹码;相反,当股市前景看好、股价节节攀升的过程中,机构又会频频出动,散布大量利好消息,营造市场的乐观气氛,以利于他们出货,而不知内情的散户却陶醉于浮动盈利的增长，完全忘记了风险，面对已高起的股价仍然奋不顾身地追高，盲目博傻，结果一旦行情发生转变，这些散户便会损失惨重。因此，不管是利多还是利空，投资者一定要冷静对待，认真地进行客观的分析，然后理智地决定自己的投资行为。

七、盲从与随意

所谓盲从就是缺乏主见，不问是非地附和别人。在股市中主要表现为跟风，别人怎么做自己就跟着。这样是很危险的，很容易使自己遭受损失。但很多人认识不到这点，尤其是一些文化水平低的投资者，由于缺乏系统的经济学知识，也看不懂技术指标，只能看股评、听咨询，盲目入市。结果糊里糊涂地赚钱，又糊里糊涂地赔钱。当然，对新入市的投资者来说，参考股评人士的研究成果是必要的。因为，他们一般都具有较高的基本分析和技术分析能力，有较丰富的股市实战经验。但他们的意见或建议仅能作为参考。因为，股市里也没有放之四海而皆准的经验，即使是公认的股市专家都得出相同的结论，但这种结论也不一定是正确的，面对瞬息万变的市场，他们也会有失误。因此，不能偏听偏信，更不能盲从。何况有时有些专家向市场提供一些极其秘密的资讯情报是有一定的目的和背景的，他的企图可能是为了让投资者受其迷惑，陷于一个精心编织的陷阱里。

随意是指投资者在作出投资决策时，有很大的随意性，总是任凭自己一时的情绪决定买进和卖出，做完交易后，连自己也不明白当时为什么买，为什么卖。这与他们把投资行为看得过于简单、不深入思考、没有广泛收集资料、不理性地决定自己投资行为的习惯有很大的关系。而这种随意的行为实际上是对自己的不负责。所以说在投资者打算买入某种股票时，一定要慎重，要认真地收集资料，反复地比较分析觉得有足够的把握，才能做出决定。如果没有足够说服自己的理由，还是不要轻举妄动为好。

八、赌博与偏执

具有赌博心理的投资者，总希望一朝发迹。他们在投资决策并未付诸行动时，不是基于对市场行情和相关因素的周密分析和全面判断，不是在充分利用准确的市场信息和有效的技术手段，而是抱着侥幸心理企图钻证券市场的空子。他们大多如赌徒般将自己的希望完全寄托于"碰运气"上，在投资行为上往往孤注一掷，走向极端。当股市获利后，多半会被胜利冲昏头脑，继而频频加注，直至蚀本为止；而当股市失利后，往往不惜背水一战，把全部资金都投入股市，以期把损失扳回来。这种非理智的意气用事投资行为，其结果多数是落得倾家荡产的结局。

初始入市的投资者，因对证券市场的全面认识了解少，更缺乏证券投资的操作经验，往往容易形成对证券投资的片面理解，产生偏颇心理，要么只愿赚不敢赔，要么失去信心，认定只赔不赚了。实际上，证券市场价格随着时间等条件的变化而发生不同幅度的升降，是很正常的事，由于证券价格变动而导致了一部分人赚钱，另一部分人赔钱是很自然的事。即使投资经验丰富、投资技巧娴熟的投资者，也不可避免地会蒙受一定程度的损失，也不可能企望永远只赚不赔;对于初始投资者,即使投资受损,但在正常的证券价格波动中,也存在着扭亏为盈、反败为胜的机会,而不可能永远只赔不赚。因此,投资者应当树立理性的投资心理,即要有投资获利的信心,也要有必要的风险意识,培养必要的风险承受能力。这样,才能在获利时,不会只想赚而不敢赔;在受损时,不会只有沮丧而不能树立重新振作获利的信心。

第四节 股票投资者矫正心理弱点的措施

一、投资前的心理准备

1. 认识自我

"知己知彼,百战不殆。"在证券投资中同样如此,投资者必须把自己摆在一个正确的位置上。比如,投资者需要搞清楚自己在生活中经常是一个进攻者,还是一个防守者?如果是一个思想活跃、富于挑战精神的人,也许可以更多地尝试中短线操作;如果是一个相对保守、行动稳健的人,则以中长线的投资方式为佳。而且,对自己的个性特征、承担风险的能力、自己的资金状况也需要加以了解,这样才能正确地评价自己在证券市场上的"作战"能力,采取相应的投资策略和方法。

2. 自我约束

"自我约束"是指在没有外力因素条件下,行为者预测到自己的某一行为不可以再扩大了,而采取的一种控制或停止的行为。股票市场中,时时刻刻存在着诱惑,如果投资者没有自我约束能力,很容易被市场牵着鼻子走,在股市投资过程中而出现一错再错的现象。因此,提高投资者自我约束能力,能帮助投资者抵御市场氛围的影响,做到在别人贪婪时,我恐惧;在别人恐惧时,我贪婪,从而有助于投资者去除恐惧与贪婪心理。

3. 谦逊、不自负

股票交易市场的涨涨跌跌,实质上是人生的缩影,它要求每位投资者需要具有谦逊、不自负的精神,对市场始终保持一份热情和敬畏之心。在行情暗流涌动风雨飘摇的底部满怀信心,在市场最狂热的顶部做到世人皆醉唯我独醒。同时,不要过于自负,千万不要以为自己能了解股票交易市场中所发生的任何事情,不能因为一时的赢利而趾高气扬。必须永远牢记一点:在市场中,没有绝对的赢家和输家,任何事物都是相对的。

4. 平常心

平常心是"无为、无争、不贪、知足"等观念的汇合。也是日常行事中无取、无舍、无骄、无求、无执着的心行。在日常生活中,人们总是受到各种情绪的困扰,因此要保持一份平常心实属不易。

在股票交易过程中,面对着市场的起伏波动,分分秒秒的价格变化都会关系着投资者的切身利益，因此投资者要保持这份平常心就更为困难。但是，投资者只有保持心理的平和，才能维持大脑的良好状态，投资者的判断才能更加准确。

二、树立辩证的思维

证券市场是一个充满不确定性的地方，投资者要想在市场中获利，其思维方式十分重要。特别是对于一些以搞中短线操作为主的投资者来说，由于市场的热点层出不穷，而且变换很快，要想"抓住每一个热点，把握每一个机会"，实际上几乎是很难实现的。因此，我们必须要有一套有效的思维方式。

辩证的思维，是最符合市场特性一种思维方式。赢利与亏损，高价与低价，新股与老股，主流板块与非主流板块，市场的弱势与强势等，都是相对的概念。更何况，任何事物都具有两面性，证券投资更不例外，从来没有只跌不涨的证券，也不会有永远只涨不跌的证券。在"市场低迷时，仍应保持五分乐观；市场热闹时，则需具有七分警觉"，对行情的研判，实际的操作，投资者都应该从不同的角度加以分析，避免以偏概全。

辩证的思维与我们在前面讨论的反向思维是不同的，辩证思维要求投资者在考虑问题时，要从多方面着眼，而不只是从某一个方面考虑而反向思维往往只强调从相反的立场出发考虑问题。

三、平时应注重培养和锻炼自己必备的心理素质

1. 自信心

自信，就是对自己能够达到某种目标的乐观、充分地估计。美国作家爱默生说："自信是成功的第一秘诀"。可以说，拥有自信就拥有无限机会。投资者的自信心来自两个方面：一方面，投资者要对自己的判断与决策有信心，要相信自己的分析能力。一旦作出决策，就坚定不移地按照自己的既定目标去办，绝不动摇，也不见异思迁。另一方面，投资者要对证券市场的发展有信心。市场上经常会出现一些反常现象，那也是正常的。投资人谁也无法在市场中常胜不衰，千万不要因为暂时的挫折而丧失斗志。

当然，投资者的自信心，是建立在一定的投资交易经验和个人的能力基础之上的。只有当一个投资者在操作实践中积累了经验，对市场的动作有深刻的理解，能够掌握充分的高层资料，并且具备较高的分析判断能力，投资者的自信心才是有意义的。如果投资者只是毫无根据的作出判断、决策，并且固执己见，一意孤行，那意味着蛮干，并不是有自信心的表现。

2. 耐 心

忍耐本身就是一种资本，证券投资的报酬，很大程度上就是忍耐等待的报酬。市场行情的升降起落，并不是一朝一夕就能完成的。多头市场的形成是这样，空头市场的形成也是如此。因此，当一个市场的主要趋势没有形成之前，投资人不可轻举妄动，也不应该为一点点

的利润而动心，以避免在杀进杀出中做出冲动性的操作。

因此，耐心的一个首要原则就是：要有耐心不急于投入。即使出现大多数的技术指标或条件都与市场的底部特征相关时，也并不意味着就是最好的入市时机。当然，这个所谓的底部特征，完全是依据投资人的时间界限而言的，因为对一个长线投资人来说，可能这种情况只出现在一年中的某一个时间，而对中短期投资人来说，这种情况可能在每周、每月都会出现。当没有机会时，宁愿多休息，不急于投入。生活的哲理告诉我们，只有懂得休息的人，才能真正享受到生活的乐趣。同样，只有懂得让钱休息的投资人，才能得到利润稳步增长的快乐。当机会出现在面前，则绝不犹豫，如猎鹰捕食一样投入。

投资人的耐心是从千百次成败得失中修炼出来的结果，也是理性判断与实践操作的产物。通常需要具备这样几个条件：① 心态稳定，不患得患失。② 独立判断，相信自己。③ 具有大局观，不为一时的波动所迷惑。④ 洞悉人性与股性。

怀着十二分的耐心进行投资，根据市场的条件而不是情绪的变化做出决策，投资成功的可能性才会大大提高。这里成功的关键是要有一个立足于长期投资的计划，传奇投资者彼得·林奇的建议是以20年为期。其实，结合我国股票市场波动性比较大的特征，一个长期投资计划也许改为一至五年就会产生效果了。长期投资可以使人避免为每天的价格波动而操心，你不用担心市场明天可能会如何。换言之，投资人只要做好自己的家庭作业，其余的由市场去做。时间就是金钱！让时间和金钱去工作吧，我们只需坐下来等待结果。

关于长期投资，彼得·林奇的说法对投资人来说非常有启迪。他把股票投资看作是一种婚姻——金钱与投资的婚姻。他说，投资人不必在分析该买哪种股票方面是个天才，但是如果没有耐心和勇气去长期持有股票，那只是一个投机者。区分投资者好坏的标准并不总是头脑，通常是纪律。盯住你的股票不管其他，不理睬所有"精明的忠告"，像木偶一样行事。人们总是到处寻找在华尔街获胜的秘诀，长久以来真正的秘诀就是一条：买进有盈利能力企业的股票，在没有极好的理由时不要抛掉。甚至于，股价下跌也不是卖出的好理由。在《战胜华尔街》一书中，彼得·林奇劝告人们说："如果你想获得股市的最大收益，尤其是在你还年轻，时间站在你一边的时候，最好的选择是把尽可能多的钱拿来买股，然后任凭它在股市里沉浮。在股市跌的日子里你会承受痛苦，但只要你不抛售股票你就不会真正的损失。如果你充分投资，你就会充分享受股市魔术般不可预测的变动带给你的好处。"

3. 决断力

成功的投资在于决断。在证券交易中，有时候，一个"莽撞"的操作甚至比优柔寡断要好，其道理就在于，市场中的机会往往是转瞬即逝的，投资者如果不能及时抓住时机，等待他的不是懊悔，就是亏损。因此，对于决断力这一个心理素质，投资者不可忽视。

通常，当投资者经过对市场行情的仔细研判，能够发现较好的买入或卖出的时机时。这时，有没有决断力就成为投资成败的关键所在。看准时机果断入市买卖，成功就属于你；反之，虽然发现了极佳的买卖时机，却瞻前顾后，犹豫不决，就有可能错过入市良机。特别是一轮刚刚上升的行情中，开始阶段，投资者把握不准，不愿追进，而眼巴巴地看着股票大涨特涨，到了一定地步，终于忍受不住在高价位追进，结果被"套牢"；在被某个股票"套牢"之后，有些投资者同样会犯犹豫不决的毛病，迟疑再三，屡屡错失"割肉"良机，最终导致深度"套牢"。这些都是许多投资者都品尝过的"苦果"。其实,证券投资也和做其他生意的道理一样,特别是在手头存货出现亏损时更应该辩明行情,当断即断,痛下决心,抛出获利无望反而带来亏损的证券,以避免更大的损失。

4. 冷静细心

在证券市场上,投资者必须细心了解有关交易的各个环节,做到有几分力量进行几分投资,不可超出自己所能承受的财力情况。因为证券投资是一项高风险的事业,一旦超过自己的财力投入交易,无形之中,投资者就会经受着资金方面的压力,患得患失,自然难以冷静做出判断,也难以发挥个人的聪明才智,成功的可能性反而大大减少。

越是有经验的投资者,在进行投资决策时就越是谨慎小心,保持一份冷静的头脑。投资决策应该建立在以各种资料、行情走势的客观认识上,经过细心比较、研究,再决定投资对象并且入市操作。这样既可以避开许多不必要的风险,少做一些错误决策,又能增加投资获利的机会。

冷静是至关重要的,它是正确认识和分析问题的必要条件。一般投资者最容易犯的错误就是面对逆境或是长期置身于顺境之中就会被周围的气氛所干扰,不能以一个客观而冷静的立场将各种情况与利害关系考虑周全,而一味地钻牛角尖、走极端。

因此,冷静细心就要求投资者在市场行情发生变化,需要做出决断时,一定要结合客观的形势分析,综合把握各种市场内外的因素,进行周密地思考,既非一味地随波逐流,也能不断地根据市场的变化而修正自己的观点,及时改变自己的投资立场。做到"赚而不骄,赔而不馁",真正有不论输赢都能谈笑自如的大将风度。

5. 克服贪心

"贪"的本义是指爱财,"婪"的本义是指爱食,"贪婪"即贪得无厌,是一种过度膨胀的利己欲。它是一种病态心理,与正常的欲望相比,贪婪没有满足的时候,所得愈多,胃口就越大。贪婪心理具有不可满足性。投资者在证券市场上投资,实际上是与自己的贪欲做斗争。为了克服贪心,投资者有必要对自我有一个深刻的了解。在证券市场,从表面上看,投资者是在与别人竞争和"作战",其实,最重要的还是要与自己的贪欲做斗争。

任何事物的发展都有一个限度,物极必反,盛极而衰。市场中我们常常能见到有些证券持有者,在价格持续上涨时仍待价而沽,总盼望能多涨一些,再多赚一点儿;也总有一些投资者,在价格暴跌已成定局时,仍抱有幻想,不肯面对现实。归根结底,这都是一个"贪"字在作怪。

为了克服贪心,投资者可以力劝自己从以下几个方面加以实践:

(1) 不贪买卖多种股票。
(2) 量力而为,不扩大信用。
(3) 行情只赚八分饱。
(4) 心中价位到立即到市场中去买卖,不贪一点点差价。

6. 独立思考

　　独立思考,就是要求投资者要有自己的见解,做别人不敢做的决定,有敢于逆大众而行的勇气。因为股票投资是一个风险投资,输赢往往就在一瞬间。由于股票投资市场是由成千上万个投资大众组成的,他人的言行往往对个人投资者有很大的影响,有些投资者喜欢跟在别人的后面买卖股票。俗话说:别人的补品,往往是自己的毒药。别人再怎么成功、获利,那也是别人的。与其临渊羡鱼,不如退而结网。要想通过证券投资赚钱,投资者需要有一种独立思考的精神。不要过于在意别人的买卖,而应该首先了解如何凭借自己的能力去投资交易。在股市中求人不如求己,路总要靠自己去走。

第八章　股票投资技巧

第一节　选股技巧

一、选股的基本策略

如何正确地选择股票，100多年来人们创造出各种方法，让人目不暇接，但是不论有多少变化，都可以归纳为几种基本投资策略。

1. 价值发现

价值发现是华尔街最传统的投资方法，近几年来也被我国投资者所认同，价值发现方法的基本思路，是运用市盈率、市净率等一些基本指标来发现价值被低估的个股。该方法由于要求分析人具有相当的专业知识，对于非专业投资者具有一定的困难。该方法的理论基础是价格总会向价值回归。

2. 选择高成长股

该方法近年来在国内外越来越流行。它关注的是公司未来利润的高增长，而市盈率等传统价值判断标准则显得不那么重要了。采用这一价值取向选股，人们最倾心的是高科技股。

3. 技术分析选股

技术分析是以技术分析方法进行选股，通常一般不必过多关注公司的经营、财务状况等基本面情况，而是运用技术分析理论或技术分析指标，通过对图表的分析来进行选股。该方法的基础是股票的价格波动性，即不管股票的价值是多少，股价总是存在周期性的波动，技术分析选股就是从中寻找超跌个股，捕捉获利机会。

4. 立足于大盘指数的投资组合（指数基金）

随着股票家数的增加，许多人发现，也许可以准确判断大势，但是要选对股票可就太困难了，要想获取超过平均的收益也越来越困难，往往花费大量的人力物力，取得的效果也就和大盘差不多甚至还差。与其这样，不如不做任何分析选股，而是完全参照指数的构成做一个投资组合，至少可以取得和大盘同步的投资收益。如果有一个与大盘一致的指数基金，投资者就不需要选股，只需在看好股市的时候买入该基金、在看空股市的时候卖出。

二、好股票的基本特征

（1）口碑较好，群众基础不错，市场定位合理。前者好理解，而对于后者，可能很多人比较模糊,其实识别这个不难,比如投资者可以找相同行业上市公司股票进行比较,同样的经济指标情况下,谁的定位更低,那么这个"更低"就会吸引新的主力,新的资本进场来运作,你需要做的事情就是提前介入。如果一个股票,口碑不好,群众基础不行,通常主力也会忌讳,它怕自己拉高了无人接盘。

(2) 属于生产型的企业,可以考虑主营业务单一、产销对路、具有一定竞争优势,特别是带垄断色彩的企业为最佳;属于科技开发研究型的,应该考虑其技术力量如何,是否具备高端人才优势,有自主知识产权等;属于其他公用事业型的,应该考虑其是否存在地域局限、政策限价因素等。

(3) 股本结构不大。例如总股本大约在2亿~3亿元,其实最好的是1亿元以内,股票价格较低,最容易吸引各路资金关注。

(4) 账目清秀、财务指标健康的股票。也许很多人会觉得,看看K线破位没破位,趋势线坏没坏就能够掌握股票运行方向,其实这个结论是错误的。任何一只股票必须和基本面情况结合起来,通常基本面是最重要的部分,谁都知道一个事实。如果一只股票被主力炒得再高,假如没有基本面的业绩支撑,它迟早会完蛋,历史上有名的庄股亿安科技炒上百元后,最终不是跌回原地了吗?

(5) 无利益输送、无关联交易的品种优先。利益输送和关联交易是上市公司隐藏利润、制造虚假业绩的重要手段,对于有些投资者能够凭借专业知识,可从上市公司财务报表里发现此类问题,对于另外一些投资者没有这方面知识,看不懂这些,不妨到上市公司实地看看企业生产情况,如果一个企业加班加点抢生产,库存又没有什么产品,客户预付资金充沛,那么,毫无疑问,这个公司的股票值得投资,反之迟早会成为问题股。

(6) 发达省份、享受国家政策扶持地域的上市公司股票优先。因为这些上市公司能够利用自身的地理位置,发挥产销贸易,同时也能享受到国家的积极政策扶持,因此这些股票通常会有不少社会资本关注,股性相对活跃。

总之,人们经过长期实践发现长线牛股普遍具有如下特征:资源垄断、主业突出、行业龙头、品牌价值、成长性高、自主定价能力强等特征。依次解释为:

(1) 资源垄断:说的就是企业资源具有绝对地位,别的企业产品生产少不了它。

(2) 主业突出:说的是企业只做最简单的,而且又是市场热门畅销产品或行业,属于大利或暴利行当。

(3) 行业龙头:说的是企业在行业中的地位是唯我独尊,有相当的话语权和说了算的气派。

(4) 品牌价值:说的是只能人家提到某产品就会自然知道说的是他,民族的、国际的、地区的知名度都很好。

(5) 成长性高:说的是企业至少在你所能够预计的未来3年,公司的每年利润复合增长不少于30%。

(6) 自主定价能力强:说的是企业产品能够做到"人无我有,人有我精",如果产品具有垄断性为最好。这样企业在市场里根本就没有什么对手,更没有什么竞争压力。

(7) 领导优秀:一个好企业好公司必须要有个好当家,年纪太大的,思想容易僵化和保守,年纪太轻的又会过于浮躁,好大喜功,因此领导素质的好坏对企业的成功还是很关键的。

(8) 财务健康:说的是企业公积金含量高,现金流充沛,没有大额担保,没有或大或小的频繁关联交易。应收账款大体控制在总收入的 10% 以下为最佳。

（9）股本结构合理：一般来说，做长线，牛股实际上就是要充分享受公司成长所带来的丰厚送转和派现。因此在选股时，如能选择总股本和流通市值较小的公司为最好。

事实说明，上述几条是发掘长线牛股的有效手段，但在现实生活中，有关长线投资的话题众说纷纭，比如彼得·林奇指出：成为一个能涨十倍股票的公司关键有六点：

（1）企业盈利年增长率达到 20%～25%。
（2）企业有合理的战略目标和产业布局。
（3）企业有积极进取的管理层。
（4）企业有完善的公司治理结构。
（5）企业有持续领先、难以模仿的核心竞争力。
（6）企业有可复制的盈利模式，有广阔的市场发展空间。

三、基本面选股分析方法

基本面选股分析方法，就是通过对投资公司的基本情况进行分析，包括对公司的经营情况、管理情况、财务状况及未来发展前景等进行分析，来确定公司股票的合理价格，进而通过比较市场价位与合理定价的差别来确定是否购买该公司的股票。

1. 公司所处行业和发展周期

任何公司的发展水平和发展速度都与其所处行业密切相关。一般来说，任何行业都有其自身的产生、发展和衰落的生命周期，人们把行业的生命周期分为初创期、成长期、稳定期、衰退期四个阶段，不同行业经历这四个阶段的时间周期长短不一。一般来说，在初创期，盈利少、风险大，因而股价较低；成长期利润大增，风险有所降低但仍然较高，行业总体股价水平上升，个股股价波动幅度较大；成熟期盈利相对稳定但增幅降低，风险较小，股价比较平稳；衰退期的行业通常称夕阳行业，盈利减少、风险较大，财务状况逐渐恶化，股价呈跌势。因此，公司的股价与所处行业存在一定的关联。人们在选择个股时，要考虑到行业因素的影响，尽量选择高成长行业的个股，而避免选夕阳行业的个股。例如，我国的通信行业，连续多年，以每年 30% 以上的速度发展，行业发展速度远远高于我国经济增长速度，是典型的朝阳行业。通信类的上市公司在股市中备受投资者青睐，其市场定位通常较高，往往成为股市中的高价贵族股。另外像生物工程行业、电子信息行业的个股，源于行业的高成长性和未来的光明前景也都受到热烈追捧。

总之，上市公司的股价，更多的是受到其自身所属行业和企业发展水平及盈利能力的影响。任何一家公司，与行业发展周期相仿，都存在自己的生命周期，同样也可以划分为初创期、成长期、稳定期和衰退期。以家电行业的四川长虹为例，从初创到打出自己的知名品牌，之后经历了 11 年的高速成长期，目前已进入成熟期，它的股价，也在几年中经历了十余倍的狂飙后稳定下来。以上事实表明，行业发展周期和公司自身的发展周期有时可能差别很大，投资者在选股时既要考虑行业周期，又要具体问题具体分析。在我国，一般由于公司的规模较小，抗风险能力较弱，企业的短期经营思想比较浓厚，要想获得长期持续稳定的发展难度较大，上市公司中昙花一现者往往较多，这从某种程度上增大了选股的难度。

2. **公司竞争地位和经营管理情况分析**

市场经济的规律是优胜劣汰，无竞争优势的企业，注定要随着时间的推移逐渐萎缩及至消亡，只有确立了竞争优势，并且不断地通过技术更新、开发新产品等各种措施来保持这种优势，公司才能长期存在，公司的股票才具有长期投资价值。决定一家公司竞争地位的首要因素是公司的技术水平，其次是公司的管理水平，另外市场开拓能力和市场占有率、规模效益和项目储备及新产品开发能力也是决定公司竞争能力的重要方面。对公司的竞争地位进行分析，可以使我们对公司的未来发展情况有一个感性的认识。除此之外，我们还要对公司的经营管理情况进行分析，可以从以下几个方面入手：管理人员素质和能力、企业经营效率、内部管理制度、人才的合理使用等。通过对公司竞争地位和经营管理情况的分析，我们可以对公司基本素质有比较深入的了解，这对投资者的投资决策很有帮助。

3. **公司财务分析**

如果说，对公司的竞争地位和经营管理情况进行的分析，主要是定性分析，那么对公司财务报表进行的财务分析则是对公司情况的定量分析。本书在前面章节中已详细介绍了公司财务分析的方法，此处就不再重复。

4. **公司未来发展前景和利润预测**

投资者可以综合分析公司各方面的情况，对公司的未来发展前景做一基本估计，分析方法主要从前面公司财务分析介绍的几方面加以考虑。另外，还可通过对公司的产品产量、成本、利润率、各项费用等各因素的分析，预测公司下一期或几期的利润，以便为公司的内在价值做一定量估计。由于这项工作专业性较强，一般由专业分析师进行。普通投资者虽然对利润预测难度较大，仍然可以根据自己掌握的信息做一大概的估计，对于选股的投资决策不无裨益。

5. **发现公司已存在或潜在的重大问题**

在选股时，除对公司其他各方面情况进行详细分析外，我们还能通过对公司年报、中报以及其他各类披露信息的分析中，发现公司可能存在的或潜在的重大问题，以便及时调整投资策略，回避风险。由于各家公司所处行业、发展周期、经营环境、地域等各不相同，存在的问题也会各不相同，我们必须针对每家的情况做具体的分析，没有一个固定的分析模式。但是一般发生的重大问题容易出现在以下几方面：

（1）公司生产经营存在极大问题，甚至难以持续经营。公司生产经营发生极大问题，持续经营都难以维持，甚至出现资不抵债，濒临破产和倒闭的情况。

（2）公司发生重大诉讼案件。由于存在债务或担保负连带责任等，当公司发生重大诉讼案件，涉及金额巨大，一旦债务成立并限期偿还时，将会严重影响公司利润，对公司生产经营将产生重大影响，公司的信誉也可能受到很大损害，严重的还可能导致公司面临破产的危险。

(3) 投资项目失败，公司遭受重大损失。公司运用募股资金或债务资金，进行项目投资，可能由于事先估计不足，或投资环境发生重大变化、或产品销路发生变化、或技术上难以实现等各种原因，使投资项目失败，公司遭受重大损失，对公司未来的盈利预测发生重大改变。

(4) 从公司财务报表相关一些指标中发现公司存在的重大问题。

① 应收账款绝对值和增幅巨大，应收账款周转率过低，说明公司在账款回收上可能出现了较大问题。

② 存货巨额增加、存货周转率下降，很可能公司产品销售发生问题，产品积压，这时最好再进一步分析是原材料增加还是产成品大幅增加。

③ 关联交易数额巨大，或者上市公司的母公司占用上市公司巨额资金，或者上市公司的销售额大部分来源于母公司，利润可能存在虚假，但是对待关联交易需认真分析，也许有些交易还是正常合法的。

④ 利润虚假。对此问题一般投资者是很难发现的，但也可以通过一些现象发现蛛丝马迹，例如净利润主要来源于非主营利润，或公司的经营环境未发生重大改变，某年的净利润却突然大幅增长等。随着我国证券法的实施及监管措施的俞加完善，这一困扰投资者的问题有望呈逐渐好转的趋势。

总之，投资者对选择问题公司股票必须持慎之又慎的态度，最好是敬而远之，回避问题股是运用基本面分析方法所坚持的基本原则。

6. 结合市盈率指标选股

运用基本面分析方法，我们可以通过每股盈利、市盈率等指标，并综合考虑公司所在板块、股本大小、公司发展前景等因素，确定公司的合理价格，如果价格被低估，则可作为备选股票，择机买入。在此方法中，市盈率是最重要的参考指标，究竟市盈率处在什么位置比较合理，并没有一个绝对的标准，各个国家和地区的平均市盈率差距也很大，欧美国家股市平均市盈率经常保持在 20 倍左右，日本则在很长一段时间内高居 60 倍以上。近几年来，我国沪深股市的平均市盈率水平在 30~50 倍的范围内波动，一般来说，30 倍左右是低风险区，50 倍左右是高风险区。从投资价值的角度分析，假如我们把一年期的银行存款利率作为无风险收益率，那么在股市中高于这一收益率的收益水平就是我们可以接受的。例如，我们以目前的一年期银行存款利率 3.78% 所对应的市盈率 26.5 倍，作为判断股票投资价值的标准，低于这一市盈率水平的股票，就可以认为价值被低估、具备了投资价值。当然如果仅从这一角度去考虑问题，我们还是要犯错误，因为市盈率受一些因素的影响巨大。如市盈率水平首先与公司所处行业密切相关。例如，生物医药行业作为高成长行业，其市场定位一直很高，动辄 50~60 倍的市盈率并不鲜见；而曾极度不被人看好的钢铁板块个股，市盈率常常在 10 倍左右徘徊。其次，市盈率还受股本大小和股价高低的影响。一般说，股本越小的股票越受青睐，其市场定位和市盈率越高，有人将此称之为小公司效应，美国学者 Baze（1981）最早研究了这种现象，他将纽约股票交易所的上市股票分为 5 类，发现最小一类的公司股票平均收益率要高出最大一类的股票平均收益率达 19.8%。这方面，我国小公司的效应更为明显，并且呈现不同的特点，由于非流通股的存在，市盈率更多的是与流通股的联系紧密。另外，偏爱低价股是我国股市的一大特色，股价越低，市盈率越高，有时每股收益才几分钱的股票，股价达到五六元还被认为便宜，这一价值取向不能说是成熟市场的表现，但在目前，在判断市盈率的高低时，我们还必须考虑到这一因素的影响。另外，公司高成长与否，对市盈率有重大影响。俗话说，买股票就是买公司的未来，一个对未来有良好预期的个股，其股价自然就高。公司未来前景越好，成长性越高，市盈率水平就越高。那么如何衡量这一因素呢，我们在此引入动态市盈率的概念，从市盈率的公式可以看出，市盈率是股价与每股收益的比值，每股收益的变化，使市盈率向相反方向变化，由每股收益的不同，我们可以计算出 3 种市盈率，即市盈率Ⅰ，市盈率Ⅱ，市盈率Ⅲ。

市盈率Ⅰ＝考察期股价/上年度每股收益

市盈率Ⅱ＝考察期股价/中期每股收益×2

市盈率Ⅲ＝考察期股价/预期本年每股收益

市盈率Ⅰ是基于假设企业考察期每股收益与上年每股收益相同，而上年每股收益实际上不能真实地反映企业当前的实际经营情况和获利能力，因此该市盈率不能真实地反映实际市盈率水平，其作用也就大打折扣。例如，一只市盈率Ⅰ为 100 倍的股票，若其利润增长 1 倍，则实际市盈率就降到 50 了，反之，一只市盈率Ⅰ仅 20 倍的股票，若其盈利能力大幅滑坡，则其市盈率就大大提高了。中期业绩公布后，许多人用市盈率Ⅱ来选择股票，缺陷也是明显的，公司上半年的收益不等于全年的收益，有时差距还很大。由于企业的未来每股收益较难预测，不确定因素太多，市盈率Ⅲ很可能与实际情况有很大出入，但是无论如何，它是人们经过综合分析公司的情况，得出的结论，具有很大的参考价值。三种市盈率虽然各有不足，毕竟是投资的重要依据，我们将三种市盈率结合起来考虑问题就会更加全面。从以上分析可以看出，市盈率受多种因素影响，因此要辩证地看待市盈率，而且应该把市盈率和成长性结合起来考虑。在成长性类似的企业中，应选择市盈率低的股票，若一个企业成长性良好，即使市盈率高些也还是可以介入。

四、技术选股分析方法

在股市投资实战中，运用公司基本面情况选股的方法，主要适用于专业投资者，对广大中小投资者及利用业余时间炒股的股民，无论从时间、精力以及所要求的知识面和掌握的信息来说，都存在一定困难，因此该方法在广大中小股民中的应用具有局限性。而技术分析选股，由于其不需要太多专业知识，考虑问题比较直接，与市场联系紧密，且由于价格、成交量等技术数据、技术分析手段的获得相对容易，以及电脑、交易软件等技术分析工具的普及，使该方法的应用日渐普遍，方法较多，并且一般是将选股与买入有机地结合起来，选股过程也是确定买入时机的过程。下面以 MACD 技术指标为例，来说明它。

利用 MACD 指标选股时，一般选择股价经深幅下挫、长期横盘的个股，同时伴随成交量的极度萎缩，随着股价开始小幅扬升，MACD 指标上穿零轴。但此时还不是介入时机，还应耐心等待股价回调，待 MACD 指标回至零轴之下，再观察股价是否创新低。在股价不创新低的前提之下，股价再次上扬，同时 MACD 指标再次向上穿越零轴时，则选定该股，此时为最佳买进时机。

1. 深幅回调

股价从前期历史高点回落幅度，就质优股而言，回落 30%左右；对一般性个股来说，股价折半；而对质劣股，其股价要砍去 2/3 才算得上深幅回落。这里必须结合股票质地进行研究，例如对于高成长的绩优股来说，跌去 1/3 就属不易，而对于一只有摘牌危险的 ST 个股，跌去 2/3 也属正常，这里没有绝对的标准。因此，必须辩证地看待某只个股的跌幅，当投资者对此把握不住时，建议重点关注股价已跌去 2/3 的个股。

2. 长期缩量横盘

一般而言，在控盘机构完成出货过程之后，如果股价没有一个深幅的回调，就很难有再次上扬的空间，这样当然无法吸引新主力入场。只有经过股价的长期横盘使 30 日、60 日、120 日等中长期均线基本由下降趋势转平，即股价的下降趋势已改变，中长期投资者平均持股成本已趋于一致。这时股价才对新多头有吸引力。长期横盘时应伴随着成交量的极度萎缩，如果仍然保持大的成交量，说明做空能量依然较强，上升动力不足。

3. MACD 第一次上穿零轴时不动

股价经过大幅下跌后，第一波段行情极有可能是被套机构的解套行情。即使是新多头的建仓动作，绝大多数情况下也还存在一个较残酷的洗盘过程。因此，MACD 指标第一次上穿零轴并非最佳买点（此处 MACD 取常态指标）。

4. 股价不再创新低

从趋势角度而言，股价高低点的依次下移意味着整个下降波段没有结束，在一个下降趋势中找底是一种极不明智的行为，因此股价不再创新低是保证投资者只在上升趋势中操作的一个重要原则。在此基础之上，伴随着股价上扬，MACD 再次上穿零轴，又一波升浪已起，方可初步确认已到中线建仓良机。利用上述原则选择并买入潜力个股后，如果股价不涨反跌，MACD 再次回到零轴之下，应密切关注股价动向，一旦股价创下新低，说明下跌趋势未止，应坚决止损出局，否则应视为反复筑底的洗盘行为。

五、短线择股注意事项

短线操作是股场高手的游戏，一般要求投资者股市知识功底深厚，熟谙庄家操盘手法，心理素质上佳，有时间时刻关注庄家的一举一动。短线选股关键在热点，投资者对热点的形成一定要有敏锐的洞察力。短线择股应注意如下三个方面：

1. 成交量

股谚曰"量为价先"，量是价的先行者，股价的上涨，一定要有量的配合。成交量的放大，意味着换手率的提高，平均持仓成本的上升，上档抛压因此减轻，股价才会持续上涨。有时，在庄家筹码锁定良好的情况下，股价也可能缩量上攻，但缩量上攻的局面不会持续太久，否则平均持仓成本无法提高，抛压大增，股票缺乏持续上升动能。因此，短线操作一定要选择带量的股票，对底部放量的股票尤其应加以关注。

2. 图形的变化

短线操作，除了应高度重视成交量外，还应留意图形的变化。有几种图形值得高度关注：W 底、头肩底、圆弧底、平台、上升通道等。W 底、头肩底、圆弧底放量突破颈线位时，是买入时机。这里有两点必须高度注意：一是必须放量突破方为有效突破。没有成交量配合的突破是假突破，股价往往会迅速回归启动位。二是在低价位的突破可靠性更高，高位放量突破很可能是庄家营造的"多头陷阱"，引诱散户跟风，从而达到出货目的。许多时候，突破颈线位时，往往有一个回抽确认，这时也可作为建仓良机；股价平台整理，波幅越来越小，特别是低位连收几根十字星或几根小阳线时，股价往往会选择向上突破；采取上升通道的股票，可在股价触及下轨时买入，在股价触及上轨时卖出。此外，还有旗形整理。箱形整理两大重要图形，其操作诀窍与 W 底差不多，这里不再赘述。

3. 技术指标

股票市场的各种技术指标数不胜数，至少有一千以上，它们各有侧重，投资者不可能面面俱到，只需熟悉其中几种便可。常用的技术指标有 KDJ、RSI 等。一般而言，K 值在低位（20%左右）2 次上穿 D 值时，是较佳的买入时机；在高位（80% 以上）2 次下穿 D 值时，形成死叉，是较佳的卖出时机。RSI 指标在 0～20 时，股票处于超卖，可建仓；在 80～100 时属超买，可平仓。值得指出的是，技术指标最大的不足是滞后性，将它作为唯一的参照标准往往会带来较大误差。许多强势股，指标高位钝化，但股价仍继续飙升；许多弱势股，指标已处低位，但股价仍阴跌不止。而且庄家利用技术指标，往往进货时指标做得一塌糊涂，出货时指标近乎完美，利用指标进行骗钱几乎是庄家通用的做市手法。因此，在应用技术指标时，一定要综合各方面的情况尤其是量价关系进行深入分析。

4. 均　线

短线操作一般要参照 5 日、10 日、30 日三条均线。5 日均线上穿了 10 日、30 日均线，10 日均线上穿 30 日均线，称作金叉，是买进时机；反之则称作死叉，是卖出时机。三条均线都向上排列称为多头排列，是强势股的表现，股价缩量回抽 5 日、10 日、30 日均线是买入时机（注意，一定要是缩量回抽）。究竟应在回抽哪一条均线时买入，应视个股和大盘走势而定；三条均线都向下排列称为空头排列，是弱势的表现，不宜介入。

总之，股票没有好坏之分，只有涨与不涨之分，只有弱势和强势之分，而不同的股票常有不同的个性，正如不同的人有不同的性格一样。因此，我们在选择股票时，要牢记如下事项：

（1）落后大势的弱势股尽量不要碰它，换成强势股。

（2）选股要选波动大的股票，这种股票的获利机会大些，同时要注意风险。

（3）有潜力的低价股是投资者最好的选择，这类股票收益大风险小，只要它情况转好，机会就来了。

（4）选股应优先考虑重要的指标股或行业龙头股，这类股票往往是热门股票，有主力关注，也容易引起大众跟风。

（5）对股性判断不是一朝一夕之功，需要长时间的接触，而股性一旦形成，就难以改变。

（6）久盘之股，有主力介入要特别关注，股性有可能因为主力介入而改变。

（7）新股可以说无股性，上方也无套牢盘，可能成为主力炒作的目标。

（8）根据国家的产业政策和经济形势来分析判断哪个行业的股票是最有前途的股票。

同时对于有些类型的股票，坚持不买，这些股票是：

（1）暴涨过的股票。"暴涨"就是在K线图上出现垂直上涨达两周，短时间上涨幅度在100%～200%，且中途没有任何调整，一步到位。这种股票暴涨的原因，往往是其上市公司有特大合资、兼并、收购和重组利好消息。上涨初期在市场上没有任何消息和传言，几个星期后对该上市公司的传说和消息逐渐流传，上涨到天价后上市公司才宣布明朗的特大利好消息，此时缺少技术的散户和新股民见利好出现便纷纷蜂拥而入，庄家迅速把所有低价买进的持股抛给抢入的新股民。当天出现一根历史天量后股价就像瀑布飞流直下。

暴涨后的股票往往需要大约1～2年的时间来修复后才会有新庄家进入操作，所以当某个股票暴涨后不要在短期内就参与，除非是短线高手。

（2）放过天量的股票。天量往往是做庄机构用利好消息在一天之内把所有或大部分筹码一天派发给听到消息的散户，有句话为"天量见天价，见了天价回老家"，非常形象。股市高手往往都是"天不怕地不怕，就怕成交量放大"。可参考大盘2002年6月24日、2008年4月23日、2008年9月22日的走势中的天量。2002年6·24行情之后的走势除了跌就是跌，更可以翻开任何股票查看，每一根天量后市就是回到原来的起涨点。

有没有放了天量后市继续涨的股票？有，但不多，大约在0.6%左右。比较典型有马钢股份在2000年3月16日天量继续涨，这种情况的出现往往有突发的个股题材，机构突击拉高建仓，但后面的行情是非常快速地上涨，并一步到位。

（3）大除权股票。大除权是大比例送配除权的股票，是中国市场特有的产物，即庄家利用除权改变价格对比现象的特种手段，如一个股票被庄家炒到30元利用10送10的除权价格变成了15元。除权之前往往有绝对的好消息，价格低于同类股票且基本面又"好"，吸引喜欢低价又认为基本面好的新股民，为出货创造了机会。判断大除权买不买的条件是一般要配合除权前后2～3周的成交量分析，如果除权前后3周中出现天量那就要遵守不买原则。大除权放天量的股票往往需要2年的修复期，除非有连续的题材，否则短期内一般不能参与。

（4）大问题股票。大问题股票是受证监会或相关上级执法机构处罚和制裁的股票。这种股票在受处罚的一阶段时间庄家一时不能拉升。如果问题较大，下跌期就会更长。这种股票的消息往往在重要的证券媒体上公开刊登。如ST银广夏2001年7月之后的走势，下跌周期达5年左右，37元大跌到7.04元，根本就无法用百分比来计算。

（5）长期盘整的股票。长期盘整、不随大盘涨跌，意味着无庄家或撤庄后的股票。这种股票往往前一阶段历史有放天量暴涨的情况，正因为该股无人照顾，只能长期盘整。也可能因跟庄机构被套，一时无法出局，只能在某一区间长期盘整。有机会则猛拉一下，没机会一泻千里。对于这类比较难对付的庄股，投资者宁可放弃一千，不可进入一个，应该适当回避。

漫长的盘整使任何人无法做出正确判断和耐心等待。

（6）利好公开的股票。利好公开就是大盘或个股利好公开。作为庄家的投资机构见所有散户进去，便立刻反向操作，大规模洗盘，砸到散户割肉出局为止。所以公开利好几乎没有一次使个股和大盘上涨。如2001年6月前B股的利好兑现、2002年6月24日的特大利好出现，更有2008年4月23日、9月19日的2次利好消息无不例外，见好就死。不管大盘还是个股，听到利好出现或传闻的利好兑现，不要犹豫不决，先退为主。

（7）基金重仓股票。在大牛市，基金持股的数量巨大且不能轻易做差价，一直持股到最高价，造成基金巨额盈利。但也正因为这一原因，当大趋势改变后不能轻易出货，最后又变成了巨额亏损。不管盈利还是亏损，这都是基金公司的事情，关键在于基金公司的账户的持股情况在某个时间要公布于众，意味着不能做庄家，就只能跟庄。一支运行正常的股票，如果某个基金突然大规模介入，就会严重影响它的内在秩序，庄家则会压盘或不得已撤庄。

第二节　看盘技巧

盘中个股走势是股票一天的交投产生的形态，能清晰地反映当日投资者的交易价格与数量，体现投资者买卖意愿，为了能更好地把握股价运行的方向，我们必须要看懂盘中走势，理解盘口语言，看盘需要关注开盘、收盘、盘中走势、挂单价格、挂单数量、成交价格、成交数量与交投时间等因素中所反映出来的信息，理解其中所隐藏的含义。

一、几种必看的盘口语言

1. 做收盘

（1）收盘前瞬间拉高——在全日收盘前半分钟（14:59）突然出现一笔大买单加几角甚至1元、几元把股价拉至很高位。其目的是由于庄家（或主力，以下略）资金实力有限，节约资金而能使股价收盘收在较高位或突破具有强阻力的关键价位，尾市"突然袭击"，瞬间拉高。假设某股10元，庄家欲使其收在10.80元，若上午就拉升至10.80元，为把价位维持在10.80元高位至收盘，就要在10.80接下大量卖盘，需要的资金必然很大，而尾市偷袭由于大多数人未反应过来，反应过来也收市了，无法卖出，庄家因此达到目的。

（2）收盘前瞬间下砸——在全日收盘前半分钟（14:59）突然出现一笔大卖单减低很大价位抛出，把股价砸至很低位。其目的是：

① 使日K形成光脚大阴线或十字星或阴线等较"难看"的图形使持股者恐惧而达到震仓的目的。

② 使第二日能够高开并大涨而跻身升幅榜，吸引投资者的注意。

③ 操盘手把股票低价位卖给自己或关联人。

2. 做开盘

（1）瞬间大幅高开——开盘时以涨停或很大升幅高开，瞬间又回落。其目的是：
① 突破了关键价位，庄不想由于红盘而引起他人跟风，故意做成阴线，也有震仓的效果。
② 吸筹的一种方式。
③ 试盘动作，试上方抛盘是否沉重。

（2）瞬间大幅低开——开盘时以跌停或很大跌幅低开。其目的是：
① 出货。
② 为了收出大阳使图形好看。
③ 操盘手把筹码低价卖给自己或关联人。

3. 盘中瞬间大幅拉高或打压

类似与前者，主要为做出长上、下影线。

（1）瞬间大幅拉高——盘中以涨停或很大升幅一笔拉高，瞬间又回落。其目的是试盘动作，试上方抛盘是否沉重。

（2）瞬间大幅打压——盘中以跌停或很大跌幅一笔打低，瞬间又回升。其目的是：
① 试盘动作，试下方接盘的支撑力及市场关注度。
② 操盘手把筹码低价卖给自己或关联人。
③ 做出长影，使图形好看，吸引投资者。
④ 庄家资金不足，抛出部分后用返回资金拉升。

4. "钓鱼"线

在个股当日即时走势中，开始基本保持某一斜率地上行，之后突然直线大幅跳水，形成类似一根"鱼竿"及垂钓的"鱼线"的图形。此为庄家对倒至高位，并吸引来跟风盘后突然减低好几个价位抛出巨大卖单所至。此时若接盘不多，出不了多少，可能庄家仍会拉回去，反之则一泻千里。

5. 长时间无买卖

由于庄家全线控盘或多数筹码套牢在上方，又无买气。

6. 在买盘处放大买单

此时往往为庄家资金不雄厚的表现。企图借此吸引散户买入，把价位拉高。庄家若欲建仓并大幅拉高，隐蔽还来不及，怎么会露于世人，我要买货？

7. 连续单向大买单

盘口意义上的连续单向大买单，显然非中小投资者所为，而大户也大多不会如此轻易买卖股票而滥用自己的钱。大买单数量以整数居多，但也可能是零数。但不管怎样都说明有大资金在活动。比方如用大的买单或卖单告知对方自己的意图，像 666 手、555 手，或者用特殊数字含义的挂单比如 1818 手（要发要发）等，而一般投资者是绝不会这样挂单的。

(1) 大买单相对挂单较小,而且成交量并没有大幅改变,一般多为主力对敲所致。如果成交稀少的现象较为明显,此时应是处于吸货末期,主力进行最后打压吸货之时。

(2) 大买单相对挂单较大,而且成交量有大幅度改变,是主力积极活动的征兆。如果涨跌相对温和,一般多为主力逐步增减仓所致。

8. 隐性买卖盘

隐性买卖盘在买卖成交中,有的价位并未在委买卖挂单中出现,却在成交一栏里出现了,这就是隐性买卖盘,其中经常蕴含庄家的踪迹。单向整数连续隐性买单的出现,而挂盘并无明显变化,一般多为主力拉升初期的试盘动作或派发初期激活追涨跟风盘的启动盘口。一般来说,上有压板,而出现大量隐性主动性买盘(特别是大手笔),股价不跌,则是大幅上涨的先兆。下有托板,而出现大量隐性主动性卖盘,则往往是庄家出货的迹象。

9. 买卖一、二、三上下顶大单——庄家欲把价位控制在此处

其中买卖一、二、三中的大单信息可解读如下:

(1) 在盘面中不断有大挂单在卖三、卖二处挂,并且不断上撤,最后出现一笔大买单一口吃掉所有卖单,然后股价出现大幅拉升,此时主力一方面显实力,一方面引诱跟风者。

(2) 小规模暗中吸筹有时买盘较少,买一、买二、买三处只有10～30几手,在卖单处也只有几十手,但大于买盘,却不时出现抛单,而买一却不是明显减少,有时买单反而增加,且价位不断上移,主力同时敲进买、卖单。此类股票如蛰伏于低位,可做中线关注,在大盘弱市尤为明显,一般此类主力运作周期较长,且较为有耐心。

(3) 经常性机会大买单。经常性机会大买单多指500手以上而卖单较少的连续向上买单。卖一价格被吃掉后又出现抛单,而买一不见增加反而减少,价位甚至下降,很快出现小手买单将买一补上,但不见大单,反而在买三处有大单挂出,一旦买一被打掉,小单又迅速补上,买三处大单同时撤走,价位下移后,买二成为买一,而现在的买三处又出现大单(数量一般相同或相似)且委比是100%以上,如果此价位是高价位,则可以肯定主力正在出货。小单买进,大单卖出,同时以对敲维持买气。

(4) 低迷期的大单。首先当某只股票长期低迷,某日股价启动,卖盘上挂出巨大抛单(每笔经常上百、上千手),买单则比较少,此时如果有资金进场,将挂在卖一、卖二、卖三档的压单吃掉,可视为是主力建仓动作。注意,此时的压单并不一定是有人在抛空,有可能是庄家自己的筹码,庄家在造量吸引注意。

(5) 盘整时的大单。当某股在某日正常平稳的运行之中,股价突然被盘中出现的上千手大抛单砸至跌停板附近,随后又被快速拉起;或者股价被突然出现的上千手大买单拉升然后又快速归位。表明有主力在其中试盘,主力向下砸盘,是在试探基础的牢固程度,然后决定是否拉升。该股如果一段时期总收下影线,则向上拉升可能大,反之出逃可能性大。

(6) 下跌后的大单。某只个股经过连续下跌,在其买一、买二、买三档常见大手笔买单挂出,这是绝对的护盘动作,但这不意味着该股后市止跌了。因为在市场中,股价护是护不住的,主力护盘,证明其实力欠缺,否则可以推升股价。此时,该股股价往往还有下降空间。但投资者可留意该股,因为该股套住了庄,一旦市场转强,这种股票往往一鸣惊人。

二、集合竞价看盘技巧

一般来说，在趋势明朗的情况下，前后两个交易日的集合竞价不会出现很大的变化，而一旦这种均衡被打破，往往预示着多空的力量出现显著的变化，其运行方向将进行选择（向下或向上）。具体操作中，主要是与昨日集合竞价和收盘价相比，看开盘高低和量能变化。一般来说，"高开+放量"说明做多意愿较强，则大盘当日收阳的概率较大；"低开+缩量"说明做空意愿较强，则大盘当日收阴的概率较大，亦可自己计算30日及60日均价线进行配合，同样根据突破原则判断盘中资金的活跃程度。其操作技巧如下：

（1）开盘后必须立即查看委托买进笔数与委托卖出笔数的多寡，研判大盘究竟会走多还是走空。一般而言，如果一开盘委买单大于委卖单达2倍以上（如买单10万张，卖单5万），则显示买气十分旺盛，做多胜算较大，短线进出者可立即买进，待股价拉高后立即于高价抛出获利；反之若卖单大于买单2倍以上，则代表空方卖盘十分强大，当日做空比较有利，开盘立即卖出手中持股，逢低再回补。

（2）每笔买进张数与笔数的比值为8.0以上，代表大户买进，如有连续数次8以上之大比值出现，代表大户在做盘，可放心大胆逢低承接；反之如卖单在8.0以上，可速杀出手中持股。

（3）观察大盘的气势强弱可在注意涨停板或跌停板中企业数量的增减。由于国内股市常有涨时抢涨，跌时杀低的现象，因此，大盘涨停板企业数由10家迅速增加至50家以上，代表大盘气势强劲，上涨有力，收盘有上涨100家以上之可能，必须立即抢进以免上不了上涨列车；反之如跌停的企业数出现20家以上，且卖单大于买单时，很快就会有50家甚至100家以上下跌，则代表大盘气势极弱，必须立即杀了手中持股，以免惨遭套牢。

（4）立即记录一开盘即涨停跌停板的个股，并密切注意及追踪其价量变化，如果此时大盘买单大于卖单，上涨家数大于下跌家数，代表大盘偏多（买气较强），此时短线进出者可立即以市价买进正跌停之个股，一拉高至平盘即抛出1/2，再拉高再抛余下的1/2即或获利。反之大盘偏空且某一个股连涨数日，以大成交量打开涨停时可立即卖出，如跌低至平盘再回补。

集合竞价是每个交易日第一个买卖股票的时机，机构大户借集合竞价跳空高开拉高"出货"，或跳空低压打压"入货"。开盘价一般受昨日收盘价的影响。若昨日股指、股价以最高位报收，次日开盘往往跳空高开，即开盘股指、股价高于昨日收盘股指、股价；反之，若昨日股指、股价以最低报价，次日开盘价往往低开。跳空高开后，若高开低走，开盘价成为当日最高价，股民手中若有昨日收于最高价之"热门股"，应参加集合竞价"出货"。卖出价可大于或等于昨日收盘价（最高价）。若热门股昨日收盘价低于最高价，已出现回落，可以略低于昨日收盘价出货。

此外，若你准备以最低价抓一暴跌之"热门股"，抢反弹，也可以参加集合竞价。因为昨日暴跌的最低价收盘之股票，今日开盘价可能是今日最低价。

当然，以集合竞价卖出热门股，买入超跌股。倘若热门股（超跌股）仍有上（下）行空间配合"利好"消息（"利空"消息）及大成交量，可突破上档阻力位（下档支撑位），就不应参加集合竞价"出货"（"入货"），待观察开盘后走势再决定。但是，当9点25分集合竞价出现时，你若发现手中热门股缺口很大（一般十几元价位股票开盘价比前收盘高开0.5元以上，

20 元以上股票，跳空高开 1 元左右）。且伴随成交量巨放（几十万甚至几百万股），应立即以低于开盘价之卖出价"出货"，以免掉入"多头陷阱"被套牢。此时，一般不应追涨买入"热门股"。反之，"热门股"集合竞价跳空缺口不大，成交量较大，经分析仍有上行，又有最新"利好"消息、传言配合，有可能冲破上档阻力位，可考虑在冲破阻力位后"追涨"买入或回档至"支撑"位时买入；若开盘价靠近"支撑"位，可立即买入。

三、开盘看盘技巧

一般来讲，一般短线散户更多地喜欢将手里要了结的股票在头三十分钟里面抛掉，而在当日最后三十分钟决定买进股票。而市场主力做盘也喜欢在开盘三十分钟完成当日的拉高、试盘、洗盘等任务，因为在这段时间人们的投资心理最浮躁，最希望得到某种方向的指引。

庄股在其起跳的瞬间，开盘前 20 分钟的走势较为关键。如果大盘开市指数惯例性的上打下压试盘，股受其干扰不大，在大盘指数走低时会稳定运行于前一日收盘价上方做横盘处理，均价与股价的关系基本保持平行，即使有抛单打低股价也能被迅速拉回盘整区。在此期间，如出现向上大笔拉升的过激动作，要视股价与均价的位置决定买入时机，在股价脱离均价 2% 以上，均价却无力上冲时，切勿追高，短期内股价必将有一个向均价回归的过程。开盘形态的强度决定了该股当日能否走强，从中可以洞悉庄家做当日盘的决心。

多方资金为加快建仓步伐，开盘后通常会快速抢进，而空方资金为能尽快派发，采取诱多拉高，造成开盘后急速冲高；反之亦然。因此开盘后 30 分钟的市场表现有助于对大势及个股进行正确研判。

多空双方之所以重视开盘后的第一个十分钟，是因为此时盘中买卖量都不是很大，因此用不大的量即可以达到预期的目的，主力机构通过集合竞价跳空高开拉高或跳空低开打压，借此测试抛压和跟风盘多寡，借以对今日操作计划进行修正。

第二个十分钟则是多空双方进入休整阶段的时间，一般会对原有趋势进行修正。因此，这段时间是选择买入或卖出的较为重要的一个转折点。

第三个十分钟因参与交易的人越来越多，买卖盘变得较实在，因此可信度较大，这段时间在走势基本上成为全天走向的基础，此时投资者应密切注意个股的量价关系是否配合，委买单与委卖单的多寡，研判大势是"走多"和"走空"。一般而言，开盘委比达到 2 倍以上，显示人气旺盛，短线资金入场，反之，离场观望。如两者相差不大，则需观察是否有大手笔委托（买卖）单，同时应结合前期量价趋势加以分析。

为了能正确地把握走势特点与规律，可以以开盘为原始起点（因为开盘价是多空双方都认可的结果，它也是多空力量的均衡位置）。然后以开盘后的第十分钟、二十分钟、三十分钟指数或价位移动点连成三条线段，因此，开盘 30 分钟的走向实际上预示了当日的价格趋势。

（1）如果是 9 点 40 分、9 点 50 分、10 点与原始起点（9 点 30 分）相比，三个点位皆比起点高，则表明当天的行情趋好的可能性较大，10 点 30 分以前成交量持续异常放量则为庄家或机构拉高出货，如出现此情况应以抛出为主。

（2）如果是 9 点 40 分、9 点 50 分、10 点与原始起点（9 点 30 分）皆比起点低，则是表明当天的行情趋坏的可能性较大，表明空头力量过于强大，收阴线可能性大。

总之，9:30—10:00 是第二次出入货时机。要出脱"热门股"，若股价开盘后高开高走，股价急剧上涨，最高价常出现于上午 10：00 以前，且成交量急剧放大，所以，10:00 以前为"热门股"出货时机。倘若平开高走，应视为"热门股"炒作信号。随成交量放大，股价平稳上涨，此时可用小时股价图，小时成交量图分析"热门股"走势，判断是否买入。此外，昨日暴跌之股也往往在上午 10:00 以前出现最低价，因此可考虑买入抢反弹。是否买暴涨之股票，一要看是否跌过了头，跌到了支撑位；二要看消息面，主力意图，即暴跌股能不能再炒起来。

四、其他交易时间看盘技巧

（1）11 点 30 分，上午收盘前为买入卖出股票第三次机会，若"热门股"为出货信号，上午走势，随成交放大，一浪高于一浪，应立即出货。若"热门股"为炒作信号，可能以最高价收市。随成交量放大，一浪高于一浪，可考虑买入。

中午，注意上市的公告，注意上午收盘股指、热门股价，此为重要信号。若上午收盘股指、股价高于（低于）当日开盘股指、股价，那么当日收盘股指、股价可能高于（低于）上午收盘股指、股价，预示多方（空方）将取胜，热门股上午高收，也可能搏中午的消息。

因此，上午收盘前，下午开盘后的几分钟，为买入、卖出股票的重要时机。高收者，下午可能高开高走；低收者，下午可能低开低走。

（2）下午 1:00 开盘，注意上午炒作的"热门股"的走势，若成交急剧放大，股价徘徊不上，当心庄家在出货。

（3）2:00—2:30，是沪市有的"平仓盘"时间，股指、股价往往出现当日最高价、次高价。这是因为上午透支买入的机构大户，要拉高出货，此时为第四次出货时机，切莫错过。因为，若机构大户出完货，很可能先打压股价，再入货。

（4）2:30—2:50 属尾盘交易时间，尾盘作为一天交易的总结，半小时中的交易往往是全天交易最集中也是多空较量最激烈的一段，是多空双方的争夺之时，会直接影响次日的盘面走势，对次日开盘有直接的指示作用。

尾盘在时间上一般认为是最后 15 分钟，实际上从最后 45 分钟多空双方就已经开始暗暗较量了。若从最后 45 分钟到 35 分钟这段时间上涨，则最后的走势一般会以上涨结束全天走势。因为此时参与交易的投资者最多，当涨势明确时会有层出不穷的买盘涌进推高股指。反之，若最后 45 分钟到 35 分钟这段时间下跌，则尾市一般也难以走好。尾盘效应特别是最后 30 分钟大盘的走向，若在下跌过程中出现反弹后又调头向下，尾盘可能会连跌 30 分钟。若最后 30 分钟大势向上，则当日收在高处几乎可以成为定局。这一尾盘效应也可以应用于对中午收市前走势的研判。在发现当日尾盘走淡时，应积极做好减仓准备，以回避次日的低开；当发现尾盘向好时，则可适量持仓，以迎接次日高开。

在尾盘选股方面，可利用"MACD 二次翻红"这种形态，在相对低位捕捉到个股的起涨点，具有较大的实战价值。具体步骤如下：

首先，我们将 MACD 指标调出，将其放在与 K 线同一个画面上。

其次，调整技术指标参数。将移动平均线时间参数设定为 5、10、30，他们分别代表着短期、中期、长期移动平均线，成交量平均线参数设定为 5、10，MACD 中使用系统默认的标准值，即快速 EMA 参数设定为 12，慢速 EMA 参数设定为 26，DIF 参数设定为 9。

使用法则：满足"MACD 连续二次翻红"的个股往往会有非常好的上涨行情，所谓 MACD 连续二次翻红，是指 MACD 第一次出现红柱后，还没有等红柱缩没变绿便再次放大其红柱，这是利用 MACD 选强势股的关键，也是介入的最佳买点。特别是前期下跌时间长、下跌幅度大的个股，一旦出现"MACD 连续二次翻红"形态，股价企稳回升的概率较大。

(5) 2:50—3:00，是全日最后一次买卖股票时机。注意查询自己的买卖申报是否成交。收盘股指、股价也可能出现全日最高股指、股价。此时多方经一日稳步进攻，终于突破股指阻力位。如 1995 年 8 月上旬的沪市"多头行情"有此特点，股指跳空高升，盘整一天，尾市拉高。

(6) 3:00 收盘前，是买入强势股（最高价收盘股）和卖出弱势股（最低价收盘股）的最后机会。全日收盘时 形势明朗，可预知第二天大盘、个股走势，若高收，次日必高开高走。故投机者纷纷"抢盘"。只做隔夜差价，当日收盘前抢入强势股，次日开盘后抛掉，稳稳当当地获利，风险也小。

当然，股指、股价若收于全日最低点，预示次日低升低走，这会引起尾市之恐慌性抛售，股民们情愿今天"割肉"，免得明天赔得更多。

股民对收盘价之所以敏感，是因为收盘股指、股价与开盘股指、股价均为"多空双方"显示力的重要技术指标。跳空高开（低开）为多（空）方进攻信号，先给对方来个"下马威"。

至于今日"多空"厮杀孰胜孰负则体现于收盘股指、股价。若股指、股价 K 线图收阳线，即当日收盘股指、股价高于开盘股指、股价，说明买盘压倒卖盘，多方胜。若股指、股价为光头阳线，即收于全日最高点，多方占绝对优势，次日会继续进攻，但也可能是拉高"出货"。反之，若股指、股价 K 线收阴线，即收盘股指、股价低于开盘股指、股价，说明卖盘压倒买盘，空方胜利。若股指股价为光头阴线，即收于全日最低点，空方占绝对优势。所以多空双方都会对收盘股指、股价进行激烈的争夺。这里需要特别强调的有两点：

其一，当心机构大户借技术指标骗钱，临收盘故意拉高（打压）收盘股指、股价，次日跳空高开（低开），达到次日接高出货（压价入货）的目的。识别方法，一看有无大成交量配合，高收盘（低收盘），若成交量过小，多（空）方无力量，成交量过大。多（空）方出货（入货），均为"陷阱"。二看有无利多（利空）消息、传言配合，分析传言的真伪。结合大成交量，利多（空）消息，可初步确认为"多头"（空头）行情、传言配合，分析传言的真伪。结合大成交，利多（空）消息，可初步确认为"多头"（空头） 行情，可考虑买入（卖出）股票。但为防止上当，既不要"满仓"，也不要"空仓"。

其二，"星期一效应"与"星期五效应"。星期一收盘股指、股价收阳线还是阻线，对全周交易影响较大，因为多（空）方首战告捷，往往乘胜追击，连拉数根阳线（阴线），应予警惕。星期五收盘股指、股价也很重要，它不仅反映当日的多空胜负，亦反映当周的多空胜负。除特大的"多空行情"外，星期五股指、股价常低收，即卖盘大于买盘。原因是股民担心周五收盘后，交易所信息发布会可能有"利空"消息，到周一跑就晚了。故卖了股票，图个周日踏实。当然，如果有利多消息周一开盘追入也不迟。周五弱市中，一些含权股往往表现坚挺，这是股民在搏周五信息会上公布送配方案。若某含权股有较好方案，周一股价高开高走，可获取差价。但若无消息，或消息不如传言的好，周一开盘后赶紧抛出。因为搏消息"失败"，股价会下跌。特别是"空头行情"中人们对后市不抱希望，不会花钱买配股。

（7）3:00 收盘后，研读当日股市行情表，分析大盘及个股情况，注意成交最大的股票及涨幅最大的股票，看机构大户是在"出货"还是"入货"。晚上在家做"功课"。尤其是周末要阅读有关证券投资的报纸及刊物，分析宏观面、基本面及技术面，分析本周大盘与个股走势，预测未来走势，确定作战方案。

五、内外盘数量看盘技巧

积极关注外盘、内盘数量的大小和比例，投资者可从中发现主动性的买盘多还是主动性的抛盘多，由此判断趋势强弱的真实情况，是一个较佳的辅助指标。但投资者在使用外盘和内盘时，要注意结合股价在盘中分时的低位、中位和高位的成交情况以及所占该股的当日总成交量比例的情况。因为外盘大，股价并不一定上涨；内盘大，股价也不一定下跌。

（1）股价经过了长时间的数浪下跌，股价处于较低价位，成交量极度萎缩。此后，盘中成交温和放出，当日外盘数量增加，大于内盘数量，股价将可能上涨，此种情况较可靠。

（2）在股价经过了长时间的数浪上涨，股价处于较高价位，成交量巨大，并不能再继续增加，当日内盘数量放大，大于外盘数量，股价将可能继续下跌。

（3）在股价持续阴跌过程中，时常会出现外盘大、内盘小，此种情况并不表明股价一定会上涨。因为庄家用几笔抛单将股价打至较低位置，然后在卖1、卖2挂卖单，并自己吃掉卖单，造成股价小幅上升。此时的外盘将明显大于内盘，使投资者认为庄家在吃货，而纷纷买入。

（4）在股价持续上涨过程中，时常会发现内盘大、外盘小，此种情况并不表示股价一定会下跌。因为庄家用几笔买单将股价拉至一个相对的高位，然后在股价小跌后，在买1、买2挂买单，让投资者认为主力在出货，纷纷卖出股票，此时庄家层层挂出小单，将抛单通通接走。这种先拉高后低位挂买单的手法，常会显示内盘大、外盘小，达到欺骗投资者的目的。

（5）股价已有了较大的涨幅，如某日外盘大量增加，但股价却难以大幅上涨，投资者要警惕庄家诱多出货。

（6）当股价已有了较大的跌幅，如某日内盘大量增加，但股价却难以大幅下跌，投资者要警惕庄家诱空吸货。

六、捕捉庄家的破绽看盘技巧

庄家在运作股票的时候，并不是天天暴露破绽，但是作为庄家，那么大的资金运作，总会留下破绽，操盘手人为不自觉的习惯也会留下破绽。这些破绽可以告诉我们的答案有：庄家想干什么？是在入货还是要出货？庄家出逃了吗？其控盘了吗？……

庄家的破绽很多种，通常如下：

（1）底部由于大量收集筹码，盘口变得很轻，因此创了新高也能不放量。

(2) 由于庄家想建仓，但是害怕别人跟风，所以经常做阴线，但是重心却一直上行。

(3) 由于庄家想出货，但是害怕别人跟着出，所以经常做阳线，但是重心却一直下行。

(4) 由于是洗盘，而并不想低位丢失很多筹码，因此洗盘要么重心下行不多，要么下行很多但是是瞬间打压。

(5) 由于庄家想吸引买盘，于是对倒放量吸引投资者，但是由于并非真实买入，仅是自买自卖不增加仓位，因此重心不明显上行。

(6) 由于庄家想吸引卖盘，于是对倒放量，并且收出很多"恐怖"的K线，如十字星、倒T字，乌云线等，但是由于并非真正出货，因此重心出现不明显下跌。

(7) 股价急速大跌很快又恢复到前期高位，由于这样做会增加庄家成本（低抛高吸），如果出现了，庄家花了成本就要有更大的收获，所以还会再做。

但由于破绽是偶然出现的、是瞬间的，是庄家被逼无奈或者不小心留下的。因此这些出现破绽的时间点就是我们做买卖决定的时刻。记住！抉择的时机是一个"点"，而不是连续的。

第三节　股票买入基本技巧

一、买入股票的基本原则

如果买入股票时能掌握一些有效的原则并严格遵照执行，就可以大大减少失误而提高获利的机会。下面介绍几个有效的买入原则。

1. 趋势原则

在准备买入股票之前，首先应对大盘的运行趋势有个明确的判断。一般来说，绝大多数股票都随大盘趋势运行。大盘处于上升趋势时买入股票较易获利，而在顶部买入则好比虎口拔牙，下跌趋势中买入难有生还，盘局中买入机会不多。因此，投资者根据自己的资金实力，在制定投资策略时，无论是准备中长线投资还是短线投机，所选股票都应是处于上升趋势的强势股。

2. 分批原则

在没有十足把握的情况下，投资者可采取分批买入和分散买入的方法，这样可以大大降低买入的风险。但分散买入的股票种类不要太多，一般以5只以内为宜。另外，分批买入应根据自己的投资策略和资金情况有计划地实施。

3. 底部原则

中长线买入股票的最佳时机应在底部区域或股价刚突破底部上涨的初期，应该说这是风险最小的时候。而短线操作虽然天天都有机会，也要尽量考虑短期底部和短期趋势的变化，并要快进快出，同时投入的资金量不要太大。

4. 风险原则

股市是高风险、高收益的投资场所。可以说，股市中的风险无处不在、无时不在，而且也没有任何方法可以完全回避。作为投资者，应随时具有风险意识，并尽可能地将风险降至最低程度，而买入股票时机的把握是控制风险的第一步，也是重要的一步。在买入股票时，除考虑大盘的趋势外，还应重点分析所要买入的股票是上升空间大还是下跌空间大、上档的阻力位与下档的支撑位在哪里、买进的理由是什么？买入后假如不涨反跌怎么办？以上这些因素在买入股票时都应有个清醒的认识，以尽可能地降低风险。

5. 强势原则

"强者恒强，弱者恒弱"，这是股票投资市场的一条重要规律。这一规律在买入股票时会对我们有所指导。遵照这一原则，我们应多参与强势市场而少投入甚至不投入弱势市场，在同板块或同价位或已选择买入的股票之间，应买入强势股和领涨股，而非弱势股或认为将补涨而价位低的股票。

6. 题材原则

要想在股市中特别是在短时间内获得更多的收益，关注市场题材的炒作和题材的转换是非常重要的。虽然各种题材层出不穷、转换较快，但仍具有相对的稳定性和一定的规律性，只要能把握得当定会有丰厚的回报。我们买入股票时，在选定的股票之间应买入有题材的股票而放弃无题材的股票，并且要分清是主流题材还是短线题材。另外，有些题材是常炒常新，而有的题材则是过眼烟云，炒一次就完了，其炒作时间短，以后再难有吸引力。

7. 止损原则

投资者在买入股票时，都是认为股价会上涨才买入。但若买入后并非像预期的那样上涨而是下跌该怎么办呢？如果只是持股等待解套是相当被动的，不仅占用资金错失别的获利机会，更重要的是背上套牢的包袱后还会影响以后的操作心态，而且也不知何时才能解套。与其被动套牢，不如主动止损，暂时认赔出局观望。对于短线操作来说更是这样，止损可以说是短线操作的法宝。股票投资回避风险的最佳办法就是止损、止损、再止损，别无他法。因此，我们在买入股票时就应设立好止损位并坚决执行。短线操作的止损位可设在5%左右，中长线投资的止损位可设在10%左右。只有学会了割肉和止损的股民才是成熟的投资者，也才能成为股市的真正赢家。

二、买入股票的方法

买股票按照个人的买入目的不同，买入方法多种多样。下面介绍常见的几种买股方法。

（一）制定"目标买价"法

股票投资以"低价买进，高价卖出"为原则。但投资者经常会因股价低时还想更低，股价高时又怕太高,而错过买入时。

为了避免这种情形,投资者应制定适合个人资金实力、风险承受能力、股价走势以及投资周期等综合因素的目标买价。有了目标价,才会避免投资的冲动性和盲目性,不论做短线还是长期,操作起来都会增加方向感。

对于普通投资者来说,要制定合理的目标价,可参考以下步骤:

第一步,预测公司未来1~3年的每股收益。由于普通投资者目前无力对公司未来盈利进行全面合理预测,可使用券商或独立机构的预测结果。需要注意的是,投资者应参考多家券商或独立机构的预测结论,以使预测更全面、更准确。

第二步,选择一种或多种适合你自己投资风格的估值方法,如常见的市盈率、市净率等。这些估值方法被称为相对估值方法,通过比较得出合理的估值水平。以市盈率为例,可通过该股票历史市盈率区间,结合盈利预期来判断未来1~3年的市盈率应该是多少倍。如预期未来12个月里公司将进入盈利周期上升阶段,就可选用历史上相同盈利周期时的市盈率倍数作为预测值;如果盈利前景不佳,则可采用历史上同样业绩不佳时的市盈率倍数。动态的市盈率预测也可采用行业平均水平或同类可比公司的市盈率。

有了未来的预测盈利,又有了合理的预期市盈率,把两个数乘起来就得到目标价。

(二)顺势投资法

顺势投资法是指投资者的操作与大市节奏一致,当股市上涨时就顺势买进,当股市下跌时便顺势卖出,且操作持续时间的长短与股票涨或跌的时间长度大致吻合。股市上有句话:"不做死多头,不做死空头,要做老滑头",就是对顺势而为的生动描述。

投资者要成功实施顺势法来进行投资,首先要能够认识和判断股市变动的三个趋势。

(1)长期趋势其时间可持续一年以上。一个长期趋势包括上涨的多头市场和下降的空头市场。多头市场每一上升波浪的平均水平会高于前一上升波浪的平均水平,而空头市场的每一个下跌波浪的平均水平会低于前一下跌波浪的平均水平。

(2)中期趋势其时间一般会持续两周至三个月,股价的反弹或回档幅度至少应达到前一次上涨或下降幅度的三分之一。

(3)短期趋势也可称为日常波动,一般是指股价在两周以内的变化。

上述三种趋势组合而成了股市上的股价波动过程。具体而言,一个长期趋势,由若干个中期趋势组成,而一个中期趋势又由若干个短期趋势组成,如此循环往复,变动不已。

实施顺势法要注意如下事项:

(1)一般来说,中长期趋势比较容易预测,趋势越短,越难预测。因此,相对来说,更应注意股价波动的长期和中期趋势,而不应太多注意短期趋势。

(2)如果是进行长期投资,可在长期上升趋势的底部和中部选择买入,买入后在股价上涨到顶部时即可择机抛出获利。只要对长期趋势正确预测,不论股价在达到高段前有多少中期性回落,都应坚定股价会反弹的信心,等待理想的卖出时机与价位。

(3)如果是进行中期投资,则当于股价在中期波动的底部时考虑买进。因为股价中期波动的上涨距离一般较短,如果在股价上涨了一段时间后才买入,很可能会碰到股价反转。

（4）可利用股价长期下跌趋势中的中期波动进行买卖操作，即在中期波动的底部买进，高位卖出，从而获利。

（5）如果是进行短期投资，因难以预测短期趋势，就应该争取在中期上升趋势中进行短期的买卖操作。这样，即使出现预测失误，也可以持有一段时间，等待股价的反弹回升。这样就将短期投资中期化，从而减少损失甚而获利。

股票买入不是简单地别人说一只股票好，随便买入就能赚钱，要根据个人的具体情况，采用不同的买入方法买入股票，那种听到别人说那只股好，不动脑筋随便买入的人，多数情况下并不会赚到钱。赚不到钱又不总结教训，只会埋怨别人，下次还是亏钱。

（三）摊平投资法

投资者在买进股票后，如遇股市行情急剧下跌，便会在价格上遭受亏损，但在未卖出结之前，还没有完全失败，只要经济发展前景仍有希望，耐心地持股等待，总会有扳回成本的一天，甚至还有可能扭亏为盈。如果投资者希望早日收回成本或赚取利润，就可运用摊平投资法。

摊平投资法就是指在投资者买进股票后，由于股价下跌，手中持股形成亏损状态，当股价再跌一段以后，投资者再低价加码买进一些以冲低成本的投资方法。

摊平投资法主要有两种方式：

1. 逐次等数买进摊平法

当第一次买进股票后便被分档套牢，等股价下跌至一定程度后，分次买进与第一次数额相等的股票。使用这种方法，在第一次投资时，必须严格控制，只能投入全部资金的一部分，以便留存剩余资金做以后的等数摊平之用。如果投资者准备分三次来购买摊平，则第一次买入 1/3，第二次和第三次再各买进 1/3。采用这种方法，可能遇到股市行情变化及获利的机会有几种情况：

（1）第一次买进后行情下跌，第二次买进同等数量的股票后，行情仍下跌，就再做同等数量的股票第三次买进。其后，如果行情回到第一次买进的价位，即可获利。

（2）第一、第二、第三次买进之后，行情继续下跌，不过行情不可能永远只跌不涨，只要行情有机会回到第二次买入的价位，就可保本，略超过第二次买进价位便可获利。

2. 倍数买进摊平法

这一方式是在第一次买进后，如果行情下跌，则第二次再买进第一次倍数的股票，以便摊平。倍数买进摊平可以做两次或三次，分别称为两次加倍买进摊平和三次加倍买进摊平。两次加倍买进摊平，即投资者把资金做好安排，在第一次买进后，如遇股价下跌，则用第一次倍数的资金做第二次买进，即第一次买进 1/3，第二次买进 2/3。例如，某投资者开始以每股 20 元的价格买进 1000 股，现价格跌落到每股 14 元，投资者决定在此价位买进 2000 股，这时平均成本降为每股 16 元。等股价回升超过每股 16 元时，即可获利。三次加倍买进摊平的操作方法是指在第一次买进后，遇股价下跌，第二次买进第一次倍数的股票，第三次再买进第二次倍数的股票，即三次买入股票金额的分别是：第一次 1/7，第二次 2/7，第三次 4/7。

采用三次加倍买进摊平法,如果在第二次买进时就回升,则只要从第二次买进的价格回升 1/3 即可全部保本。如果行情到第三次买进后回升,则回升到第三次买进价格时,即可获利。

(四)"拔档子"投资法

该方法是多头降低成本、保持实力的操作方式之一。所谓"拔档子"就是投资者卖出自己持有的股票,等股票价位下降后再补回来。投资者"拔档子"并非对股市看跌,也不是真正有意获利了结,只是希望在价位趋高时,先行卖出,以便先赚回一部分差价。通常,"拔档子"卖出与买回之间不会相隔太久,最短时只有一两天,最长也不过一两个月。

具体地说,"拔档子"投资有两种方法:一是行情上涨一段后卖出,回降后补进,称为"挺升行进间拔档"。这是多头在推动股市行情上涨时,见价位已上涨不少,或者遇到沉重的压力区,就自行卖出,使股价略为回涨来化解上升阻力,以便于行情再度上升。二是行情下跌时,在价位仍较高时卖出,等下跌后再买回,称为"滑降间拔档子"。这是套牢的多头或多头自知实力弱于空头时,在股价尚未跌底之前先行卖出,等股价跌落后再买回反攻。

(五)金字塔投资法

金字塔投资是证券投资,尤其是股票买卖中最常用的一种方法。其包含买和卖两方面的金字塔。

1. 金字塔式买股票

金字塔式买股票又分为股价上升时和股价下跌时的购买。

(1)在股价上升时,采用愈买愈少的方法。即在行情刚刚发动的初始阶段大量买入股票,随着股价上扬,再逐渐递减地买入股票,价格愈高,买入的愈少,直到将资金用完为止。这便形成了一个正金字塔式的购买。这种购买的优点在于:随着股价上升,不断投入资金可以增加盈利机会。同时,万一判断失误,股价下跌,由于投资者在高价建仓较少,可以减少因此带来的损失。但金字塔式的购买方式没有在低位一次全部投入资金的这种办法获利丰厚。

(2)在股价下跌时,采用愈买愈多的方法。虽然在股市中有买涨不买跌的说法,但从投资者,尤其是大笔资金投资者建仓的角度来看,可在股价下跌中先买入少量股票,随着股价不断下跌,逐渐加码购入股票,直到将仓建满。这样形成一个倒金字塔购买。这种购买的优点在于随着股价下跌,加码买进,可以不断降低成本。同时,万一行情反转上扬,可增加获利,但这样的购买方法,极容易因判断失误造成建仓太满,或全部资金悉数套牢。

2. 金字塔式卖股票

(1)在股价上升阶段,采用越卖越多的方式。即第一次是少量地卖出股票,随着股价上涨,第二次卖出更多的股票,依此进行,越卖越多,直到全部抛出。这样形成"倒金字塔式"卖出。这种卖法的好处在于:随着价格上涨可以不断扩大盈利,避免一次性全部卖出而股价继续上扬造成的踏空风险。其缺点是:一旦行情突然反转下跌,由于持仓太重而造成较大的损失。

(2) 在股价下跌阶段，采用越卖越少的方法，即第一次卖出大量股票，随着股价下跌逐渐减少股票的卖出，直到将股票卖尽。这样形成一个"正金字塔式"的卖出。这种卖出方式的优点在于，随着股价下跌，已完成了大部分利润的兑现（若是亏损状态则是大部分已止损）；如果行情有所反转，手中仍持有一定数量的股票。其缺点是：股价的不断下跌，将造成利润不断减少或无法迅速地彻底止损。

金字塔投资法实质上是一种不论股价涨跌都努力降低风险的做法，这样的做法不但能不断增加获利，还可避免全军覆没或踏空的危险，它是建立在股票价格不可能久涨不跌的基础上，采用这种操作的前提，是要求投资者能准确把握市场趋势，顺势而为。大笔资金投资者更适合采用金字塔投资法。

（六）保本投资法

在经济景气不明显、股价走势脱节、行情变化难以捉摸时，投资者可采用保本投资法来避免自己的本金遭受损失。采用保本投资法时，投资者应先估计自己的"本"，即投资者心目中主观认为在最坏情况下不愿损失的那部分金额，也即处于停止损失点的资金额，而不是购买股票时所支付的投资金额。

保本投资的关键在于做出卖出的决策。在制定出售股票的决策时，首先要定出心目中的"本"，要做好充分的亏损打算，而不愿亏损的那部分即为"本"；其次是要确定卖出点，即所谓停止损失点。

确定获利卖出点是针对行情上涨所采取的保本投资策略。获利卖出点是指股票投资者在获得一定数额的投资利润时，决定卖出的那一点。这里的卖出，不一定是将所有持股全部抛出，而是卖出其欲保的"本"的那一部分。例如，某投资者在开始投资时以每股 50 元的价格买进某种股票 100 股，这时的投资总额就是 5000 元，如果该投资者将其所要保的"本"定为总投资额的 50% 即 2500 元，那么，在行情上升的市场上，当价格上升到使其所持有股票的总值达到投资额加上其所要保的"本"，即达到获利卖出点 7500 元时，股价是每股 75 元，这时，该投资者就可卖出一部分持股，只要能保证原来的"本"即 2500 元，这部分股数为 $2500/75 = 100/3$ 股，即可卖出原有持股的 1/3。保本之后的持股量为余下的 2/3，即 $100×2/3$ 股，股价总值为 $100×2/3×75 = 5000$（元）。就是说，保本后持股数量虽然减少了，但其所持股票的价值仍与其最初投资总金额一样。实际上，投资者可将其所收回的"本" 2500 元视为投资利润。

在第一次保本以后，投资者还可以再确定要保的第二次"本"，其比例可以按第一次保本的比例来定，也可以按另一个比例来定。一般来说，第二次保本比例可定得低一些，等到价格上升到获利卖出点时，再卖出一部分，行情如果持续上升，可持续地卖出获利，以此类推，可以做多次获利卖出。

停止损失点是当行情下跌到投资者心中的"本"时，立即卖出，以保住其最起码的"本"的那一点。简言之，就是投资者在行情下跌到一定比例的时候，全部卖出所有持股，以免蒙受过多损失的做法。停止损失点是指当股价下降到持股总值仅等于投资总额减去要保的"本"时的那一点。假定上例中股价不是上升而是下降了，此时的停止损失点就是 $(5000 - 2500)/100 = 25$（元），这时若把全部持股卖出，正好保住要保的"本"，即 $100×25 = 2500$（元）。

(七) 反向操作法

反向操作法的基本思想是：在正常情况下，当大多数人对股市看好时，则应该卖出；当大多数人对股市看淡时，则应该买入，这样才能获得较好的收益。这种操作法符合人们常讲的股市中赚钱的是少数人的说法。

反向操作法依据的是钟摆原理，即在正常情况下，当大多数人都在买进时，卖方的力量也将迅速增加，而买方的力量会逐渐耗尽，最终使市场发生转折；反过来，当大部分人都在卖出时，买方力量也会加速增加，最终使股市逆转。由于大多数人都有顺势操作的思维，看到周围人（尤其中小散户）的买卖行为，便认为是顺势从众。因而，当行情处于白热化，人们踊跃购买之机，实质也就是股市即将崩溃之时。而当人们对股票消极冷淡，远离市场，交易所门可罗雀时，是购入股票的最佳时机。由于大多数投资者的思维还不能立即转向，故称为反向操作法。

使用反向操作法必须在股市变化持续一段时间之后，各种分析方法基本上都发出即将转折的信号时进行比较安全。此外，还必须注意基本面的情况，反向操作法本身就带有一些逆市操作性质，时机把握得好，可获得比一般投资方法大得多的利润，这是其优点。而时机把握得不好，则可能招致踏空或套牢。因此，在使用时必须谨慎。实际操作时，反向操作法一般所遵循的原则是：天量天价，地量地价，地价时买进，天价时卖出。其含义是当成交量创天量时应该卖出，此时显示出大多数人对股市看好，所以交易活跃。而成交量创地量时应买进，此时显示出大多数人对股市看淡，成交量萎缩。天量、地量一般定义为一段行情内的相对最高量和最低量。反向操作法的使用时机在股市变化的末期，这与其他操作法炒作的时段不同。

(八) 回避风险操作法

回避风险法是指事先预测风险产生的可能程度，判断导致其实现的条件和因素，在行动中尽可能地驾驭它或改变行动的方向避开它。证券投资新手尤其应注意回避投资风险问题。具体来说，可以采取以下措施：

(1) 当判断了股价上升进入高价圈，随时有转向跌落可能时，应卖出手中股票，等待新的投资时机。

(2) 当股价处于盘整阶段，难以判断股价将向上突破还是向下突破时，不要采取投资行动，先观望一下。

(3) 多次投资失误，难以做出冷静判断时，应暂时放弃投资活动，做一下身心调整。

(4) 当对某种股票的性质、特点、发行公司状况、市场供求状况没有一定了解时，不要急于购进。

(5) 如果不具备较高的投资技巧，最好不要进行期货交易、期权交易等风险较大的交易。

(6) 将部分投资资金作为准备金。其目的是：第一，等待更好的投资时机，当时机到来时，将准备金追加进去，以增强获利的能力；第二，作为投资失利的补充，一旦预测失误投资受损，将准备金补充进去，仍可保持一定的投资规模。

(7) 不做"帽客"和短线客。帽客是在股市中当天买进卖出，赚取差价收益的"抢帽子"

者。短线客是在几天内赚得差价收益就做了结的短线投资者。利用股价的日常波动，在很短的时间内买进卖出的做法适合于经验丰富、精通操作艺术、反应机敏的投资者，不是一般投资者能够胜任的，因此一般投资者最好不要涉足。

(8) 不碰过冷的股票。过分冷门的股票虽然价格低，但价格不易波动，上涨乏力，成交量小，变现困难，购入后长期持有，本身就是个损失，所以不宜购买过冷的股票。

（九）分段投资法

在股票长期投资中，有一种分段购买股票的操作方法，即按一定时间间隔逐次购买某种股票。具体有两种情况：一种是看准某种股票价格的上升趋势，用全部资金在上涨的不同阶段分次买进；另一种是估计某种股票可能出现下跌，则按股票价格下跌的不同阶段分次投入资金。前者当股价上升超过最后一次买入股票的价格时，就成批卖出股票，可获得较高的利润；而后者必须在价格回升超过购买价格时，才能获得利润。因此，两者都是为了获取利润，并都是分次投资，但投入资金时的价格走向刚好相反，这就决定了两者获利的时间不一致。前者被称为买平均高投资法，后者被称为买平均低投资法。

从上述两者的投资过程可以看出，买平均高投资法在股价突然下跌时就会失去获利机会；而买平均低投资法如果在股价不能回升比原来价格更高的时候，也无法取得利润。

（十）定额投资法

定额投资法又称为"定额法"或"固定金额计划法"。这种方法是投资者将投资资金划分为攻势部分和守势部分。攻势部分用于购买某种价格易于波动的股票，守势部分用于购买价格平稳的债券。该方法将投资于股票的资金确定在一个固定的金额上，并在固定金额的基础上确定一个调整的百分比。当投资者购入的股票价格上升到这个百分比的上限时，则卖出部分股票，用所得资金购买债券；当股价跌落达这个百分比下限时，则卖出部分债券，用所得资金购买股票，使股票的市价总额始终保持固定不变。

例如，投资者投资资金为 10000 元，其中 6000 元投资于股票，4000 元投资于债券，并确定股价每涨跌 10%，即卖出和买进股票。当股价上涨 10%时，投资者持有股票的市价总额增加至 6600 元，此时应卖出 600 元的股票，购入 600 元的债券，股票的市价总额仍保持在 6000 元，债券的市场总额则上升到 4600 元；反之，当股价下跌 10% 时，投资者持有股票的市价总额减至 5400 元，则卖出 600 元的债券，购进 600 元的股票，股票市价总额仍保持在 6000 元，债券的市价总额则减少到了 3400 元。采用定额法进行投资，投资者不必顾及买卖时间，只是根据价格变化是否达到一定的幅度自动操作。在正常情况下，股票价格变动要比债券价格变动大，而以股价变动为操作内容的定额法，其实施过程正是顺应了"逢低进，逢高出"的交易原则，即股价高时卖出股票，股价低时买进股票。在如此不断循环反复的买卖中，投资者是有机会盈利的。另外，当股价普遍上升时，市场利率一般也会上升，从而引起债券价格的下跌，因此，这时卖出股票和买进债券还可能获得价格差额；反之，股价下跌债券涨价时，卖出债券和买进股票同样可以获得利益。当然，如果购买的股票的行情是持续上升的，当在上升过程中达到了预定的幅度，投资者就将其部分出售，那就失去了可能以更高价格出售从而获得更多利益的机会。同样，如果股价持续下跌，投资者因不断出售债券以补进股票，也会失去股价继续下跌后有可能以更低价格购进股票的机会。所以定额法不适合买卖价格持续上涨或持续下跌的股票。

（十一）挂单操作法

挂单操作法主要适用于短线操作、"抢帽子"。其基本思路是，在正常情况，若无外部消息的刺激，则某种股票价格的突升或突降，必将很快回到原来价格的附近。由于这种价格的突变幅度一般较大，只要能做到，必然有利可图。因此，当某个股发生价格突变时，必将吸引大批的买单或卖单，此时投资者（尤其是中小散户）很难在这种突变的价位上买进或卖出。这就要求投资者采用挂单技术使买、卖成功，即在价格突变前，预先将预计的低价买单或高价卖单下到股市交易系统中进行等待。投资者采用挂单操作时，最好已持有一定数量的欲采用挂单法操作的股票。这样，在目前"T＋1"的交易规则下，可实现"T＋0"的操作，从而创造出更好、更多的收益机会。

挂单法的好处在于见效特别快，一天内、甚至几分钟内就能有所收益。尤其在市场成交量放大、股价产生大幅振荡，或大户故意制造"多头陷阱"或"空头陷阱"时，采用挂单操作更是好机会。但这种方法也有缺点，当市场遇到外部突发消息的影响，行情迅速发生变化，或是股市价格真的产生了有效突破，市场转势，而投资者未能及时撤掉挂单，则成交后会立即带来亏损（包括买入后价格下跌的亏损和卖出后价格继续上涨而减少的利润）。因此，使用挂单法操作时，动作要十分迅速。由于股价突变时成交的数量一般不大，所以中小散户更适于采用此法。

（十二）追涨法

追涨是一种顺势操作方法，通常是指投资者顺势而为，见涨抢进，以图在更高的价位上卖出获利。这种做法在大势反转向上及多头市场时，大多能轻易获得利润；但在行情末期一旦抢到最高价而不能出手，就会出现亏损累累的局面，因而风险也就较大。

追涨主要有以下四种方法：

1. 追涨强势股

追涨那些在涨幅榜、量比榜和委比榜上均排名居前的个股。这类个股已经开始启动新一轮行情，是投资者短线操作的重点选择对象。追涨强势股要"重势不重价"，很多投资者往往会受个股基本面分析影响，有时会认为这不是一个绩优股而放弃买进强势股。这种做法是错误的，因为买强势股重要的是趋势，这和买绩优股重视业绩好坏的特点不一样。

2. 追涨龙头股

主要是在以行业、地域和概念为基础的各个领涨板块中选择最先启动的领头上涨股。

3. 追涨涨停股

涨停板是个股走势异常强劲的一种市场表现，特别在个股成为黑马时的行情加速阶段，常常会出现涨停板走势。追涨强势股的涨停板，可以使投资者在短期内迅速实现资金的增值。

4. 追涨成功突破股

当个股股价突破前期价格高点，解套盘没有使股价回落往往意味着股价已经打开上行空间，在阻力大幅度减少的情况下，比较容易出现强劲上涨行情。因此，股价突破的位置完全可能是最佳追涨的位置。

股民在追涨时要清醒地了解，追涨的高收益中同时暗藏着高风险，追涨对投资者的短线操作能力、对趋势研判的准确度、对准备追涨个股的熟悉程度以及投资者看盘经验等条件都有极高的要求。选择追涨时要注意以下问题：

（1）当市场整体趋势处于调整格局中的反弹行情中，不宜追涨。

（2）股价上行至前期高点的成交密集区时，需仔细观察该股是否具有突破前期股价阻力位的成交量，再决定是否追涨。

（3）当盘中热点转换频率过快，热点炒作持续性不强，缺乏有凝聚力、有号召力的龙头板块时，千万不能追涨。

（4）在追涨热门板块时，要注意选择领涨股，不宜选择跟风股票。

（5）对于前期涨幅过大，当前成交量很大而股价却不再上涨的个股不宜追涨，这时庄家出货的几率很大。

（6）当市场趋势发展方向不明朗，或投资者无法清晰认识未来趋势的发展变化时，不要盲目追涨。

（十三）补仓

补仓是指在所购买的股票跌破买入价之后再次购买该股票的行为。补仓的作用是，以更低的价格购买该股票，使单位成本价格下降，以期望在之后反弹时抛出，将补仓所买回来的股票赚取的利润弥补高价位买入的损失。补仓的好处在于，原先高价买入的股票，由于跌得太深，难于回到原来价位，通过补仓，股价无需上升到原来的高价位，就可实现平本离场。补仓的风险：虽然补仓可以摊薄成本价，但股市难测，补仓之后可能继续下跌，将扩大损失。因此，补仓的前提是跌幅比较深，损失较大或者预期股价即将上升或反弹的股票。

在补仓前要考虑以下五个问题：

（1）市场整体趋势是处于牛市、熊市，还是牛熊转换期间？如果是处于熊市末期的调整阶段，坚决不能补仓，如果是处于牛市初期的调整阶段，则可以积极补仓。

（2）目前股市是否真正见底？大盘是否确实没有下跌空间？如果大盘已经企稳，可以补仓，否则，就不能补仓。

（3）手中的股票是否具有投资价值或投机价值？如果有，可以主动补仓，反之不宜补仓。

（4）投资者手中持有股票的现价是否远低于自己当初的买入价？如果与自己的买价相比，现在跌幅已深，可以补仓。如果目前套得不深，则应考虑止损或换股。

（5）投资者需要补仓股票中的获利盘有多少？通过分析筹码分布，如果有较多获利盘的个股不宜补仓，获利盘较少的可以补仓。

当投资者能够正确回答上述五个问题后，就可以很清醒地认识到自己是否应该补仓。同时，在牛市行情中，补仓操作中应该注意以下几点：

（1）弱势股不补。那些大盘涨它不涨，大盘跌它跟着跌的弱势股，不宜补仓。

（2）补仓的时机。最适宜补仓的时机有两个：一是熊牛转折期，在股价极度低迷时补；二是在上涨趋势中，补仓买进上涨趋势明显的股票。因此，投资者在补仓时必须重视个股的内在趋势。

（3）补仓未必买进自己持有的股票。补仓的关键是所补的股票要取得最大的盈利，大多数情况下，补仓是买进自己已经持有的股票，由于对该股的股性较为熟悉，获利的概率自然会大些。但补仓时应跳出思维定势，自己没有持有的股票但有盈利前景的也可以补仓。

（4）补仓的数量。补仓的数量要看投资者是以中长线操作还是以短线操作为主。如果是短线操作，那么补仓买进股票的数量需要与原来持有的数量相等，且必须为同一股票，这样才能方便卖出。如果是中长线操作，则没有补仓数量和品种的限制。

（5）补仓力求一次成功。尽量不要分段补仓、逐级补仓，因为投资者的资金有限，无法经受多次摊平操作，并且补仓是对前一次错误买入行为的弥补，本身不应再成为第二次错误的交易。所谓逐级补仓是在为不谨慎的买入行为"买单"，多次补仓，越买越套必将使自己陷入无法自拔的境地。

最后需要指出的是，上述任何一种投资方法，其效果都是有限的，都不能将其视为法宝盲目使用，投资者在考虑选用这些方法时，必须结合自己的实际情况和可能条件。首先，要充分考虑自己的资金力量和来源；其次，要分析自己对收益的依赖程度和承担风险的能力；最后，要增强对证券市场的判断能力，提高判断的准确程度，这是选用某种投资方法取得成功的关键。为此，投资者应该具备一定的证券知识、投资分析能力、证券买卖实践经验和必要的时间，且不可过分盲从于某种投资方法，这样，才能成为一个成功的投资者。

三、买入时机的技巧

1. 买入前应先思考的问题

进行一项投资决策，通常应涉及如下方面的考虑：对市场与个股走势的认识、对自己操作上优缺点的认识、掌握必要的交易策略。因此作者认为，在决定买入前，我们首先应思考以下几个问题：

（1）大市的运动方向是否向上，现有的价位是否已经是"高处不胜寒"还是正处于底部，是否有变盘的可能？

（2）个股的基本情况、报表数据是否可信？技术上有无较大的上升空间或上升动力？各项技术分析指标是否开始修好，有无骗钱的可能？筑底形态是否比较清晰，有无温和放量？

（3）股价是否位于底部或是高位回档？介入的时机或价位是否恰当？

（4）对介入的炒作风险要有一定的认识。因为大市、个股的走势变幻莫测，许多投资者很希望刚买入的股票第二天就马上涨上去，要是主力此时震仓洗盘，由于心理承受力差或不善分析市况，就很容易被洗出来，出来之后股票就开始猛涨。所以炒股要对介入的风险与收益有一个大致的估计：跌会跌到哪里，涨会涨多高；什么情形下要果断斩仓，什么情形下要追加买进，都要自己做出判断，绝不是简单地听了别人的推荐就能了事的。

(5) 持仓应该多重？有些投资者常听了小道消息或别人推荐后，不加分析地各买一点试试。结果手中的持股达十几个品种，广种薄收，顾此失彼，甚至连交易代码都记不清，根本谈不上赢利。

(6) 何时何价卖出？这是最关键也是投资中最难把握的。通常在公开媒体与股评分析中，只是推荐某股票可以买进，但买进后是中线持有或是短线搏反弹，什么时候卖出却很少讲。单就这一点而言，股票投资就绝对要靠自己独立分析判断，别人不会也不可能为你全部解决投资理财中的所有问题，除非你是委托别人代理操作。因此，股评的推荐只是为我们缩小了选股的范围，真正要成功投资，自己的独立思考必不可少。当然，我们可以借助一些成熟的理论与分析工具，这些是前人宝贵的投资经验的总结。

2. 恰当的买卖时机

在炒股的量、价、时、空几个重要因素中，恰当的买卖时机最重要，因为好的开始是成功的一半，介入时间选得好，就算选的股票差一些，也会有赚；但介入时机不当时，即使选对股票也会被套。下面列出几点以供参考：

(1) 久跌后价稳量缩。在空头市场，传媒都非常看坏后市，市场上也"阴量"杀跌；但一旦价格企稳，量也缩小时，可买入。

(2) 底部量增，价放长红。盘久必动，主力吸足筹后，配合市势稍加拉抬，投资者即会加入追涨行列。放量突破后即是一段飙涨期，所以第一条长阳线处宜大胆买进，可大有收获。

(3) 下跌30%是买进机会。在多头走势中，大幅下跌30%时，若基本面、技术面未明显转坏，可买入。在此位置很容易出现技术性反弹。

(4) 五日RSI在10以下，BIAS线向下偏离0太远时可考虑买入。当大跌行情中，RSI小于10，而乖离率BIAS线远偏离0线时，风险已有限，杀跌动力已尽，可在此处待指标勾头向上，开始放量时介入以求获利。

(5) 股价跌至支撑线未穿破又回升时为买入时机。当股价跌至支撑线（平均通道线、切线、甘氏线、下轨线、重要成交密集区等）止跌回稳，可称有效支撑；若在此企稳回升，日后上升的幅度可观。

(6) 底部明显突破时为买入时机。在低价区头肩底形态的右肩完成后，股价突破颈线处，此处可作为卖点。同样的，W底、三重底也一样。但当价格连续推升后在相对高位时，即使有W底或头肩底形态，也要小心为妙；弧底形成10%的突破时，可大胆介入。

(7) 低价区小十字星连续出现时。底部连续有十字星表示股价已止跌回稳，有主动性买盘介入；若有较长的下阴线，说明中、短期底部可得确认，多头居有利地位，是买入的好时机。

3. 常见的买入时机

（1）平台突破。股价横向整理，涨跌幅很小，形成K线平台。如果长期横向整理，5日、10日、20日均线交织在一起，近乎一条直线。如果时间较短，5日、10日、20日均线在横向整理末期3线合一。此时，如果K线突破平台上轨，成交量放大，收盘价在上轨之上，同时MACD和RSI指标中没有出现顶背离现象，那么就可以买入。

（2）颈线突破。股价震荡盘整，呈现箱体走势，沿箱体上轨形成颈线股价下跌，之后走出双底、三重底、多重底、头肩底、圆弧底等底部形态，形成颈线。股价运行至颈线处并形成有效突破，收盘时股价在颈线之上，此时若MACD指标的各时间周期的各要素都在0轴上方，且数值不是偏离0轴很远的话，便是较好的买入时机。

（3）庄家洗盘。庄家洗盘，目的是继续吸筹，降低拉升阻力。通常，手段是制造剧烈震荡，震出免费坐轿搭车的其他投资者。K线表现是：破坏拉升行情所依托的技术指标系统，即均线系统或上升通道。庄家洗盘行为会导致股价跌破原有的均线支撑，形成新的均线支撑，或跌破通道下轨形成新的支撑。区分洗盘、出货的简单方法是，洗盘时会出现大幅跳水，而出货则不然。前者会在下跌时与均价产生较大距离，此时可以买入。

（4）突破阻力位。当股价运行至阻力区域时，如能继续放量强势的上行突破阻力位并站稳阻力区域上方，阻力区域则成为支撑区域，筹码没有分散，筹码获利比例在90%以上，平均成本在股价下方10%左右的话就可以买进。

（5）均线上穿并确认。5日、10日、20日均线是股市操作中的3条关键均线，与其他均线一起构成均线系统，对投资者买入、卖出股票具有重要的参考作用。5日均线上穿10日均线，是买入信号，激进的投资者可以介入。因为没有进一步确认，必须做好止损。5日均线继续上穿20日均线，是对前一买入信号的初步确认，可以继续介入。如果10日均线金叉20日均线时，是对前期买入信号的再次确认。

（6）上升缺口回补止跌。出现K线缺口，意味着原有趋势将继续下去，该涨的会继续涨，该跌的会继续跌。当上升缺口因获利回吐而回补缺口时，如果停止下跌，然后刚刚开始放量强势上攻就是买入时机。但此时需要警惕，如果回补缺口后继续下跌，则表明原有趋势发生反转，必须及时止损。

（7）早晨之星。股价下跌过程中出现早晨之星，表明市场可能见底回升，可适宜介入。早晨之星是重要的转势K线形态，表示原有跌势的终结，取而代之的是后市升势的出现。需要注意的是，投资者需要利用MACD指标的柱状体和成交量放大来准确确认早晨之星。

早晨之星是启示后市见底回升的阴阳K线组合形态，一般由3个交易日的3根K线构成：第1个交易日，股价继续下跌，恐慌性抛盘致使长阴K线产生；第2个交易日，股价跳空下行，跌幅不大，实体较短，形成星的主体，可能收阴，也可能收阳；第3个交易日，K线收阳，股价回升，收复第1个交易日大部分跌幅，看涨信号明显。

（8）多头排列，缩量回调。5日、10日、20日、60日、120日均线呈多头排列，形成上升趋势。在上升趋势中的任何一次缩量回调，都是较好的买入时机。当然，回调至哪条均线为宜，必须结合个股和大盘走势确定。需要说明的是，在多头排列中，只要在同一上升趋势中没有发生顶背离现象可以随时在其放量止跌启涨时介入。

上面八大买入时机能否成为真正的买入点，需要投资者结合K线形态、均线系统、技术指标、成交量、市场热点、个股基本面和大盘动向等做出综合判断并进一步验证。为了不至于错失良机，投资者必须果断出击，及时介入，同时做好止损，以尽可能以小的损失为代价来换取大的盈利机会。同时，享受到"轻松买对卖对大牛股"的乐趣和成果。

四、股票买进经验

（1）不要等待最低价再买入，因为在等待时，股价可能已开始回升了；不要等待最高价再卖出，因为在等待中，股价可能已开始下跌了。

（2）不在大涨之后买进，不在大跌之后抛出。

（3）炒股的诀窍便是在牛市时全力投入，在牛市结束或接近结束的时候卖所有股票。

（4）炒股的目的是从股市赚钱，但想赚钱并不表示你就能赚到钱。必须在正确的时间内做正确的事情，赚钱只是结果。因为你在正确的时间做正确的事情，所以你得到了回报。

（5）常有人这样说"一买就套，一割就涨"，其原因是追涨买入，跌深卖出造成的。

（6）长线投资应在经济看好时，选一绩优股积极介入，一旦介入，就长期持有。

（7）多次买进，留有余钱，避免买进后股价再次下跌而无钱在更低位购买的困境。

（8）当机会确实来临时，要大胆地快速杀入。

（9）当天灾造成公司巨额损失引起股价暴跌时，可以买进，因为我国是社会主义国家，一方有难八方支援，很快就会恢复正常，股价也必然回升。

（10）对于价格远远低于其价值的股票要大胆吸纳，对于价格远远高于其价值的股票要坚决抛弃。

（11）股票投资要想获利，首要的任务是要回避风险，尽可能地减少损失和失误，方能提高投资成功的概率。

（12）根据沪深股市一般走势，一年中持股时间4个月，持币时间8个月为上策；持股时间等于持币时间为中策；持股时间8个月，持币时间4个月为下策；一年到头天天做短线者必惨败。

（13）该卖股票的时候，要当机立断，千万别迟疑。

（14）行情不明朗时坚决不进场，宁可失去机会，也不做错行情。

（15）会买是徒弟，会卖才是师傅。要学会买股票，更重要的是要掌握如何卖股票。

（16）坏消息出台，该跌不跌时看多；好消息出台该涨不涨时看空。

（17）价格的高与低总是相对的，高价之上可能还有更高价，低价之下可能还有更低价，能在次低价买入，次高价卖出就可以了，不必苛求买到最低价，卖到最高价。

（18）进行股票投资的目的是为了赚钱，只要达到目标，赚了就跑，再涨上去也无需惋惜。

（19）交易清淡的时候，股价常常处于较低的位置，此时该买而不该卖。

（20）积极参加一、二级市场的新股配售，不可放弃任何有利的机会。

（21）看对大势赚大钱，看对小势赚小钱，看错形势要赔钱。

（22）亏损都是盲目追涨，盲目割肉造成的。

(23) 浪起浪落，踏浪前进。逢高出货，跌深建仓。

(24) 两市的轮涨现象特别明显，绩优股涨后二线股涨；二线股涨后三线股涨；高科技和新股涨后资产重组股涨。

(25) 每当股市经过阴跌至急跌，市场情绪从悲观到恐慌，此时却正是最好的入货机会。

(26) 买入时机很重要。时机对，买入垃圾股也能获利；时机错，买入绩优股也会亏损。

(27) 买进有发展潜力的质优成长股，然后离开股市，等待收获。

(28) 买卖股票要顺着大势操作，在上升趋势中，每一次回档都是买进的良机；在下降趋势中，每一次反弹都是卖出的良机。

(29) 买入的股票数太多不但不便于管理，而且涨的涨，跌的跌，较难获得集中的利润，在顶部也很难清仓。

(30) 卖出应果断，买入别冲动。分批压价埋单是克服冲动的好办法。

(31) 如果利空消息人人皆知，可以考虑分批买入，因为利空已消化在走势中了。如果利好消息人人皆知，不可因利好而买入，因为股价早已上升了，该买的都买了。

(32) 如果股价跌穿支撑线，交易量大增且股价很快弹回支撑线之上，这是极佳的买入机会。

(33) 若在股票投资中获得一定的盈利，应将盈利部分取出，留下原有的投资额继续操作。

(34) 手持绩优股准备做长期投资的人，见到股价突升，一改初衷，及时出货，获利丰厚。长期投资，短期操作，顺势而为，是明智之举。

(35) 手中持有的股票必须适时卖出，见好就收，才能把浮动盈利变为实际利润，一味等待卖到最高价不现实。

(36) 市势不妙时，走为上策，不能犹豫。

(37) 突然获暴利，短期升幅过大，获利盘必然巨大，获利回吐的压力终将促使股价向下回调，此时应及时了结，落袋为安。

(38) 突破支撑位与阻力位，需有 3% 的突破幅度和 3 天的时间才能有效确认。

(39) 突发性利好消息发生，涨势强劲应买进。

(40) 投资者应尽量在底部区域和上升趋势初期买入股票。

(41) 题材层出不穷，转换较快，把握得当，定会有丰厚的回报。

(42) 熊市的任何反弹，都是逃命的机会；牛市的任何回档，都是买进的机会。

(43) 熊市进货要小心，出货要快速；牛市进货要快速，出货要稳慢。

(44) 选股不如选时，进出场的时间最为重要。当大众谈股变色时，即可入场；当大众谈股兴奋时，即可出场。

(45) 想在股市获利，就必须提高自己的分析判断能力，靠自己的水平赚钱是最可靠的。

(46) 下跌趋势中，股价急跌或暴跌远离 10 日均线的买入时机。

(47) 下跌已久，低迷至极，重大利好突然公布时坚决快速全资买进绩优科技龙头股。

(48) 先学会分批埋单买入，再学会果断卖出。

(49) 有分析能力的人，可以选一两只成长性好的股票，低吸高抛，滚动操作，长股短炒，效益较好。

(50) 要掌握好持股持币的比例，不管股市突破盘局之后向何方向运行，都有较好的盈利机会。

（51）要相信趋势，尽量抓住上升趋势中的机会。远离下降趋势，少参与横向趋势。

（52）因为股市绝大多数人亏损，所以绝大多数人的意见是错的，当市场一边倒时要反其道而行。

（53）用你自己发现的临界，按自己定好的原则买进卖出，训练自己的耐性，留意市场提供的危险信号，才能走上炒股的正确道路。

（54）应时刻关注板块内龙头股的动向，以便更好地把握市场热点。

（55）永远持有一部分现金，不要将钱全部投入股市。

（56）在多头走势中，下跌幅度30%～50%时，若基本面未明显转坏，可买入。

（57）在多头市场中，价格跌回原形时，价稳量增，即可买入。

（58）在多头市场中，当前一天的K线图是一小阴线，当天是价升量增且是前一天的2倍的量，则可买入此股，日后定有长红。

（59）在股市极度迷惑或跌幅已很大时，建仓的比例应大一些。反之，行情已经十分火爆，升幅惊人，手中的筹码应逐步减少，现金比例应增多。

（60）在上升途中逐级设立止盈点十分重要，暴涨有你一份，暴跌与你无关，煮熟的鸭子永远是你的。

（61）在熊市中高手常看空，风吹草动赶紧溜；在牛市中高手常看多，紧揣股票不放松。

（62）在大众最疯狂追涨时要卖出，在大众最悲观抛出时要买入。

（63）在升势中涨势喜人，但尚未达到目标价位，等到不耐烦而快忍不住时，最好先埋单，然后离场休息一会，平静一下激动的心态。

（64）在T+1条件下做T+0操作。用一部分资金买入一只活跃股，当回档时补仓后，即日升高获利时卖出与当日补仓同数量的股票，反复操作，效益较好。

（65）在无法判断股市的前景之前，最好先观望等待，等形势明朗只后再采取行动，紧跟着市场的趋势走。

（66）在有利好消息未证实时立即买入，一旦消息得到证实，便立即卖出；在利空消息传出未证实时，立即卖出，一旦消息得到证实，便立即买回。

（67）在严重超买时，要及时了结；在严重越卖时，要敢于吸纳。

（68）在没有十足把握的情况下，投资者可采取分批买入和分散买入的方法，这样可以降低买入的风险。

（69）在选定的股票之间应买有主流题材的股票而放弃没题材的股票。

（70）赚钱与否，往往取决于买进的时机。如果上涨时才匆匆追进，事后往往要后悔。

五、买入股票后的注意事项

买入股票以后，如果你有时间盯盘，选择的又是短线投资方式，那么，在遵守"三大纪律"的前提下，注意掌握运用好以下"八项注意"，可助你投资过程更加完美。

一要注意波段操作，追求利润更大化。掌握一种应手的指标，紧盯手中个股，在其出现相对阶段头部的时候卖出，等待回落到相对底部时再买回来，有经验和有条件的投资者，甚至可以每日做部分 T+0 操作。如果运用得当，在同一时间段内，在同一股票上，可以比一直持股不动多获得 30% 以上的收益。

二要注意热点转换，学会见风使舵。每一波大的行情的启动，都是先由局部热点带动起来的。善于观察，勤于思考，跟上热点，捉住领头羊，以获得更大的收益。每当行情进入亢奋阶段，必定是其他热点开始轮换、各领风骚的时候。此时，应适时换股，踏准节奏，才能争取到最大收益。

三要注意突发事件，学会当机立断。在行情运行过程中，如果遇到突发事件，一定要审时度势，当机立断。此时稍有犹豫，就会错过时机。突发事件的出现无非是两个方面：① 利空，可以影响大盘趋势的利空出现之后（如突发的地质自然灾害等），要争取在第一时间内离场。如果不能在第一时间内离场，也要在事件出现之后的反弹时，坚决离场。② 突然有利好出现，这时可以及时进入，力争从中分杯羹。

四要注意持股信息，做到先人一步。要密切关注自己持股公司的信息，一旦出现足以影响其股价走势的消息后，立即据其消息状况，及时做出抉择。

五要注意突然放量，做到落袋为安。手中持有的股票，在行进到一定的上升阶段之后，突然放出巨量，当日换手率达到 20% 以上，大多数情况下是主力出货离场，此时散户也应该及时离场观望。有时出现这种情况之后，股价还会有一定的涨幅。即使这样，也没必要冒险非要吃到这最后一块利润。股市里永远不缺少机会，安全地落袋为安，保存胜利果实才是上策。

六要注意高开低走，时刻准备离场。持有的股票在连续的上升途中，突然有一天大幅高开（一般在 5% 以上），继而不断有大的抛单涌出，并且在开盘后的 1 个小时内，几次上冲不能突破高开的价格，此时应该提高警惕，这极有可能是主力在高开出货。如果此时你不能及时离场，该股收盘时出现实体阴线或是中阴线，次日再一低开，就会有大约 8% 左右的利润化为乌有。

七要注意好日子的莅临，清仓过节。大多数股民都有一个节日情结，热切期盼股市能在好日子里，走出一番波澜壮阔的节日行情，让股市和喜庆的节日一样，红红火火。可是，股市的运行有着自己的规律，与国家的大方针和经济发展状况有关，不会与是否是喜庆的日子有关。总结自己炒股十几年的经历，笔者得出了这样一个结论，遇到好日子来临的时候，不但不要盲目憧憬股市的节日行情，反而应该审时度势，结合有关技术指标给予的提示，提前清仓出来，给自己的身心放个假，以轻松愉悦的心情过节，似乎才是上策。这方面的例子颇多，比如举国欢庆的香港回归时的股市，百年奥运莅临时的股市等。

八要注意跳空缺口，适时回避补缺。我们常常会遇到这种情况，正在上升通道运行的股票，忽然有一天出现向上的跳空缺口，幅度在 5% 左右。这时，我们就应该加以关注，这往往是机构抢盘所致。此后必有一个再次回补缺口、彻底洗盘的动作，约在三到五天完成。有经验的投资者是不会忽视这个 20% 左右的跳缺回补的过程的。一般是当日跳空高走，次日顺势冲高震荡，以后逐渐回落，直至完全补缺。大家应该在其冲高过程中适时减仓，尔后在缺口附近捡回，以求利润的最大化。倘若对其不予理睬，就会成为股市过山车上的乘客，只会得到一时的纸上富贵。

第四节 股票卖出技巧

一、股票卖出法则

俗话说：会买是银，会卖是金。如果买了好的股票，未能选择好的卖出时机，将会给股票投资带来诸多遗憾。通过对股市的研究，现总结了以下五条卖出股票的法则，希望能给大家一些帮助。

卖出法则1：低于买入价7%～8%坚决止损。

这对许多投资者来讲是很困难的，因为对许多人来说，承认自己犯了错误是比较困难的。但实质上投资最重要的就在于当你犯错误时，能迅速认识到错误并将损失控制到最小，这是7%止损规则产生的原因。

通过研究发现，40%的大牛股在爆发之后最终往往回到最初的爆发点。同样的研究也发现，在关键点位下跌7%～8%的股票未来有较好表现的机会较小。投资者应注意不要只看见少数的大跌后股票大涨的例子。长期来看，持续地将损失控制在最小范围内，投资将会获得较好收益。

因此，底线就是股价下跌至买入价的7%～8%以下时，卖掉股票！不要担心在犯错误时承担小的损失，当你没犯错误的时候，你将获得更多的补偿。当然，使用止损规则时有一点要注意：买入点应该是关键点位，投资者买入该股时判断买入点为爆发点，虽然事后来看买入点并不一定是爆发点。

卖出法则2：高潮之后卖出股票。

有许多方法判断一只牛股将见顶而回落到合理价位，一个最常用的判断方法就是当市场上所有投资者都试图拥有该股票的时候。一只股票在逐渐攀升100%甚至更多以后，突然加速上涨，股价在1～2周内上涨25%～50%，从图形上看几乎是垂直上升。这种情况是不是很令人振奋？不过持股者在高兴之余应该意识到：该抛出股票了。这只股票已经进入了所谓的高潮区。一般股价很难继续再上升了，因为没有人愿意以更高价买入了。突然，对该股的巨大需求变成了巨大的卖压。根据对过去10年中牛股的研究，股价在经过高潮回落之后很难再回到原高点，如果能回来也需要3～5年的时间。

卖出法则3：连续缩量创出高点为卖出时机。

股票价格由供求关系决定。当一只股票股价开始大幅上涨的时候，其成交量往往大幅攀升。原因在于机构投资者争相买入该股以抢在竞争对手的前头。在一个较长时期的上涨后，股价上涨动力衰竭。股价也会继续创出新高，但成交量开始下降。这个时候就得小心了，这个时候很少有机构投资者愿意再买入该股，供给开始超过需求，最终卖压越来越大。一系列缩量上涨往往预示着反转。

卖出法则4：获利20%以后了结。

不是所有的股票都会不断上涨，许多成长型投资者往往在股价上涨20%以后卖出股票。

如果你能够在获利20%抛出股票而在7%止损，那么你投资4次对1次就不会遭受亏损。对于这一规则威廉姆·欧内尔给出了一个例外，他指出，如果股价在爆发点之后的1~3周内就上涨了20%，不要卖出，至少持有8周。他认为，这么快速上升的股票有股价上升100%~200%的动能，因此需要持有更长的时间以分享更多的收益。

卖出法则5：当一只股票突破最新的平台失败时卖出股票。

二、卖出技巧

1. 控制风险的卖出技巧

控制风险的卖出技巧是止损。止损的方法主要有：技术指标止损法、趋势形态止损法、损失程度止损法、基本分析止损法。

技术指标止损法：根据技术指标发出的卖出指示，作为止损信号，而不管自己的成本价在什么位置。具体方法很多，主要包括以下几方面：

（1）股价跌穿10日，30日或125日移动平均线。

（2）股价下穿布林线的上轨线。

（3）MACD出现绿色柱状线，MACD形成死叉时。

（4）SAR向下跌破转向点时。

（5）长中短期威廉指标全部高于-20时。

（6）当WVAD（威廉变异离散量）的5天线下穿WVAD的21天线时。

（7）当20天PSY移动平均线大于0.53时。

2. K线图里常见的10种顶部卖股票信号

（1）MACD死叉为见顶信号。股价在经过大幅拉升后出现横盘，形成的一个相对高点，投资者尤其是资金量较大的投资者，必须在第一卖点出货或减仓。此时，判断第一卖点成立的技巧是"股价横盘且MACD死叉"，死叉之日便是第一卖点形成之时。

第一卖点形成之后，有些股票并没有出现大跌，可能是多头主力在回调之后为掩护出货假装向上突破，做出货前的最后一次拉升。判断绝对顶成立技巧是当股价进行虚浪拉升创出新高时，MACD却不能同步，第二红波的面积明显无前波大，说明量能在不断下降，两者的走势产生背离，这是股价见顶的明显信号。

此时形成的高点往往成为一波牛市行情的最高点，如果此时不能顺利出逃的话，后果不堪设想。必须说明的是，在绝对顶卖股票时，绝不能等MACD死叉后再卖，因为当MACD死叉时股价已经下跌了许多，在虚浪顶卖股票必须参考K线组合。这个也是MACD作为中线指标的缺陷之处。

一般来说，在虚浪急拉过程中如果出现"高开低走阴线"或"长下影线涨停阳线"时，是卖出的极佳时机。需要提醒的是，由于MACD指标具有滞后性，用MACD寻找最佳卖点逃顶特别适合那些大幅拉升后，高位平台走势的股票，不适合那些急拉急跌的股票。另外，以上两点大都出现在股票大幅上涨之后。也就是说，它出现在股票主升浪之后，如果一只股票尚未大幅上涨，没有进行过主升浪，则不要用以上方法。

(2) KDJ 呈现两极形态即见顶。通常，大盘在长时间或者快速单边走势后，出现放量的或者极端反向走势，同时配合经典的技术佐证，如跳空星型大 K 线、周 KDJ 线的 K 值到达 85 以上，都是见顶的典型信号。

当 KDJ 指标的 J 值升势改变掉头向下，建议持股人先卖 50%；K 值升势改变走平时可准备卖出，K 值改变掉头向下，清仓；当 KDJ 指标形成死叉时，这是最后的卖点。

但是，有时大盘或个股在高位正式见顶反转向下，形成下跌的走势，并且它们的 MACD 指标也在高位形成死亡交叉，大家就不能因为大盘或个股的 KDJ 指标发出超卖信号而盲目抄底，因为技术上经常会出现"底在底下"的情况，所以这种 KDJ 指标经常会失灵。

(3) 长上影线须多加小心。长上影线是一种明显的见顶信号。上升行情中股价上涨到一定阶段，连续放量冲高或者连续 3~5 个交易日连续放量，而且每日的换手率都在 4% 以上。当最大成交量出现时，其换手率往往超过 10%，这意味着主力在拉高出货。如果收盘时出现长上影线，表明冲高回落，抛压沉重。如果次日股价又不能收复前日的上影线，成交开始萎缩，表明后市将调整，遇到此情况要坚决减仓甚至清仓。

(4) 高位十字星为风险征兆。大盘上升较大空间后，大盘系统性风险有可能正在孕育爆发，这时必须格外留意日 K 线。当日 K 线出现十字星或长上影线的倒锤形阳线或阴线时，是卖出股票的关键。

日 K 线出现高位十字星显示多空分歧强烈，局面或将由买方市场转为卖方市场，高位出现十字星犹如开车遇到十字路口的红灯，反映市场将发生转折，为规避风险可出货。股价大幅上升后，出现带长影线的倒锤形阴线，反映当日抛售者多，空方占优势，若当日成交量很大，更是见顶信号。许多个股形成高位十字星或倒锤形长上影阴线时，80%~90% 的机会形成大头部，减仓为上策。

(5) 双头、多头形态避之则吉。当股价不再形成新的突破，形成第二个头时，应坚决卖出，因为从第一个头到第二个头都是主力派发阶段。M 字形是右峰较左峰为低乃为拉高出货形，有时右峰也可能形成较左峰为高的诱多形再反转下跌则更可怕，至于其他头形如头肩顶、三重顶、圆形顶也都一样，只要跌破颈线支撑都得赶紧了结持股，免得亏损。

(6) 击破重要均线警惕变盘。放量后股价跌破 10 日均线且不能恢复，随后 5 周线也被击穿，应坚决卖出。对于刚被套的人此时退出才是上策。如何确认支撑位在此显得尤为关键。一般来说，10 日均线第一天破了之后第二天回拉但是站不上支撑位（如 30 日均线），就是破位的确认，回拉的时候就是减仓的时机。如果股价继续击破 30 日或 60 日均线、K 线等重要均线指标就要坚决清仓了。此外，随着股价的下调，逐渐形成了下降通道，日、周均线出现空头排列。如果此后出现反弹，股价上冲 30 或 60 日均线没有站稳，则应坚决卖出。

(7) 单日"T+0"买卖降低成本。主要是依靠股价每日的上下波动，利用小幅价差解套。比如，如果有 100 股被套，今天该股票低开或者股价下挫，当价格企稳有反弹趋势时，立即买 100 股，一旦股票上涨后，卖掉以前的 100 股则能获得盈利；如果股票高开或冲高见顶后可以先卖 100 股，然后等股价下跌后，再买回 100 股，则减少了下跌部分的亏损。这样上涨可以获得双倍甚至多倍收益，下跌可能减少损失甚至获得收益，如此就可以降低成本，直到解套。

(8) 二波弱势反弹出货。有实质利空时，低开低走，反弹无法越过开盘价，再反转往下跌破第一波低点时，技术指标转弱，就应赶紧市价杀出，若没来得及，也得在第二波反弹再无法越过高点，又反转向下时，当机立断下卖单。

(9) 补仓出货须谨慎。当股市下跌到达某一阶段性底部时，可以采用补仓卖出法，因为这时股价离投资者买价相去甚远，如果强制卖出，往往损失较大。投资者可适当补仓后降低成本，等待行情回暖时再逢高卖出。补仓的最佳时机是在指数位于相对低位或刚刚向上反转时。这时上涨的潜力巨大，下跌的可能最小，补仓较为安全。此外，需要注意的是，弱势股不补、前期暴涨过的超级黑马不补。

(10) 箱形下缘失守为弱势。无论开高走平、开平走平甚至开低走平，呈现箱形高低震荡时，在箱顶抛出，在箱底买进。但是一旦箱形下缘支撑价失守时，应毫不犹豫地抛光持股，若此刻下不了手，在盘上之箱形跌破后，也许会产生拉回效果，而此刻反弹仍过不了原箱形下缘，代表弱势。

3. 移动平均线短线卖出技巧

(1) 移动平均线呈大幅上升趋势，经过一段上升后，移动平均线开始走平，当股价由上而下跌破走平的移动平均线时便是卖出的信号。为了验证一条移动平均线所显示信号的可靠性，可以多选用几条移动平均线，以便相互参照。同时，在正常情况下，若成交量相应减少，卖出的信号更明确。

(2) 先确定移动平均线正处于下降过程中，再确定股价自下而上突破移动平均线，股价突破移动平均线后马上回落，当跌回到移动平均线之下时便是卖出的信号。这一卖出信号应置于股价下跌后的反弹时考察，即股价下跌过程中回升至前一次下跌幅度的 1/3 左右时马上又呈下跌趋势、跌破移动平均线时应卖出。若在行情下跌过程中多次出现这种卖出的信号，越早脱手越好或做短线对冲。

(3) 移动平均线正在逐步下降，股价在移动平均线之下波动一段时间之后开始较明显地向移动平均线挺升，当靠近移动平均线时，股价马上回落下滑，此时就是卖出的信号。如果股价下跌至相当的程度后才出现这种信号，宜作参考，不能因此而贸然卖出。如果股价下跌幅度不太大时出现这种信号，就可看作卖出的时机已到来。这种情况应该区别对待。

(4) 确定移动平均线正处于上升过程中，股价在移动平均线之上急剧上涨，并且与移动平均线的乖离越来越大。计算一下乖离率，如果所得乖离率已达到 30%~50%，与此同时股价开始急速反转下跌并与移动线的距离缩小，这便是卖出的信号。如果乖离率过大时，出现了回档下跌的迹象，当股价回跌至前一次上涨幅度的三分之一左右时又恢复上升的趋势，也可进行快速的短线操作。

总之，在股市实战中，并非所有股票的涨跌都有规律可寻，因此，以下十八种情况可作为卖股的参考依据：

(1) 一只股票以小阴小阳交叉方式向上大幅盘升，然而突然某一天放量拉出涨停，第二天股价高开低走。

(2) 个股股价从底部大幅上涨后，成交量放出历史天量，而此时又并非多头市场初期。

(3) 股价拉升过急而无成交量配合。

（4）弱市中个股除权前股价大幅上涨，除权登记日次日股价低开。

（5）个股股价大幅飙升后，突然媒体上传来该公司重大利好消息。

（6）个股股价大幅走高之时，再放大量，股价却徘徊不前。

（7）利好消息公布伴随着K线大阴。

（8）股价大幅上涨后，K线接连出现向上跳空缺口。

（9）个股股价在回档至正常技术支撑位时仍不见缩量止跌迹象，可考虑出手。

（10）股价大幅上涨后，K线连续出现较长上影线。

（11）个股业绩大幅缩水。

（12）同类板块领涨股出现顶部。

（13）个股持续走强，涨幅惊人，突然某一天股价大幅下跌，随后一两天内股价回抽无力时出手较好。

（14）上市公司受到司法起诉。

（15）上市公司的最高管理者出现问题（被捕、被撤、辞职）。

（16）处于上升通道中的个股股价突然突破上轨，应适时分批出手。

（17）短线品种股价位上一个台阶后应予出手。

（18）中线品种股价如遇系统性风险应出手，以回避短线风险。

总之，任何一种技术方法一旦为大众所熟悉，便会成为机构操盘者制造技术陷阱的工具。因此，逆向思维、随机应变对于成功卖股来说便显得至关重要了。

三、股票短线卖出时机

1. 根据消息面判断卖出时机

（1）当大市处于上升趋势末期出现利好消息时。因为股市经过长期的上升，主力机构已有了很大的账面利润，此时往往会借助利好消息出货。因此，短线操作者在大市处于上升趋势末期出现利好消息时应逢高出货。

（2）当大市处于上升趋势初期出现利空消息时。当大市处于上升趋势初期出现利空消息，将促使股价快速回调或二次探底，甚至创出新低。短线投资者应在利空消息朦胧之时卖出，待利空消息被证实，股价回调获得支撑并重新抬头，或股价完成二次探底并回升时再买入。

（3）当大市处于上升趋势末期出现利空消息时。推动中国股市走出大行情的动力主要来源于一些资金实力雄厚的机构大户。但这些机构入市的资金中有一些是经不起审核的，每当审查各机构资金表现入市的消息传出，一些资金来源经不起审查的机构便会不惜成本地清仓离场。而当股市过于狂热的时候，管理层往往也会出面干预。当这些利空消息传出时，股市的上升行情便到尽头了。

因此，当大市处于上升趋势末期出现利空消息时，短线投资者应及早离场。

（4）当大市处于下跌趋势初期出现利空消息时。大市下跌趋势初期，人们惯性的牛市思维认为，大市下跌只不过是牛市上升中途的回调整理，股市仍会上升，所以仍抱着股票不放，对大市所发出的一些见顶信号视而不见，即使看见了也认为是庄家设的空头陷阱，不愿相信牛市会就此结束。就在此时利空消息传出，等许多投资者终于明白过来，大市已进入下降趋势了，于是恐慌抛售，股价出现大幅下跌。如果短线操作在顶部没有及时出货，待利空消息传出时应果断离场。

2. 根据成交量判断卖出时机

（1）高位出现天量之后卖出。"天量之后出天价"，所谓"天量"，是指某一个时间单位（比如日、周）内的成交量为近期最大成交量。所谓"天价"是指在某一个时间单位的价格（比如日、周）是近期最高的价格。

高位出现天量，大多是庄家大量派发筹码所致，股价下跌就在眼前，如果不及时清仓离场，前一段的胜利果实将会化为乌有。

利用此方法时应注意：

① 出现天量时股价（或指数）的位置必须处于相对高位。相对高位的确认可以根据该股的历史走势来判断。

② 成交量必须是近段时间内最大的成交量。

（2）高位放巨量收长阴时卖出。K线高位放巨量收长阴，通常是庄家出货信号。当股价已有了较长时间和较大幅度的上涨后，买方力量已经显示不足，此时成交量忽然放巨量，而当日K线为长阴线，通常表示庄家已完成拉高出货。此时如不能及时清仓出局，必被高位套牢。

利用此方法时应注意：

① 必须是在上升行情持续较长时间，股价距行情启动点的涨幅在30%~40%，该信号才为有效。

② 要注意两种行情的高位概念：其一，上攻行情的高位是从本轮行情的启动点计算；其二，反弹行情的高位从反弹点计算，其前期高点附近往往是反弹行情的高位。

③ 高位成交量巨大时的K线形态：其一，K线长阴股价大跌，庄家出货意愿坚决；其二，K线长阳股价大涨，庄家强势拉高出货；其三，K线大阴大阳相吞，是较强烈的顶部信号。

（3）高位出现价量背离时逢高卖出。成交量是股价上涨的原动力，成交量不足意味着买方不再看好，股价将不可避免地出现回落或反转。

价升量减与价跌量增，都属于价量背离现象。价格上升但成交量并未增加甚至减少，表明买方力量枯竭，股价空涨，难以持久，此时为卖出时机。

价格下跌，成交量反而上升，说明投资者看淡后市，纷纷抛售，价格急剧下跌，这是大市反转、熊市来临的特征，此时为卖出时机。

（4）股价高位平台窄幅整理且成交量萎缩时逢高卖出。股价经大幅拉升已到了可获利出局的区域，随后的平台窄幅整理使在此时介入者无获利空间，而成交量的萎缩正说明庄家推高动力正在消失，已完成出货的庄家很快就会不再精心维持这一平台，一轮跌势就此开始。

利用此方法时应注意：

① 在快速拉升后，股价应有一定的升幅。

② 平台整理的幅度不会过大，时间不会过长，成交量较前期上升时有明显萎缩。

(5)巨量打开涨停板时卖出。在涨跌停板制度下，成交量与股价的关系是：涨停量小，继续涨；跌停量小，继续跌。

在涨跌停板制度下，如果某只股在涨停时没有成交量，那是因为卖方惜售，不愿以此价抛出，所以才没有成交量。第二天，饥渴的买方会追买，股价继续上涨。如果当日出现涨停，而成交量放大，说明卖方抛出意愿强烈，买卖力量发生变化，股价有望下跌。短线操作者应在成交量放大使涨停不能维持的第一时间卖出。

利用此方法时应注意：

① 涨停位置应处于相对高位，特别是一些历史阻力位。

② 涨停中途被打开次数越多、时间越久、成交量越大，反转下跌的可能性越大。

③ 注意庄家假买真卖。为了达到暗中出货的目的，庄家常会先以大买单挂在涨停位，造成买方追买假象，而当众多投资者以涨停价追买，此时庄家便撤走买单填卖单，自然成交。当买盘消耗差不多时，庄家故技重演，进一步诱使散户追入，如此反复操作，以达到高位顺利出货的目的。因此，判断涨停板的真假，应观察是否存在频繁挂单撤单行为，涨停是否经常被打开，当日成交量是否很大。

(6)股价多次冲高不过时卖出。股价前期高点往往会成为未来股价的重要阻力位，股价如果能有效突破前期高点，证明上升动力充足，股价创新高不成问题。但如果冲高不过，则说明股价上升动力不足；如果是多次冲高不过，则说明股价上升动力严重不足，同时也反映多数人不看好后市，股价下跌指日可待。

利用此方法时应注意：

① 股价在上冲前期高点时，得不到成交量的配合。

② 短线可把每次冲高不过时当做卖点，特别是第二次冲高不过后应坚决卖出。

(7)股价在高位出现无量空涨时逢高卖出。股价经过一轮涨升，买方的力量已经消耗殆尽，没有能力将股价推向更高，但由于惯性作用，股价有可能顺势上涨，而成交量却没有配合放大，造成无量空涨现象。无量空涨说明买方已不看好后市，涨势不能持久，股价很快就会回落。因此，短线投资者当发现股价在高位出现无量空涨时应逢高卖出。

利用此方法时应注意：

(1) 确认股价所处的位置已在高位，可根据该股历史走势判断。

(2) 无量空涨的幅度不会过大，时间不会过长。

(3) 可结合分时成交情况来进行综合判断。

以上我们对卖股的时机与方法进行了大致归纳，然而实践中所遇到的情况却千差万别，买卖股票时机选择方法多种多样，因人而异，这有赖于投资者对经验的总结。

参考文献

一、图书

[1] 中国证券业协会．证券市场基础知识[M]．北京：中国财政经济出版社，2010．

[2] 中国证券业协会．证券交易[M]．北京：中国财政经济出版社，2010．

[3] 中国证券业协会．证券投资分析[M]．北京：中国财政经济出版社，2010

[4] 中国证券业协会．证券投资基金[M]．北京：中国财政经济出版社，2010

[5] 中国证券业协会．证券发行与承销[M]．北京：中国财政经济出版社，2010

[6] 高鹏举．证券投资理论与实务[M]．北京：机械工业出版社，2010．

[7] 吴晓求．证券投资学[M]．北京：中国人民大学出版社，2004．

[8] 朴明根．证券投资学[M]．北京：清华大学出版社，2009．

[9] 张中华．投资学[M]．北京：高等教育出版社，2006．

二、网站

[1] 中国证券监督管理委员会网站（http://www.csrc.gov.cn）．

[2] 百度（http://www.baidu.com）．

[3] 中国证券报（http://www.cs.com.cn）．

[4] 新浪财经（http://finance.sina.com.cn）．

[5] 搜狐财经（http://business.Sohu.com）．

[6] 上市公司资讯网（http://www.cnlist.com）．

[7] 中国债券信息网（http://www.chinabond.com.cn）．

[8] 中国基金网（http://www.cnfund.cn）．

[9] 金融界（http://www.jrj.com.cn）．

[10] 证券之星（http://www.stockstar.com）．

[11] 第一理财网（http://www.amoney.com.cn）．

[12] 世华财讯（http://www.shihua.com.cn）．

[13] 和讯（http://www.hexun.com）．

[14] 全景网（http://www.p5w.net）．

[15] 中国人民银行网站（http://www.pbc.gov.cn）．

[16] 中国证券业协会（http://www.sac.net.cn）．

[17] 中国统计信息网（http://www.states.gov.cn）．

[18] 国家发展计划委员会网站（http://www.sdpc.gov.cn）．

[19] 国家经济贸易委员会网站（http://www.setc.gov.cn）．